Der Landkreis Sigmaringen

Der Landkreis

Inhalt

Vorwort

Das hier vorgelegte Buch macht es sich zur Aufgabe, eine geschlossene Darstellung des Landkreises Sigmaringen zu geben, der in seiner jetzigen Form erst seit rund neun Jahren besteht. Diese Darstellung war genauso schwierig wie die politische Neuordnung des Kreises selbst, bei der Gemeinden und Städte nicht nur aus verschiedenen Landkreisen zum neuen Landkreis Sigmaringen zusammengeführt wurden, sondern auch die historischen Landesgrenzen Badens, Württembergs und Hohenzollerns – von 1850 bis 1945 zu Preußen gehörig – zu überschreiten waren.

Trotz aller Eigenentwicklung und Eigenständigkeit der einzelnen Teile des Landkreises vermochten die Mitarbeiter an diesem Werk immer wieder die gemeinsamen Linien und Ziele aufzuzeigen und zu verdeutlichen, die alle Bürger gemein haben und verbinden. So gesehen, spiegelt dies Buch das neue Kreisbewußtsein wider, das dank der großen Energie der politisch Verantwortlichen und des guten Willens der Bürger selbst deutlich erkennbar gewachsen ist und alle Einwohner erfaßt hat. Die Autoren beschrieben Landschaft und Geologie, Kunst, Geschichte, historische Persönlichkeiten und die Wirtschafts- und Sozialstruktur des jungen Kreises, dessen Gestalt zudem durch zahlreiche Abbildungen dem Leser und Betrachter nähergebracht und veranschaulicht wird.

Voraussetzung zur weiteren Integration der Kreisbevölkerung ist die Information. Hierzu leistet das Werk einen wertvollen Beitrag. Dafür möchte ich allen an seinem Zustandekommen Beteiligten – den Autoren und den Photographen, dem Verlag und allen übrigen Mitarbeitern – danken. Mit diesem Dank verbinde ich den Wunsch, daß »Der Landkreis Sigmaringen« selbst und dieses Buch viele Freunde finden mögen.

Sigmaringen, im Dezember 1981

Jürgen Binder
Landrat

GREGOR RICHTER

Auf den Spuren der Geschichte

Von der Steinzeit bis zur Kreisreform

Region – Landschaft – Geschichte

Der Kreis Sigmaringen entstand in seinen jetzigen
Grenzen im Rahmen der umfassenden Kreisreform in
Baden-Württemberg am 1. Januar 1973. Streng genommen, beginnt erst mit diesem Datum die Geschichte des
Kreises. Die relativ kurze Zeitspanne zwischen 1973
und 1981 soll aber nicht Gegenstand des geschichtlichen Rückblicks sein. Immerhin ließen sich aus den
letzten Jahren viele Dinge aufzählen und würdigen, die
im Kreise Sigmaringen einstmals historische Wertung
verdienen werden. Dreimal fand beispielsweise die
Wahl des Landrats statt, wobei 1973 Dr. Max Gögler,
der schon dem Altkreis Sigmaringen vorgestanden
hatte, bestätigt wurde, während nach dessen Berufung
in das Amt des Regierungspräsidenten von Tübingen
1975 der Landtagsabgeordnete Dietmar Schlee die
Nachfolge antrat. 1980 berief der baden-württem-
bergische Ministerpräsident Lothar Späth Dietmar
Schlee zum Minister für Arbeit, Gesundheit und
Sozialordnung in die Landesregierung nach Stuttgart.
Der Kreistag wählte 1980 zum neuen Landrat des
Landkreises Sigmaringen Jürgen Binder.
Die Geschichte von Regionen und Verwaltungsgebie-
ten wird sich immer im Rahmen der historischen
Bedingungen, Zustände und Entwicklungen eines
Bundeslandes, des Gesamtstaates, der kontinentalen,
ja letztlich der allgemeinen Weltsituation abspielen.
Wenn Flüchtlinge aus dem fernen Vietnam, Kambod-
scha und aus anderen Ländern im Kreis Sigmaringen
eine erste Zufluchtstätte finden, hier von Einheimischen betreut werden, vielleicht Arbeitsplätze erhalten
und, soweit es sich um Kinder handelt, schulische oder
berufliche Bildung und Ausbildung erfahren, dann
wird die globale Verflechtung lokaler Begebenheiten
mit der großen Weltpolitik und damit der Weltge-
schichte ohne weiteres sichtbar.
Doch sollte man solche Beispiele nicht überbewerten.
Ein Land, eine Region, ein Kreis und letztlich eine
Gemeinde sind zwar im Allgemeinen eingebettet, doch

haben sie durchaus auch ihre ureigenen Schicksale.
Bleiben wir beim Kreis Sigmaringen in dem seit 1973
bestehenden Umfang, so gibt es Unverwechselbares,
das nur diesem Kreis eignet, nur hier in der spezifischen
Ausformung sich darbietet. Wir könnten die Wahler-
gebnisse bei Gemeinderats- und Kreistagswahlen nennen, ebenso auch die Zustände und Folgen, die sich aus
dem Neubau des Kreiskrankenhauses in Sigmaringen
für die medizinische Versorgung der Bevölkerung,
aber auch für die kleineren Krankenhäuser im Kreisgebiet ergeben. Der Straßenbau im Kreis erhält Belang,
nicht minder die Entwicklung auf den Gebieten des
berufsbildenden Schulwesens, der Wirtschaftsförde-
rung oder der Landschaftspflege. Damit sind Gemein-
schaftsaufgaben angesprochen.
Die Bewältigung gemeinsamer Aufgaben und Schwierigkeiten läßt ein Bewußtsein der Zusammengehörig-
keit entstehen. Wie stark dieses sein kann, zeigte sich
landesweit an der Reaktion der Kreisbewohner auf die
jüngste Gebietsreform. Wo Kreise aufgehoben oder
Teile abgetrennt werden sollten, gab es Einwände, ja
Proteste. Aus historischer Sicht ist dies voll verständlich. Der Historiker weiß aber zugleich, daß die neuen
Kreise zwangsläufig über die gemeinsamen Aufgaben
wieder organisch zusammenwachsen werden, wie es
sich bereits jetzt abzeichnet. Andererseits kann der
geschichtliche Rückblick viele frühere Gemeinsamkei-
ten aufdecken, die sich wie ein Wurzelgeflecht über das
neue Kreisgebiet erstrecken und alte Verbindungsli-
nien sichtbar machen. Denn manche Orte, die bis in die
jüngste Zeit als badisch, hohenzollerisch oder württembergisch zu bezeichnen waren, unterstanden einst
der gleichen habsburgischen oder fürstenbergischen
Landeshoheit, ehe sie durch die napoleonischen
Machtsprüche neuen Dynastenhäusern zugeteilt wurden. Indem auf solche Bezüge geachtet wird, erfüllt die
geschichtliche Darstellung die wichtige Aufgabe, die
gegenwärtigen Zustände in der historischen Bedingt-
heit begreifen und verstehen zu lassen.
Wie sich gebietsmäßige Zugehörigkeit geschichtlich

auswirkt, so stellt die Landschaft einen geschichtsprägenden Faktor dar. Gewässer, Gebirgshöhen oder Niederungen können Menschen zum Niederlassen anziehen oder abstoßen, die Fruchtbarkeit des Landes beeinflußt den Lebensstandard, und Bodenschätze sind geeignet, bestimmte Industriezweige entstehen zu lassen. Im Zeitalter des Tourismus und der Zunahme der Freizeit üben nicht zuletzt landschaftliche und klimatische Verhältnisse eine nicht geringe Rolle im regionalen Erwerbsleben aus.

Auch im Kreis Sigmaringen ist mit derartigen Zusammenhängen zu rechnen, die teils auf erdgeschichtlichen Vorgängen fußen. Denn die malerischen Täler und Höhenzüge an der oberen Donau oder im Laucherttal, die heute Wanderer wie Urlauber anzuziehen vermögen, haben erst nach und nach ihren heutigen Verlauf und das jetzige Aussehen erhalten. Erdgeschichtlich bedingt sind auch die Moränenlandschaften im südlichen Kreisgebiet mit ihren eiszeitlichen Ablagerungen. Heute profitieren davon die gerade hier dicht beieinanderliegenden Kiesbetriebe, die dem Hoch- wie dem Tiefbau Rohmaterialien liefern, zahlreichen Erwerbstätigen Arbeit und Brot geben, daneben aber manche Verkehrs- und landschaftspflegerische Probleme aufkommen lassen.

Wenn in Höhlen von Veringenstadt, bei Beuron, Hornstein, Thiergarten oder Inzigkofen alt- beziehungsweise mittelsteinzeitliche Funde auf menschliche Spuren im Kreis Sigmaringen weisen, die bis 3000, ja vereinzelt bis weit vor 10000 vor Christus zurückreichen, so ergibt sich ein weiteres Beispiel für Zusammenhänge zwischen Landschaft und Geschichte: Die vorhandenen Höhlen und Felsvorsprünge boten Schutz gegen Witterungsunbilden und vor wilden Tieren, so daß die herumziehenden Jäger und Sammler hier Vorzugsplätze fanden. Analog gewährten in späteren Epochen die Flußtäler von Lauchert, Donau oder Ablach natürliche und nach ihrer Bodenbeschaffenheit günstige Gegebenheiten für Siedlungen der inzwischen seßhaft gewordenen Bronzezeitmenschen, weiter dann

der keltischen Urbevölkerung und schließlich der Alemannen nach deren Sieg über die Römer. Im Mittelalter aber erschienen die aufragenden Felsenberge wie dazu geschaffen, die damals in Mode gekommenen Höhenburgen aufzunehmen. Später gaben Bohnerzfunde in unserem Gebiet Veranlassung, Schmelzöfen anzulegen. Im Laucherttal entwickelten sich sogar daraus ein Hüttenwerk und ein Ort gleichen Namens.

Die angedeuteten Wechselbeziehungen zwischen Landschaft und Geschichte lassen sich keineswegs bloß in einem günstigen Licht betrachten. Vielmehr ist nicht zu übersehen, wie die idyllisch anmutenden Täler nicht nur natürliche Siedlungsräume anboten, sondern in den sie umgrenzenden Höhenzügen zugleich Barrieren besaßen, die den Verkehr hinderten, infolgedessen den Handel erschwerten und ungünstige Einflüsse auf den wirtschaftlichen Aufstieg ausübten. Naturkatastrophen wie die häufigen Überschwemmungen konnten mit einem Schlage die Früchte harter Arbeit, ja selbst die Wohnstätten vernichten. In der Stadt Sigmaringen ist noch in lebhafter Erinnerung, wie das Donauhochwasser bis zur Flußkorrektur im Jahr 1975 nahezu alljährlich erhebliche Schäden verursachte.

Region und Landschaft bilden somit die Rahmen für eigengeprägte geschichtliche Zustände und Entwicklungen beziehungsweise für die spezifische Widerspiegelung der allgemeinen Zeitumstände. Es ist daher von besonderem Reiz, das Kreisgebiet unter solchen Gesichtspunkten historisch zu betrachten.

Vom Neandertaler zum hochmittelalterlichen Siedlungsausbau

Das Kreisgebiet von Sigmaringen hat nicht nur voll Anteil an der südwestdeutschen Siedlungsgeschichte gehabt, sondern die gerade hier gemachten und keineswegs als alltäglich zu bezeichnenden Funde lassen insgesamt Erkenntnisse über menschheitsgeschichtliche Entwicklungen zu, wie sie sich nördlich der Alpen abgespielt haben.

Bei grober Einteilung vorgeschichtlicher, also nicht durch schriftliche Quellenzeugnisse belegbarer Geschichtsepochen kann man die Steinzeit, ihrerseits unterteilbar in Altsteinzeit (ca. 800 000 bis 10 000 v. Chr.), Mittelsteinzeit (ca. 10 000 bis 3000 v. Chr.) und Jungsteinzeit (ca. 3000 bis 1800 v. Chr.), die Bronzezeit (1800 bis 800 v. Chr.) und die noch andauernde Eisenzeit nennen. Nach Fundorten im Salzkammergut beziehungsweise am Neuenburger See in der Schweiz gliedert man die vorgeschichtliche Eisenzeit in eine ältere Epoche der Hallstattkultur (ca. 800 bis 500 v. Chr.) und eine jüngere, die sogenannte Latènezeit (ca. 500 bis zur Zeitenwende). In der Latènezeit läßt sich erstmals sicher eine Bevölkerungsgruppe als hier ansässig näher erfassen, die der Kelten. Diese wurden im ersten nachchristlichen Jahrhundert von den Römern besiegt, unterworfen und in späteren Kämpfen zwischen den Römern und Germanen verdrängt. Vom 3. Jahrhundert an ist schließlich die alemannische Landnahme, die Periode des Eindringens und der großflächigen Niederlassung des germanischen Mischstammes der Alemannen zu datieren, die dann vom 5./6. Jahrhundert an in die Stufe des Landesausbaus überging mit dem weiteren Vordringen alemannischer Siedler in teils abgelegenere, teils unwirtliche Gegenden.

Daß die Alemannen als Alle Männer ihren Namen erhielten, weil sie einen Mischstamm aus verschiedenen Gruppen und Volkssplittern bildeten, ist bekannt. Unter ihnen ragte als führender Teilstamm der der Sueven hervor, die als Schwaben dann ihrerseits namengebend für den Gesamtstamm wurden. Der Wechsel in der Namengebung »alemannisch« oder »schwäbisch« ist folglich nur als sprachliche, nicht als stammesmäßige Unterscheidung zu werten. Dies erscheint als erwähnenswert, weil manch einer noch heute die badischen »Bewohner« als Alemannen, die hohenzollerischen, württembergischen und bayerischen aber als eigentliche Schwaben ansehen möchte.

Es ist dies schon merkwürdig, denn wie hätten die spätantiken Siedler vorausahnen können, wo Napoleon an der Schwelle des 19. Jahrhunderts einst die Grenze zwischen den neuen Territorialstaaten ziehen werde?

Die älteren vorgeschichtlichen Funde bestehen vornehmlich in Werkzeugen, Gebrauchs- und Schmuckgegenständen. Hieraus lassen sich wichtige Erkenntnisse über Lebensgewohnheiten, kulturelle und zivilisatorische Entwicklungen, ja teils selbst über religiöse Vorstellungen gewinnen.

Für den Kreis Sigmaringen lassen sich Funde zur Alt- und Mittelsteinzeit nachweisen. In Veringenstadt haben die beiden Höhlen mit den Namen Schafstall und Göpfelsteinhöhle sehr frühe Zeugnisse geschützt, überliefert und jetzt preisgegeben. Die Überreste menschlicher Aufenthalte reichen hier bis in die Zeit des Neandertalmenschen zurück, der 60 000 bis 40 000 Jahre vor Christus anzusetzen ist. Vom Ausgang der Altsteinzeit und von der Mittelsteinzeit zeugen Funde wiederum aus Veringenstadt (nun auch aus der Nikolaushöhle und der Annakapellenhöhle), ferner aus Höhlen bei Beuron (Probstfels), Hornstein (Kohltalhöhle), Inzigkofen, Thiergarten (Falkensteinhöhle, Bernaufels). Eine weitere Fundstätte enthielt der Dettinger Berg in Sigmaringen.

Die Funde weisen den alt- und mittelsteinzeitlichen Menschen als Jäger und Sammler aus, wie beispielsweise die Speerspitzen oder Harpunen belegen. In der Jungsteinzeit ließen sich die Menschen als seßhafte Bauern auch im Gebiet des jetzigen Kreises Sigmaringen erstmals in Dörfern nieder. Wie schon die Hinweise auf alt- und mittelsteinzeitliche Funde in Höhlen erkennen lassen, hat oftmals der Zufall eine Rolle gespielt, ob sich entsprechende Spuren erhalten haben. Höhlen waren dazu naturgemäß geeigneter als dem Pflug unterworfene Ackerflächen.

Weshalb für die jungsteinzeitlichen Bauernsiedlungen in noch größerem Maße mit Zufallsüberlieferungen zu rechnen ist, macht der einzige bedeutendere Fund aus dem Kreisgebiet Sigmaringen deutlich, der 1936 auf der Flur Egelsee bei Ruhestetten, jetzt Gemeinde Wald, gemacht wurde. Eine Teilgrabung legte von sechs Häusern im Moor hölzerne Wandpfosten und Hüttenböden mit Lehmestrich frei. Nur im konservierenden Moor blieben diese Überreste menschlicher Siedlungskultur erhalten. Andernorts fehlten solche günstigen Bedingungen und gingen die Spuren verloren. Manches mag noch unentdeckt in der Erde ruhen. Da neben den Hausfunden aus dieser Siedlungs- und Kulturepoche noch Gerätschaften überliefert sind, insbesondere die häufig mit Bandverzierungen versehenen Tongefäße, ist der große kulturelle Entwicklungssprung ablesbar, den die Menschen inzwischen gegenüber den mittel- und altsteinzeitlichen Verhältnissen vollbracht hatten. Die bronzezeitlichen Spuren werden dichter, sicher auch deshalb, weil sich die Metallgegenstände besser erhalten haben, aber auch wegen der nun aufkommenden Bestattungssitten in Hügelgräbern, später in Urnengräbern, beide Male mit Grabbeigaben. Fundstätten sind wieder Stellen in oder bei Veringenstadt, dann Neufra (Freudenweiler), Hettingen, Sigmaringen und Rulfingen, Gammertingen oder auch Sigmaringen am Gorheimer Berg. Östlich von Mengen und bei Beuren fanden sich ebenfalls Urnengräber. Die Grabbeigaben lassen erste Schlüsse auf soziale Schichtungen zu, indem sich reichere und geringere Gräber finden ließen. Neben Gefäßen und einzelnen Gebrauchsgegenständen wie Messer können vornehmlich die Schmuck- und Waffenbeigaben als Maßstab für den Status der Bestatteten genommen werden. Bei Gammertingen fand sich ein Doppelgrab mit Skelettbestattung, das als das reichste Grab dieser Art in Südwestdeutschland überhaupt gilt. In einer steinernen Grabkammer lagen Mann und Frau umgeben von Schwert, Messer, Bratspießen, nicht weniger als elf Zierscheiben und dreizehn Armringen, auch von Knöpfen einer Kette mit reichverziertem Brustschmuck. Man spricht von einem Fürstengrab und will in dem Toten einen Stammesführer sehen.

In der Hallstattkultur als der ersten eisenzeitlichen Epoche hat sich nicht allein die Art des verwendeten Metalls gewandelt, sondern die Verarbeitungstechnik verfeinerte sich, und die Formen wurden reicher. Bekannt sind insbesondere die vielen Schmuckgegenstände, von denen wiederum die Fibeln als ansteckbare Schmucknadeln von dem schier unerschöpflichen Erfindungsgeist ihrer Hersteller zeugen. Natürlich geben weiterhin die Grabbeigaben Hinweise auf die sozialen Verhältnisse, wenn sich nach wie vor eine unterschiedliche Ausstattung antreffen läßt. Bei Vilsingen ist noch im vorigen Jahrhundert ein Grabhügel geöffnet worden, dem man wegen der überaus reichen Beigaben ebenfalls den Namen eines Fürstengrabes gab. Neben Waffen, Geräten und Schmuck enthielt das Grab sogar einen ganzen vierrädrigen Wagen, teils mit Bronzeblech verziert. Die Grabungsergebnisse auf der Heuneburg bei Hundersingen stellen dies alles in den Schatten, ist man doch dort auf eine ganze Wehr- und Wohnanlage mit mehreren Fürstengräbern gestoßen. Die Funde machen enge Beziehungen wahrscheinlich, die von hier aus im sechsten vorchristlichen Jahrhundert zum griechischen Kulturkreis bestanden haben dürften. Eine solche große, an strategisch ausgezeichneter Stelle geschaffene Anlage stand bestimmt nicht isoliert, man darf sich vielmehr in ihrer näheren und entfernteren Umgebung weitere Niederlassungen vorstellen. Die Ausmaße, die Art der Anlage und die vielfältigen Zeugnisse der damaligen Kultur bis hin zur Verwendung der nur hier nördlich der Alpen gefundenen luftgetrockneten Lehmziegeln weisen die Heuneburg nicht allein als wichtiges Beispiel der Hallstattkultur auf baden-württembergischem Boden, sondern als eines der bedeutendsten Zentren dieser Epoche in Mitteleuropa überhaupt aus. Natürlich gehören dazu auch die benachbarten Bodendenkmale, der Hohmichele oder der Rauhe Lehen bei Ertingen.
Hallstattzeitliche Spuren in Form von Hügelgräbern begegnen im Kreis Sigmaringen übrigens noch auf fast jeder Gemarkung im Lauchertal, dann bei Sigmarin-

gen, Laiz, Inzigkofen, Engelswies, Rosna, Habsthal, Kappel, Wald oder Rothenlachen.

Soweit man auf Bodenfunde angewiesen ist, spielt der bereits erwähnte Zufall eine große Rolle. Dies gilt in doppelter Hinsicht. Zunächst nämlich müssen die Zeugnisse über Jahrtausende erhalten geblieben sein, was bei bebautem Land gar nicht so selbstverständlich ist. Modernere Wohnanlagen und der Pflug haben vieles zerstört. Ehe man eigentlich erst im vorigen Jahrhundert solche Funde zu sammeln und ihren Quellenwert zu schätzen und zu deuten lernte, gingen viele an sich überlieferte Anlagen und Stücke von historischer Bedeutung unter. Anderes verweste und verwitterte, wenn nicht gerade wie im Moor Egelsee der Boden konservierend wirkte. Die andere Rolle des Zufalls zeigt sich beim Auffinden der unter der Erde liegenden Quellenzeugnisse. In der Vergangenheit sind sehr oft bei Erdaushebungen, beim Siedlungs- oder Straßenbau, ja selbst beim Pflügen unerwartet Fundstätten aufgedeckt beziehungsweise angeschnitten worden. Schließlich wirken sich auch die Bestattungssitten der jeweiligen Kulturen aus. Dort, wo Grabhügel über den Toten errichtet worden sind, deuten nicht selten Erderhebungen auf Bestattungsplätze hin, wobei in jüngster Zeit sogar Luftaufnahmen mit Erfolg auszuwerten waren. Wenn man jedoch die Verstorbenen in Gruben ohne Hügel beerdigte, fehlen sichtbare Hinweise.

Solche Wechselbeziehungen bestehen auch im Kreis Sigmaringen. Die reichen Hügelgräber der Bronzezeit aus Gammertingen oder der Hallstattzeit bei Vilsingen sind uns schon begegnet. In der von den keltischen Helvetiern geprägten Epoche der Latènekultur bettete man hier die Toten aber in hügellose Gruben. Weil somit äußere sichtbare Hinweise auf Bestattungen fehlen, ist es erklärlich, weshalb gerade aus dieser Zeit bisher so wenig Siedlungsnachweise gelungen sind. Man wird noch mit mancher Zufallsentdeckung rechnen dürfen.

Als Fundstellen der Bodendenkmale verschiedener Kulturepochen tauchen nicht selten die gleichen Orte auf. In der Frühzeit ist dennoch kaum damit zu rechnen, daß sich eine Stufe unmittelbar aus der vorhergehenden entwickelt hat. Vielmehr haben eiszeitliche Zwischenperioden oder längere Zeiträume extremer Dürre die urgeschichtlichen Bewohner wiederholt gezwungen, abzuwandern. Erst viel später kehrten unter günstigeren Verhältnissen andere Menschen zurück. Weniger tief waren die Einschnitte zwischen Hallstatt- und Latènekultur. Man vermutet unter den Hallstattmenschen, wenigstens in ihrer Spätzeit, bereits Kelten. Auch weisen keltische Nachbestattungen der Latènezeit in Hügelgräbern auf einen gewissen Zusammenhang hin. Nur die Geräte und ihre Ausschmückung werden zahlreicher und feiner. So tauchen in unserem Gebiet erstmals sogar Gold- und Silbermünzen nach griechischem Vorbild auf. Die Keramikerzeugnisse tragen zeittypische Merkmale. Eigenartigerweise werden sie einfacher. Fundorte sind wieder Veringenstadt, Laiz oder Sigmaringen, aber auch Inneringen, Jungnau und Kettenacker. In die Epoche kurz vor der Zeitenwende gehören noch die Viereckschanzen bei Bondorf und Bierstetten, in denen man neuerdings Kultstätten sehen will.

Im ganzen hat sich gezeigt, daß bis zur Zeitenwende das nördliche Kreisgebiet stärker besiedelt gewesen sein muß als die südlichen Moränenlandschaften, die offensichtlich weniger Nahrung oder Schutz boten.

Die keltischen Ureinwohner im Gebiet Südwestdeutschlands und damit in dem des jetzigen Kreisgebiets Sigmaringen sind um die Zeitenwende und schließlich im ersten nachchristlichen Jahrhundert zwar von den Römern besiegt und unterworfen, nicht aber vertrieben worden. Vielmehr geht man von einem Nebeneinander der römischen Besatzungsmacht und der Einheimischen aus. Beim stufenweisen Vordringen der Römer zog sich zunächst die Grenzbefestigung der Eroberer als Donaulimes mitten durch den heutigen Landkreis Sigmaringen. Kastelle als ausgebaute Stationen werden um Inzigkofen und Laiz ebenso wie bei

Mengen und Ennetach vermutet. Am Ende des 1. Jahrhunderts verschob sich die Linie auf die Höhe der Schwäbischen Alb nach Norden, und unser ganzes Gebiet unterlag der römischen Herrschaft. Gutshöfe bei Inzigkofen, Laiz, Sigmaringen, Bingen, Gammertingen, Ennetach und Ostrach, vor allem aber der Hof »Altstadt« westlich von Meßkirch mit seinem großen ummauerten Gebiet von nicht weniger als acht Hektar Land zeugen davon, wie im römischen Herrschaftsbereich die Lebensweise der Eroberer Eingang fand.

Gemessen an den langen Epochen der vorausgegangenen Kulturen, währte bei uns die Römerherrschaft nur eine kurze Zeitspanne. Schon Anfang des 3. Jahrhunderts brachten Germaneneinfälle schwere Einbußen, bis dann um 260 die hereinstürmenden Alemannen das Limesgebiet bis zum Bodensee eroberten und wenigstens vom 4. Jahrhundert an in Etappen für dauernd besiedelten.

Die auf die Alemannen zurückzuführenden Orte erreichten eine so große Zahl, daß es nicht tunlich ist, sie im einzelnen aufzuzählen. Methodische Hinweise auf die Erkenntnisquellen müssen genügen. Als erstes helfen wieder Bodenfunde weiter. Denn etwa 500 bis 700 bestand bei den Alemannen der Brauch, die Toten in Reihengräbern zu beerdigen. Wo solche Grabfelder begegnen, liegt folglich der Rückschluß auf einen frühen Ort nahe. Da Reihengräber mit Beigaben der älteren Epoche oft bei solchen Siedlungen vorkommen, deren Namen auf -ingen oder -heim enden, können Ingen- und Heimorte in der Regel der Landnahmezeit zugeschrieben werden.

Als Landnahme bezeichnet man die erste Niederlassung alemannischer Siedler in Ortschaften. Bevorzugt wurden dabei die fruchtbaren Flußtäler, zuweilen auch Hochflächen. Gammertingen und Inneringen lassen sich dafür als Beispiele nennen. Offenbar wuchs die alemannische Bevölkerung rasch, denn später benötigte man neue Siedlungsplätze. Die Siedlungsdichte nahm zu, und bisher ausgesparte Gebiete, vornehmlich im Süden unseres heutigen Kreises gelegen, wurden in der sogenannten Ausbauzeit vom 7. bis 9. Jahrhundert durch Ortschaften erschlossen. Als chrakteristische Namen tauchten dabei solche mit den Endungen -stetten, -dorf, -hausen, -hofen (auch -inghofen = kofen) und -weiler auf. Wer sich die Kreiskarte vor Augen hält, kann sich an den Ortsnamen die Siedlungsetappen verdeutlichen. Allerdings läßt sich dies nicht verallgemeinern, blicken doch die Orte Engelswies, Ostrach, Großtissen und Hohentengen ebenfalls auf ein sehr hohes Alter zurück, ohne daß ihre Namen dies vermuten ließen. Dies bezeugen wie bei den durch die Namen charakterisierbaren Orten im 7. Jahrhundert zunächst noch Reihengräberfunde, in den darauffolgenden Jahrhunderten nicht selten die Kirchenpatrone, waren doch zeitweise bestimmte Heilige in Mode, denen vorrangig Kirchen geweiht wurden.

Die angedeuteten Zusammenhänge zwischen Namen, Patrozinien und Grabfeldern lassen sich nicht überall in dieser Verbindung nachweisen; sie sind auch nicht allerorts schematisch als Belege für das tatsächliche Alter einer Siedlung zu werten. Manche Gemeinde erhielt im Laufe der Zeit einen anderen Namen wie manche Kirche einen anderen Heiligen. Beide passen dann vielleicht nicht mehr in die tatsächliche Entstehungszeit. Auch die Bestimmung abgegangener Orte bereitet Schwierigkeiten, zumal dann, wenn gleiche oder ähnliche Namen daneben vorkommen. Daß ein alter Ortsname übertragen werden konnte, läßt sich an der Stadt Sigmaringen ablesen. Bekanntlich ist die altalemannische Siedlung dieses Namens in Sigmaringendorf zu suchen. Als der Burgenbau aufkam, legte sich offenbar der dortige Ortsherr im Westen auf felsiger Lage eine Befestigungsanlage an. Als Castellum, als Burg also, mit dem Namen Sigmaringen wurde sie nach der Petershausener Chronik im Jahr 1077 während des Investiturstreits belagert. Später entwickelten sich aus der Wehranlage ein Burgflecken und schließlich eine Stadt.

Solange die noch heidnischen Alemannen ihren Toten Beigaben in die Gräber legten, lassen sich daraus, wie in den voraufgegangenen Kulturen, wesentliche Besitz- und Rangunterschiede erschließen. Das um 600 angelegte und 1902 entdeckte Gammertinger Fürstengrab mit dem berühmten Goldhelm und anderen wertvollen Ausstattungen ist dafür ein beredtes Zeugnis.

Nachdem die Alemannen Ende des 5. Jahrhunderts von den Franken gezwungen worden waren, die etwa zwischen Karlsruhe, Ludwigsburg und Aalen verlaufende Grenzlinie zu respektieren, folgte 536 die völlige Unterwerfung. Von nun an gehörte auch unser Gebiet zunächst zum merowingischen, dann karolingischen Frankenreich.

Die Siedlungsdichte lag nach dem Landesausbau im 10. Jahrhundert im wesentlichen fest. Im Mittelalter kamen die Höhenburgen auf, um die sich nicht selten wie in Sigmaringen, aber auch in Pfullendorf, Veringenstadt oder Scheer, Burgweiler, später dann Städte entwickelten. Andererseits setzte um 1300 die sogenannte Wüstungsperiode ein, in der bis 1500 viele Orte wieder verschwanden. Brenzkofen auf der Markung der Kreisstadt Sigmaringen ist dafür ein Beispiel. Daß sich dabei die -ingen- und -heimorte im wesentlichen behaupteten, die in der Ausbauzeit angelegten Siedlungen dagegen häufiger aufgegeben wurden, ist nicht nur interessant, sondern zugleich ein Beleg für die geschickte Standortwahl der Orte in der Landnahmezeit.

Territorialherrschaften

Das alemannische Siedlungsgebiet reichte von den Alpen bis zur Nordlinie Karlsruhe–Ludwigsburg–Aalen, in der anderen Ausdehnung von den Vogesen bis zum Lech. Vom 6. bis zum 8. sowie wieder vom 10. Jahrhundert an bestand ein alemannisches, später schwäbisch genanntes Herzogtum, das wesentlich den Zusammenhalt und die Einheit von Sprache, Recht und Sitte förderte. Die Staufer vermochten als letzte Inhaber des Herzogtums Schwaben von 1079 an diesem

noch einmal Glanz und Blüte zu verleihen, bis es einen jähen Niedergang erfuhr und mit dem letzten des Geschlechts 1268 für immer erlosch.

Selbstverständlich bedurfte ein derart großes Siedlungsgebiet der regionalen Gliederung. Über die frühe Zeit der Landnahme ist darüber wenig bekannt. Später lassen sich Baaren als großräumige Verwaltungsbezirke erkennen, ferner begegnen noch die Ausdrücke »Huntare« und »Centena«, die auf den Begriff Hundertschaft zurückgehen. Die Franken schufen dann auch hier Gaugrafschaften mit Grafen, die im Auftrag des Königs die Gerichts-, Militär- und Polizeihoheit ausübten.

Im heutigen Kreisgebiet von Sigmaringen läßt sich an der Oberen Donau westlich von Sigmaringen die *Scherra* oder die *Scherragrafschaft* ausmachen, zu der beispielsweise Vilsingen und Frohnstetten gehörten. Um Mengen und Saulgau, aber auch hin bis Engelswies, erstreckte sich die *Centena Eritgau*. Bei der karolingischen Neueinteilung wurde diese bis an den Bussen erweitert. Ihr westliches Gebiet nannte man später *Goldineshuntare*, seit dem 11. Jahrhundert *Pagus Ratoldesbuch*, zu dem auch Herbertingen und Ostrach zu rechnen sind. Im nordöstlichen Gebiet lag die *Grafschaft Appha*, während im Süden der *Linzgau*, die einstige karolingische Grafschaft am Bodensee, mit dem Raum Pfullendorf heutige Sigmaringer Kreisorte umfaßte.

Im Spätmittelalter entwickelten sich in den Territorien neue Herrschaftsbezirke und -formen. Ihre Inhaber übten die Gewalt nicht mehr kraft königlichen Auftrags, sondern aus eigenem, für dauernd übertragenem Recht aus. Kein geringerer als Kaiser Friedrich II. hat diesbezüglich sowohl den geistlichen wie den weltlichen Fürsten wesentliche Zugeständnisse gemacht. Wie bei allen anderen Geschichtsepochen finden sich in unserem Gebiet auch für die neue Entwicklung Beispiele.

Die Anfänge der neuen territorialen Gliederung lassen sich im 11. Jahrhundert erkennen. Man kann von da an

Herrschaftsinhaber nachweisen, die sich jedoch oft weder familienmäßig noch regional eindeutig festlegen lassen. In der Regel handelt es sich um Grafen- oder Herrenfamilien.

Ein Herrschaftsschwerpunkt bestand im Westen des heutigen Kreisgebiets, den die *Grafen von Rohrdorf* aufbauten. Sie gründeten im 12. Jahrhundert den Markt Meßkirch, der sich unter den Truchsessen von Waldburg als ihren zweiten Nachbesitzern um 1250 zur Stadt entwickelte.

Als *Grafen von Sigmaringen* begegnen im 12. Jahrhundert Mitglieder der Familie von Spitzenberg-Helfenstein, später Angehörige anderer Familien. Die Herrschaft war offenbar nicht sehr groß. Im 13. Jahrhundert erhielt auch der Burgflecken Sigmaringen das Stadtrecht verliehen.

Als Nachbesitzer der Grafen von Altshausen sind nördlich der Donau seit dem 12. Jahrhundert die *Grafen von Veringen* anzutreffen, denen die Stadterhebung von Veringenstadt zugeschrieben wird. Die Veringer konnten vorübergehend noch das Gebiet um Gammertingen und Hettingen erbweise an sich bringen, das zunächst die Grafen von Achalm, dann die von Gammertingen und andere besessen hatten.

Ein weiterer Herrschaftskomplex bildete sich um Scheer, Mengen und Habsthal. Ihn besaßen als Nachfolger der *Grafen von Bregenz* zunächst die *Pfalzgrafen von Tübingen*, nach 1200 deren Nebenlinie, die *Grafen von Montfort*. Auch nach Pfullendorf nannten sich im Mittelalter Grafen. *Graf Hugo von Pfullendorf* gilt als Vertrauter des Kaisers Barbarossa. Er schuf sich am Bodensee ein beachtliches Herrschaftsgebiet, das nach seinem Tod 1180 an den Kaiser fiel. Friedrich II. erhob Pfullendorf zur staufischen Stadt. Die Grafenrechte im benachbarten Linzgau kamen über mehrere Zwischenglieder 1277 an die *Grafen von Werdenberg*, die uns noch in anderen Orten des Kreises begegnen werden.

Zu der verhältnismäßig großen Zahl von Grafen, die auf unserem Kreisgebiet im Hochmittelalter anzutref-

fen waren, kam noch ein Gewirr von Familienverknüpfungen und Besitzveränderungen. Es mag genügen, an wenigen Beispielen die Problematik aufzuzeigen.

Nimmt man als erstes die Familienbeziehungen, so eignen sich die Pfalzgrafen von Tübingen gut zur Veranschaulichung. Wie erwähnt, besaßen diese bei uns Rechte um Scheer, Mengen und Habsthal. Eine Nebenlinie führte, wie angedeutet, den Namen Montfort. Auch diese spaltete sich, wobei die neue Linie Werdenberg entstand, von der schon im Zusammenhang mit Pfullendorf zu reden war. Man muß von Heiratsverbindungen, Teilungen und Erbfällen ausgehen. Die Familien herrschten dann aber nur selten über geschlossene Gebiete, sondern eher über mehr oder weniger große Landstriche. Diese wiederum konnten weitgestreut auseinanderliegen. Aus dem Bregenzer Erbe hatten beispielsweise die Tübinger Pfalzgrafen neben dem Komplex Scheer–Mengen–Habsthal noch Rechte um Obermarchtal erworben, wo sie 1171 anstelle eines zerfallenen älteren Stifts ein Prämonstratenserchorherrenstift errichteten. Daneben hängen die Entstehung des Klosters Blaubeuren und die Erhebung des Marktes Blaubeuren zur Stadt mit dieser Familie zusammen, die noch das Kloster Bebenhausen gründete und sogar 1197 im Erbgang von den Grafen von Gleiberg im heutigen Hessen Fuß faßte, dort um 1248 die Stadt Gießen entstehen ließ, ehe sie 1265 diesen Besitzteil an die Landgrafen von Hessen veräußerte.

Ein rasch aufeinanderfolgender Besitzwechsel ist nahezu allerorts festzustellen. Bei Sigmaringen ließ sich zum 12. Jahrhundert schon die Grafenfamilie Spitzenberg–Helfenstein nennen. Graf Ludwig von Helfenstein gehörte zum Gefolge von Barbarossa. Sein Bruder war Kanzler. Zwischen 1241 und 1258 trat in Sigmaringen ein Graf Gebhard auf, den man nicht sicher einordnen kann, der aber möglicherweise aus dem bayerischen Grafengeschlecht von Hirschberg stammte. Da die Stadt Sigmaringen einen Hirsch im Wappen führt, möchte man diesem Grafen die Stadterhebung zuschreiben. Sicher war Graf Gebhard über eine Heirat in verwandtschaftliche Beziehung zum Haus Spitzenberg-Helfenstein getreten und zu dem Sigmaringer Besitz gelangt, denn nach ihm nannte sich wieder ein Helfensteiner Graf nach Sigmaringen, was den Heimfall nach dem Tod des offenbar kinderlosen Grafen wahrscheinlich macht. Wohl wieder über eine Erbtochter erhielt schließlich um 1272 ein Montforter Sigmaringen. Hugo V. von Montfort verkaufte seinerseits zwischen 1287 und 1290 die Burg, die Stadt und andere Besitzungen in der Herrschaft Sigmaringen an König Rudolf von Habsburg, der nach dem Aussterben der Staufer vergeblich versuchte, das Herzogtum Schwaben wieder aufzurichten und an seine Familie zu bringen. Da solche Pläne scheiterten, leitete der König eine Erwerbspolitik ein, die seinem Haus in Oberschwaben und an der Oberen Donau beträchtlichen Besitz und dominierenden Einfluß verschaffte.

Die Größe, die das habsburgische Herrschaftsgebiet im heutigen Kreis Sigmaringen um die Wende zum 14. Jahrhundert erreicht hat, läßt sich allein schon an den Sitzen deutlich machen, von welchen aus die dazugehörigen Bezirke verwaltet wurden. Es handelt sich um Friedberg, Gutenstein, Mengen, Saulgau, Scheer, Sigmaringen und Veringenstadt. Im ganzen gab es also eine beinahe flächendeckende Zuständigkeit, allerdings nicht für lange Zeit.

Um den späteren Wandel verstehen zu können, muß man sich den Charakter vor Augen halten, den solche Herrschaften und Rechte für ihre Inhaber besaßen. Auf einen einfachen Nenner gebracht, kann man von rein privatrechtlicher Handhabung sprechen. Wie schon anklang, erhielten Erbtöchter Herrschaften als Heiratsgut und lassen sich Erbgänge von einer Familie zur anderen über Verwandtschaften ebenso nachweisen wie der Heimfall bei kinderlosem Ableben. Daneben begegnen Käufe und Verkäufe. Einen besonderen Rang aber nahmen die Verpfändungen ein. An ihnen wird so recht deutlich, wie seit dem Hochmittelalter die Herrschaftsrechte geradezu benutzt wurden, um Geschäfte zu machen. Denn während der Verkauf dazu zwang,

sich endgültig von dem Besitz zu trennen, ließ es die Pfandschaft zu, gegen Rückerstattung der Summe die Herrschaft zurückzuerwerben. Stärker als beim Verkauf, stand folglich offensichtlich ein momentanes Geldbedürfnis im Vordergrund. Für den Erwerber des Pfandgutes stellte sich das Geschäft primär als gewinnbringende Geldanlage dar, bezog er doch für die Dauer der Pfandherrschaft alle Einkünfte, die ein solcher Besitz unter den verschiedensten Rechtstiteln abwarf. In zweiter Linie erhielt der Pfandinhaber einen nicht zu unterschätzenden Machtzuwachs, weil sich sein Gebiet und damit sein Einfluß im Gesamtgefüge des Territorialsystems auf die Dauer der Pfandschaft vergrößerte. Schließlich sind die Fälle nicht selten, in welchen das Pfandgeschäft einer ständigen Erwerbung gleichkam, da der Veräußerer und seine Nachfolger häufig die Lösesumme nie aufbrachten oder bei einem späteren Zusatzhandel auf die Rückerwerbung verzichteten. Das Haus Habsburg verstand es noch, sich eine Art Zwischenlehen aufzubauen, beziehungsweise ein Heimfallrecht an Österreich zu behaupten, und so die mittelalterlichen Pfandrechte bis an die Schwelle des 19. Jahrhunderts aufrechtzuerhalten. Die Grafschaften Sigmaringen und Veringen einerseits und Friedberg-Scheer andererseits stellen dafür Beispiele dar. An ihnen läßt sich zugleich zeigen, auf welch unterschiedliche Weise der Besitzwechsel vor sich ging.

Die Grafschaft Veringen befand sich im 13. Jahrhundert in der Hand der Grafen von Veringen. Als König Rudolf von Habsburg nach dem Erlöschen des Geschlechts der Staufer und dem Ende des Interregnums als der kaiserlosen Zeit daran ging, zerstreutes Königsgut wiederzugewinnen beziehungsweise seinem Haus in Oberschwaben eine Machtbasis zu verschaffen, kaufte er 1291 von den genannten Grafen Veringenstadt und umliegende Ortschaften. Eigenartigerweise erwarb das Grafengeschlecht von Veringen bis 1306 eben diesen Besitz um Veringenstadt wieder zurück, allerdings nicht als volles Eigentum, sondern als Pfandobjekt. Letztlich war auch diesem Zustand keine lange Dauer beschieden. Schon 1359 veräußerte nämlich Graf Heinrich von Veringen die nach seinem Hause benannte Grafschaft weiter an Württemberg. Die Habsburger wahrten als ursprüngliche Pfandveräußerer ihre Rechte insofern, als sie befugt blieben, gegen Erlegung der Pfandsumme die Grafschaft wieder auszulösen. Auch die Grafen von Württemberg sahen sich später veranlaßt, das Pfand weiterzuveräußern. Anders als die Grafen von Veringen, denen Graf Froben von Zimmern in seiner bekannten Chronik »unsorgsams, liederlichs hausen« ebenso wie große Prachtliebe als Ursache des Ruins nachsagte, waren die Württemberger gute Hausherren. Sie rundeten ihren Besitz kontinuierlich und vorteilhaft ab. Vorübergehend war aber selbst hier in Fehden oder beim Erwerb anderer Herrschaftstitel Geld nötig. Dies traf offensichtlich im letzten Jahrzehnt des 14. Jahrhunderts zu, als auch die Grafschaft Württemberg mit der offenbar aus Raubrittern gebildeten Schleglergesellschaft in Fehde lag. Jedenfalls gab Graf Eberhard der Milde von Württemberg 1399 die Grafschaft Veringen als Pfand an Graf Eberhard von Werdenberg weiter. Wie 40 Jahre zuvor hält aber die darüber ausgestellte Urkunde ausdrücklich fest, daß es sich hierbei um ein österreichisches Pfand handelte.

An sich hätte es mit der Grafschaft Sigmaringen ebenso gewesen sein können. Auch sie ging 1291 kaufweise an Habsburg über. Als Vorbesitzer traten die Grafen von Montfort seinerzeit die Eigentumsrechte ab. Auch diesen Komplex konnte Habsburg nicht halten. Bereits 1316 begegnet vielmehr ein Burkart von Ellerbach, seit 1325 dann Württemberg als Pfandinhaber. In den folgenden Jahrzehnten muß nun aber Württemberg über Sigmaringen anders als über Veringen das volle Eigentum erlangt haben. Denn als 1399 neben Veringen die Grafschaft Sigmaringen von Württemberg an die Werdenberger als Pfand veräußert wurde, hieß es, Sigmaringen sei württembergisches Eigen, während Veringen als österreichisches Pfand galt.

Unter den gleichen rechtlichen Bedingungen gelangten 1459 die Grafschaften Sigmaringen und Veringen insofern ganz an das Haus Werdenberg, als Württemberg damals auf seine Pfandrechte verzichtete, den Nachfolgern Sigmaringen als Eigenbesitz, Veringen aber unter Wahrung des habsburgischen Einlösungsrechtes überließ.

Die wenig übersichtlichen Verhältnisse gestalteten sich noch komplizierter, als die Grafen von Werdenberg nicht allein 1460, den bekannten Vorbehalten entsprechend, die Grafschaft Veringen als österreichisches Lehen annahmen, sondern 1482 nun auch noch über die Grafschaft Sigmaringen ein Rückfallrecht an Österreich anerkannten. Gerade dieses sollte in der späteren Geschichte von Wichtigkeit werden. Denn schneller als um 1480 erwartet, mußte über das Erbe der Grafen von Werdenberg entschieden werden.

Dieses Grafengeschlecht existierte als Teillinie der Grafen von Montfort, die ihrerseits ein Nebenzweig der Pfalzgrafen von Tübingen waren. Die Verwandtschaft ist leicht an den Wappen dieser Familien abzulesen, die alle eine dreilappige Kirchenfahne im Bild führten, bei der sich nur die Farben unterschieden. Übrigens gab es auch mehrere Linien von Werdenberg.

Am Ende des 15. Jahrhunderts besaß das Haus Werdenberg-Trochtelfingen die Grafschaft Heiligenberg und die Herrschaften Trochtelfingen mit Melchingen, Jungnau mit Inneringen sowie Dietfurt mit Vilsingen. Davon war die Herrschaft Trochtelfingen nach 1310 bei der ehelichen Verbindung zwischen Agnes von Württemberg und Heinrich von Werdenberg von der Braut als Heiratsgut eingebracht worden. Die übrigen Herrschaftskomplexe hatten die Werdenberger nach und nach von verschiedenen Vorbesitzern gekauft.

Außer den Grafschaften Sigmaringen und Veringen konnten die Werdenberger die aufgezählten Herrschaften als Eigenbesitz betrachten. Als das Haus 1534 im Mannesstamm ausstarb, erhob Graf Friedrich von Fürstenberg, der Anna von Werdenberg geheiratet hatte, Erbansprüche. Bezüglich des Eigenbesitzes blieb der Erfolg gegenüber dem Fürstenberger nicht aus. Bei den Grafschaften Sigmaringen und Veringen aber gab es eine beinahe erstaunliche Wendung. Die habsburgischen Oberlehensrechte daran haben wir schon kennengelernt. Österreich machte 1534 von dem Heimfallrecht Gebrauch. Es behielt die Grafschaften jedoch nicht, obwohl sie seine eigene Grafschaft Hohenberg vorteilhaft abgerundet hätten. Vielmehr setzte König Ferdinand im Jahr 1535 den Grafen Karl von Hohenzollern als österreichischen Lehensträger über Sigmaringen und Veringen ein. Auf diese Weise kamen die Hohenzollern zu Besitz im heutigen Kreisgebiet. Die Rechtsgrundlage scheint insofern bemerkenswert, als Karl von Hohenzollern nicht unmittelbar mit dem Haus Werdenberg verwandt war. Seinen Anspruch verdankte er lediglich dem Umstand, daß seine Mutter Johanna von Börseln nach dem Tod des Grafen Eitelfriedrich von Zollern Christoph von Werdenberg geheiratet und ihren Kindern aus erster Ehe damit eine gewisse Anwartschaft ermöglich hatte. Sicher wirkte es sich seinerzeit für die Hohenzollern günstig aus, daß Graf Joachim, der Onkel des Grafen Karl von Hohenzollern, ebenso wie zwei seiner Vorfahren als Hauptmann der Grafschaft Hohenberg in österreichischen Diensten stand, wofür er dem Erzhaus ein Darlehen gegeben hatte.

Die österreichischen Lehensrechte über Sigmaringen und Veringen haben den 1623 in den Fürstenstand erhobenen Hohenzollern später nicht behagt, doch gelang es bis 1806 nicht, sie abzuschütteln. Die Habsburger verstanden es, die im Hochmittelalter bei der Pfandschaftsvergabe begründeten Verhältnisse über Jahrhunderte zu erhalten.

Ähnlich ging es den Truchsessen von Waldburg. Die Geschichte des Besitzes dieses Hauses im östlichen Gebiet des heutigen Kreises Sigmaringen weist überhaupt manche Parallele zu den schon behandelten Komplexen, insbesondere zur Grafschaft Veringen, auf. Denn nachdem König Rudolf von Habsburg 1290 von Graf Hugo von Montfort Stadt und Herrschaft Scheer gekauft hatte, nahmen auch hier die Veräußerer

1314 diesen Besitz wieder als Pfand zurück. Sie erpfändeten sich ebenfalls von Habsburg bereits ein Jahr später die Herrschaft Friedberg. Sie machten daraus die Grafschaft Friedberg-Scheer. Wie andere Rechtstitel, konnten die Grafen von Montfort auch Friedberg-Scheer nicht halten.

In der ersten Hälfte des 15. Jahrhunderts begegnen nacheinander mehrere Pfandinhaber, bis dann 1452 die Truchsessen von Waldburg, die späteren Grafen von Sonnenberg, die Grafschaft Friedberg-Scheer von Habsburg kauften. Dieselbe Familie hatte bereits die Städte Mengen und Saulgau als Pfand von Österreich erworben. Obwohl diese Pfandstädte wie Riedlingen, Munderkingen und Waldsee seit 1454 den Truchsessen als »mannserbliche Inhabung« und somit gewissermaßen als Afterlehen so lange überlassen wurden, wie männliche Erben vorhanden waren, blieb doch das Einlösungsrecht bestehen. 1680 gelang es nämlich den fünf »Donaustädten«, sich aus der Pfandschaft zu lösen und wieder dem Haus Habsburg zu unterstellen. Auf die interessanten Begleitumstände wird noch einzugehen sein.

Die angedeuteten rechtlichen Bindungen und Abhängigkeiten hatten durchaus machtpolitische Auswirkungen. Die Sigmaringer Bürger verstanden es beispielsweise, in allen Konflikten mit den Hohenzollern die österreichische Regierung als eigentlichen Stadtherren anzurufen, sei es bei vermeintlich ungerechter Besteuerung, beim Streit um einen Mühlenbau oder im Zusammenhang mit dem vergleichsweise geringfügigen Anlaß, den die Auflage an die Wirte bot, vor Tanzveranstaltungen Tanzzettel bei der fürstlichen Regierung zu kaufen. So wird es verständlich, daß solche Rechtspositionen nicht leichtfertig abgetreten, ja eher noch vermehrt wurden. Habsburg zeigte sich diesbezüglich noch gegenüber den Truchsessen von Waldburg-Sonnenberg erfolgreich. Offenbar betrachtete es den Verkauf von Friedberg-Scheer von 1452 nicht als völlige Abtretung. Österreich focht jedenfalls frühere Verträge an und erreichte nach langer Zeit der Streitereien im Jahr 1680 die Lehensherrschaft über die Grafschaft Friedberg-Scheer, die nun wie die Grafschaften Sigmaringen und Veringen als österreichisches Afterlehen galt. Als solches existierte sie noch 1786, als Fürst Karl Anselm von Thurn und Taxis die Grafschaft käuflich erwarb. Dieser Fürst besaß als Reichspostmeister und als enger Vertrauter des Kaisers großes Ansehen am Wiener Hof. Dies mag mit dazu beigetragen haben, daß Kaiser Josef II. 1787 aus Friedberg-Scheer eine gefürstete Reichsgrafschaft machte, deren Inhaber von nun an Sitz und Stimme im Reichsfürstenrat des damaligen Reichstags beanspruchen konnte.

Die Aufzählung der geschichtlichen Daten mag vordergründig als überflüssiger Ballast erscheinen. Solche Angaben benötigt man jedoch, wenn geschichtliche Zusammenhänge aufgedeckt werden sollen. Manche Spuren sind noch in der Gegenwart sichtbar: Zu denken ist etwa an die Gemeindewappen mit ortsherrschaftlichen Bezügen oder an die gar nicht seltenen Wappen an Schlössern und in Kirchen. Was hier lediglich als Aufzählung von Jahreszahlen erscheint, hatte in Wirklichkeit sehr reale Hintergründe. Im Zusammenhang mit veringischen und württembergischen Pfandverkäufen war schon auf das Geldbedürfnis infolge der mit Prachtliebe gepaarten Mißwirtschaft beziehungsweise infolge der Kosten für den Kampf gegen die Gesellschaft der Schlegler zu verweisen. Auf ähnliche Weise lassen sich alle derartigen Vorgänge beleuchten. So erklärt sich auch der an sich verwunderliche Umstand, daß der von König Rudolf um 1290 erworbene beachtliche Besitz in unserem Gebiet nicht gehalten werden konnte. Denn in der kaiserlosen Zeit hatten manche benachbarte Herrschaftsinhaber ehemaliges Königsgut an sich gezogen. Die Versuche des Königs zur Rückgewinnung führten zu vielen Feindseligkeiten und kriegerischen Kämpfen. Dann gelang es Habsburg nicht, die Krone bei seinem Haus zu halten. Nach König Rudolf folgte vielmehr der im ganzen unbedeutende Graf Adolf von Nassau. Als nach diesem dann doch 1298 mit Albrecht I. wieder ein Habs-

burger den Thron bestieg, fand er schon zehn Jahre später den Tod durch Mörderhand. Sein Nachfolger im Reich wurde der Luxemburger Heinrich VII. 1314 fiel zwar in König Friedrich dem Schönen erneut die Wahl auf einen Habsburger, doch waren sich die Wahlfürsten uneins. Damals wählte ein Teil von ihnen Ludwig von Baiern zum Gegenkönig. Daraus entstanden langwierige Kämpfe, bis König Friedrich schließlich unterlag und 1325 auf die Krone verzichtete. Österreich mußte in allen Auseinandersetzungen und Kriegen viel Geld aufbringen. Es sah sich zudem noch gezwungen, eine eigene Hausmacht aufzubauen, nachdem es nicht gelungen war, das Reichsgut wiederherzustellen und seiner Herrschaft dienstbar zu machen. Die Hausmacht schuf sich Habsburg im Osten, im späteren Österreich.

Die Verpfändungen erwiesen sich somit als notwendig. Die allgemeingeschichtlichen Zustände und Vorgänge wirkten sich wieder einmal in der Region Sigmaringen aus. Immerhin müssen der weitgehende Verzicht auf gänzlichen Verkauf und die Bewahrung des pfandrechtlichen Rückerwerbsrechts als kluge Maßnahmen angesehen werden. Sie nämlich hatten insofern weitreichende Folgen, als der Ausbau des privatrechtlichen Einlösungsrechts zur Lehensabhängigkeit in bestimmten Fällen sogar eine Art Mitregiment bewirkte, wie es zu Sigmaringen beispielhaft anzuführen war, ebenso aber auch gegenüber Friedberg-Scheer hätte genannt werden können.

Wertet man die bisher behandelte territoriale Zugehörigkeit einzelner Teile unseres Gebiets aus, so ergibt sich das vielleicht überraschende Ergebnis, daß es gewichtige Parallelen zwischen den späteren hohenzollerischen und den württembergischen Gebieten gibt. Besaß doch das Haus Habsburg hier wie dort lehensherrliche Rechtstitel und Einflußmöglichkeiten. Es lassen sich nun auch noch unschwer Parallelen zum westlichen Teil des jetzigen Kreisgebiets aufzeigen. Im Zusammenhang mit dem Erbe der Grafen von Werdenberg, das 1534 anstand, war bereits auf die an

Fürstenberg gefallenen Herrschaften Trochtelfingen, Jungnau und Dietfurt zu verweisen. Die Fürstenberger, die 1535 auch die Grafschaft Heiligenberg aus der werdenbergischen Erbmasse erhielten, erlangten später noch den aus der mittelalterlichen Grafschaft Rohrdorf entstandenen Herrschaftskomplex um Meßkirch mit der genannten Stadt, mit Rohrdorf, Heudorf, Schnerkingen, Ober- und Unterbichtlingen sowie mit Wackershofen. Daß sich auch dieser Komplex im Hochmittelalter in der Hand eines Zweigs der Truchsessen von Waldburg befand, ist gleichfalls schon berührt worden. Über eine Heiratsverbindung kamen im 14. Jahrhundert die Freiherren und späteren Grafen von Zimmern in den Besitz der Herrschaft Meßkirch. Graf Froben Christoph ist der Verfasser der bekannten Zimmernschen Chronik, die manche geschichtliche Nachricht zu unserem Gebiet bringt und hier im Zusammenhang mit der Grafenfamilie von Veringen bereits als Belegstelle aufgetaucht ist. Der 1554 verstorbene Graf Gottfried Werner von Zimmern ließ die Pfarrkirche in Meßkirch umgestalten. Er gilt als Förderer des »Meisters von Meßkirch« und verbesserte den baulichen Zustand der diesem Geschlecht gehörenden Burg Wildenstein.

Als die Grafen von Zimmern 1594 ausstarben, traten in der Herrschaft Meßkirch und auf der Burg Wildenstein die Grafen von Helfenstein Freiherren von Gundelfingen das Erbe an. Bereits 1627 erlosch auch dieses Geschlecht. Danach konnte hier das verwandte Haus Fürstenberg, wie schon 1535 in Jungnau samt Inneringen, Dietfurt und Vilsingen, das Erbe antreten. Wie bei den bereits erwähnten österreichischen Lehensrechten, hörte die Gemeinsamkeit schließlich in der napoleonischen Zeit auf. Die einzelstaatliche Entwicklung in den neuen Staaten Baden, Hohenzollern-Sigmaringen und Württemberg ließ die früheren Zustände in Vergessenheit geraten, was sich in der Diskussion um die Kreisreform von 1973 deutlich zeigte.

Neben den in ihrer geschichtlichen Entwicklung nur schwer zu verfolgenden dynastischen Territorien gab es auch auf dem Gebiet des heutigen Kreises Sigmaringen ritterschaftliche Herrschaften, wie beispielsweise Gammertingen mit Hettingen oder Bittelschieß und Hornstein. Die Reichsritter teilten, veräußerten oder vererbten ihre Besitzungen wie die Dynasten. Sie galten als reichsunmittelbar und hatten oft neben der üblichen Niedergerichtsbarkeit für geringe Fälle wenigstens über Teile ihrer Herrschaften die Hochgerichtsbarkeit inne mit der Befugnis, über Leib und Leben zu richten. Verwehrt war ihnen die Forsthoheit mit dem Jagdrecht auf höheres Wild.

Ihrem Umfang nach bedeutsamer als die ritterschaftlichen Gebiete waren die Klosterherrschaften. Auch sie befanden sich rechtlich teils in doppelter Abhängigkeit, indem etwa die Klöster Wald, Habsthal und Heiligkreuztal zwar der Vogtei des jeweiligen Inhabers der Grafschaft Sigmaringen unterstanden, worüber aber Österreich wie in der Grafschaft selbst oberlehensherrliche Befugnisse beanspruchte. Klosterherrschaften mit vorwiegend grundherrlichen und ortsherrlichen Rechten als Leibherren über Leibeigene, als Niedergerichts- oder auch Zehntherren bildeten über mehr oder weniger große Gebiete Kloster Wald, Kloster Salem im Bereich seiner Herrschaft Ostrach und seit dem 18. Jahrhundert, nach dem Kauf von Bärenthal und dem Schlößchen Ensisheim, Kloster Beuron. Wenigstens teilweise lagen die Klosterherrschaften von Heiligkreuztal mit Beuren und Hundersingen, sowie Stift Buchau mit Frohnstetten als zur Herrschaft Straßberg gehörender Ort im heutigen Kreis Sigmaringen. Andere Klöster besaßen nur lokale, allenfalls grundherrliche Rechte und somit geringere Bedeutung. Wenigstens einmal findet man im Kreis Sigmaringen eine ehemalige freie Reichsstadt. Pfullendorf konnte sich von jeglicher Landesherrschaft freimachen und alle landeshoheitlichen Rechte bis hin zur hohen Gerichtsbarkeit an sich bringen. Die in der Stauferzeit als Sitz eines gleichnamigen Grafen bekannte Siedlung erhielt unter Kaiser Friedrich II. die Rechte einer staufischen Stadt. Nach dem Tod der letzten Staufer behauptete sie sich als Reichsstadt, sie schuf sich mit den Dörfern Illmensee, Groß- und Kleinstadelhofen, Sylvenstal, Wattenreute sowie mit Teilrechten in Zell am Andelsbach und Waldbeuren ein kleines Territorium.

Stellt man sich die lediglich umrißhaft dargestellten Herrschaftsverhältnisse als farbige Einzeichnungen auf einer Landkarte vor, so ergibt sich das Bild eines bunten Fleckenteppichs. Es ist durchaus berechtigt zu fragen, wie denn ein solches System überhaupt funktionieren konnte, wie Handel und Wandel sich entwickelten und wie es sich auf die Untertanen auswirkte. Zusammenfassend läßt sich antworten: Es funktionierte erstaunlich gut, viel besser als man es sich vorstellen möchte. Denn die Grenzen stellten ja keine unüberwindlichen Hürden dar. Schlagbäume gab es zwar sehr viele, doch diese dienten vornehmlich den Zolleinnehmern als Barrieren. Ansonsten konnten die Menschen im Mittelalter und in der Neuzeit geradezu ungehindert den europäischen Kontinent durchreisen, nicht bloß die Kleinterritorien im deutschen Südwesten. Anders wären ja große Pilgerzüge zu näheren und weiteren Gnadenorten gar nicht möglich gewesen, hätten deutsche Studenten in Paris oder Bologna ihren Studien nicht nachgehen können und wäre der Levantehandel nicht zustandekommen, der große Warenaustausch mit dem Vorderen Orient.

Wie wenig die Kleinstaaterei die gegenseitige Befruchtung auf künstlerischem Gebiet hemmte, läßt sich an einzelnen Künstlern aufzeigen. Wie Balthasar Neumann als Baumeister in Würzburg und in Neresheim oder Meersburg wirkte, so tat es der Sigmaringer Meinrad von Aw sowohl in seiner Vaterstadt als auch in der seinerzeitigen Reichsstadt Pfullendorf, aber auch im Kloster Wald, in Orten also, die – außer Wald – erst neuerdings im Kreis Sigmaringen vereinigt sind. Offenbar gut organisiert war seit dem 16. Jahrhundert das Postwesen des nachmaligen Reichspostmeisters Fürst von Thurn und Taxis. Er hatte das ganze Reichsgebiet mit Poststationen überzogen, die Anlauf- und Umspannstellen unterhielten. Beschwerlich

gestalteten sich die Reisen und der Güteraustausch dennoch wegen der Unwirtlichkeit der Landschaft oder der Witterung, besonders aber wegen des oft beklagten schlechten Zustands der Straßen.

Funktioniert hat auch das Abgabenwesen, das von seinem Inhalt her keineswegs leicht zu überschauen war. Da gab es Leistungen an den Landesherrn in Form gemeiner Steuern und von Vogtfrüchten. Der Zehnte mußte an geistliche oder weltliche Zehntherren geleistet werden. Die Leibeigenen entrichteten Leibhennen und im Falle des Todes das Besthaupt beziehungsweise das Bestkleid, Naturalabgaben oder den Gegenwert an Geld in Gestalt des besten Stück Viehs oder des besten Kleids eines oder einer Verstorbenen. Daneben gab es noch die unterschiedlichsten Leistungspflichten der Untertanen als Gülten in Form von Getreide, Wein, Kleinvieh oder Geld, schließlich noch die Fronpflichten. Frondienste konnten mit Zugvieh und Wagen als Spanndienste anfallen oder als Handdienste von Menschen. Das alles erscheint verworren. Die berechtigten Obrigkeiten führten jedoch Bücher über ihre Ansprüche und über Leistungen, so daß bei einem Herrschaftswechsel lediglich die vorhandenen Grunddokumente ausgetauscht zu werden brauchten. So mochte es relativ gleichgültig sein, welcher Obrigkeit man unterstand, zumal da die Abwanderung durchaus statthaft war. Meistens mußten die Wegziehenden ein Abzugsgeld als Steuer auf mitgenommenes Vermögen oder Hab und Gut zahlen; auch kostete die Manumission, die Lösung aus der Leibeigenschaft, eine Gebühr. Vielleicht brachte die Kleinstaaterei insofern sogar einen Gewinn, als die Landesherren weniger in große kriegerische Aktionen einzugreifen vermochten. Kriege europäischen Ausmaßes zeitigten dennoch auch hier ihre schlimmen Folgen. Überdies bildeten die Kleinterritorien nur eine schmale wirtschaftliche Basis für den Finanzbedarf der Hofhaltungen und die Baulust der Obrigkeiten. Es entstanden manche Spannungen zu den Untertanen, die sich gegen erhöhte Anforderungen wehrten.

Ein besonderes Gewicht erhielt die Herrschaftszugehörigkeit auf dem Gebiet der Religion, weil die Landesherren nach dem Grundsatz *cujus regio ejus religio* seit 1555 die Konfession ihrer Untertanen bestimmen durften. Im heutigen Gebiet des Kreises Sigmaringen blieb der alte Glaube erhalten. Es ist dies nicht selbstverständlich, weil sich vergleichbare Fürsten wie die von Hohenlohe, andere Reichsritter, etwa im württembergischen Franken, oder viele Reichsstädte, wie Ulm oder Esslingen, ganz beziehungsweise teilweise, wie Ravensburg und Biberach, dem Protestantismus anschlossen.

Die kleinräumigen Territorialverhältnisse verhinderten es wohl auch, daß sich in unserem Gebiet größere städtische, wirtschaftliche oder kulturelle Zentren bildeten. Dies wirkte sich noch im 19. und 20. Jahrhundert aus, als längst neue Verhältnisse entstanden waren.

Vom napoleonischen Staatensystem zum Land Baden-Württemberg

Noch in der zweiten Hälfte des 18. Jahrhunderts bemühte sich der Abt des Augustiner-Chorherrenstifts Beuron, die österreichische Landeshoheit abzuschütteln und seiner Abtei den Rang einer Reichsprälatur zu verschaffen. Der Erfolg blieb aus. Angesichts der bald eingetretenen Veränderungen hätte er ohnehin keine bedeutsame Phase einleiten können. Denn das System der dynastischen, ritterschaftlichen, geistlichen und reichsstädtischen Territorien unterschiedlicher Größe und Bedeutung, das die Zustände im Alten Reich, dem heiligen Römischen Reich Deutscher Nation, geprägt hatte, brach rasch zusammen. Schon um 1700 bezeichnete der Staatsrechtslehrer Samuel Pufendorf das Reich als irreguläres Monstrum. In der später aufgekommenen Epoche der Aufklärung gerieten vornehmlich die Klöster in den Blickpunkt der Kritik. 1782 ließ Kaiser Josef II. in den habsburgischen Landen die kleineren Ordensniederlassungen, die keine Schulen unterhielten, kurzer Hand aufheben. In Sigmaringen traf dies etwa die Franziskanerinnenklöster Gorheim und Laiz. Die weiteren Schritte vollzogen sich dann im europäischen, ja weltgeschichtlichen Rahmen.

Die Französische Revolution von 1789 zeitigte nicht nur Folgen in Frankreich. Denn der Sturz und schließlich die Hinrichtung des Königs führten zu Interventionsversuchen ausländischer, vornehmlich deutscher Fürsten. Fankreich blieb in den daraus entstandenen Revolutionskriegen Sieger und erhob große Entschädigungsansprüche in Gestalt aller deutschen Gebiete links des Rheins. 1801 mußten dies die deutschen Kontrahenten anerkennen. Den Fürsten wurde dies mit dem Versprechen, ihnen im Reich die Verluste zu entschädigen, etwas schmackhaft gemacht. Auf diese Weise kam es zu der Reichsdeputation, die 1803 ihr Ergebnis, den sogenannten Reichsdeputationshauptschluß, verabschiedete. Dieses von Frankreich und Rußland stark beeinflußte Dokument verfügte die Aufhebung aller Territorialhoheiten von Klöstern und Reichsstädten. Die Gebiete kamen als Entschädigungslande an verschiedene Fürsten. Diesen sprach man zugleich noch das Recht zu, die ihrer Landeshoheit unterstellten Klöster aufzuheben. Damals erhielt der Fürst von Thurn und Taxis im heutigen Kreis Sigmaringen zu seiner 1786 gekauften Grafschaft Friedberg-Scheer Kloster Sießen sowie die Herrschaften Ostrach vom Kloster Salem und Straßberg vom Stift Buchau, an Baden kam die Reichsstadt Pfullendorf.

Dies waren nur erste Schritte. 1805 durften die Fürsten ihre Hoheit über die bisherigen Reichsritterschaften ausdehnen. Im selben Jahr führte der inzwischen zum Kaiser aufgerückte Napoleon I. Krieg gegen Österreich, wobei er auch süddeutsche Bundespartner gewann. Nach der Niederlage mußte Österreich viel Land abtreten, insbesondere den Breisgau an Baden und seine oberschwäbischen Vorlande an Württemberg. Damit war der Weg frei für den Rheinbund von 1806, den Bündnispartner Napoleons abschlossen. Sie traten aus dem Reich aus und beseitigten nun auch die

Landeshoheit über die Gebiete der benachbarten Fürsten, die Napoleon in den Rheinbund nicht hatte eintreten lassen. So blieben nur noch wenige Landesherren mit nun weit vergößerten Ländern übrig. Im deutschen Südwesten waren dies Baden, die beiden Fürstentümer Hohenzollern-Hechingen und Hohenzollern-Sigmaringen sowie Württemberg.

Von nun an gab es auch in unserem Gebiet nur noch vier Staaten. Wie wenig auf frühere Verhältnisse Rücksicht genommen wurde, zeigt sich etwa an Thurn und Taxis, dessen Gebiet um Ostrach und Straßberg an Hohenzollern-Sigmaringen fiel, während die Grafschaft Friedberg-Scheer samt dem seit 1803 thurn und taxisschen Kloster Sießen zu Württemberg kam. Ganz ähnlich ging es dem fürstenbergischen Herrschaftskomplex im Sigmaringer Gebiet: Jungnau, Inneringen, Dietfurt und Vilsingen gehörten fortan zu Hohenzollern-Sigmaringen, die Herrschaft Meßkirch und der Wildenstein wurden dagegen der badischen Landeshoheit unterstellt.

Die Gründe für die Auswahl der südwestdeutschen Partner Napoleons lassen sich bei Württemberg und Baden leicht in ihrer machtpolitischen Bedeutung finden. Anders ist es bei den selbst noch nach den Gebietserwerbungen kleinen hohenzollernschen Fürstentümern. Hier mag zwar auch die nahe Verwandtschaft zum preußischen Königshaus in die Waagschale geworfen worden sein; letztlich spielte wohl aber doch der Familiensinn des französischen Kaisers die entscheidende Rolle. Denn die Fürstin Amalie Zephyrine von Hohenzollern-Sigmaringen lebte zur Zeit der Revolutionswirren in Paris. Der Vicomte Alexandre de Beauharnais wurde zusammen mit dem Bruder der Sigmaringer Fürstin verhaftet und schließlich hingerichtet. Die mit der Familie befreundete Fürstin konnte damals den Kindern Beauharnais schützend zur Seite treten. Als Napoleon später die Vicomtesse Josephine de Beauharnais geheiratet und deren beiden Kinder adoptiert hatte, trug die Bekanntschaft zum Haus Bonaparte die erwähnten Früchte. Die Hohenzollern blieben von der drohenden Mediatisierung verschont, die besonders der eben zum König aufgerückte Souverän von Württemberg mit Nachdruck und Übergriffen verlangt und bereits in Gang gesetzt hatte. Der Fürst von Hohenzollern-Sigmaringen konnte die Lehensherrschaft Österreichs abschütteln und Kloster Wald, die Ritterschaft Gammertingen sowie andere teils schon erwähnte Gebiete an sich bringen.

Die damals gezogenen Landesgrenzen spiegelten sich in unserem Gebiet noch in den Kreisgrenzen wider, wie sie bis zur Gebietsreform von 1973 bestanden. Es hatte sich daran auch nichts geändert, als beide Fürstentümer 1850 preußisch geworden waren. Die Gründe für den Herrschaftswechsel von 1850 lassen sich in der Revolution von 1848 finden, die vornehmlich die kleinen Länder stark erschütterte. Nachdem sich der Anschluß an ein neues deutsches Reich nach dem Scheitern der in der Frankfurter Paulskirche entworfenen, hochgesteckten Pläne zerschlug, kam auf Grund älterer Familienabmachungen der vertraglich vereinbarte Anschluß an Preußen zustande. Bekanntlich wurde Sigmaringen Sitz eines preußischen Regierungspräsidenten, entstand später der Landeskommunalverband der hohenzollerischen Lande und blieb die Zugehörigkeit zu Preußen über das Ende der Monarchie im Jahr 1918 bestehen.

Erst das Jahr 1945 brachte wieder einen grundlegenden Einschnitt, als nach der Niederlage des Dritten Reiches im Zweiten Weltkrieg nicht allein Preußen zerschlagen wurde, sondern auch Baden und Württemberg ihre Existenz verloren. Es ist bekannt, daß die Demarkationslinie zwischen der französischen und der amerikanischen Besatzungszone beide südwestdeutschen Länder zerschnitt, daß die Besatzungsmächte in den nördlichen Landesteilen das neue Land Württemberg-Baden, im Süden aber aus dem Rest die beiden Länder Baden und Südwürttemberg-Hohenzollern schufen. Erst 1952 konnte die Trennung insofern überwunden werden, als sich alle drei Nachkriegsländer zum neuen Bundesland Baden-Württemberg zusammenschlossen.

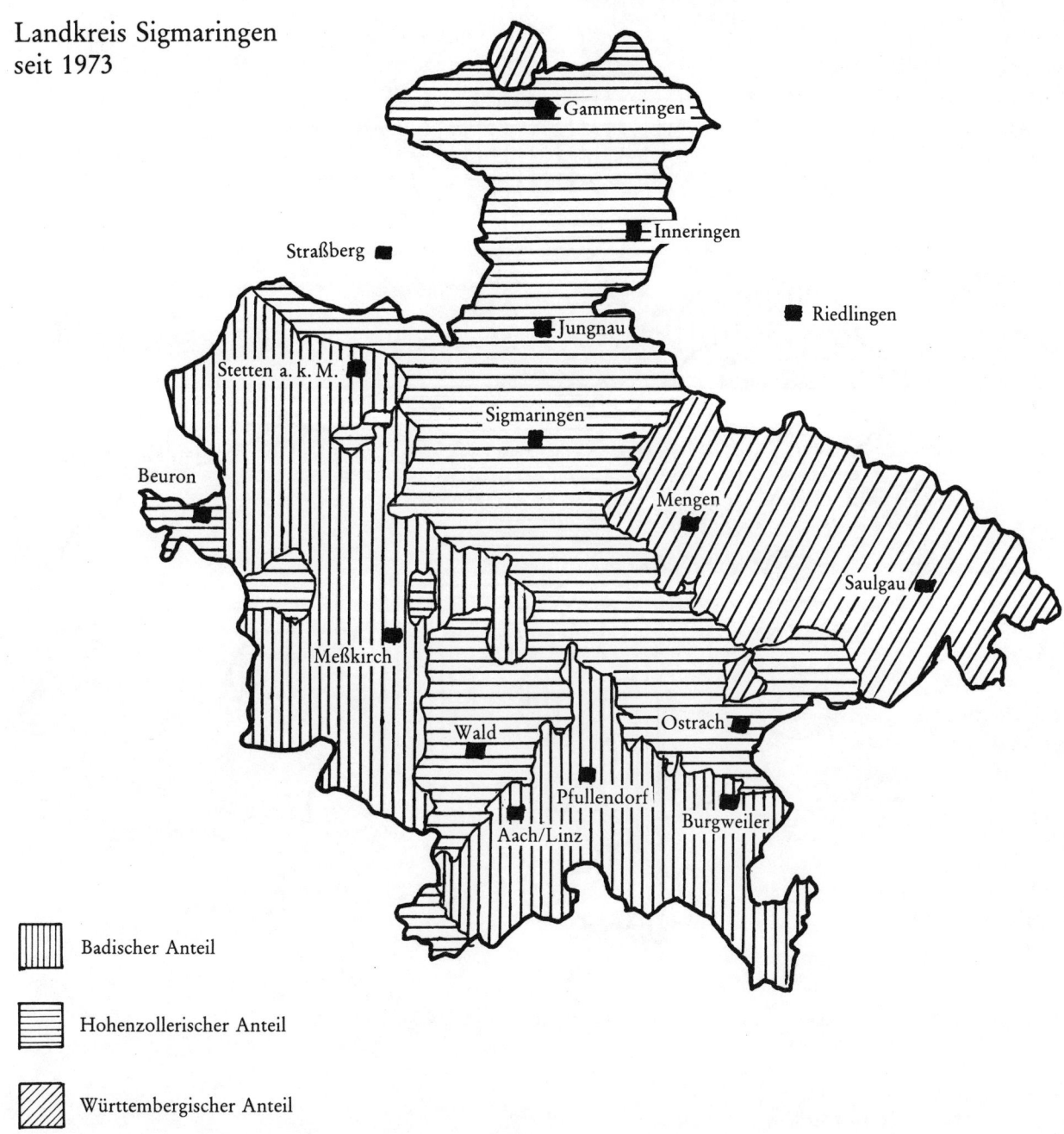

Karte 1

Landkreis Sigmaringen
seit 1973

Trochtelfingen

Gammertingen

Inneringen

Straßberg

Riedlingen

Jungnau

Stetten a. k. M.

Sigmaringen

Beuron

Mengen

Saulgau

Meßkirch

Wald

Ostrach

Pfullendorf

Aach/Linz

Burgweiler

Badischer Anteil

Hohenzollerischer Anteil

Württembergischer Anteil

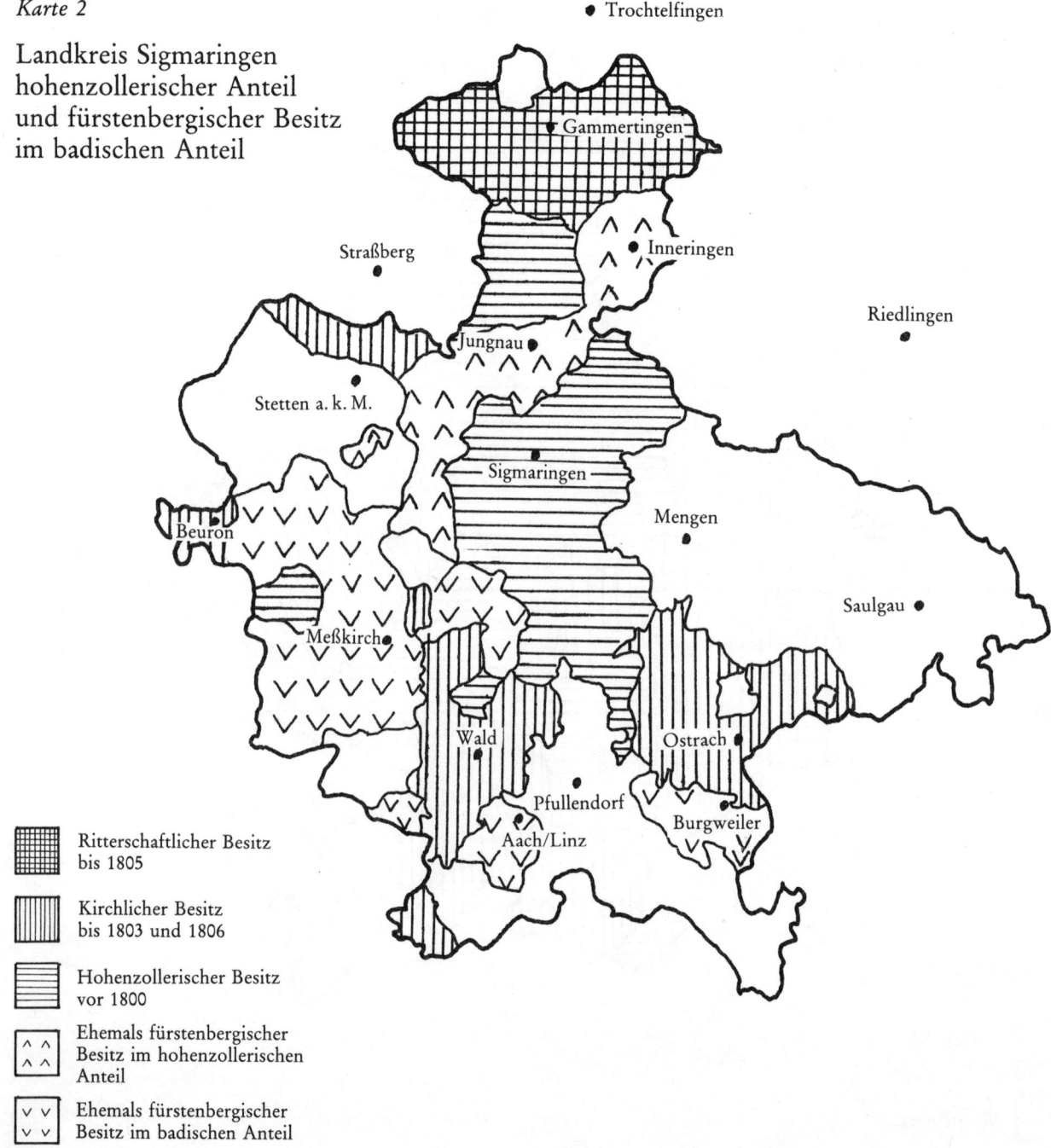

Karte 2

Landkreis Sigmaringen
hohenzollerischer Anteil
und fürstenbergischer Besitz
im badischen Anteil

Trochtelfingen

Gammertingen

Straßberg

Inneringen

Riedlingen

Jungnau

Stetten a. k. M.

Sigmaringen

Mengen

Beuron

Saulgau

Meßkirch

Wald

Ostrach

Pfullendorf

Burgweiler

Aach/Linz

Ritterschaftlicher Besitz
bis 1805

Kirchlicher Besitz
bis 1803 und 1806

Hohenzollerischer Besitz
vor 1800

Ehemals fürstenbergischer
Besitz im hohenzollerischen
Anteil

Ehemals fürstenbergischer
Besitz im badischen Anteil

Der Zusammenschluß von 1952 wirkte sich zunächst regional nicht aus. Die Regierungsbezirke folgten den bisherigen Landesgrenzen, und die Kreise bestanden in ihrem alten Umfang fort. Erst durch die Gebietsreform von 1973 änderte sich dies gründlich. Die Regierungsbezirke und die Kreise erhielten einen ganz anderen Zuschnitt; jetzt spielten auch die bisherigen Grenzen zwischen Baden, Hohenzollern und Württemberg keine Rolle mehr. Am ausgeprägtesten zeigt sich dies am Landkreis Sigmaringen. Dieser ist beinahe ausgewogen zusammengesetzt (vgl. Karte 1). Von den 128 Gemeinden, die 1964 auf seinem jetzigen Gebiet bestanden haben, stammen 58 aus Hohenzollern, 36 aus württembergischen und 34 aus badischen Landkreisen. Hat somit die Kreisreform im ganzen Land, besonders aber im Kreis Sigmaringen, dazu geführt, bisherige Zusammengehörigkeiten zu trennen, so kann doch nicht übersehen werden, daß auch früher manches verändert worden ist. Man darf hierbei nicht nur an die schon angedeutete Entwicklung im Alten Reich und beispielsweise an das später auf Baden wie auf Hohenzollern verteilte fürstenbergische Territorium denken. Vielmehr mußten auch die unter Napoleon entstandenen Länder ihre damals als Oberämter beziehungsweise in Baden als Bezirksämter bezeichneten Kreise ohne Rücksichtnahme auf frühere Verhältnisse einteilen. Wie das Oberamt Saulgau einst thurn und taxissche und vorderösterreichische Besitzungen in sich vereinigte, so gehörten zum Oberamt Gammertingen fürstenbergische und ritterschaftlich speth- von zwiefaltensche, zum Bezirksamt Meßkirch fürstenbergische und vorderösterreichische (vgl. Karte 2). Gerade dadurch, so wird angenommen, ist in den damaligen Ländern das alte Zusammengehörigkeitsgefühl abgelöst worden von einem neuen Bewußtsein der Zugehörigkeit zu dem jeweiligen Oberamt oder Kreis. Letztlich konnte daraus ein badisches, preußisch-hohenzollerisches oder württembergisches Staatsbewußtsein werden.

Kirchliche Verhältnisse

Das gesamte Gebiet des jetzigen Kreises Sigmaringen gehörte im Mittelalter der Diözese Konstanz an, die schon im 6. Jahrhundert entstanden war und mit fortschreitender Christianisierung ihre Ausdehnung vom Rhein bis an die Iller, vom Südufer des Bodensees bis an den Neckar bei Ludwigsburg erhalten hatte. Die staatliche Umwälzung in der napoleonischen Zeit brachte dann jedoch das alte Kirchensystem ins Wanken. Hatte man schon in der Aufklärung Nationalkirchen verlangt, so beharrten die seit 1803 vergrößerten Mittelstaaten auf Landesbistümern. Die neuen Souveräne beanspruchten ein Aufsichtsrecht über die Kirchen. Sie glaubten, dies nur dann verwirklichen zu können, wenn die Bischöfe im eigenen Land saßen und damit dem unmittelbaren Einfluß unterlagen. Nach langen Verhandlungen wurde dieses Ziel tatsächlich erreicht. 1821 erließ Papst Pius VII. die Bulle »Provida solersque«, die das Bistum Konstanz aufhob und die Oberrheinische Kirchenprovinz schuf. Darin waren das Bistum Rottenburg für das Königreich Württemberg, das Erzbistum Freiburg aber für das Großherzogtum Baden zuständig. Da Hohenzollern für eine eigene Diözese nicht ausreichte, schlossen sich beide Fürstentümer der Erzdiözese Freiburg an. Seit der Kreisreform haben beide Diözesen Anteil am Kreis Sigmaringen.

Analog verlief die Entwicklung in der evangelischen Kirche, nachdem sich in der überwiegend katholischen Region nach und nach Protestanten angesiedelt und Pfarreien gebildet hatten. Für Württemberg entstand die Württembergische Landeskirche, für Baden die evangelisch-protestantische Landeskirche. In Hohenzollern gab es zunächst keine evangelischen Pfarreien. Erst in preußischer Zeit entstanden solche in Sigmaringen und Gammertingen, die natürlich der preußischen Kirchenunion angehörten. Nach 1945 ging diese Zugehörigkeit verloren, und seither sind die evangelischen Pfarreien im einst hohenzollerischen Gebietsanteil Mitglieder der Württembergischen Landeskirche.

Die Dekanate lassen sich ebenfalls bis ins Mittelalter verfolgen. Verständlicherweise gehörten die Pfarreien im Kreisgebiet verschiedenen Dekanaten an, die teils nach außerhalb des Kreises gelegenen Orten benannt waren. Bei der Neueinteilung der Kirchensprengel am Beginn des 19. Jahrhunderts erhielten auch die Dekanate neue Grenzen, die erst vor wenigen Jahren nochmals geändert wurden.

In der Pfarreiorganisation hat man von gebietsmäßig großen Urpfarreien auszugehen, die nicht selten einen ausgedehnten Filialverband bildeten. Das Bemerkenswerte hierbei ist das lange Festhalten an älteren Zuständigkeiten. Das Sprichwort, man solle die Kirche im Dorf lassen, hatte einen konkreten Inhalt. Die später entstandenen Städte oder dazu erhobenen Siedlungen ohne bisherige Pfarrechte konnten nämlich keineswegs automatisch Pfarreien an sich ziehen. Sigmaringen und Veringenstadt, beide spätestens seit dem 13. Jahrhundert Stadt, sind dafür beredte Beispiele. Bis ins 18. beziehungsweise sogar in das 19. Jahrhundert verfügten sie nicht über Pfarreien im vollen Rechtssinn. Diese saßen vielmehr für lange in Laiz und in Veringendorf. Die adligen Stadtherren erreichten zwar schon am Ausgang des Mittelalters, daß Pfarrgottesdienste in den Städten abgehalten werden durften; das Beerdigungsrecht aber und die damit verbundene Anlage von Friedhöfen blieben über Jahrhunderte in den Dörfern. Die Filialverbände insgesamt sind erst seit dem 19. Jahrhundert zum größten Teil aufgelöst worden.

Die Geschichte so mancher Pfarrei ist mit einem Kloster verbunden. Seit dem Mittelalter gab es die Möglichkeit, Pfarreien den Klöstern zu inkorporieren, wodurch die Klöster das Pfründvermögen erhielten, dafür aber den Geistlichen zu stellen hatten. Ursprünglich wollte man auf diese Weise das Eigenkirchenwesen

beseitigen, bei dem der Eigentümer einer Kirche den Geistlichen ein- und absetzen konnte. Später diente die Inkorporation nicht selten dazu, die Einkünfte einer Ordensniederlassung durch die Übernahme der Pfründen zu vermehren. Es verwundert nicht, inkorporierte Pfarreien gerade in solchen Gemeinden anzutreffen, die zu einer Klosterherrschaft gehörten. Ostrach, Levertsweiler und Magenbuch wären für Salem zu nennen, dann das Walder Gebiet oder die Beuroner Herrschaft. Die Inkorporationen beschränkten sich jedoch nicht auf solche Herrschaftszusammenhänge. Wo heute noch ein standesherrliches Patronatsrecht besteht, ist es in den meisten Fällen über eine derartige Inkorporation entstanden.

Die Klöster hatten natürlich auch sonst geschichtliche Bedeutung. Über die Teilherrschaften Ostrach, eine Filiale der Zisterzienser-Reichsabtei Salem, und Straßberg mit Frohnstetten, die zum Stift Buchau gehörten, war ebenso zu berichten wie über Wald und Beuron mit eigenen Herrschaftsgebieten. Daneben gab es viele kleinere, teils abgesondert gelegene, wie Habsthal, teils in Städten und Gemeinden angesiedelte Niederlassungen. Die einzelnen Ordensgemeinschaften führen ein nach besonderen Regeln ausgerichtetes Leben und folgen dabei ganz bestimmten Frömmigkeitsidealen. Dies sollte man nicht übersehen, wenn in Wald von Zisterzienserinnen, in Beuron von Augustinerchorherren, in Mengen von Wilhelmiten, in Hedingen von Franziskanern (seit 1624), in Habsthal wie in Sießen und anfänglich in Hedingen von Dominikanerinnen, in Inzigkofen aber von Augustinerchorfrauen die Rede ist. Städte wie Mengen, Pfullendorf und Saulgau beherbergten mehrere Klöster verschiedener Orden in ihren Mauern. Zwischen 1803 und 1806 verloren sämtliche Klöster im jetzigen Kreisgebiet ihre Existenz; sie wurden, dem Reichsdeputationshauptschluß gemäß, säkularisiert. Alle heutigen Ordensniederlassungen sind nach 1850 neu entstanden.

Stadtgeschichtliche Aspekte

Wie die Kreisgeschichte, ist die Ortsgeschichte eingebettet in die allgemein-, landes-, reichs- und konti-
nental-historischen Zustände und Bewegungen. Die
Rolle der Heuneburg bei Hundersingen oder das
Schlachtfeld bei Ostrach machen dies deutlich. Somit
hängt das geschichtliche Gewicht eines Ortes keineswegs nur von der Stadteigenschaft ab. Nichtstädtische
Siedlungen als Fundorte vorgeschichtlicher Kultur-
zeugnisse oder als Sitze von Burgen und Klosternieder-
lassungen verdienen ebenso Beachtung wie die
Geburtsorte berühmter Persönlichkeiten. Das
»Genieeck« umfaßt sowohl die Stadt Meßkirch als auch
das Dorf Kreenheinstetten. Dennoch besitzen die
Städte für sich einige Besonderheiten, die Aufmerk-
samkeit verdienen.
Die Anfänge der Städte im Kreis Sigmaringen liegen
weitgehend im dunkeln. Die Vermutung über die
planmäßige Anlage von Gammertingen, Hettingen
und Veringenstadt als Stadt durch die Grafen von
Gammertingen sollte den Anstoß zu weiteren Untersuchungen geben. Bisher geht die Forschung davon aus,
daß es sich durchweg um Orte handelt, die im 13.
Jahrhundert ihre Stadtrechte verliehen bekamen. Geradezu regelmäßig sind jedoch die zu Städten »erhoben«-
nen« Siedlungen älter als die von vornherein als Stadt
begründeten. Spricht man im allgemeinen den gerade
herrschenden Grafengeschlechtern die Initiative bei
solchen Stadterhebungen zu, so waren in Pfullendorf
nachweislich, in Mengen und Saulgau vermutlich die
Staufer dabei tätig. Pfullendorf erhielt 1220 von Kaiser
Friedrich II. die Rechte einer staufischen Stadt verliehen. Nach dem Ende der Stauferherrschaft konnte sich
die Stadt als freie Reichsstadt behaupten. Wie sich diese
ein kleines Territorium schuf, ist schon erwähnt worden. Nicht so glücklich war Mengen, das 1257 als
Freimengen nachgewiesen ist, also ebenfalls frei gewesen sein dürfte, 1276 aber bereits habsburgischer Herr-

schaft unterstand. Immerhin bewahrte Mengen die
Befreiung von fremden Gerichten. 1489 erwarb das
Mengener Spital die ortsherrlichen Rechte über Heudorf, worauf Mengen das Dorf als Territorialbesitz
betrachtete und verwaltete. Als österreichische Stadt
wurde Mengen 1384 pfandweise den Truchsessen von
Waldburg überlassen, bis es sich 1680 mit der Gesamt-
heit der fünf »Donaustädte« Mengen, Munderkingen,
Riedlingen, Saulgau und Waldsee aus der Pfandschaft
lösen und wieder Habsburg unterstellen konnte. Die
Stadt Saulgau, deren Siedlungsanfänge wie die von
Mengen bis in das frühe Mittelalter zurück zu verfolgen
sind, nahm eine ähnliche Entwicklung. Auch sie kam
schließlich im 13. Jahrhundert an Habsburg, später
dann, Ende des 14. Jahrhunderts, als Pfand an die
Truchsessen. Obwohl beide Städte in die 1454 geschaffene »mannserbliche Inhabung« als erbliches Afterlehen einbezogen waren, geschah dann auch hier 1680
der Loskauf zu Gunsten Österreichs. Saulgau gelang
im übrigen ebenfalls die Befreiung von fremden
Gerichten und der Aufbau eines kleinen Territoriums,
das mit Moosheim, Schwarzach (nur Niedergericht)
und Wilfertsweiler noch größer als das von Mengen
war.
Die Geschichte der fünf »Donaustädte« ist insofern
bemerkenswert, als sich diese Gemeinwesen, von welchen Saulgau und Waldsee gar nicht an der Donau
lagen, gegen ihre Pfand- beziehungsweise Mannslehen-
herrschaft verbanden, in langwierigen Streitereien
städtische Selbstverwaltungsrechte verteidigten und
schließlich 1680 selbst das Geld aufbrachten, um die
Pfandschaft zu lösen und wieder den Anschluß an
Vorderösterreich zu bekommen. 1805 wurden sie allesamt württembergisch. Unterschieden sich die
Reichsstadt Pfullendorf ohnehin, daneben nicht minder Mengen und Saulgau mit ihren Territorialrechten
und Gerichtsfunktionen von den übrigen Städten des
Kreises, so kam noch ein weiterer Unterschied dazu:
Mit Ausnahme von Veringenstadt erhielten alle anderen wenigstens vorübergehend den Charakter von

Residenzen. In Gammertingen und Hettingen bauten sich ritterschaftliche Herren ihre Schlösser, in Meßkirch die später von den Helfensteinern beziehungsweise den Fürstenbergern beerbten Grafen von Zimmern, in Scheer die Truchsessen von Waldburg Grafen von Sonnenberg und in Sigmaringen erst die Grafen von Werdenberg, dann die Grafen und Fürsten von Hohenzollern. Dadurch bekamen die von den Schloßbauten stark beeinflußten Stadtbilder ihr charakteristisches Aussehen; daneben wirkten sich die Hofhaltungen auf die städtische Bevölkerungsstruktur aus. Zwar dominierten hier wie in allen unseren Städten die Ackerbürger, wurden daneben jedoch Hofdiener und -handwerker, aber auch Hoflieferanten und Künstler benötigt. Teilweise wirken sich diese Zustände noch in der Gegenwart aus.

Unabhängig von dem Rang als Reichsstadt, Residenz oder Landstadt hatten alle Städte eine Art Mittelpunktfunktion für ihr Umland. Hier fanden Märkte statt, fertigten städtische Handwerker die ihnen vorbehaltenen Waren und boten schließlich in Kriegszeiten die Stadtmauern Zuflucht vor äußeren Gefahren. Meist saßen auch noch die regionalen Verwaltungen in den Städten.

Seit dem 19. Jahrhundert hat sich die Funktion unserer Städte grundlegend geändert. Sigmaringen bewahrte den Residenzcharakter am stärksten; es entwickelte sich daneben zu einem Verwaltungs- und Schulzentrum. 1973 blieb dieser Stadt der Kreissitz erhalten. Bei der Wertung der jüngsten Bezirksveränderung sollte nicht übersehen werden, daß es auch in den früheren Ländern noch in diesem Jahrhundert umfassende Gebietsreformen gab, durch die in Preußen 1925 das Oberamt Gammertingen mit dem Kreis Sigmaringen, in Baden 1936 die Bezirksämter Meßkirch und Pfullendorf mit den Landkreisen Stockach und Überlingen vereinigt wurden, während in Württemberg 1938 Stadt und Oberamt Riedlingen zum Landkreis Saulgau kamen.

Auch im Hinblick auf die Bezirkseinteilung hatte somit unser Kreis Anteil an der bewegten Geschichte des Gesamtlandes.

Das heutige Sigmaringer Kreisgebiet und seine Umgebung auf der Tibiankarte von 1603. Der Kartograph – eine Zeitlang Lateinlehrer in Biberach und Überlingen – hieß eigentlich Johann Georg Schinbain (1541–1611). Bei seiner »Abconterfethung« hat er jene Orte, die im späten 16. Jahrhundert (1578/1584) von Belang waren, eingezeichnet

MEINAW

Petershausen

DIE REICHOVV.

Merspurg.

SALOMONS VVEILER.

RATO

Marchdorff.

Gernatingen.

Der Heilig Berg.

PFULLENDORF,

STOCKACH

KINIGSECK.   Walt

Westkirch

ALSCH

Ostrach.

Sigmaringen.

Inzkossen.

Wildenstein.

Schu.

TONAVV.

Salgaw.

Saldenstein.

Leutz

MENGEN.

Seylig Creutzal.

AVV.

Rietlingen.

Buff.

Zwifeltbach.

Ebingen.

EHINGEN.

Trochtelfingen.

Gaizberg.

Simbern.

31

Das Wappen des Landkreises Sigmaringen

Wappenbeschreibung: In Rot über einem erniedrigten silbernen (weißen) Balken ein schreitender goldener (gelber) Hirsch.

Wappendeutung: Der goldene Hirsch im roten Schild ist seit 1483 als Wappen der Grafen von Sigmaringen belegt, deren Herrschaftsbereich ursprünglich über die spätere zollerische Grafschaft Sigmaringen hinaus Gebiete in der Gegend von Pfullendorf und im Bereich des ehemaligen Landkreises Saulgau umfaßte. Damit repräsentiert diese Wappenfigur, die auch als Helmzier der Grafen von Zimmern (Meßkirch) erscheint, einen großen Teil des neuen Landkreises. Der österreichische »Bindenschild« (In Rot ein silberner Balken) bezieht sich auf die vorderösterreichischen Gebiete, die sich einst um die Grafschaft Sigmaringen, die gleich der Grafschaft Veringen von Österreich zu Lehen ging, gruppierten.

Schloß Sigmaringen. Sitz der Fürsten von Hohenzollern. Auf dem 45 Meter emporragenden, langgestreckten Weißjurafelsen oberhalb des Donaudurchbruchs gelegen. Nach dem Brand von 1893 wiederaufgebaut. Links vom Hauptturm (12. Jahrhundert) mit steinernem, neugotischem Helm (1901) der Neubau (um die Jahrhundertwende), rechts der alte Teil aus der Mitte des 17. Jahrhunderts

Die Kreisstadt Sigmaringen
aus der Vogelschau,
nach Norden hin gesehen.
Im Vordergrund das Stadtzentrum.
In der Mitte links die Gebäude
des ehemaligen Fürst Carl-Landeskrankenhauses, von 1982 an
Unterkunft des Landratsamts.
Oben rechts auf dem Dettingerberg
das neue Kreiskrankenhaus,
fertiggestellt 1979. Darunter auf
dem Mühlberg und in der Talwiese
das Hohenzollern-Gymnasium,
die Geschwister Scholl-Schule
und das Berufsschulzentrum,
dessen Träger der Landkreis ist,
mit Gewerblicher Berufs- und
Berufsfachschule, Technischem
Gymnasium, Wirtschafts-
gymnasium, Wirtschaftsschule,
Kaufmännischem Berufskolleg,
Kaufmännischer Berufsschule,
der Hauswirtschaftlichen und
Landwirtschaftlichen Schule
mit angeschlossener Hauswirt-
schaftlicher Berufsfachschule,
Hauswirtschaftlich-sozial-
pädagogischer Berufsfachschule,
Hauswirtschaftlich-sozial-
pädagogischem Berufskolleg und mit
Fachschule für Sozialpädagogik

35

Blick von Westen
über Stadt und Schloß Sigmaringen
nach Oberschwaben.
Oberhalb Sigmaringens schlängelt
sich die Donau durch die
Talwiesen nach Sigmaringendorf.
Vor dem Horizont sind Scheer,
Rulfingen und Mengen noch zu
erkennen. In der linken Bildhälfte
stehen die Gebäude des Fernmelde-
zentrums der Bundespost
und des Ausbildungszentrums
des Berufsverbands Bau,
der Liebfrauenschule und des
Erzbischöfl. Konvikts St. Fidelis

Leopoldplatz in Sigmaringen mit dem Reiterstandbild
des Fürsten Leopold (1835–1905), daneben das frühere,
1848 erbaute Ständehaus, heute Hohenzollerische Landesbank

Blick über Beuron donautalabwärts. Das berühmte windungsreiche
Durchbruchstal durch den Weißjura war während des
Höchststandes der Rißvereisung von einem großen Eisstausee erfüllt.
1075 wird im Talgrund ein Augustinerchorherrenstift gegründet, seit 1687 Abtei.
Das baufällige Kloster erbaute der Vorarlberger Franz Beer 1687/1704 neu,
1803 säkularisiert. Seit 1863 Benediktinererzabtei, Neubauten 1925

Die alte Holzbrücke über die Donau bei Beuron wurde 1803 in
Holzfachwerk erbaut und mit Holzschindeln bekleidet

Die Burg Wildenstein auf Weißjura-Massenkalkfelsen
des Donau-Durchbruchtales. Die schon 1077
genannte Burg (810 m) mit unregelmäßigem Grundriß ist eine der
besterhaltenen Festungen aus dem 16. Jahrhundert,
heute im Besitz des Deutschen Jugendherbergswerkes

Zwischen der Vorburg führt über eine senkrechte
und 25 Meter tiefe Schlucht eine über 20 Meter lang gespannte
Zugbrücke zur Hauptburg des Wildensteins

Durchbruchstal der Donau durch den Weißjura-
Massenkalk beim Thiergartenhof.
Die St. Georgskapelle wurde um 1500 errichtet

Die großen Karstquellen in den tiefen Albtälern sind stark genug,
um gleich nach ihrem Austritt Mühlen zu treiben. Hier die Quelle bei
der Neidinger Mühle im Donautal, die als Schichtquelle an der
Auflagerungsgrenze der Massenkalke auf die Mittleren Malmmergel
austritt. Rechts hinten das neue Pumpwerk mit Aufbereitungs-
anlage für die Wasserversorgungsgruppe Hohenberg

Die auf Massenkalkfels stehende
Ruine Dietfurt im Donau-Engtal.
Von Dietfurt an hatte die Donau
vor der Rißeiszeit
einen anderen Lauf als heute

Rathaus in Stetten am kalten Markt, erbaut um 1635
als Schloß der Herren von Hausen-Stetten akM.

Typische Landschaft der Albhochfläche
bei Schwenningen/Heuberg. Der verkarstete,
wasserdurchlässige Weißjura-Untergrund
verhindert die Ausbildung wasserführender Täler

Herbstlandschaft auf der Albhochfläche

JÖRG WERNER

Geschichtetes und Ungeschichtetes

Zehn geologische Skizzen aus dem Landkreis Sigmaringen

Das Fleckchen Erde, das sich seit kurzem Landkreis Sigmaringen nennt, hat nicht immer so ausgesehen, wie wir es heute kennen. Zu zeigen, wie es in längst vergangenen Zeiten war und wie die heutige Landschaft entstanden ist, soll in den folgenden zehn geologischen Skizzen versucht werden. Weil die Geologie aber nicht nur der Neugier des Menschen, sondern auch seiner bequemeren Existenz dient, werden wir uns außerdem ein wenig mit Erdöl und Grundwasser – kaltem wie heißem –, mit Kies, Bohnerz, Baustein und Baugrund befassen, also mit Gegenständen der Angewandten Geologie.

Skizzen können nur andeuten, und zwischen den Skizzen bleiben Lücken. Wer die Geologie des Kreisgebietes genauer und systematischer studieren möchte, muß sich an die einschlägige Literatur halten. Den besten Zugang findet er durch die Geologische Spezialkarte 1:25000 mit Erläuterungen, herausgegeben vom Geologischen Landesamt Baden-Württemberg in Freiburg. Von ihr sind bis jetzt folgende, das Kreisgebiet erfassende Blätter erschienen: 7721 Gammertingen, 7821 Veringenstadt, 7920 Leibertingen, 7921 Sigmaringen, 8020 Meßkirch, 8023 Aulendorf, 8120 Stockach. Damit der Leser den Überblick über die Abfolge der geologischen Zeiten und Schichten behält, stellen wir die tabellarische Übersicht auf der folgenden Seite voraus.

Die Erdölfelder Pfullendorf und Ostrach
Stubensandstein

Der Landkreis Sigmaringen erstreckt sich von den Höhen der Alb weit hinein in das große süddeutsche Molassebecken. Den Boden dieses Beckens bildet der Weiße Jura, der zusammen mit dem ganzen älteren Schichtengebäude nach Südosten, zum Alpenrand hin, einfällt, so daß die Mächtigkeit der tertiären Beckenfüllung von null etwa an der Donau auf über 4000 Meter am Alpenrand anwächst. Unser geologischer Schnitt Abb. 1 zeigt dies anschaulich.

Nach Nordwesten aber steigen die Schichten an und treten, eine nach der anderen, zutage. Sie bilden so, wie die Stufen einer riesigen, schräggestellten Treppe, das süddeutsche Schichtstufenland: der Weiße Jura die Schwäbische Alb, der Braune und der Schwarze Jura die Schichtstufen des Albvorlandes, der bunte Keuper die bewaldeten Höhen von Rammert, Schönbuch und Schurwald, der dunkle, harte Muschelkalk die Gäuflächen, der rote Buntsandstein die Ostabdachung des Schwarzwaldes und darunter schließlich das Grundgebirge – Granite und Gneise – den Hochschwarzwald. So kommt es, daß man in tiefen Bohrungen des südlichen Kreisgebietes, z. B. bei Pfullendorf, die von der Alb und vom Schichtstufenland her wohlbekannten Schichten eine nach der anderen durchfährt. Nur eine von ihnen fehlt: der Buntsandstein, der zum Molassebecken hin, wie die Geologen sagen, »auskeilt«. Die Gesteine, die aus den teuren Löchern der Tiefbohrungen emporgespült werden, sehen nicht viel anders aus, als wie sie uns vom Schichtstufenland her bekannt sind – vom Bohrmeißel allerdings zu kleinen Splitterchen zermahlen, so daß der Erdölgeologe schon recht genau hinschauen muß, um sie wiederzuerkennen.

Zum bunten Keuper gehört der Stubensandstein, ein bei Pfullendorf gut 15 Meter mächtiges Grobsandsteinpaket, das durch Flüsse im Wüstenklima der Keuperzeit vor rund 200 Millionen Jahren abgelagert wurde und das hier etwa 1200 Meter unter der Erdoberfläche liegt. Seinetwegen wird der Bohraufwand getrieben, denn er führt in seinen Poren stellenweise den kostbaren Bodenschatz Erdöl. In den Erdölfeldern Pfullendorf und Ostrach hat sich das Öl an Verwerfungen, die sogenannte Erdölfallen bilden, gefangen.

Diese Strukturen gilt es aufzufinden. Man bedient sich dazu künstlicher seismischer Wellen, die durch Sprengungen oder Vibration erzeugt werden. Sie werden an bestimmten Schichtflächen im Gebirge reflektiert, d. h. an die Erdoberfläche zurückgeworfen. Dort mißt man

Absolutes Alter (Jahre)	Geologische Zeiten- und Schichtenfolge		Hinweise auf Vorkommen im Landkreis Sigmaringen	
10000 – heute	NACHEISZEIT (Holozän)		Torf, Kalktuffsand, Schluff im Laucherttal	
23000 – 10000		Würm-Eiszeit	Jungmoräne; Talkiese	
100000 – 23000		Riß-/Würm-Zwischeneiszeit	Kalktuff (Langenbrunn, Hauseni. T.)	
um 110000		Riß-Eiszeit	Altmoräne; Verfüllung des vorrißzeitlichen Donausystems	
	EISZEIT (Pleistozän)	Mindel-/Riß-Zwischeneiszeit		
		Mindel-Eiszeit	Höchsten; bei Saulgau (Schotter); verfüllte Donaurinne von Scheer-Heudorf	
		Günz-/Mindel-Zwischeneiszeit		
		Günz-Eiszeit	Höchsten (Schotter)	
		Ältere Eis- und Zwischeneiszeiten?		
2 – 5 Mio.		Pliozän	Pliozäne Donauschotter (z. B. beim Großwieshof)	
		Obere Süßwassermolasse (Miozän)	Talsberg b. Engelswies; Juranagelfluh z. B. bei Thalheim	
10 Mio.	TERTIÄR	Kirchberger Schichten (Miozän)	Römische Altstadt bei Meßkirch	
		Obere Meeresmolasse (Miozän)	Alte Steinbrüche u. Sandgruben (z.B. Rengetsweiler, Rosna, Junghof b. Pfullendorf)	
		Untere Süßwassermolasse (Oligozän/Miozän)	z. B. Ziegeleigrube Mengen	
25 – 30 Mio.		Untere Meeresmolasse (Oligozän)	fehlt im Kreisgebiet	
65 – 140 Mio.	KREIDE (fehlt in Südwestdeutschland)			
140 – 160 Mio.	Weißjura (Malm)	Tithon	Hangende Bankkalke (ς_3) Zementmergel (ς_2)	Alb-Anteil des Kreisgebietes
		Kimmeridge	Massenkalke (δ–ς) Mittl. Weißjuramergel (γ)	nur im Donautal oberhalb Unterneidingen aufgeschlossen
	JURA	Oxford	Unt. Weißjurakalke (β)	
160 – 180 Mio.		Braunjura (Dogger)		
180 – 200 Mio.		Schwarzjura (Lias)	Im Kreisgebiet	
		Keuper (mit Stubensandstein)	nur in	
200 – 230 Mio.	TRIAS	Muschelkalk	Bohrungen	
		Buntsandstein (fehlt im Molassebecken)	aufgeschlossen	
älter als 300 Mio.	GRUNDGEBIRGE (Granit und Gneis)			

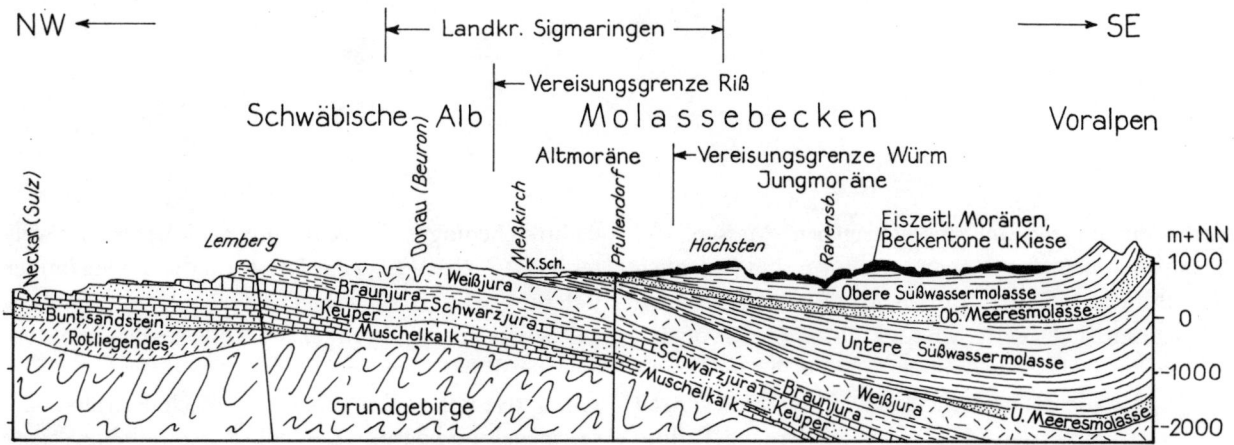

Abb. 1: Dieser etwas schematisierte Schnitt vom Neckar bei Sulz bis zu den Alpen zeigt den geologischen Bau unserer Gegend. Zur Vereinfachung des Bildes wurden nur einzelne Störungen (Verwerfungen) eingezeichnet; die Moränenüberdeckung bei Meßkirch ist weggelassen. K. Sch. = Kirchberger Schichten

mit Hilfe von ausgelegten Geophonen ihre Lautzeiten. Durch dieses systematische Abklopfen und Abhorchen der Gegend kommen die »Erdölsucher« mit einiger Rechnerei zu einem Bild von der Schichtlagerung in der Tiefe. Nachdem die seismischen Meßtrupps mit ihren Bohr- und Meßwagen das Feld geräumt haben, zieht am erdölhöffigsten Punkt die große Bohranlage für die Tiefbohrung auf, mit der man die vermutete Ölfalle ansticht. Ist man fündig geworden, so bleibt nach Abbau des langen Bohrturmes ein »Pferdekopf« auf der Bohrstelle zurück, das bedächtig auf- und abschaukelnde Oberteil einer tief unten im Bohrloch eingebauten Kolbenpumpe. Sie fördert das Erdöl aus dem Stubensandstein zutage.

Allerdings, eines ist nicht zu verheimlichen: Die Erdölfelder Pfullendorf und Ostrach mit ihren paar Pferdeköpfen auf der Mottschießer und Lausheimer Kuhweid sind leider kein Kuweit, und immer mehr von ihnen lassen den Kopf traurig hängen, weil das Öl aus dem Stubensandstein nur noch spärlich nachfließt.

Felsen und Höhlen, Trockentäler und Quellen
Der Weißjura und seine Verkarstung

Der Weißjura oder Malm, ein fast 500 Meter mächtiger, überwiegend aus weißem Kalkstein bestehender Schichtenstoß, ist das Gestein, das die größte und höchste Stufe des süddeutschen Schichtstufenlandes,

nämlich die Schwäbisch-Fränkische Alb, aufbaut. Er taucht infolge der Schräglage des Schichtengebäudes nach Südosten unter die tertiären Schichten der Alpenvorlandsmolasse ab, so daß der Landkreis Sigmaringen aus zwei geologisch sehr verschiedenen Teilen besteht, einem nördlichen bis westlichen Weißjura- und einem südlichen bis östlichen Molasseteil (vgl. Abb. 1).

Den Albkörper – und damit die Weißjurastufe – hat die Donau zwischen Geisingen und Sigmaringen tief durchschnitten. In ihrem Durchbruchstal ist daher die Schichtenabfolge des gesamten Weißen Jura gut aufgeschlossen. Früher gliederte man den Schwäbischen Weißjura nach dem Anfang des griechischen Alphabets von alpha bis zeta. Heute spricht man in Anpassung an die internationale Gliederung des Malm von Oxford, Kimmeridge und Tithon.

Wir wollen uns aber hier nicht in stratigraphischen Einzelheiten verlieren, sondern befassen uns mit den für den Bau der Landschaft im Kreisgebiet so wichtigen Massenkalken des oberen Weißjura und mit ihrer Verkarstung.

Die heute an den Steilhängen der Albtäler, vor allem des Donautales, durch die Abtragungsvorgänge als Felsen herauspräparierten Massenkalkstotzen sind als massige, d. h. so gut wie ungeschichtete Kalkriffe im tropisch-warmen Weißjurameer organisch gewachsen, so wie man es heute z. B. im Persischen Golf beobachten kann. In unserem Gebiet waren die Haupt-Riffbildner nicht Korallen, sondern Kalkschwämme, also primitive, in Kolonien lebende seßhafte Meerestiere, deren Strukturen im angeschlagenen Massenkalk-Handstück heute noch gut zu erkennen sind (vgl. auch den Bohrkern S. 67). In den Mulden zwischen den Schwammriffen lagerte sich Kalkschlamm und von den Riffen abgebröckelter Kalkschutt ab, mehr oder weniger gut geschichtet und reichlich durchsetzt mit ganzen und zertrümmerten Gehäusen von allerhand Riffbewohnern und freischwimmenden Meerestieren: Muscheln, Brachiopoden, Schnecken und den längst ausgestorbenen Ammoniten.

Als der Weißjura durch Hebung der Erdkruste landfest wurde, begann seine Verkarstung. Verkarstung – das ist der Vorgang der allmählichen Durchlöcherung und Auflösung eines Kalkgebirges, benannt nach dem dinarischen Karst. Das aus den Niederschlägen stammende, kohlensäurehaltige Sickerwasser löst den Kalk beim Eindringen ins Gebirge langsam aber stetig auf – steter Tropfen höhlt den Stein! Das beginnt auf engen Klüften, bevorzugt in den Massenkalken, die nach und nach aufgeweitet werden zu größeren, sehr unregelmäßig verlaufenden, vielfach gewundenen und verästelten Hohlräumen und führt schließlich zur Bildung großer, vom Karstwasser rasch durchströmter Höhlen und Gänge. Das mit der gelösten Kalkfracht beladene Wasser tritt in den Tälern wieder zutage, vorwiegend in großen, reichlich schüttenden Karstquellen, wie z. B. der Quelle hinter der Neidinger Mühle. Unser Bild S. 44 zeigt sie.

Der geringste Anteil der gelösten Kalkfracht schlägt sich in den Kochtöpfen, Kesseln und Leitungen der Sigmaringer Kreisbewohner als Kesselstein nieder. Alles übrige wandert donauabwärts ins Schwarze Meer, an dessen Grund sich im Laufe der Zeit die halbe Schwäbische Alb als Kalkschlamm wiederfinden wird. Der Kalkschlamm aber verfestigt sich dort erneut zu Kalkstein und wird in ferner Zukunft zur Bildung eines neuen Gebirges taugen.

Die Verkarstung der Alb erfaßte zu Anfang nur die Bereiche nahe der Weißjura-Oberfläche, griff dann aber mit ihrer zunehmenden Heraushebung und dem dadurch bedingten Einschneiden der Täler immer weiter in die Tiefe, weil ja das Karstgrundwasser ein immer tieferes Vorflutniveau erhielt. Es gibt also einen höhergelegenen älteren, weitgehend stillgelegten und verlehmten Karst über dem Karstwasserspiegel und eine sehr aktive tiefere Karstzone im Bereich des Karstwasserspiegels und darunter, wo die Karsthohlräume ständig wassererfüllt sind.

So ist also der obere Weißjura mit seinen Massenkalken ein durch und durch löcheriges Gebirge, und die Albhochfläche einschließlich Heuberg links und rechts der Donau infolge der großen Wasserdurchlässigkeit ihres Untergrundes eine wasserarme Gegend. Ihre Täler sind trocken, und fließendes Wasser ist dort fast so selten wie in der Sahara. Dafür treten in den tief eingeschnittenen Tälern reichlich Quellen aus, und von Wassermangel kann dort nicht die Rede sein.

Wie konnten aber die heute trockenen Täler der Albhochfläche entstehen? Sie wurden angelegt in alten, tertiären Zeiten, in denen die Alb noch kaum aus dem Vorflut-Niveau herausgehoben war, und später vertieft in Perioden, während derer sie reichlich Wasser führen konnten, nämlich in den Eiszeiten. In jeder Eiszeit war der unterirdische Abluß durch den tiefgreifenden Dauerfrost blockiert.

Allerhand Merkwürdigkeiten hat so ein verkarstetes Gebirge aufzuweisen. Da gibt es zahlreiche, trichterförmige Erdfälle (»Dolinen«) in den Trockentälern und auf der Hochfläche, die durch Einsturz unterirdischer Hohlräume entstanden sind. Jeder Albbewohner kennt sie. Hie und da entsteht auch heute noch einer, und es kann vorkommen, daß der Bauer beim Pflügen mit dem Traktor in einen frischen Erdfall einbricht.

Es gibt Bachschwinden, also trichter- oder schachtförmige Vertiefungen, in denen ein Bach vollständig verschwindet. Ein Beispiel aus dem Kreisgebiet ist das vom Altmoränengelände südlich Engelswies kommende, der Ablach bei Menningen zustrebende Bächle. Nach seinem Eintritt in den Wald, wo es den nackten Weißjurafels erreicht, versinkt es im Untergrund. Seine weitere Talstrecke, das bekannte, als Naturschutzgebiet ausgewiesene Felsentäler, ist eine abenteuerliche kleine Massenkalkfelsenschlucht, normalerweise ohne jeden Wasserlauf. Unser Bild S. 75 zeigt sie. Wo aber das verschwundene Bächle wieder zum Vorschein kommt, ist bis heute noch nicht bekannt.

Da ist der Bröller im Donautal unterhalb Thiergarten, eine Höhle, in der man bei Hochwasser das Karstwasser »bröllen« hört. Nur bei Spitzenhochwässern tritt hier das Wasser aus. Und zwischen Kaiseringen und Frohnstetten gibt es am Schmeietalhang einen natürlichen Schacht, aus dem bei starkem Frostwetter eine weiße Dampfwolke aufsteigt. Das ist relativ warme Luft aus großer Tiefe, deren hohe Feuchte in der Kälte kondensiert.

Genug der Karst-Merkwürdigkeiten. Befassen wir uns noch ein wenig mit den praktischen Seiten des Weißjura-Karstes. Der Wassermangel auf der Albhochfläche hatte früher für die Bewohner der Albdörfer in Trockenzeiten schlimme Folgen. Deshalb wurden schon im vorigen Jahrhundert die Albwasserversorgungen eingerichtet, die für Ausgleich sorgen zwischen dem Wasserreichtum der tiefen Täler und der Wasserarmut der Hochfläche (s. Bild S. 76).

Die Karstquellen schütten zwar meist reichlich; doch ist es um ihre hygienische Beschaffenheit schlecht bestellt. Darüber wird sich niemand wundern, denn das auf der Hochfläche zusammen mit Gülle und Abwässern aller Art einsickernde Wasser gelangt durch die weitlumigen Karsthohlräume auf schnellstem Weg in die Quellen. Dabei erfährt es keine Filterung, denn ein natürlicher Kies- und Sandfilter ist im Weißjura nicht vorhanden (eine Ausnahme von dieser Regel werden wir auf S. 58 ff. erwähnen). Zahlreiche Färb- und Salzungsversuche beweisen die hohen Fließgeschwindigkeiten, die meist über 100 Meter pro Stunde erreichen. (Ein normales Kiesgrundwasser kommt dagegen nur auf wenige Meter, in Ausnahmefällen auf 20 bis 30 Meter pro Tag.) Hierzu verwenden wir heute meist das intensiv grün färbende Uranin. Man gibt es

mit ein paar Kubikmetern Wasser an der Stelle in den Untergrund, an der eine mögliche Verunreinigungsquelle, wie z. B. eine Kläranlage, Platz finden soll, und nimmt dann an allen infrage kommenden Quellaustritten in regelmäßigen Zeitabständen Wasserproben, die auf Uranin untersucht werden. So können die Fließwege des Karstwassers und seine Fließgeschwindigkeiten ermittelt werden.

Über den ganz tiefen, den »heißen« Karst berichten wir im folgenden Kapitel.

Heißes Wasser aus der Tiefe
Thermalwasserbohrung Saulgau, Karstwasser des überdeckten Weißjura

Im Jahr 1977 nahmen die Saulgauer ihren Mut und ihr Geld zusammen und bohrten nach Thermalwasser, beraten durch einen Landesgeologen, der sich seiner Sache zwar einigermaßen, aber halt doch nicht ganz sicher war. 550 Meter unter der Erdoberfläche stieß man auf den Weißen Jura, den weißen Kalkfels, der die Schwäbische Alb aufbaut. Jeder Kreisbewohner kennt ihn von dort, und jeder weiß, daß der Weißjura auf der Alb durchlöchert ist von Spalten, Klüften, Höhlen, so daß er auf der Hochfläche das Wasser nicht halten kann und es ihm in den Tälern allenthalben wieder ausläuft, in kleinen, größeren und ganz großen Quellen, wie wir es bereits geschildert haben.

Wie würde nun der Weiße Jura im Saulgauer Untergrund aussehen, wo er von mehr als einem halben Kilometer mächtigen Molasse-Ablagerungen überdeckt ist? Nach weiteren 70 Bohrmetern wußte man es: Auch da unten ist er verkarstet, hat er Hohlräume. Als der Bohrmeister die Schreckensnachricht durchgab, seine ganze Bohrspülung sei verschwunden, fiel dem Landesgeologen ein Stein vom Herzen, denn: Aus Hohlräumen, die in kürzester Zeit viele Kubikmeter Bohrspülung verschlucken, muß auch Wasser kommen. Also – Pumpe einbauen und pumpen! Und siehe da: Es gibt mehr Wasser als die Pumpe mit ihren 16 Litern in der Sekunde schafft. Unverkennbar der Schwefelgehalt, der als »xondes Grüchle« dem Wasser entsteigt. 42 Grad ist es warm. Das ist sehr viel für eine Tiefe von 620 Metern und bestätigt, daß Saulgau über einer räumlich kleinen, aber kräftigen Erdwärme-Anomalie liegt.

Recht merkwürdig verhält sich der Wasserspiegel des Weißjura-Stockwerks im Bohrloch. Er liegt mehr als 100 Meter unter Gelände, steigt beim Einschalten der Pumpe und fällt beim Abstellen, reagiert also »verkehrt« – ein Zeichen für die große Ergiebigkeit der Bohrung. Auch der ruhende Wasserspiegel hat seine Eigenheiten: Zuverlässig wie ein Wetterglas zeigt er den Luftdruck an, hebt sich bei fallendem Luftdruck und senkt sich bei steigendem. Außerdem reagiert er auf den Gang der Niederschläge, wenn auch mit etwa zweiwöchiger Verzögerung. Diese letztere Beobachtung ist sehr wichtig, zeigt sie doch, daß das thermale Weißjura-Karstwasser mit einem oberirdischen Einzugsgebiet in Verbindung steht und sich von dort her ständig erneuern kann. Dieses Einzugsgebiet ist im Westen zu suchen, wo der Weißjura an die Erdoberfläche kommt, nämlich im Gebiet Meßkirch–Sigmaringen. Vielleicht gelangt auch das oberhalb vom Felsentäle versitzende Wasser des Engelswieser Bachs in den »heißen Karst« (s. S. 53).

Die mengenmäßige Üppigkeit des Saulgauer Thermalwassers ließ den Gedanken aufkommen, der erbohrte Wasserschatz sei noch zu etwas anderem gut als zum Baden, nämlich zum Transport von Erdwärmeenergie an die Oberfläche. Und so entstand hier ein Forschungsprojekt, das beispielhaft für andere und nutzbringend für die Stadt Saulgau untersuchen soll, wie ein solches Tiefengrundwasser zur Beheizung von Wohnsiedlungen, Betrieben und anderen Baulichkeiten und Einrichtungen verwendet werden kann. Da 42 Grad hierfür nicht ausreichen, braucht man gasmotorbetriebene Wärmepumpen zum Anheben der Tempe-

ratur. Hat man dem Weißjurawasser seine Wärme entzogen, so läßt man es immer noch nicht weglaufen, sondern speist es zur Vermehrung des Trinkwasserdargebots in die Talkiese des Saulgauer Beckens ein. Auf diese Weise könnte aus dem »Geothermischen Demonstrationsprojekt Saulgau« eine rundum nützliche, das Thermalbad aufs beste ergänzende Sache werden.

Zwei eingestürzte Kirchtürme
Obere Meeresmolasse, Tertiär

Am 11. September 1877, kurz vor seiner Vollendung, stürzte der noch eingerüstete neue Kirchturm von Aach-Linz unter lautem Getöse in sich zusammen, mehrere Arbeiter mit sich in die Tiefe reißend. Einer von ihnen überlebte das Unglück nicht.

Zu dieser Zeit war zu Walbertsweiler die neue Kirche samt Turm schon einige Jahre fertiggestellt und geweiht. Sie hielt bis zum Jahr 1959. Zehn Minuten nach einer abendlichen Maiandacht, die Kirchgänger waren gemessenen Schrittes heimwärts gegangen, der Pfarrer hatte seine Sakristei abgeschlossen und sich ins gegenüberliegende Pfarrhaus begeben, stürzte der Kirchenturm quer über die Dorfstraße, mit dem Helm noch das Pfarrhaus streifend. Man war dem Bauwerk gegenüber zwar ein wenig mißtrauisch gewesen; doch hatte der Stein eine Woche zuvor noch den kritischen Blicken einer bischöflichen Baukommission standgehalten.

Der schuldige Baustein, aus dem man die beiden unglückseligen Kirchen errichtet hatte, ist der einheimische Grobsandstein der Oberen Meeresmolasse aus den inzwischen verwachsenen und mit Schutt verfüllten Steinbrüchen bei Rengetsweiler, eine Hinterlassenschaft des Molassemeeres. Dieses Meer füllte das Becken der Alpenvorlandsmolasse zu einer Zeit, in der sich die Alpen schon zu heben anfingen, in der aber von Eis- und Menschenzeit noch nicht die Rede war, nämlich in der jüngeren Tertiärzeit. Es stand damals erheblich besser um das Klima des Landkreises Sigmaringen als heute: die Korallen und die vielen Haifischzähne, die man im Grobsandstein der Oberen Meeresmolasse findet, beweisen es. Eine Donau gab es noch nicht, denn die nordwestliche Meeresküste lag als ein bizarres, inselreiches Kliff weit oben im Weißjurafels bei Winterstetten–Gammertingen.

Zwanzig Kilometer vor dieser Küste hatten starke Gezeitenströmungen die mächtigen küstenparallelen Sandbänke des Grobsandzuges zusammengetragen. Seine Quarzkornmasse stammt hauptsächlich aus dem damaligen Festland Böhmens. Darin findet man das flaschengrüne, im Meer neu gebildete, kugelige Mineral Glaukonit und Unmengen von Muschelschalen, zertrümmerten und ganzen: Austern, Herzmuscheln, Pilgermuscheln, dazu Turmschnecken und anderes Schalengetier. In den Fürstlich Fürstenbergischen Sammlungen zu Donaueschingen sind schöne Exemplare davon zu sehen (s. auch Bilder S. 68 und 69).

Um die Verfestigung dieser Grobsandmassen nach dem Rückzug des Meeres ist es unterschiedlich bestellt: Bankweise reichen die in den Poren wandernden Kalklösungen aus zur Erzeugung eines einigermaßen soliden Steins; dazwischen gibt es Lagen und Zonen, in denen sich der mürbe Stein mit der Hand zerdrücken läßt. Um einen durchgängig harten und druckfesten Sandstein zu bieten, dafür sind die Schichten des Tertiärs – trotz ihrer etwa zehn Millionen Jahre – noch zu wenig verfestigt. Besser bedient ist man da zum Beispiel mit dem viel älteren Schilfsandstein aus dem Keuper, der mit seinen runden 200 Millionen Jahren die für einen soliden Baustein erforderliche Druckfestigkeit mitbringt, wie zahllose mittelalterliche und neuzeitliche Bauwerke im Umkreis der Keuperberge beweisen. Dieser Sandstein liegt aber im Landkreis Sigmaringen in für Steinbrecher unerreichbarer Tiefe. Also hat man für den Bau der beiden Dorfkirchen im vorigen Jahrhundert halt genommen, was billig zu haben war: den Grobsandstein der Oberen Meersmo-

lasse von Rengetsweiler, dessen Druckfestigkeit der Last der Kirchtürme nicht gewachsen war. Die Reste der Walbertsweiler Kirche mußten einem soliden Betonbauwerk weichen. Man findet sie noch im Wiesengelände westlich des Dorfes, wo sie zur Auffüllung von ein paar feuchten Senken der flachen Altmoränenlandschaft zu brauchen waren.

Die Römische Altstadt
Kirchberger Schichten, Tertiär

Die »Römische Altstadt« zwischen Meßkirch und Hölzle hat ihren Namen von einem römischen Gutshof, der rund eineinhalbtausend Jahre lang von Wald überwuchert war. Mitten durch das Ruinenareal führt die Bundesstraße 311. Sie war nicht schnell genug; man mußte sie also tiefer legen und begradigen und zuvor, schnell, schnell, um zu retten, was noch zu retten war, noch ein wenig ausgraben, gerade so weit die Straße reichte. Das meiste ist zuasphaltiert; doch ein paar schön konservierte Mäuerchen am Straßenrand sind jetzt zu besichtigen.

Es ist vielleicht Zufall, vielleicht auch nicht, daß sich unmittelbar unterhalb dieser frühgeschichtlich interessanten Lokalität eine ebenso interessante geologische Örtlichkeit befindet, nämlich eine Säugerfundstelle in alten Erzgruben aus den Kirchberger Schichten, wie die andere bekannt unter der Bezeichnung »Römische Altstadt«. Die reichhaltige Tierwelt, die dort in den dreißiger Jahren des vorigen Jahrhunderts zutage kam und beschrieben wurde, hat im Jüngeren Tertiär gelebt, vor knapp 10 Millionen Jahren, kurz – d. h. vielleicht 1 Million Jahre – nachdem der Grobsandstein von Rengetsweiler abgelagert worden war. Gegenüber diesen Zeitmaßen erscheinen die nicht einmal zwei Jahrtausende des römischen Gutshofes wie ein Tag.

Das Molassemeer hatte sich ein wenig zurückgezogen; seine Randbereiche waren brackisch geworden. Darin kamen die Kirchberger Schichten (benannt nach dem Dorf Kirchberg bei Ulm) zur Ablagerung: Tone, Schluffe, alpine Geröll-Lagen im allgemeinen; bei der Römischen Altstadt aber im besonderen: Brauneisenerz in Form von fest verbackenen, bis halbzentimetergroßen Kügelchen. Diese Lagerstätte befindet sich nur wenige hundert Meter südlich der damaligen Küste, und zwar im Mündungstrichter eines Juranagelfluh-Flusses, der aus dem oberen Bäratal-Gebiet über Buchheim-Altheim von der Weißjuratafel herabkam. Zwischen seinem kugelförmigen, bis kopfgroßen Weißjura-Geröll führte er Bohnerz-Kügelchen mit sich, die bei der Römischen Altstadt zusammen mit unzähligen Tierknochen und Muschelschalen angereichert und durch ausgefällte Eisenverbindungen verkittet wurden. Auf dieses Erzlager war man in der letzten Phase des Bohnerz-Tagebaus im vorigen Jahrhundert gestoßen. Das Erz wurde in Pingen abgebaut und in das Fürstenbergische Hüttenwerk Thiergarten verfrachtet. Dabei hatte man die Versteinerungen entdeckt und gleich die Gelehrten benachrichtigt. Sie kamen, sammelten auf, sortierten, verglichen, beschrieben, korrespondierten, freuten sich der vielen Neuentdeckungen und irrten sich auch ein wenig, indem sie das ganze Vorkommen ins Diluvium, also in die Eiszeit, stellten. Verzeihlich, denn die Geologie war in den 1830er Jahren noch eine junge Wissenschaft. Auch später herrschte über die Römische Altstadt in der geologischen und paläontologischen Literatur noch etwas Verwirrung, da bei einigen Autoren die Identität der Fundstelle verlorenging, wohl aufgrund unterschiedlicher Etikettierung in den Sammlungen Donaueschingen, Tübingen und Konstanz (»Altstadt«, »Heudorf b. Mößkirch« und »Mößkirch«). Erst in diesem Jahrhundert, zuletzt mit Hilfe von Bohrungen bei der geologischen Kartierung des Kartenblattes 1:25000 Meßkirch, konnten zeitliche Einstufung und Entstehung der Fundstelle geklärt werden.

Die Funde füllten eine lange Liste, lauter lateinischgriechische Namen; sie sind in den Erläuterungen zur Geologischen Karte 1:25000, Blatt Meßkirch, nachzulesen. Diese Tiere sind längst ausgestorben. Es waren Vorläufer der heutigen Säugetierwelt, so das Dinotherium (der Elefanten-Vorfahr), das in mehreren Spezies gefunden wurde; das Mastodon (ein anderes Rüsseltier); ein Alt-Tapir, mehrere Paläotherien-Arten und viele andere – aber, wohlgemerkt, keine Saurier, denn deren Zeit war im Tertiär schon längst vorbei.

Wer heute von der Römischen Altstadt, der geologischen, noch etwas finden will, tut sich schwer: zerwühltes, verwachsenes Gelände in dichtem Unterholz, 100 bis 200 Meter hangabwärts der Südostecke des römischen Gutshofes. Vielleicht stößt man auf ein paar Erzbrocken, die der Dachs oder der Fuchs, der Freund und Helfer des Geologen, zutage gefördert hat – mehr ist kaum zu erhoffen.

Kiesgruben und Baggerseen
Riß- und Würmeiszeit

Gold suchen im Landkreis Sigmaringen – das führt zu nichts. Aber Kies suchen – das bringt Gold, denn eine gute Kiesgrube ist ohne Zweifel eine Goldgrube. Ein Kieslaster nach dem andern schleppt das begehrte Material aus dem Kreisgebiet auf die Baustellen der nicht oder weniger mit Kies gesegneten Landesteile. Kreuz und quer wird es im Oberland herumgekarrt. Straßen baut man damit und Brücken, große und kleine Gebäude – Zement dazu, Eisen rein, und das Bauwerk aus Kies steht bombenfest.

Vor unserer großen Beton-Ära waren es unzählige Kiesgrübchen, in denen Kies gegraben und mit der Schaufel gesiebt wurde. Heute sind durch den Abbau ganze Mondlandschaften mit riesigen, vollautomatischen Sortier- und Waschanlagen entstanden, so bei Laiz. Schon vor dem Krieg gab es eine Seilbahn, die den Kies von hochgelegenen, inzwischen längst ausgebeuteten Gruben zum ehemaligen Bahnhof Zielfingen heruntertransportierte. Stattdessen entsteht jetzt im Ablachtal eine ganze Seenplatte aus Baggerseen, auf denen schwerbeladene Kieskähne den vom großen Schwimmbagger aus dem Grundwasser geholten Talkies zur Sortier- und Verladeanlage befördern.

Woher stammt dieser größte Bodenschatz des Landkreises? Er ist nichts anderes als eine kolossale Geröllsammlung aus den Alpen, genauer: aus den Einzugsgebieten des Alpenrheins und der Ill. Alle harten Gesteine von dort sind vertreten, so die schwarzen Quintnerkalke aus der Sarganser Gegend, der grüne Granit vom Julier, die schöngestreiften Amphibolite aus dem Silvretta-Gebiet, der rote Verrucano vom Pizol, um nur einige zu nennen (Bilder S. 72 und 73). Man muß nicht unbedingt Geologe sein, um die alpine Herkunft der so zahlreichen »gequälten Geschiebe« auf den ersten Blick zu erkennen. So nennt man das bei der Entstehung der Alpen durch gewaltige tektonische Kräfte zertrümmerte, durch weiße Kluftfüllungen aus Quarz oder Kalkspat wiederverheilte Gestein, das schon jedem Oberschwaben aufgefallen ist.

Wie aber sind diese Hunderte von Kubikkilometern umfassenden Gesteinsmassen, in denen sich auch hausgroße Blöcke befinden, aus den Alpen weit hinaus ins Vorland gelangt, über Berg und Tal, über den Bodensee hinweg? Diese Frage war es, die zur Entdeckung der Eiszeit geführt hat, denn es gibt nur einen, der derartige Gesteinstransporte bewältigt, den Gletscher aus Eis. In vier, vielleicht auch in fünf Eiszeiten krochen die Alpengletscher, darunter auch unser Rheingletscher, weit hinaus ins Vorland, um in den darauffolgenden Warmzeiten, den Zwischeneiszeiten, wieder auf ungefähr heutigen Gletscherstand zurückzuschmelzen. Jedesmal führten sie den alpinen Moränenschutt mit sich, der am Eisrand von den Schmelzwässern aufgenommen, zu Kies und Sand gerollt und in den zur Donau führenden Tälern wieder abgelagert wurde.

Die Moränen und Kiese des Kreisgebietes sind überwiegend Hinterlassenschaften der beiden letzten Eiszeiten, Riß und Würm genannt. In der Rißeiszeit, vor gut 110 000 Jahren, erreichte der Rheingletscher seine Rekordausdehnung. Er überquerte bei Sigmaringen die Donau und schob sich noch ein Stück weit den Albanstieg hinauf, bis etwa zur Linie Altheim bei Meßkirch – Heudorf – Rohrdorf – Engelswies – Vilsingen – Inzigkofen – Hornstein – Wilflingen. Er hinterließ hauptsächlich hochliegende Kieskörper, wie sie z. B. entlang dem Andelsbachtal abgebaut werden, aber auch tiefliegende, wie im ehemaligen Donautal bei Laiz-Paulterhof.

In der Hauptwürm-Eiszeit, vor etwa 23 000 bis 10 000 Jahren, erreichte der Rheingletscher in weitgeschwungenen Girlanden die Linie Lampertsweiler (b. Saulgau) – Ostrach – Kalkreute – Echbeck – Aftholderberg – Hippetsweiler – Sentenhart – Kalkofen. Der damalige Eisrand ist am Verlauf der guterhaltenen Jung-Endmoränenbögen heute noch zu erkennen. Die Schmelzwasserkiese des Würmgletschers liegen durchweg in den heutigen Tälern: im Kehlbach-, Andelsbach-, Ablach-, Ostrach-, Schwarzachtal, aber auch im Donautal abwärts Mengen, in dem sich die harten alpinen mit den weicheren und daher als Baumaterial weniger begehrten Weißjura-Kiesen vermischten.

Während dieser Eiszeiten war das Moränenmaterial Jahrtausende lang im Gletschereis unterwegs von den Alpen bis auf seine heutige Lagerstätte, wie in einem Riesen-Fließband. In der Nacheiszeit blieb es 10 000 Jahre lang so gut wie unberührt liegen. Aber in wenig mehr als fünf Jahrzehnten intensiven Kiesabbaus hat der Mensch es fertiggebracht, einen nicht zu übersehenden, wenn auch noch kleinen Teil der Kieslagerstätten auszubeuten. Die abbaufähigen Kiesvorräte im Oberland schrumpfen; die Löcher in der Landschaft, trockene wie wassergefüllte, wachsen zusehends. Dem Schaufellader und dem Schwimmbagger stellen sich immer mehr Hindernisse in den Weg.

Eine Hauptschwierigkeit für den Kiesabbau besteht darin, daß unsere guten Kieslager, vor allem soweit sie im Grundwasser liegen, wegen ihrer hohen Durchlässigkeit zugleich die denkbar besten Grundwasserleiter sind. Der Schutz der wertvollen Grundwasservorkommen gegen die oft sehr heftigen Kiesabbauwünsche beschäftigt Hydrogeologen und Wasserwirtschaftler. Dieser Kampf der gegenläufigen Interessen wird noch lange weitergehen, denn die nächste Eiszeit mit einem neuen Schub Moränenmaterial aus den Alpen läßt noch eine Weile auf sich warten. Zum Glück, denn sie wäre ohne Zweifel ein schrecklicherer Feind der menschenbesiedelten Erdoberfläche als der ungezügeltste Kiesabbau.

Als Heudorf noch an der Donau lag
Das vorrißeiszeitliche Donausystem und das indirekte Karstwasser

Wir meinen Heudorf bei Mengen, Mengisch-Heudorf, nicht das andere Bauerndörfle gleichen Namens bei Meßkirch. Wer es kennt, weiß, daß dort ein Bächle entspringt, das in etwas umständlichem Lauf über den Dollhof und Heiligkreuztal bei Andelfingen die Biber erreicht. Dieses Heudorf also lag einmal an der Donau. Genau genommen, stimmt das natürlich nicht, denn zu der Zeit, als die Donau weit nördlich ihrer heutigen Laufstrecke floß, gab es noch lange kein Heudorf, weder bei Mengen noch bei Meßkirch. Man schrieb so ungefähr das Jahr 110 000 vor Christus oder vor heute, so genau kommt's nicht drauf an, und die Rißeiszeit, die große vorletzte Eiszeit, in der, wir sagten es schon, der Rheingletscher seine Rekordausdehnung erreichte und bei Sigmaringen noch ein Stück albaufwärts kroch, diese Rißeiszeit also, die den Lauf der Donau so gründlich verändern sollte, war gerade am Anbrechen. Noch ungehemmt vom Eis bog die alte Donau zwischen Dietfurt und Laiz in weitem Bogen nach Süden aus, nahm südlich Vilsingen die Ablach von rechts in Empfang, bei Laiz die Schmeie von links, umfloß im Sigmaringer Stadtgebiet den Mühlberg im Norden, um

dann unter dem Hanfertaler Sattel durch ins heutige Laucherttal überzutreten. Die Karte Abb. 2 zeigt es. Dort, im Weitenried, mündete die Lauchert von links. Weiter ging es unter dem Hornsteiner Sattel durch über Bingen nach Hitzkofen. Von hier ab, 75 m tief unter dem Hitzkofener Sattel durch, folgte die Donau dem heutigen Trockental, durch das sich das Sträßchen Hitzkofen–Heudorf schlängelt, bis nach Heudorf. Dort wendet sich das alte Donautal in scharfem Knick nach Norden durch das Waldgebiet auf Wilflingen zu. Erst kurz vor der Ortschaft entschließt sich die alte Donau, den Weißjura, in den sie bis dorthin eingetieft war, zu verlassen, biegt nach Osten um und tritt östlich vom Langenenslinger Eichberg mit breiterer unterirdischer Talung in die weichen Schichten der Unteren Süßwassermolasse über. Schließlich (wir nehmen es jenseits der Kreisgrenze nicht mehr so genau) erreicht die alte Donau bei Altheim wieder ihr heutiges Tal.
Das vorrißeiszeitliche Donautal mit seinen Seitentälern war im Kreisgebiet tief und steil in den Weißjurafels des Albkörpers eingeschnitten. Senkrechte Felsabstürze, Höhlen, starke Karstquellen, viel landschaftliche Schönheit, wohl kaum bewundert von den Neandertalern, den damaligen spärlichen Bewohnern des Landkreises (einer von ihnen hockt auf der Brücke in Veringenstadt), all das liegt heute in der Tiefe begraben unter den mächtigen alpinen Schuttmassen des rißeiszeitlichen Rheingletschers. So gründlich haben der Gletscher und seine Schuttmassen diese Totengräberei besorgt, daß der alte Talverlauf an der heutigen Erdoberfläche nicht mehr wiederzuerkennen ist, oder nur dann, wenn man es weiß. Die Donau selber konnte nach dem Zurückschmelzen des großen Gletschers gegen Ende der Rißeiszeit ihr altes Tal nicht mehr finden und mußte sich mit ihren Nebenflüssen völlig neue, eben die heutigen, Talstrecken schaffen.
Woher aber weiß man das? Es hat manches wissenschaftliche Rätselraten und viel Mühe gekostet, bis es den Landesgeologen anfangs der sechziger Jahre gelungen ist, die vorrißzeitlichen Donau-, Ablach- und

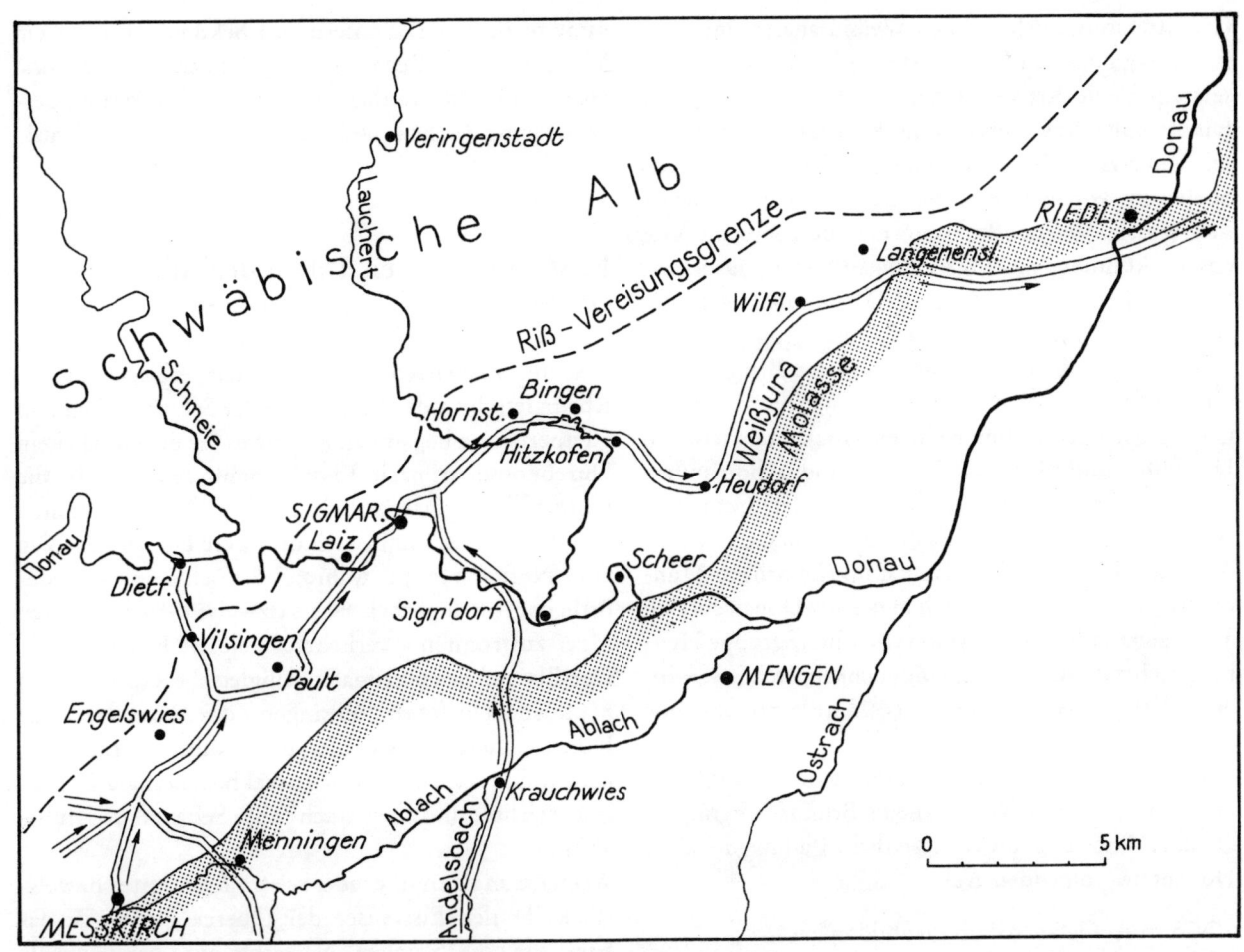

Abb. 2: Das heutige und das vorrißeiszeitliche Flußnetz (Doppellinien)

Andelsbachlaufstrecken einigermaßen genau zu rekonstruieren. Mit Hilfe von Felderkundungen, geophysikalischen Messungen und Bohrungen wurde die verschüttete Felssohle Talabschnitt für Talabschnitt aufgedeckt. Die aus Bohrungen zutage geförderten Schwarzwaldgerölle, unverwechselbare rote Granite und Gneise, lieferten den Beweis, daß es wirklich die Donau war, die die tiefe Hauptrinne durchflossen hatte.

Nicht nur die geologische Neugier hat zu diesen Unter-

suchungen angespornt, sondern auch die Überlegung, daß man aus den in den Weißjurakörper eingesenkten, moränenüberdeckten Rinnenkiesen gutes Grundwasser in großer Menge gewinnen könne. Mußte es nicht möglich sein, die im alten Donautal verschütteten ehemaligen Karstquellen wieder in Gang zu bringen und das Karstwasser des Weißen Jura in die gut filtrierenden alpinen Rinnenkiese hereinzuziehen, indem man das Kiesgrundwasser in Tiefbrunnen abpumpt? Wenn dies gelang, so konnte man die Üppigkeit des

Grundwasserdargebots im Weißjurakarst mit der guten hygienischen Beschaffenheit des Kiesgrundwassers auf ideale Art verbinden.

Die Erschließung dieses »indirekten Karstwassers« ist mit einer Ausnahme gut gelungen. An bislang sechs Stellen im vorrißeiszeitlichen Kiesrinnensystem wurden Wasser-Versuchsbohrungen niedergebracht. Vier davon konnten zu Versorgungsbrunnen ausgebaut werden: Brunnen III der Stadt Meßkirch, der in der engen vorrißzeitlichen Ablachrinne beim »Grauen Stein« nordöstlich der Stadt steht; der Brunnen der Gemeinde Inzigkofen beim Paulter Weiher; der Brunnen Sigmaringendorf im heutigen Trockental zwischen Hitzkofen und Mengisch–Heudorf und, schon außerhalb des Landkreises, die Brunnen der Gemeinde Wilflingen in den »Seewiesen« südlich der Ortschaft. An einer fünften Stelle, nämlich im ehemaligen Mündungsgebiet der alten Ablach in die alte Donau südlich Vilsingen, ist für die »Wasserversorgungsgruppe Heuberg rechts der Donau« die Möglichkeit nachgewiesen, einen Versorgungsbrunnen mit 50 Litern pro Sekunde Leistung niederzubringen.

Die ergiebigste dieser neuen Trinkwasserfassungen im »indirekten Karst« ist der neue Brunnen Sigmaringendorf. Hier zeigt die rißeiszeitliche Füllung des alten Donautales folgenden Aufbau:

0– 5 m u. Gelände	Bodenbildungen
5–10 m u. Gelände	Moräne
10–20 m u. Gelände	Eisstaubeckentone
20–39 m u. Gelände	gut durchlässige alpine Kiese
39–43 m u. Gelände	Donaukiese aus Weißjura- und Schwarzwald-Material
darunter:	Weißjura-Massenkalk

Der Brunnen hat eine technische Ergiebigkeit von ungefähr 200 Litern in der Sekunde. Das große allseitige Einzugsgebiet des Weißjura-Karstwassers, mit dem die Rinnenkiese des alten Donautales in Kontakt stehen, garantiert eine Dauerergiebigkeit von insgesamt mehreren 100 Litern pro Sekunde. Das ist ein Vielfaches des Bedarfes von Sigmaringendorf und würde für eine stattliche überregionale Trinkwasserversorgung reichen. Gelobt sei die gute alte Donau!

Eisstauseen in den Tälern der Alb
Der Vilsinger Stand der Rißvereisung

Als die Eismassen des gewaltigen rißeiszeitlichen Rheingletschers den Südanstieg der Schwäbischen Alb zu überfahren begannen, konnte es für die Donau kein Durchkommen nach Osten mehr geben. Für die mutmaßlichen paar tausend Jahre des sogenannten Riß-Maximums mußte sich die obere Donau den Weg zum Neckar suchen, während die Schmelzwässer des östlichen Rheingletschers ersatzweise dem Schwarzen Meer zuströmten – verkehrte Welt der Eiszeit!

Der Eisrand des maximalen Rißgletschers querte beim heutigen Dörfchen Vilsingen das vorrißzeitliche Donautal und bildete hier die Staumauer für einen langen Eisstausee, dessen Wurzel bis oberhalb Geisingen reichte und der auch alle Seitentäler erfüllte (Abb. 3).

Woher man das nun wieder weiß? Wichtigstes Beweisstück für den Eisstausee der Oberen Donau ist das Kiesdelta von Vilsingen. Nach ihm wird der maximale Gletscherstand der Rißeiszeit (und damit aller vier oder fünf Eiszeiten) auch als »Vilsinger Stand« bezeichnet. In den sechziger Jahren war das Kiesdelta durch die inzwischen verfallenen Kiesgruben unterhalb des Dorfes noch gut aufgeschlossen: durchgängig schräggeschichtete alpine Kiese, mit etwa 30 Grad nach Norden, also alt-donautalaufwärts einfallend und nach oben in einer ebenen Terrasse endend, auf der das Dorf steht, hoch über dem ehemaligen Talboden (s. Bild S. 87). Man kennt den gesetzmäßigen Aufbau und die Entstehung solcher Kiesdeltas z. B. vom heutigen Delta der Argen oder des Alpenrheins an den Mündun-

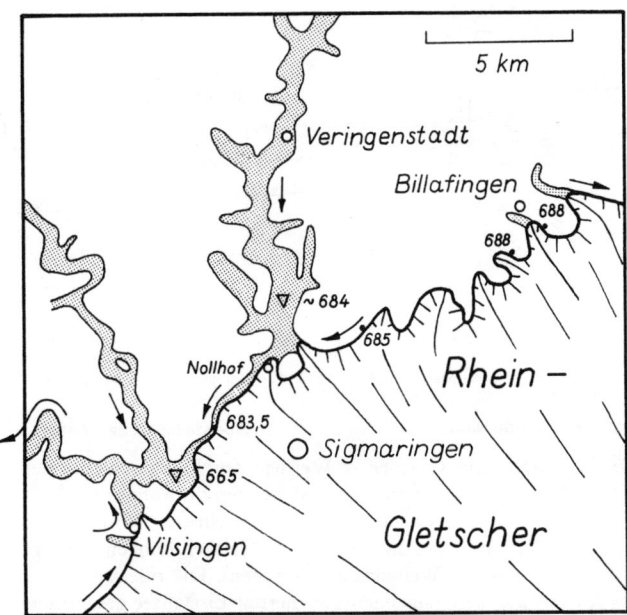

Abb. 3: Unsere Gegend während der größten Ausdehnung des Rheingletschers (»Vilsinger Stand« der Rißeiszeit). In den Tälern der Lauchert, der Schmeie und der Donau haben sich große Eisstauseen gebildet. Der Donau-Stausee reicht talaufwärts bis Geisingen und entwässert durch die Spaichinger Pforte in den Neckar. Pfeile: Entwässerungsrichtungen. Zahlen: Eisrand- und Seespiegelhöhen in Metern über NN

gen dieser Flüsse in den Bodensee. Das Vilsinger Delta muß von dem aus dem dortigen Gletschertor hervorbrechenden Schmelzwasserstrom in den Donaustausee geschüttet worden sein. Die ebene Kiesoberfläche erreicht eine Höhe von 665 Meter über NN. Damit kennt man die genaue Spiegellage des Eisstausees und kann seine Ausdehnung rekonstruieren.

Das obere Ende des Stausees lag etwa dort, wo die 665 Meter-Höhenlinie das Donautal quert. Das ist, wir sagten es schon, bei Geisingen. Dort liegt vielleicht noch ein weiteres Beweisstück für die Existenz des langen Donau-Eisstausees unter jüngeren Hangschuttmassen begraben: Reste eines Kiesdeltas an der damaligen Mündung der Schwarzwalddonau in den See. Man hat es bis heute noch nicht gefunden.

Die einzige Möglichkeit eines Auslaufes für den Eisstausee bestand durch die Spaichinger Pforte über die Prim zum Neckar. Die dortige Talwasserscheide liegt heute 686 Meter über NN, also 21 Meter über dem ehemaligen Seespiegel; doch ist das Tal, wie man durch Bohrungen weiß, von mindestens 34 Meter mächtigen Schuttmassen verfüllt, so daß der rißeiszeitliche Überlauf dort möglich war. Handgreiflichere Beweise für diese zeitweilige Neckar-Donau kennt man noch nicht. Vielleicht entdeckt man eines Tages irgendwo in einer Baugrube in älteren Ablagerungen der Prim einen alpinen Block, der vom Vilsinger Gletschertor her in einer Eisscholle über den See gedriftet war. Suchet, so werdet ihr finden!

Auch die Schmeie und die Lauchert hatten gezwungenermaßen ihre Stauseen. Man kennt von diesen Tälern keine Kiesdeltas, wohl aber Eisstaubeckentone, die die Existenz der Seen handgreiflich beweisen: spärliche Reste solcher Seeablagerungen beim Bahnhof Inzigkofen nahe der heutigen Schmeiemündung, und bis 12 Meter mächtige Seetone aus Bohrungen im Laucherttal (Brunnen Veringendorf und Baugrundbohrungen für die neue Straßenbrücke unterhalb Veringenstadt). Die Verfüllung des Laucherttales reicht bei Veringendorf 34 Meter unter die heutige Talaue herab. Sie blieb in diesem Tal erhalten, weil die Lauchert nach der Rißeiszeit infolge der Abwärtsverlegung ihrer Mündung vom Weitenried nach Sigmaringendorf (s. S. 63) ein erheblich geringeres Gefälle erhielt. Donau und Schmeie aber, die keine solchen Gefällverringerungen erfuhren, konnten ihre Eisstaubeckenfüllungen hernach wieder ausräumen.

Während die Eisstausee des Schmeietales mit dem Donaustausee in direktem Zusammenhang stand und somit gleichen Spiegelstand hatte, muß der Lauchert-Stauseespiegel beträchtlich höher, nämlich bei etwa 684 Meter über NN, gelegen haben. Dies ist die Höhe der Überlaufmöglichkeit zum Schmeiestausee über das Kirchtal im Laizer Wald. Spuren einer starken Einkerbung dieses mußmaßlichen Überlaufes in den Weiß-

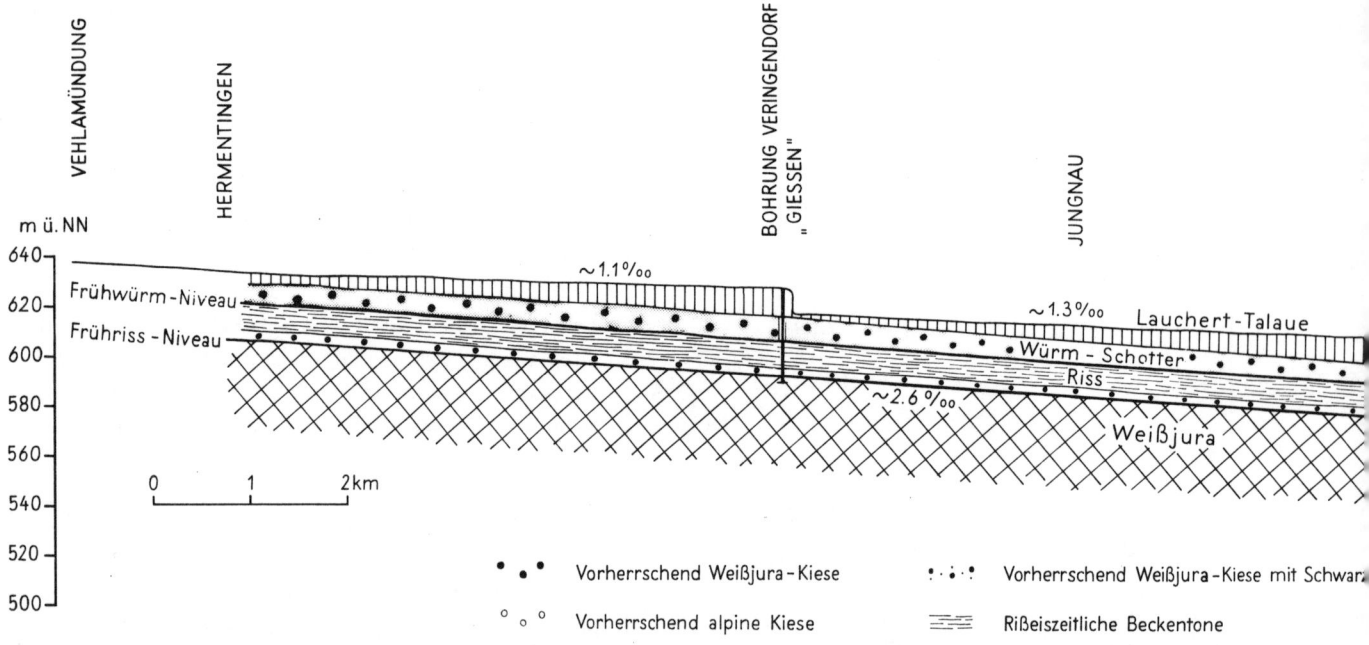

Abb. 4: Längsschnitt durch das heutige Laucherttal bis ins heutige Donautal. (Aus Göttlich & Werner: Zur Flußgeschichte der Lauchert. – Jahresber. und Mitt. oberrh. geol. Ver. 50, Stuttgart 1968.) Die im heutigen Laucherttal stehenden Bohrungen sind mit kräftigem Strich eingetragen (Stand 1968). Die mit dünnem Strich eingezeichneten und eingeklammert beschrifteten Bohrungen stehen außerhalb des heutigen Talsystems, sind aber für die Konstruktion des Schnittes und die Kenntnis der Talverfüllungen wichtig. Die Donauschotter kennzeichnen die ehemals von der Donau benutzte Laufstrecke (Weitenried–Hitzkofen). Die rißeiszeitlichen alpinen Schotter wurden beim Weitenried von Süden her als großes Kiesdelta in den damaligen Laucherttal-Eisstausee geschüttet. Oberhalb und unterhalb davon lagerten sich Eisstaubeckentone ab. Zum Bittelschießer Täle vgl. Abb. 5.

jurafels, wie man sie eigentlich erwartet, findet man dort aber nicht. Andererseits war ein Überlauf nach Nordosten entlang dem Eisrand kaum möglich, da dieser eine Höhe von 688 Meter über NN erreichte. Auch da gibt es also noch ein wenig geologisches Rätselraten.

Und die Tiefe unserer Eisstauseen? Sie ist leicht zu errechnen und erreichte im Donau-Schmeie-See bei Vilsingen-Dietfurt vor der beginnenden Verfüllung etwa 90 Meter, im Lauchertsee unterhalb Jungnau sogar über 110 Meter. Keiner der Seen wurde auch nur annähernd vollständig verfüllt, denn ihre Lebensdauer war dafür viel zu kurz. Mit dem Zurückschmelzen des Eisrandes vom Vilsinger Stand wurde der Weg der Donau nach Osten wieder frei, und die Seen liefen leer. Leider können wir unserem Bildband kein einziges Farbfoto vom großen Eisstausee im Donauengtal, etwa bei Beuron oder Werenwag oder Thiergarten, beigeben. Es wäre ein nicht sehr heimeliges, fast schockierendes Landschaftsbild: die wohlvertrauten Weißjura-

Felsen zwar nicht viel anders als heute, aber aus bläulich und grau schattierter Seefläche des ertrunkenen Tales senkrecht aufsteigend, und dazwischen die Steilhänge subarktisch kahl, ohne Baum und Strauch, nur mit gelblichgrünem Tundrarasen bedeckt, darauf an flacherer Uferstelle ein dunkler Fleck, vielleicht ein Mammut oder ein wollhaariges Nashorn (bei Meßkirch wurde in Rißkiesen der Mahlzahn eines solchen gefunden); im Hintergrund aber, wenn wir das Bild nach Osten hin aufnehmen, was sehr zu empfehlen ist: das blendend weiße, von dunklen Moränenflecken und -streifen durchsetzte, da und dort zerklüftete Eis des unwirtlichen Rißgletschers, eine hohe, geometrisch klare, ganz schwach gewölbte Horizontlinie bildend. Noch ein wenig Geduld, und der Vordergrund belebt sich willkommenerweise für die Aufnahme: Ein Eingeborener, ein Neandertalermensch mit der Steinaxt am Gürtel, paddelt im Einbaum zwischen unmerklich dahintreibenden Eisschollen hindurch quer über die klare Wasserfläche.

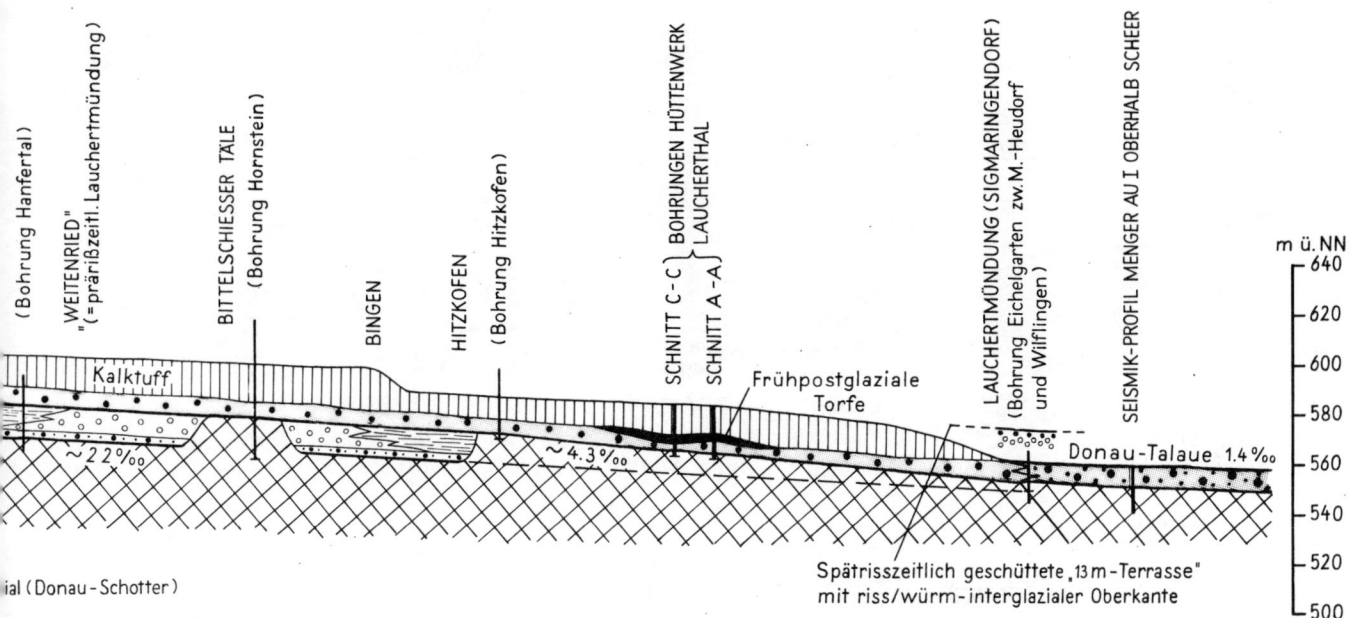

Labels on the figure (left to right):

(Bohrung Hanfertal)

"WEITENRIED" (= präriszeitl. Lauchertmündung)

BITTELSCHIESSER TÄLE (Bohrung Hornstein)

BINGEN

HITZKOFEN (Bohrung Hitzkofen)

BOHRUNGEN HÜTTENWERK LAUCHERTHAL

SCHNITT C–C ⎱ SCHNITT A–A ⎰

LAUCHERTMÜNDUNG (SIGMARINGENDORF) (Bohrung Eichelgarten zw. M.-Heudorf und Wilflingen)

SEISMIK-PROFIL MENGER AU I OBERHALB SCHEER

m ü. NN

Kalktuff

Frühpostglaziale Torfe

~2.2‰   ~4.3‰   Donau-Talaue 1.4‰

ial (Donau-Schotter)

Spätrisszeitlich geschüttete „13 m-Terrasse" mit riss/würm-interglazialer Oberkante

Mit diesem allerdings nie belichteten Bild wollen wir die Eisstauseen in den Tälern der Alb verlassen.

Das Bittelschießer Täle
Aus der jüngeren Flußgeschichte der Lauchert

Von den linken Nebenflüssen der Donau oberhalb der Brenz ist die Lauchert die merkwürdigste. Man sieht das schon auf der Karte: Die Lauchert strebt zunächst recht geradlinig, wie es sich für einen Nebenfluß gehört, der Donau zu, macht dann aber unerwarteterweise vom »Weitenried« beim Bahnhof Hanfertal an ihren großen Umweg nach Osten über das Hitzkofener Knie. Was es damit auf sich hat, wissen wir bereits von S. 58: die Lauchert bedient sich vom Weitenried bis Hitzkofen eines Talstückes der alten vorrißzeitlichen Donau. Und wir wissen auch, daß das Laucherttal auf dieser Strecke und oberhalb davon einst viel tiefer in den Weißjura eingeschnitten war als heute. Im Weitenried liegt die Felssohle etwa 50 Meter unter der heutigen Talaue. Der Längsschnitt Abb. 4 zeigt es.

Oberhalb Hitzkofen ist also das Laucherttal bis weit über Veringenstadt hinaus in mächtigen Ablagerungen ertrunken. Diese bestehen nicht nur aus jüngeren Flußablagerungen, sondern in ihrem tieferen Teil auch aus den Seetonen des großen Eisstausees, der, wir schilderten es auf S. 61, während der Rißeiszeit das Tal erfüllte.

Nicht nur Bohrungen, sondern auch ein paar auffallende Landschaftsformen verraten, daß das Laucherttal ein ehemals viel tieferes, später verfülltes Tal ist: die für ein Albtal zu breite, ebene Talaue, die noch in die Seitentälchen hineingreift, so in die Büttnau, in das Tal nördlich »Indelkofen«, in das Tal beim Sportplatz unterhalb Hornstein und ins Mosteltal; ferner die da und dort aus der ebenen Talaue aufragenden Massenkalkinseln, wie z. B. der Stettener Berg nördlich Veringendorf, das langgestreckte Bergle im Weitenried und die Berginsel im Ausgang des Mosteltals.

Der merkwürdigste Talabschnitt der Lauchert ist das Bittelschießer Täle. Man sieht da die Lauchert, die eben noch in einer breiten, sumpfigen Talaue mäandrierte, unvermittelt in einer engen, waldigen Felsenschlucht verschwinden, freilich nur für eine kurze Strecke von ungefähr 300 Metern, um sich dann, als wäre nichts geschehen, wieder in breiter Talaue Richtung Bingen weiterzuschlängeln.

Ganz überflüssigerweise hat sich hier die Lauchert die Mühe gemacht, den Weißjurafels in enger Schlucht zu zersägen. Wie jeder im Gelände sehen kann, hätte sie es nördlich vom Bittelschießer Täle einfacher haben können, dort, wo sich zu Füßen des Burgdörfchens Hornstein ein sattelförmiger Riegel aus weichem Moränen-

63

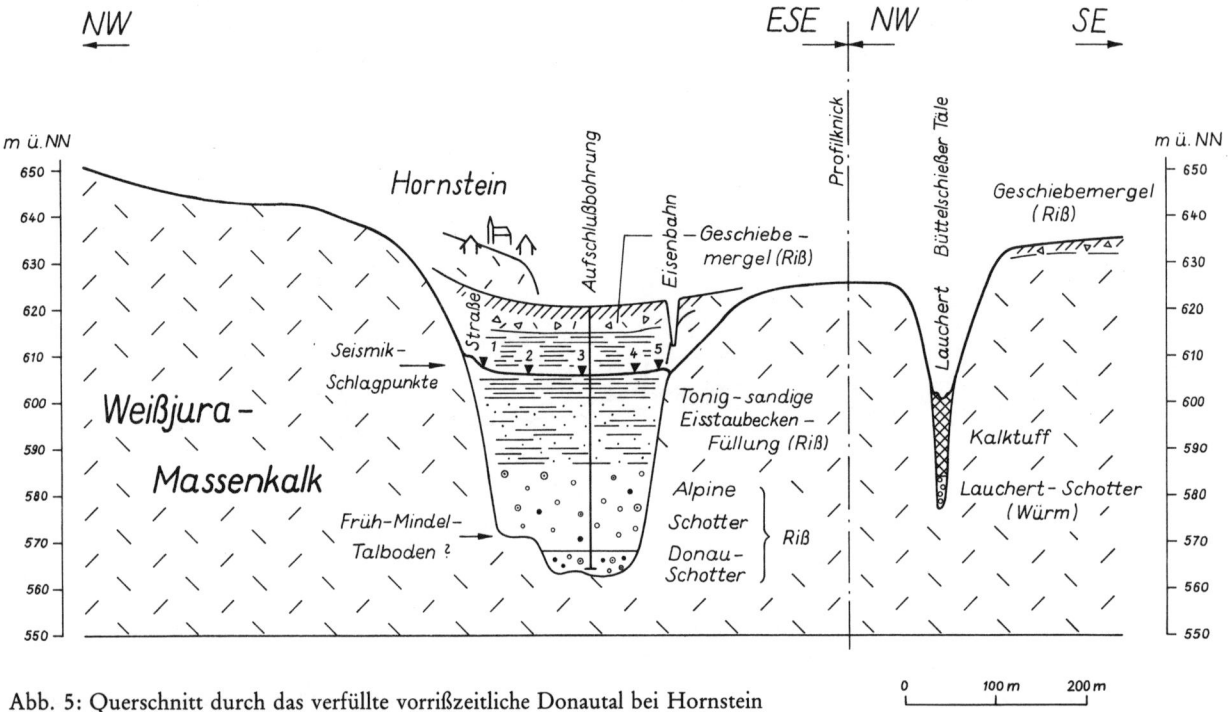

NW ←   ESE | NW   SE →

Abb. 5: Querschnitt durch das verfüllte vorrißzeitliche Donautal bei Hornstein
(Hornsteiner Sattel) und das Bittelschießer Täle (aus: Erläuterungen zur
Geol. Karte 1:25 000, Bl. 7821 Veringenstadt, Stuttgart 1978).

material quer in den alten Tallauf legt. Wie das zuging, ist bekannt (vgl. S. 58): die gute Lauchert hat hier das alte nach Norden ausbiegende Donautal nicht mehr aufgefunden, weil es der rißeiszeitliche Gletscher mit seinen Ablagerungen vollständig plombiert hatte. Sie geriet daneben und erwischte den unter darübergepackten Moränen versteckten alten Talsporn aus Weißjura-Massenkalk, den sie nun zu durchschneiden hatte. Der Hornsteiner »Moränen«-Riegel ist nichts als ein übriggebliebener Rest der wiederausgeräumten mächtigen rißeiszeitlichen Talplombierung. Der Schnitt Abb. 5 illustriert diese Zusammenhänge.

So ist, wenn man so sagen darf, infolge eines Irrtums der Lauchert dieses kleine landschaftliche Prachtstück, das Bittelschießer Täle, entstanden. Die Hohenzollerische Landesbahn umfährt es respektvoll. Sein Eingang wurde einst von der Burg der Herren von Bittelschieß überragt, in deren Ruine man im 17. Jahrhundert die heute noch vorhandene Waldkapelle erbaut hat. Die

Szenerie im großen wird vom hohen Bergfried der ehemaligen Burg Hornstein beherrscht, der von der nördlichen Talschulter des größeren alten Donautales herüberschaut.

Nicht nur eine Burgruine, sondern auch die Ruine einer Höhle hat das Bittelschießer Täle zu bieten. Es ist der Rest eines von der Schlucht zerschnittenen großen Gewölbes, nach oben durch eine kaminartige Öffnung durchbrochen.

Man sollte es nicht glauben, aber im romantischen Bittelschießer Täle hat ein schlimmes Stück Landschaftszerstörung stattgefunden. Einen Schuldigen braucht man nicht zu suchen, denn die Natur selbst hat die Untat begangen. Unsere niedliche Schlucht von heutzutage war nämlich früher, zur Würmeiszeit, viel wilder, weil an die 25 Meter tiefer. Dort unten, zwischen Fluß und senkrechten, da und dort vielleicht auch überhängenden Felswänden hätte kein Albvereinswegle mehr Platz gefunden. Diese wilde Schönheit

64

wurde wie das übrige Laucherttal infolge des zu geringen Talgefälles aufgefüllt und begraben, zuerst, während der Würmeiszeit, mit Weißjurakiesen, darüber, in der Nacheiszeit bis in die Gegenwart, mit Kalktuffsand (Daugsand), wie man beim Einrammen der Pfeiler für den Lauchertsteg festgestellt hat. Unser Schnitt Abb. 5 zeigt den ehemaligen und den heutigen Zustand vom Bittelschießer Täle. Die Tiefenlage der Felssohle und das Vorhandensein der würmzeitlichen Weißjurakiese ist indirekt, durch Bohrungen oberhalb vom Täle, nachgewiesen.

Was bleibt einem übrig, als sich mit dem heutigen, auch nicht zu verachtenden Zustand des Bittelschießer Täles zufrieden zu geben? Wir könnten damit unsere Skizze abschließen, wenn nicht noch eine wissenswerte Begebenheit aus der Baugrundgeologie nachzutragen wäre. Vor dem Bau der neuen Straßenbrücke oberhalb vom Bittelschießer Täle untersuchte man gewissenhaft den bekannt schlechten Laucherttal-Baugrund und fand unter den 20 Meter mächtigen weichen nacheiszeitlichen Schluffen, Torfen und Kalktuffsanden die schon erwähnten, scheinbar soliden würmeiszeitlichen Weißjurakiese. Darin gründete man die Brücke auf Pfähle; doch das nagelneue Bauwerk senkte sich prompt und einseitig um etwa 20 cm. Wie kam das? Dem mit den Untersuchungen beauftragten Büro war die Flußgeschichte der Lauchert und die abnorm tiefe Lage ihrer Felssohle nicht bekannt. Daher ahnte man nicht, daß unter den Kiesen und knapp unter den Pfahlspitzen wiederum weiche Schichten, nämlich rißeiszeitliche Eisstaubeckentone, lagen. In diesen traten unter der Auflast der Pfähle und durch »negative Mantelreibung« in den weichen Hangendschichten Setzungen ein, die zum Absinken der Brücke führten. Immerhin verdanken wir dem kostspieligen Ereignis, daß durch nachträgliche Bohrungen die tiefere Verfüllung des heutigen Lauchert- und ehemaligen Donautales an dieser Stelle genau bekannt wurde. Auch die roten Schwarzwaldgerölle der alten vorrißzeitlichen Donau fehlten nicht in den Bohrproben.

Moränen, Moore, übriggebliebene Seen
Altmoräne – Jungmoräne

Der südöstliche, größere, im Molassebecken gelegene Teil des Kreisgebietes ist Moränenlandschaft. Diese wiederum gliedert sich in Altmoränen- und Jungmoränengebiet. Die augenfällige Grenze zwischen beiden bildet der Endmoränenwall entlang dem ehemaligen Eisrand des letzteiszeitlichen Rheingletschers zur Zeit seiner größten Ausdehnung. Wir haben den bogenförmigen Verlauf dieser Äußeren Würmendmoräne mit tief einspringendem Zwickel bei Echbeck auf S. 57 kennengelernt. Dahinter, alpenwärts, liegt also das würmzeitlich eisüberdeckte Jungmoränengebiet.

Die Jungmoränenlandschaft unterscheidet sich von der Altmoräne durch ihre viel unruhigeren, buckligen, unausgeglichenen, weil wenig durch Abtragungsvorgänge veränderten Landschaftsformen. Der ganze Moränenschutt liegt hier fast noch so da, wie ihn der abgetaute Würmgletscher hinterlassen hatte, nur mit einer dünnen Verwitterungslehmdecke überzogen und durch Wald, Felder und Wiesen verschönt. Die Vertiefungen in der Jungmoränenlandschaft sind zum Teil noch heute mit Wasser gefüllt – unsere natürlichen Seen, wohl zu unterscheiden von den künstlichen Weihern. Zwei der schönsten, Illmensee und Ruschweiler See, gehören jetzt zum Kreisgebiet. Daneben gibt es noch viele kleinere und kleinste »Toteislöcher«, besonders in den Endmoränenwällen. Viele ehemalige Seen sind aber in der Nacheiszeit durch das Einschneiden ihrer Abflüsse leergelaufen oder durch Seeablagerungen und durch Moorwachstum verlandet: so das Ruhestetter Ried und das große Pfrunger Ried.

Auch die Altmoräne hatte einmal, nach dem Abschmelzen des größeren Rißgletschers, so ausgesehen wie heute die Jungmoräne. Während der Würmeiszeit, als das Jungmoränengebiet unter den Eismassen begraben lag, konnte sich aber dort, im eisfreien Gebiet, unter dem damaligen Tundrenklima das Bodenfließen auswirken. Durch ständiges Gefrieren und Auftauen des wassergesättigten Bodens über dem tiefgefrorenen Dauerfrostboden geriet auch an den flachsten Hängen der mächtige lehmige Verwitterungsboden aus der Riß/Würm-Zwischeneiszeit breiartig ins Fließen und glich die vorhandenen Unebenheiten durch Abtrag der Kuppen und Auffüllen der Senken allmählich aus. Deshalb zeigt die Altmoräne im Gegensatz zur Jungmoräne ruhige, ausgeglichene Landschaftsformen. Natürliche Seen gibt es in der Altmoräne des Kreisgebietes nicht mehr; sie sind längst verfüllt und durch Moorwachstum verlandet. Die Waltere bei Sauldorf, das Riedle bei Kloster Wald, das Taubenried bei Pfullendorf sind solche verlandeten Altmoräne-Seen.

Zurück zur Jungmoräne. Auf ihrem großen Endmoränenwall hat die Schlacht bei Ostrach stattgefunden. Unser Bild S. 99 zeigt nicht nur das Schlachtengetümmel, sondern auch die typische Ostracher Jungendmoränenlandschaft. – Den Illmensee sehen wir auf Bild S. 98 und wundern uns nicht, daß an seinem Ufer jeder gern ein Häusle haben möchte. Sein Becken wurde durch den vom Höchsten herabkommenden Eisstrom des Rheingletschers ausgefurcht; das Dörfchen steht auf der zusätzlich aufstauenden niedrigen Endmoräne eines Rückzugstadiums des Würmgletschers, und die buschwerk- und baumbestandene schlanke Halbinsel ist nichts anderes als ein Stückchen Mittelmoräne. Der Höchsten, das müssen wir noch anfügen, besteht aus hochgelegenen, zu harter Nagelfluh verbackenen Schmelzwasserkiesen und Moränen älterer Eiszeiten, Mindel und Günz genannt. Während der Würmzeit war auch dieses Hochgebiet vom Eis überfahren.

Wenn wir in unserem geologischen Skizzen- und Bilderbuch des Landkreises Sigmaringen noch einmal zurückblättern, so fällt uns auf, daß darin, im Buch wie im Landkreis, die Eiszeit den größten Raum einnimmt. Manchem eingefleischten Geologen ist diese jüngste geologische Ära ein Greuel, weil ihre Moränen, Kiese, Torfe, Fließ- und sonstigen Lehme, kurz, weil dieser ganze Dreck die ältere, weniger chaotische und darum als vornehmer angesehene Geologie verunziert und verdeckt.

Ach lieber Gott, warum, warum
erschufst du das Diluvium?

Diluvium – das ist die etwas aus der Mode gekommene Bezeichnung für Eiszeit oder Pleistozän; und das Versle ist der Stoßseufzer des kartierenden Geologen, der wieder einmal unter eiszeitlichem Lehm die anstehenden Molasseschichten nicht finden kann. Der liebe Gott mag außer dem wichtigen Grund, die zünftigen Geologen zu ärgern, noch andere Gründe gehabt haben. Jedenfalls sind die meisten Alt- und Jungmoränenbewohner mit ihrer eigenen Landschaft und mit ihrem Kies höchst zufrieden und können auf die ältere Geologie ganz gut verzichten. Daß es Geologen gibt, denen auch die Eiszeitgeologie Vergnügen macht, hat der Leser hoffentlich diesen Skizzen angemerkt.

Verkarstetes Gebirge unter Tage (große lehmerfüllte
Hohlräume im Weißjura-Massenkalk, angefahren im Stollen
der zweiten Bodensee-Wasserleitung bei Veringendorf).
Der »gebräche« Fels bereitete erhebliche Schwierigkeiten
beim Vortrieb mit der Tunnelbohrmaschine

Im Herbst 1981 wurde 400 Meter von der Thermalwasserbohrung Saulgau TB 1 entfernt, die Bohrung des
geothermischen Demonstrationsprojektes Saulgau TB 3 zur
Nutzung der Wärmeenergie des thermalen Karstwassers
in Angriff genommen. Sie erreichte eine Endteufe
von 928 Metern und traf mehrere wasserführende Zonen an.
Bei einem ersten Pumpversuch mit Preßluft konnten
42 Liter pro Sekunde gefördert werden

Angeschliffener Bohrkern aus der Thermalwasserbohrung
Saulgau, Tiefe 623 Meter. Der erbohrte Weißjura-Kalkstein
unterscheidet sich kaum von den auf der Alb zutage tretenden
Massenkalken. Schwammstrukturen sind deutlich
erkennbar. Die dunklen Flecken sind von feinverteiltem
Pyrit (Schwefeleisen) hervorgerufen

Eines von unzähligen Haifisch-zähnchen im Sandstein der Oberen Meeresmolasse (Lamna cuspidata Ag., Junghof b. Pfullendorf). Die für die Meeresmolasse charakteristischen dunkelgrün-schwärzlichen Glaukonitkörner zwischen den Quarzen des Sandsteins sind deutlich zu erkennen. Aus ähnlichem, etwas gröberkörnigem Sandstein waren die eingestürzten Kirchtürme von Aach-Linz und Walbertsweiler erbaut. – Sammlung Geologisches Landesamt Freiburg

Zähne eines größeren Hais aus der Oberen Meeresmolasse (Carcharodon megalodon Ag., Pfullendorf), etwa natürliche Größe. – Fürstl. Fürstenbergische Sammlungen Donaueschingen

…uster (Ostrea
…hoides Ziet.)
…s der Oberen
…eeresmolasse
…i Pfullendorf.
…rstl. Fürsten-
bergische
Sammlungen
…naueschingen

Angeschliffenes Handstück von verkittetem Bohnerz. Römische Altstadt bei Meßkirch, Erzfazies der Kirchberger Schichten.
Die Bohnerze zeigen z. T. konzentrisch-schaligen Bau. Weiße Partikel: Quarz-Feinkiesgerölle.
Größeres gelblich-bräunliches Geröll: Weißjura-Kieselknolle. – Sammlung Geologisches Landesamt Freiburg

Backenzähne von Dinotherium und von Rhinoceros incisivus Cuv (Säugerfundstelle Römische Altstadt bei Meßkirch, Kirchberger Schichten, Helvet). – Fürstl. Fürstenbergische Sammlungen Donaueschingen

Aufgeschlagenes alpines Geröll
aus ostalpinem rotem Jura-Kalkstein
(vielleicht Montafon);
»gequältes Geschiebe«. Die mit
weißem Kalkspat verheilten Klüfte
sind deutlich zu erkennen.
Sammlung Rheingletschergeschiebe,
Geologisches Landesamt Freiburg

Zwei alpine Amphibolitgerölle,
wahrscheinlich aus dem Silvrettagebiet.
Metamorphes Gestein, verwandt mit
Gneis. Grünliche Lagen: Hornblende.
Weiße Lagen: Feldspat.
Sammlung Rheingletschergeschiebe,
Geologisches Landesamt Freiburg

Gelegentlich findet man in Kiesgruben Raritäten, wie dieses verkieselte Palmenholz aus dem Baggersee Valet & Ott unterhalb Krauchenwies. Der Anschliff zeigt die gleichmäßig über den Stammquerschnitt verteilten Gefäßbündel. Hierdurch unterscheidet sich die zu den Einkeimblättrigen zählende Palme von anderen Bäumen. Das würmeiszeitlich als Geschiebe und Geröll umgelagerte Kieselholz stammt vermutlich aus subalpinen Tertiärschichten. Sammlung Geologisches Landesamt Freiburg

Gekritztes Geschiebe (alpiner Kieselkalk). Die Kritzen auf der Geschiebeoberfläche sind durch Reibung an härteren Nachbargeschieben im Gletschereis enstanden. Sie sind Beweis für die Moränennatur der Ablagerung, der das Geschiebe entstammt (hier einer rißeiszeitlichen Moräne bei Hornstein). Bei Umlagerung in fließendem Wasser werden die Kritzen rasch verschliffen. Sie fehlen daher in Flußkiesen. Sammlung Rheingletschergeschiebe, Geologisches Landesamt Freiburg

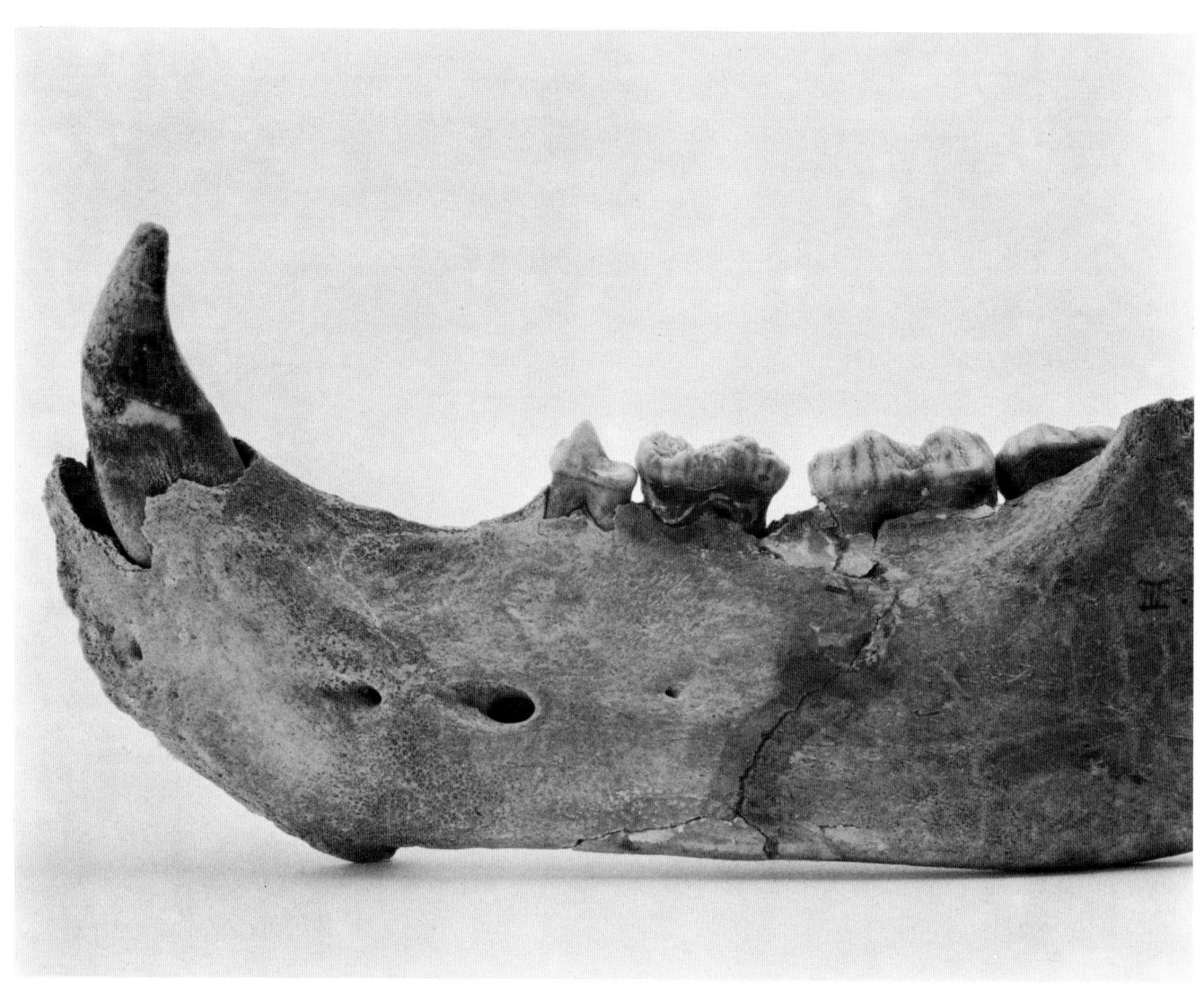

Unterkiefer eines Höhlenbären. Dieses große Raubtier war während der Eiszeit im Donau-Durchbruchstal auf Beute aus. Fundort Langenbrunn.
Fürstl. Fürstenbergische Sammlungen Donaueschingen

Das Felsentäle nördlich von Menningen wurde wahrscheinlich beim Rückzug des rißeiszeitlichen Gletschers durch einen auslaufenden See in den Weißjura-Massenkalk eingeschnitten. Es ist heute ein Trockental, da das von Engelswies herabkommende Bächle oberhalb davon in einem Schluckloch verschwindet

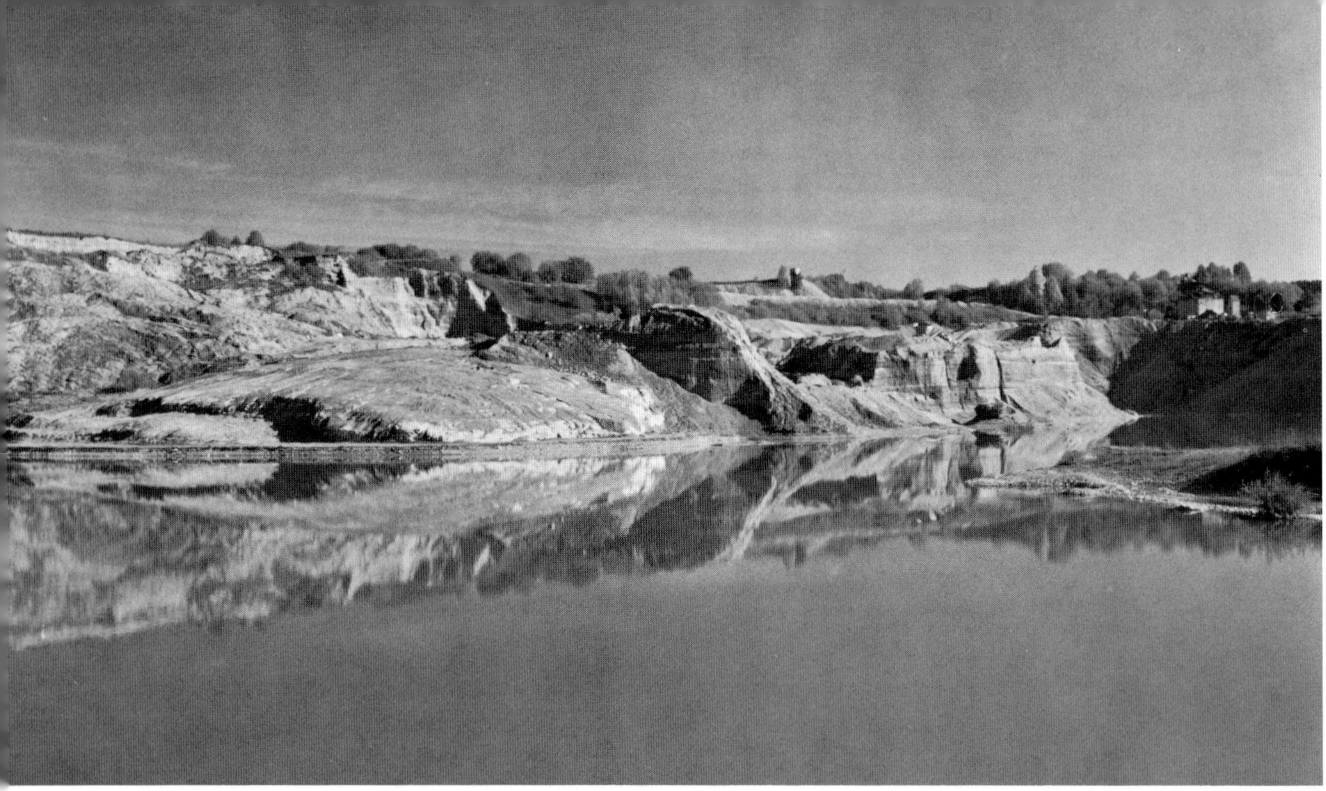

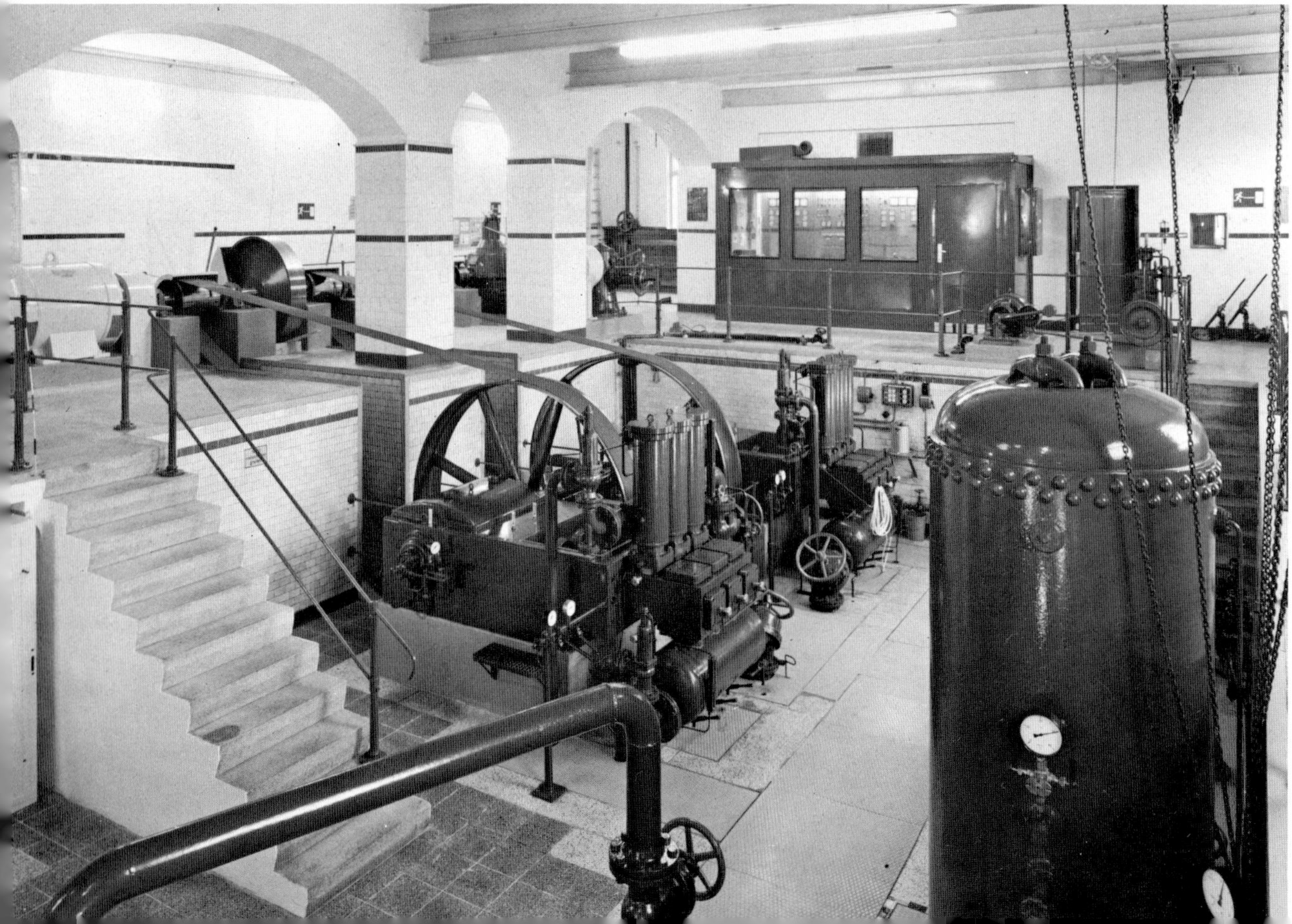

Baggersee und Kieswand in den Laizer Kiesgruben.
Der helle, aus der Wasserfläche aufsteigende Fels besteht
aus Weißjura-Kalkstein. Er ist ein freigelegtes Stück
des Südhanges vom vorrißeiszeitlichen, vollkommen mit
Kiesen des Rißgletschers zugeschütteten Donautal.
Links oben den Kiesen auflagernde Beckentone, die in
einem zeitweilig vorhandenen Eisstausee abgelagert wurden

Alte und neue Trinkwasser-Fördertechnik
im Pumpwerk Thiergarten. Im Vordergrund die alten
Kolbenpumpen, die, angetrieben von einer Turbine
am Donaukanal, das Karstwasser aus der Rainbrunnen-
quelle zur Versorgung des Truppenübungsplatzes
Stetten auf die Albhochfläche drücken

Erdölfeld Pfullendorf. Nördlich von Pfullendorf steht
diese kleine Vor-Raffinerie, in der das Rohöl entwässert
und das darin enthaltene Erdgas abgefackelt werden.
Rechts im Bild ein »Pferdekopf« auf einer produktiven
Bohrung. Diese Pumpe fördert das Erdöl aus dem
Stubensandstein an die Oberfläche

Die Albtafel ist nur durch wenige tief eingeschnittene wasserreiche Täler gegliedert.
Hier das Laucherttal bei Hermentingen mit einem Zügle der
Hohenzollerischen Landesbahn. Die auffallende Breite der Talaue ist durch die
mächtige Verfüllung des vor der Rißeiszeit erheblich tieferen Tales
verursacht. Während des Höchststandes der Rißeiszeit wurde es durch
den alpinen Rheingletscher eingestaut

Vier Höhlen bei Veringenstadt waren während der Altsteinzeit besiedelt.
Ihren mutmaßlich ältesten Bewohnern, den Neandertalern,
hat man auf der Lauchertbrücke in Veringenstadt ein Denkmal gesetzt

Idyllische Altstadtgasse
in Veringenstadt

Veringenstadt, einstmals Sitz der Grafen von Veringen.
Die Ruine einer Burg über der Stadt (12. Jahrhundert) zeugt von der
einstigen Bedeutung dieses Geschlechts, das 1415 ausstarb.
König Rudolf von Habsburg verlieh der Stadt 1285 die Marktgerechtigkeit.
Spätromanische, 1862 neugotisch wiederaufgebaute St. Nikolaus-Kirche.
Neben der Ruine die auf das 12. Jahrhundert zurückgehende Peterskapelle

Die romanische,
um 1100 erbaute
Pfarrkirche St. Michael
in Veringendorf
ist eine der ältesten
Kirchen im
Landkreis Sigmaringen

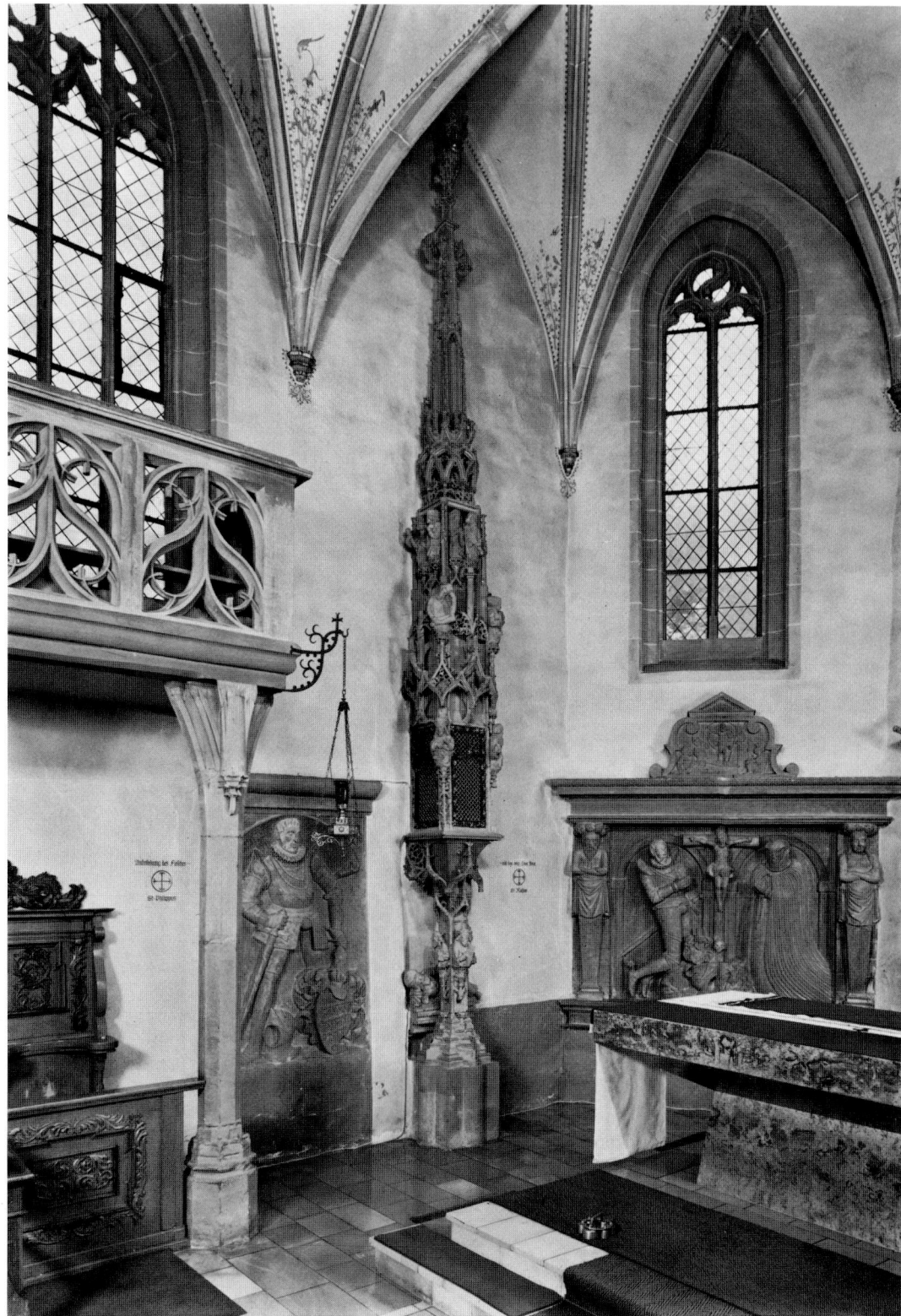

Chor der 1499
errichteten Pfarrkirche
St. Martin in Hettingen
mit dem achteinhalb
Meter hohen aus grauem
Sandstein gehauenen
Sakramentshaus aus der
Erbauungszeit der Kirche

Das 1775/76 nach Plänen des französischen Architekten
d'Ixnard im frühklassizistischen Stil erbaute ehemalige
Schloß der Barone Speth von Zwiefalten zu Gammertingen
ist heute Rathaus der Stadt Gammertingen

Der wertvollste Fund eines 1902 aufgedeckten
alemannischen Fürstengrabes bei Gammertingen ist der
bronzevergoldete Spangenhelm aus dem 7. Jahrhundert,
heute in den Fürstlichen Sammlungen in Sigmaringen

Der untere Ausgang des Bittelschießer Täles bei Hornstein, eines kurzen, schluchtartigen Laufabschnittes im sonst breiten Laucherttal. Es entstand nach dem Abschmelzen des Rißgletschers, als die Lauchert wegen der Plombierung des alten Tales durch Moränen dieses nicht mehr finden konnte und sich in den Weißjura-Massenkalk einschnitt

Blick von Südosten nach Nordwesten über das aufgefüllte vorrißeiszeitliche Donautal bei Vilsingen. Das Dorf liegt 90 Meter über dem alten Talboden auf der ebenen Terrasse eines Kiesdeltas, das nach rechts in das heutige Dietfurter Tal abfällt. Das Delta wurde von dem etwa am linken Bildrand liegenden Rißgletscher her in den großen Eisstausee geschüttet, der das Donautal zur Zeit des »Vilsinger Standes« der Rißeiszeit erfüllte. Der Seespiegel lag in Höhe der Delta-Terrasse von Vilsingen

Landschaft auf dem Heuberg bei Leibertingen,
dem Sitz der Gemeindeverwaltung für Leibertingen, das mit den
vor einigen Jahren noch selbständigen Dörfern Altheim,
Kreenheinstetten und Thalheim eine neue Gemeinde bildet

Das 1261 als Stadt erwähnte Meßkirch gehörte seit Mitte des 14. Jahrhunderts bis 1594 zur Herrschaft der Grafen von Zimmern; dann waren die Helfensteiner Herren der Stadt und seit 1627 die Fürstenberger. 1806 kam Meßkirch an das Großherzogtum Baden. Die Stadtsilhouette wird überragt von dem im Renaissancestil 1557 begonnenen Schloßbau und der 1526 errichteten, später barockisierten Stadtpfarrkirche St. Martin. Die Stadt Meßkirch liegt in typischer Altmoränenlandschaft, die sich gegenüber der Jungmoränenlandschaft durch ruhige, ausgeglichene, fast eintönige Landschaftsformen auszeichnet

Meßkirch, Pfarrkirche St. Martin.
Bronzeepitaph des Grafen Wilhelm von Zimmern,
gegossen 1599 vom Ulmer Meister Wolfgang Neidhardt

Marktplatz von Meßkirch. An der Stelle
eines Fachwerkhauses wurde 1898 im
Neu-Renaissancestil das Rathaus erbaut.
Davor steht ein neugotischer Marktbrunnen

Das Wappen des Abtes Anselm I. von Salem am 1753 erbauten Pfarrhaus in Levertsweiler erinnert daran, daß diese Gemeinde wie andere Orte im Landkreis einstmals zur mächtigen Zisterzienser-Reichsabtei gehörte

Um 1200 wurde das Zisterzienserinnenkloster Wald gestiftet. Seine große zusammengefaßte Form verdankt das Kloster der Barockzeit. 1803 säkularisiert, richteten 1946 die Benediktinerinnen von der hl. Lioba im ehemaligen Zisterzienserinnenkloster ein Heimgymnasium mit Fachschule ein

Das 1524 erbaute und 1785/86 im Zopfstil nach Plänen
des Deutschordens-Baudirektors Franz Anton Bagnato
umgebaute Rathaus in Pfullendorf birgt in seinem
Saal kostbare Wappenscheiben der Frührenaissance,
gemalt und gefertigt von Christoph Stimmer
aus Schaffhausen 1524/25.
Dargestellt werden die Wappen von Pfullendorf,
Mengen und das Habsburger Allianzwappen

Das Obertor und der Oberturm in Pfullendorf, auf die
gotische Befestigungsanlage des 13. Jahrhunderts
zurückgehend, sind ein Glanzstück mittelalterlicher
Befestigungskunst. Die Anlage beteht aus drei Teilen:
Vortor, inneres Tor und Oberturm. Das Vortor wird
von einem Kreuzigungsrelief von 1505 geschmückt

Das Alte Haus von 1317
in Pfullendorf ist
das älteste Bürgerhaus
Süddeutschlands. Es ist ein
alemannischer Fachwerkbau
mit einer besonderen
vertikalen Holzkonstruktion.
Das auskragende Obergeschoß
wird von einem auf die
Hausmitte radial zulaufenden
Gebälk getragen

Die Altstadt der ehemaligen
Reichsstadt Pfullendorf.
Blick in die gekrümmte
Hauptstraße mit zahlreichen
Fachwerkhäusern aus dem
15. bis 17. Jahrhundert

Der Illmensee in der bewegten Jungmoränenlandschaft, ein durch
Gletscher-Erosion in der letzten Eiszeit (Würm) entstandener,
durch einen niedrigen Endmoränenwall zusätzlich aufgestauter See.
Das Dörfchen Illmensee liegt auf diesem Wall.
Die schmale Halbinsel ist der Rest einer Mittelmoräne

Am 21. März 1799 besiegte ein österreichisches Heer unter
Erzherzog Karl (Mitte auf Schimmel) eine französische Armee
im zweiten Revolutionskrieg in und bei Ostrach.
Als Schlachtfeld wählte man den von der Ostrach
durchbrochenen Wall der Äußeren Würm-Endmoräne

Baggersee bei Krauchenwies. Mit großen Schwimmbaggern werden
die würmeiszeitlichen Schmelzwasserkiese aus dem Grundwasser geholt.
Hier ein Baggersee im Ablachtal unterhalb von Krauchenwies

Verkehrslandeplatz Mengen, ein Angebot an Industrie,
Gewerbe, Flugschulen, Vereine und Privatpiloten,
bevorzugt wegen seiner günstigen Start- und Landebedingungen

Luftbild der Altstadt von Mengen. Das Ortsbild des 13. Jahrhunderts der am Südufer der Ablach gelegenen, vor 1276 befestigten Stadt von »Frei-Mengen« ist heute noch erkennbar.
Die Altstadt hat die Form eines gestreckten Rechteckes, in dessen nördlicher Hälfte die beiden Kirchen (Martinskirche, die Obere oder Liebfrauenkirche mit ihren Friedhöfen, seit 1789 freie Plätze) stehen. An der südwestlichen Ecke der ehemaligen Stadtbefestigung steht das 1283 gestiftete Wilhelmiterkloster, heute städtisches Gymnasium. Die nordwestliche Ecke nahm wohl einmal der königliche, später städtische Gutshof ein. An der die ganze Stadt von Osten nach Westen durchziehenden gekrümmten Hauptstraße standen einst die Tore, ebenso eines an der nördlichen Querstraße, die allesamt im ersten Drittel des 19. Jahrhunderts einer sich nicht lohnenden Modernisierung zum Opfer fielen. Die alten, die Ummauerung schützenden Gräben sind heute als Parkanlagen angelegt. An den östlichen Ecken des Stadtwalles stehen noch die aus dem Mittelalter stammenden Wohntürme »Alter Fuchsen« und »Katzede«

nwerkhäuser
s 16. bis 18.
ahrhunderts
an der
Hauptstraße
in Mengen

Die Lage von Schloß und Kirche kennzeichnet Scheer als einen alten Herrschaftsmittelpunkt, nämlich der Grafschaft Friedberg-Scheer im Scherragau. Das Schloß entstand im späten 15. Jahrhundert unter den Herren von Waldburg. 1786 kauften die Fürsten von Thurn und Taxis diese Herrschaft und bekamen damit Sitz und Stimme im Reichstag.
Die Pfarrkirche St. Nikolaus ist eine dreischiffige Basilika aus dem 14. Jahrhundert. Im 18. Jahrhundert wurde sie barockisiert. Schloß Scheer liegt auf dem letzten Massenkalkfelsen des Donau-Durchbruchtales durch die Albtafel. Unterhalb vom Städtchen taucht der Weißjura ab, und das Tal weitet sich in den weichen Schichten der Unteren Süßwassermolasse

Nach dem Durchbruch der Donau durch die Kalkfelsen vor Sigmaringen
weitet sich das Tal in der Ebene flußabwärts.
Darin liegt das schon 854 in einer St. Galler Urkunde genannte Herbertingen.
Verkehrsknotenpunkt und Versorgungsstation der Rheinisch-Westfälischen
Elektrizitätswerke (Zuleitung aus den Illwerken im Montafon).
Bei klarem Wetter Sicht auf die schweizerische Alpenkette

Die Göge ist heute noch
eines der geschlossensten und
größten Kirchspiele mit dem
Hauptort Hohentengen und seinen
Ortsteilen Beizkofen, Bremen,
Eichen, Enzkofen, Günzkofen,
Ölkofen, Völlkofen und Ursendorf.
Der Name läßt sich wohl
auf den alemannischen Diengau
zurückführen

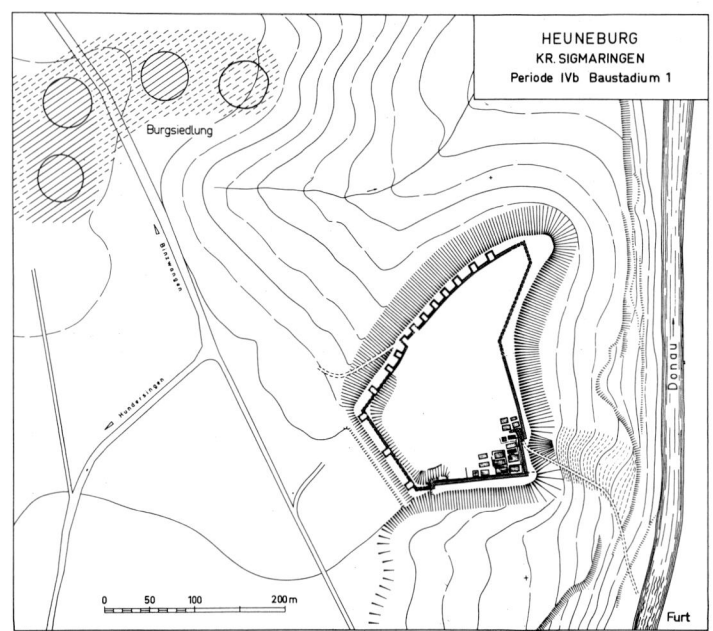

HEUNEBURG
KR. SIGMARINGEN
Periode IVb Baustadium 1

Burgsiedlung

Bussegas

Hundersingen

Donau

0   50   100   200m

Furt

Die Heuneburg bei Hundersingen-Herbertingen

1950 begannen nach früheren Grabungen die planmäßigen Sondierungen auf dem markanten Burgberg über der Donau. Die Funde heben die Heuneburg aus der späten Hallstatt- und frühen Latène-Zeit (6. bis 5. Jahrhundert v. Chr.) als bedeutenden keltischen Fürstensitz in Mitteleuropa heraus. Die hervorragende verkehrsgeographische Lage des Platzes hat seit dem ausgehenden 3. Jahrtausend bis in das beginnende Hochmittelalter (11. Jahrhundert) hinein immer wieder zum Burgenbau gereizt.

Die Funde zeigen an, daß von hier in der Frühzeit schon weitreichende Beziehungen bis in das Mittelmeergebiet unterhalten wurden. Die nach mediterranem Vorbild aus luftgetrockneten Lehmziegeln errichtete Burgmauer ist nördlich der Alpen ohne Vorbild.

Grundrißplan der Heuneburg (links) mit Bebauung der Südostecke zur Zeit der Lehmziegelmauer, 2. Hälfte 6. Jahrhundert v. Chr. Auf dem Gelände der offenen Burgsiedlung sind die vier Fürstengrabhügel aus der Spätzeit des Fürstensitzes (5. Jahrhundert v. Chr.) eingezeichnet.

Römischer Stein im Heimatmuseum Mengen.
Inschrift: *ARAM DANUVIO QUERAN VS M VDS.*
Den Altar (hat) dem Donaugott (errichtet) Queranus,
froh und freudig nach Gebühr hat er sein Gelübde eingelöst

Römisches Fußboden-Mosaik aus Mengen. 1945 zerstört

Römische Dachplatten aus dem Gutshof Altstadt bei Meßkirch.
2. Jahrhundert n. Chr.

Altstadtteil des 1235 von Kaiser Friedrich II. von Staufen zur Stadt erhobenen
Marktfleckens Saulgau. Im Zentrum steht die um 1400 errichtete
Stadtkirche St. Johannes, daneben das nach 1400 erbaute Haus am Markt,
heute mit Bürgersaal und oberschwäbischer Galerie.
Im Norden ist die alte Stadtbefestigung an den Straßenzügen ablesbar, dort
auch Reste der Stadtmauer und die große Anlage des ehemaligen
Franziskanerinnenklosters (1375–1782), heute Bürgermeisteramt

Saulgau im Luftbild, von Südwesten her gesehen.
Im Vordergrund das Berufsschulzentrum des Landkreises,
dahinter die Hummelschule (städtische Grundschule),
Mitte links das Kreiskrankenhaus

112

Saulgau gehörte von
1299 bis 1806
zu Österreich
(Schwäbisch Österreich
oder Vorderösterreich).
Zusammen mit Mengen
und den Städten
Riedlingen, Munder-
kingen und Waldsee
bildete es den Verband
der Donaustädte

Kaiserin Maria Theresia
(1717–1780)
im Rathaus Saulgau

Kaiser Josef II.
(1741–1790)
im Rathaus Saulgau

Im Zentrum der Stadt Saulgau steht auf dem Dach der
Stadtkirche ein Storchennest, das alljährlich besetzt wird

Der spätgotische Katzenturm der früheren
Stadtummauerung von Saulgau

114

Das 1251 von Ritter Steinmar von Strahlegg gestiftete und 1259
von Saulgau nach Sießen verlegte Dominikanerinnenkloster Sießen
wurde 1803 ein Opfer der Säkularisierung.
1860 richteten Franziskanerinnen ein Kloster mit Mutterhaus ein.
1716/22 erbaute Franz Beer die Vierflügelanlage,
1725/27 Dominikus Zimmermann die Klosterkirche.
Die Neubauten wurden nach 1900 errichtet

Bei Saulgau-Hochberg mit Blick auf die
europäische Wasserscheide und das Booser Ried

Auf der letzten Endmoräne der Würmeiszeit (12 000 v. Chr.)
bei Saulgau-Lampertsweiler verläuft die europäische
Wasserscheide. Die einen Wasser fließen nach Süden und
damit über den Rhein in den Atlantik,
die anderen nach Norden zur Donau ins Schwarze Meer

MANFRED HERMANN

Der Landkreis in seinen Bau- und Kunstwerken

Ein Überblick über eintausend Jahre Kunstgeschichte

Der Landkreis Sigmaringen, entstanden anläßlich der Kreisreform am 1. Januar 1973 aus Teilen der Altkreise Sigmaringen, Saulgau, Überlingen und Stockach, ist der oberschwäbischen Kunstlandschaft zuzurechnen. Im einstigen Herzogtum Schwaben gelegen, fehlte freilich dem Gebiet, das heute den Kreis Sigmaringen bildet, von vornherein eine beherrschende, geistig prägende Mitte, die im Kunstschaffen hätte Besonderes leisten und anregen können. Frühe Träger von Kunst und Kultur, wie die Klöster Zwiefalten, Weingarten, Salem, Obermarchtal und Schussenried, lagen teils weit außerhalb der heutigen Grenzen. Das um 1077 von Graf Peregrin in Beuron im Donautal gegründete Augustinerchorherren-Stift war nicht stark genug, eine solche Funktion zu erfüllen. Pläne eines in Veringendorf beheimateten Adelsgeschlechts, sich hier ein Hauskloster mit Grablege zu schaffen, mißlangen oder wurden zugunsten anderer aufgegeben. Bald zerfiel das Gebiet in eine Vielzahl kleiner Herrschaften, deren Adelssitze das Bild der ihnen gleichsam zu Füßen liegenden Städte, wie in Sigmaringen, Scheer, Meßkirch, Veringenstadt, in geringerem Maße Gammertingen und Hettingen, beherrschten. Von den in der zweiten Hälfte des 12. Jahrhunderts gegründeten Städten gelang es nur Pfullendorf, die bürgerliche Selbständigkeit zu erreichen und zur Reichsstadt aufzusteigen.

Das künstlerische Gesicht unserer Landschaft ist nur noch wenig von der Gotik, vielmehr entscheidend durch Barock und Rokoko geprägt, die nach den Zerstörungen des Dreißigjährigen Kriegs und dem wirtschaftlichen Aufschwung nach 1700 in Kirchen, Klöstern und Schlössern Einzug hielten. Noch heute läßt sich in den Zeugnissen dieser Kunst etwas vom heiteren, glaubensfrohen, der Sinnenfreude zugewandten Geist des katholischen Volkes ahnen. Dem Zauber des barocken Himmelreichs auf Erden begegnet der Besucher in den Stadtkirchen von Scheer, Mengen, Pfullendorf, Sigmaringen und Meßkirch. Weitere Höhepunkte barocker Prachtentfaltung bieten die

Die Ziffern am Rand verweisen auf die Abbildungsseiten

Klosterkirchen in Beuron, Wald und Sießen, auch die städtische Wallfahrtskirche Maria Schray bei Pfullendorf.

In einer umfassenden Kunstgeschichte des Kreises müßten selbstverständlich auch die archäologischen Zeugnisse und Funde der Ausgrabungen auf der Heuneburg bei Hundersingen oder der Goldhelm aus Gammertingen und die silberne Schwertscheide aus einem Alemannengrab in Gutenstein berücksichtigt werden. Doch wollen wir da beginnen, wo stilgeschichtliche Zusammenhänge nachweisbar sind, nämlich mit der Romanik. Hin und wieder erscheint auch ein Hinweis auf ein Werk wichtig, das sich nicht mehr im Kreisgebiet befindet, jedoch einen bedeutsamen Bestandteil hiesiger Kunst darstellt.

Werke aus vorromanischer Zeit

Im Reich der Karolinger und Ottonen bildeten am Bodensee und in Oberschwaben Benediktinerklöster und adlige Damenstifte die wesentlichen Träger von Kunst und Kultur. Zu ihnen lassen sich auch aus unserem Gebiet Beziehungen erkennen, so etwa die von Hermentingen im Lauchertal nach St. Gallen. Dennoch fehlen Zeugnisse der Kunst aus dieser Zeit weitgehend. Einzig die Kapelle von Saulgau-Schwarzach, um die sich die Burg der Herren von Schwarzach erhob, könnte mit ihrem runden Chor noch ottonischen Ursprungs sein.

Die romanische Kunst – der Bau

In unserem Gebiet fällt die romanische Kunst mit der Stauferzeit des Herzogtums Schwaben zusammen, die mit Friedrich I. 1079 beginnt und mit dem Tod Konradins 1268 endet. Als einziges Kloster vor 1200 entstand bei uns um 1077 das Augustinerchorherren-Stift in Beuron. Die dreischiffige Kirche mit Turm auf der

85

Nordseite, dessen Untergeschosse heute noch erhalten sind, wurde 1105 geweiht. Wie so oft hat die baufreudige Zeit des Barock auch hier die romanische Anlage bis auf die unteren Teile des Turms zerstört. Abt Rudolf v. Strachwitz ließ 1732–38 parallel zur alten eine neue Kirche unter Wiederverwendung von zwei Turmgeschossen erstellen. Alsdann brach man das frühere Gotteshaus 1739 ab. Als einziges Ausstattungsstück blieb das romanische Tympanon des Hauptportals erhalten, das ein rückwärts schauendes Gotteslamm mit Heilsfahne enthält. Es befindet sich heute in der Vorhalle der Kirche.

82 Nahezu der gleichen Zeit gehören wichtige Teile der Pfarrkirche in Veringendorf an, die ursprünglich eine querschifflose Basilika mit halbkreisförmig geschlossenem Hauptchor zeigte. Über den Seitenchören mit halbrunden Apsiden steigen zwei Türme in der Art von Reichenau-Niederzell auf. Offensichtlich bestanden über Hermann den Lahmen Beziehungen zwischen der dortigen Benediktiner-Abtei und Veringendorf. Es liegt nahe anzunehmen, dessen Familie, Altshauser Grafen oder nahe Verwandte, hätten hier ein Kloster mit Grablege geplant. Nach dem Tod des Gründerpaars aber, das sich vor den Stufen des Chors bestatten ließ, hätten sie den Plan zugunsten Isnys noch vor 1090 aufgegeben. Um 1320 brach man dann in Veringendorf die Hauptapside ab, um Platz für einen tieferen, rechteckigen Chor zu gewinnen. Das romanische Langhaus mit je drei Stützen mußte 1723 einem Saalraum mit Querarmen weichen. Dabei wurde das Langhaus verlängert. Die Türme erhielten ein zusätzliches Achteckgeschoß. Aus der romanischen Zeit haben sich noch die seitlichen Chorkapellen mit Apsiden erhalten, ferner ein Teil des tonnengewölbten Chors mit schlichtem Bogen, der von zwei Halbsäulen mit Kapitellen getragen wird. Hinzukommen die unteren Turmgeschosse mit seitlichen Lisenen und Rundbogenfriesen. Zwei Widderköpfe am Südturm waren vor etlicher Zeit noch vorhanden.

Bevor von einzelnen Stadtkirchen die Rede sein kann,

sind die Städte selbst als bewußt gestaltete »Gesamtkunstwerke« ins Auge zu fassen, deren regelmäßiger Grundriß, die Anlage der Straßen um den Markt und die der Häuser eine künstlerische Konzeption voraussetzen. In der Anlage von Mauern, Toren und Türmen wird der Wille der Gründer und Bewohner erkennbar, sich als geistig höher organisiertes Gemeinwesen gegenüber draußen zu behaupten.

Bis auf das später gegründete Jungnau, das wieder zum Dorf herabgesunken ist, erweisen sich sämtliche Städte im heutigen Kreisgebiet mehr und mehr als Gebilde der zweiten Hälfte des 12. Jahrhunderts und zugleich als wichtige Machtfaktoren, politische wie wirtschaftliche, in der Hand ihrer Herren. Oft bewahrten die neuen Gemeinwesen in ihrem Wappen die Erinnerung an ihre Gründer, so wahrscheinlich das zu Füßen der Grafenburg um einen Marktplatz entstandene Städtchen Sigmaringen, dessen Hirsch auf die Grafen von Hirschberg im bayerischen Peutengau hinweisen soll. Es ist jedoch damit zu rechnen, daß die Hirschberger nicht die Nachfolger der 1183 hier genannten Grafen von Spitzenberg und Helfenstein waren, sondern deren Vorgänger. Auffallenderweise setzen sich die früheren Wappen der Städte Gammertingen, Hettingen und Veringenstadt aus denselben Elementen zusammen: aus dem steigenden Löwen der Gammertinger und der Hirschgeweihstange der Veringer Grafen. Könnten daher die mit den Zähringern verschwägerten Gammertinger Grafen, die nach 1160 in männlicher Linie ausstarben, um 1140 im Anschluß an ihre Burgen nicht nur Gammertingen und Hettingen, sondern auch Veringenstadt gegründet haben? Dann müßten die Veringer direkt oder auf Umwegen deren Erben gewesen sein. Übrigens war es auch Manegold von Veringen, der 1170 in Anlehnung an Isny Saulgau nach 110 festem Plan und Grundriß geschaffen hat. Um 1200 erscheint dieses als Markt, und 1249 war es ummauert. Allerdings übernahm Saulgau nicht das Veringer Wappen, vielmehr den staufischen Löwen.

Nahezu den gleichen Vorgang erkennen wir in Pfullendorf. Wohl der bedeutendste der dortigen Grafen, Rudolf, ließ um 1160 wiederum im Anschluß an seine dicht über dem gleichnamigen Dorf auf einem Molasse-Felsen thronende Burg die Stadt entstehen, die um 1200 als Markt erscheint und 1220 zur staufischen Stadt erhoben wurde. Vor oder um 1200 gründeten die Grafen von Rohrdorf die Stadt Meßkirch bei der an der Stelle des heutigen Renaissance-Schlosses sich befindlichen Burg, die ohne Zweifel ihnen gehörte. In einer Urkunde von 1261 ist ausdrücklich vom »oppidum« und der »civitas de Messokilche« die Rede. Als kaum jünger ist auch Scheer an der Donau zu Füßen der dortigen Grafenburg zu betrachten, das 1289 von König Rudolf von Habsburg die Stadtrechte von Freiburg erhielt. Wer die Gründer von Mengen waren, läßt sich nur vermuten. Als Kaiser Friedrich Barbarossa sich dort um 1160 mit Gefolge aufhielt, dann spielte sich dies wohl kaum im Dorf »ennet der Aach« ab, sondern schon auf dem Boden der heutigen Stadt.

102 Offensichtlich waren die Staufer selbst die Gründer von Mengen, das vor 1276 als befestigt erscheint.

Noch heute ist in der Regel der ursprüngliche Kern solcher Stadtanlagen – oft sind es nur zwei einfache Häuserreihen um eine breite Marktstraße mit schmalen Seitengäßchen zwischen zwei Toren – deutlich zu erkennen. Dabei blieb die Kirche zumeist im Dorf bzw. außerhalb der Stadtmauer: so in Gammertingen, Hettingen, Veringenstadt, Sigmaringen und Mengen (in Ennetach), da die Stadtgründung die bestehende Pfarrorganisation zunächst nicht veränderte. Erst nach und nach konnten die in den Städten angelegten Kapellen Pfarr-Rechte an sich ziehen, so in Sigmaringen, Veringenstadt und Mengen.

In der für Sigmaringen lange Zeit zuständigen Pfarrkirche von Laiz besteht der Chor aus so kräftigem Mauerwerk, daß wir in ihm den Teil einer Chorturmanlage aus dem Ende des 12. Jahrhunderts erblicken dürfen. Auch Saulgau und Mengen (in Ennetach) bewahren in ihren Pfarrkirchen romanische Turmstümpfe mit Quadersteinverblendung. Jener in Saulgau besitzt im fünf-

ten Geschoß vier Rundbogen-Schallöffnungen mit rückwärts verdoppelter Mittelsäule. Ebenso geht wohl der mächtige Kirchturm von St. Martin in Meßkirch in den Untergeschossen noch in die romanische Zeit zurück. Dasselbe gilt für die Nikolauskirche in Veringenstadt, die bis 1821 Filiale blieb. Im Untergeschoß des romanischen Westturms enthält hier die Ostwand ein Rundbogen-Portal mit zweifach abgestuftem Gewände, in das je zwei Monolithsäulen eingestellt sind. Sie zeigen schlichte Basen und Kapitelle. Das Feld des Tympanon blieb glatt. Ziemlich sicher stammt auch der Turmsockel der St. Martinskirche in Mengen aus der romanischen Zeit.

Von den ländlichen Dorfkirchen gehört der reifen Romanik der Kirchturm in Saulgau-Renhardsweiler an, der sich mit Satteldach und Luken groß und schwer darbietet und vier Rundbogen-Schallöffnungen zeigt, von Mittelsäulen unterteilt. Einen bemerkenswerten romanischen Turmstumpf und eine Krypta aus der ersten Hälfte des 12. Jahrhunderts kann die 1883 neu errichtete Blasius-Kirche in Ostrach-Burgweiler vorweisen. Die Pfeilerhalle der Krypta zeigt drei Schiffe mit je zwei Kreuzgratgewölben.

Zu den Pfarrkirchen tritt auch eine Reihe romanischer Kapellen, die teilweise noch unverändert auf uns gekommen sind, so etwa die Peterskapelle im Bereich der Burgruine in Veringenstadt. Sie besteht aus einem rechteckigen Langhaus mit Rundbogenfenstern und einer halbrunden eingezogenen Apsis. Ferner die Rupertuskapelle in Ostrach-Lausheim und die Michaelskapelle in Mengen-Rosna. Vom Barock überkleidet, doch im Kern noch romanisch sind jene in Ostrachs Teilorten Waldbeuren und Judentenberg. Auch die Kapelle St. Verena in Saulgau-Haid zeigt einen im Kern romanischen Chor mit barockem Anbau.

Aus der Stauferzeit stammen auch einige profane Bauwerke, die Beachtung verdienen: so der Sigmaringer Schloßturm mit Quadermauerwerk, kräftigen Bossen und mit breitem Randschlag, das sich bis unter das

Dach hinaufzieht; dann die jüngst ausgegrabenen Reste der Gammertinger Grafenburg im Fehlatal aus dem Anfang des 12. Jahrhunderts; ferner die mächtige Anlage der Grafenburg über Veringenstadt, die jene schlichtere auf einem lauchertumflossenen Hügel in Veringendorf ablöste. Ehemalige Ministerialen-Burgen bewahren ebenfalls Reste aus romanischer Zeit: Die Burg Werenwag über dem Donautal zeigt am Turm kräftige Quader mit Randschlag, ebenso Gebrochen Gutenstein, die Burg Krumbach, vor allem der 45 Turm der Burg Dietfurt, dann die Burgen Vorder- und Hinter-Lichtenstein bei Neufra im Fehlatal.

Romanische Plastik

Zu den Kostbarkeiten oberschwäbischer Kunst zählt eine Reihe romanischer Kruzifixe, die uns in der Schwedenkapelle in Saulgau, in dessen Teilorten Wolfartsweiler, Sießen und Fulgenstadt erhalten sind, ferner im fürstlichen Museum in Sigmaringen und in der Klosterkirche von Wald. Eigentlich gehört auch das Obermarchtaler Kreuz im Thurn und Taxis'schen Besitz in Regensburg dazu, das ursprünglich aus Scheer stammt.

Unter diesen Holzkreuzen nehmen die beiden aus 191 Obermarchtal und aus Saulgau einen besonderen Rang ein, da sie wegen ihrer liebevollen Durchbildung und ihrer Monumentalität beim Betrachter einen tiefen Eindruck hinterlassen. Nach Bruno Effinger sind sie mit den Großkreuzen im Vorarlberger Landesmuseum in Bregenz und in der Pfarrkirche Rankweil bei Feldkirch verwandt. »Die Haltung des Körpers ist sanft bewegt und gelassen, das Antlitz von adliger Ruhe. Die Arme sind leicht nach oben gebogen, die Beine gestreckt, die Füße parallel auf den Pflock gestellt. Wie bei vielen romanischen Kruzifixen sind sie stigmatisiert und nicht eingenagelt. Es entsteht halb der Eindruck des Stehens, halb des Schwebens vor dem Kreuz. Der Herr schwebt herab und nimmt sich des Leidens der

Menschheit an. Das bedeutende Obermarchtaler Kreuz zeigt eine ikonographische Besonderheit. Das kleine Stützbrett hat die Form eines Kopfes. Mit ihm ist Adam gemeint, der einst zerstört hat, was der gekreuzigte Christus wiederherstellt (Werner Knoblauch)«. Sehr eng mit dem Kruzifix in Reichenau-Oberzell (heute in der Schatzkammer in Mittelzell) ist das von Wolfartsweiler verwandt, das etwa die gleiche Größe 192 besitzt. Dessen künstlerische Handschrift ist völlig identisch mit jener des Freudenstädter Lesepults, das aus Alpirsbach, Reichenbach oder Hirsau stammen mag. Das 70 cm hohe Sigmaringer Kreuz dürfte seine Heimat im Frauenkloster Inzigkofen gehabt haben.

Seit 1916 beherbergt das Fürstliche Museum in Sigmaringen zwei kostbare kupferne Standleuchter, die gegossen, graviert, vergoldet und emailliert sind. Sie waren Besitz der Pfarrkirche in Kettenacker, die sie aus der abgebrochenen Sattlerkapelle auf Gemarkung Tigerfeld übernommen hatte, das seinerseits Sommersitz des Zwiefalter Abtes war und dessen Kapellen-Wallfahrt von den dortigen Mönchen betreut wurde. Bei der »Suevia sacra«-Ausstellung in Augsburg 1973 als Arbeiten aus Limoges von etwa 1250 bestimmt, könnten sie jedoch unmittelbar in der Klosterwerkstatt von Zwiefalten entstanden sein.

Noch älter ist in derselben Sammlung ein kostbarer Weihwasserkessel aus Bronze von der Insel Reichenau. Das sich nach unten verjüngende Gefäß zeigt in zwei Zonen übereinander die zwölf Apostel, die unteren stehend, von Arkadenbögen umfangen, die oberen in Nischen thronend. Über den Kapitellen der Säulen sind Halbfiguren von Engeln dargeboten, die oben als Cherubim erscheinen. Unter den Säulenbasen sind seltsame Tiergestalten zu erkennen. Dieses Werk des 12. Jahrhunderts hat seine nächsten Verwandten in den Bronzekreuzen von Buggensegel und Luzern (Sammlung Kofler-Truniger). Nachdem das letztgenannte wohl auch von der Reichenau stammt, könnten alle drei in der dortigen Klosterwerkstätte entstanden sein.

Zeugnisse romanischer Wand- und Buchmalerei sind im Kreis Sigmaringen nicht erhalten.

Frühgotik und Zeit der Mystik

193 »Die klassische Frühgotik bis um 1300 ist allein vertreten durch einen hoheitsvollen Kruzifixus über dem Hauptaltar der Pfarrkirche in Veringendorf, der eine entfernte Ahnung von dem durchgeistigten Adel der Spitzenwerke des späten 13. Jahrhunderts – wie der Naumburger Stifterfiguren oder der Straßburger Synagoge – geben mag (Genzmer)«.

Leider sind die bedeutendsten frühgotischen Plastiken, die für den Reichtum unserer Kirchen und Klöster bedeutsam waren, nicht mehr am ursprünglichen Standort erhalten. Aus der Pfullendorfer Jakobuskirche ist ein weit überlebensgroßer, säulenhafter Christus, der um 1300 am Bodensee entstanden ist, um 1900 in das Freiburger Diözesanmuseum gelangt. Aus welchem architektonischen oder inhaltlichen Zusammenhang die Figur stammt, liegt im dunkeln. Immerhin erinnert das schlichte, fußlange Kleid mit langen Ärmeln an die Passion Christi, und zwar an den Moment, als der Gefangene dem Hohenpriester vorgeführt wird. Der tiefe Ernst und die Ergebung des Herrenantlitzes führen den Beter zum verweilenden Betrachten der Leidensgeschichte des Herrn.

Der mystischen Versenkung der gottliebenden Seele in die Geheimnisse der Erlösung dient auch die Darstellung des an der Brust Christi ruhenden Johannes beim Abendmahl. Sowohl die Christus-Johannes-Gruppe aus dem Inzigkofer als auch jene aus dem Klosterwalder Frauenkonvent gingen uns verloren. Die erste gelangte durch Pfarrer Geiselhart in das Sigmaringer »Haus Nazareth«, heute Erzbischöfliches Kinderheim, und von dort in die Staatlichen Museen Berlin; die zweite – ihre Herkunft ist nicht ganz sicher – kam über Grüningen bei Donaueschingen ins Erzbischöfliche Diözesanmuseum nach Freiburg. Beide Gruppen stehen in deutlicher Nachfolge des Konstanzer Heinrich-Meisters und sind möglicherweise vom selben Schnitzer um 1330 geschaffen worden.

Wohl ebenfalls aus Klosterwald stammt die Grablegung Jesu in dessen Teilort Walbertsweiler in einer Nische an einem Bauernhaus. Die »leibarmen« Figuren ergreifen durch ihre Gestik. Der Beter der Mystik konnte sich hier mit der zentralen Figur, der Maria, vereinen, die sich ihrem von Nikodemus gehaltenen und ins Grab sinkenden Sohn liebevoll zuneigt, seinen Leib mit den Armen umfassend, während Josef von Arimathäa am Fußende kniet. Um das Grab drängen sich auch Maria Magdalena, das weinende Gesicht in die rechte Hand gelehnt, das Salbgefäß in der erhobenen Linken. Neben ihr Johannes mit gesenktem Haupt, die Hände ringend. Auch hier haben wir dieselbe Schnitzerhand vor uns, die die Walder Christus-Johannes-Gruppe geschaffen hat, wohl auch die Pfingst-Gruppe aus dem Zisterzienserkloster Salem, heute im Badischen Landesmuseum Karlsruhe.

Eine weitere Gruppe aus der Zeit um 1330 kam aus Laiz in die Lorenzkapelle nach Rottweil: Christus und sechs Apostel, herbe Gestalten, die hinter ihrem Kleid und Mantel fast verschwinden. Ein weiterer Apostel fand den Weg in die hohenzollerische Heimatsammlung nach Hechingen. Ein Astkreuz um 1320 in der Sakristei der Pfarrkirche Scheer darf nicht vergessen werden. Der kleine Johannes aus dem ehemaligen Frauenkloster Ennetach, jetzt im Bürgermeisterzimmer in Mengen, bezeugt die Frauen-Minne des 14. Jahrhunderts. Weiter zu erwähnen ist das Kopfreliquiar des hl. Wunibald in Scheer (um 1300) mit Ergänzungen des 14. Jahrhun- 194 derts.

Um dieselbe Zeit entstand in der Michaelskirche in Veringendorf ein wichtiges Baudenkmal: Man legte dort die mittlere romanische Chorapside nieder und fügte eine quadratische Verlängerung an, um für den Hochaltar mehr Platz zu gewinnen. Der alte Chorraum erhielt ein Tonnen-, der neue Teil ein Kreuzgratgewölbe. Ein Meister aus dem Bodenseegebiet, der auch in Trochtelfingen und in Seeburg bei Urach tätig war, versah Wände und Decken mit kostbaren Fresken.

Als geistige Mitte der Ausmalung erscheint im Zentrum des Kreuzgratgewölbes Christus der Weltenrichter, umgeben von der Mandorla und auf dem Regenbogen thronend. Am sternübersäten Himmel wird er von den Evangelisten-Symbolen, die der Ezechiel-Vision entnommen sind, begleitet. Im nördlichen Teil der Gewölbetonne stellte der Maler die Anbetung der hl. Dreikönige dar, von der die linke Seite leider zerstört ist. Im südlichen Teil ist Christus nochmals als Herr und Richter zu sehen, diesmal als Halbfigur über der Mondsichel. Vor ihm können drei schmale, in lange Gewänder gehüllte Frauen bestehen: die drei göttlichen Tugenden. Sein Urteil trifft jedoch den Menschen in der Gestalt einer würdigen Matrone, die sich von einem spitzohrigen, behaarten Teufel verführen läßt. Neben der Frau die Symbole der drei Laster der Augenlust, Fleischeslust und Hoffart des Lebens. In der Zone darunter erkennen wir drei Szenen aus dem Leben Jesu: den Einzug in Jerusalem, das Abendmahl und die Fußwaschung. Auf der Nordseite fügt sich unten an das Dreikönigsbild eine Apostelserie aus schlanken Gestalten mit teils S-förmig geschwungener Körperachse an, die stark an gleichzeitige Plastiken erinnern. Im Zusammenhang mit dem Weltenrichter stehen auf der Südseite die leiblichen Werke der Barmherzigkeit, von denen aber das letzte fehlt. Die Fresken in der eigentlichen Chorerweiterung beziehen sich auf in Veringendorf verehrte Heilige: die hll. Magdalena und Katharina, auf Johannes den Täufer und den hl. Nikolaus von Myra. An der Stirnwand des Chors ist zweimal der sel. Abt Ernst von Zwiefalten dargestellt, einmal wie er auf dem Kreuzzug von 1146 von Sarazenen mit Pfeilen beschossen, das andere Mal wie ihm das Gedärm aus dem Leib gerissen wird. Im Fresko an der Südwand kniet Hermann der Lahme von der Reichenau vor der Himmelskönigin, ihr das »Salve Regina« darbringend. Im Bildfries darüber salbt Maria Magdalena ihrem Meister die Füße; im Gemälde an der Ostwand ist die Erweckung des Lazarus aus dem Grab zu sehen. Gegenüber ist eine der wichtigsten Bildschöpfungen des Mittelalters zu erkennen, der sogenannte »Gnadenstuhl«.

Die zweite Hälfte des 14. Jahrhunderts ist in unserem Kreisgebiet nur mit einem bedeutsamen Werk vertreten, den Glasgemälden des Saulgauer Passionszyklus 196 eines Konstanzer Meisters um 1380 in den Fürstlichen Sammlungen in Sigmaringen. Erwähnenswert ist daraus besonders die Scheibe mit den trauernden Maria, Johannes und Magdalena. Maria ist, halbkreisförmig geschwungen, in schwere Gewänder mit Schüsselfalten gehüllt.

Die Bauten der Spätgotik

Am Ende des 14. Jahrhunderts war in den Städten unseres Gebiets die Bevölkerungszahl so sehr gewachsen, daß sich Kirchenneubauten oder -erweiterungen nicht umgehen ließen. Die dreischiffige Pfeilerbasilika der Pfullendorfer Jakobuskirche reicht gewiß in die Zeit um 1360/70 zurück. Von der Bettelordensgotik am Bodensee beeindruckt, hatte sie der Baumeister mit flachen Bretterdecken und geradem Chorabschluß versehen. Als eine Besonderheit zu vermerken ist, daß infolge der Maße des mächtigen Südturms das Seitenschiff um zwei Joche verkürzt wurde: um eine Länge von etwa zehn Metern. Die schlichten achteckigen Pfeiler mit spitzbogigen, seitlich gekehlten Arkaden sind bei der Barockisierung 1750 nur mäßig verkleidet worden. Der gestreckte, zweijochige Chor wurde 1480/81 verlängert.

Eine flachgedeckte Pfeilerbasilika aus dem 14. Jahr- 104 hunderts ist im Kern auch in Scheer erhalten, deren Seitenschiffe, bedingt durch das Gelände, verkürzt sind. Mittel- und südliches Seitenschiff sind außerdem abgeschrägt. Der Chor ist hier im Unterschied zu Pfullendorf von vornherein im Dreiachtel-Schluß angelegt und gewölbt. Die Barockisierung der Jahre

1742 bis 1752 hat jedoch dem Raum den gotischen Charakter weitgehend genommen.

Trotz Umänderungen ist noch der von Bettelordens-kirchen beeinflußte hochgotische Charakter der Lieb-frauen- oder Oberen Kirche in Mengen zu erkennen. Sie mag ebenfalls gegen 1350 entstanden sein. Mittel- und Seitenschiffe werden durch hohe, spitzbogige, über sechs kräftigen Achteckpfeiler-Paaren aufstei-gende Arkaden getrennt. Wohl seit dem Brand von 1604 ist jedoch das Dach so sehr über Hoch- und Seitenschiffe herabgezogen, daß das erste im Dach verschwindet und nur noch Licht aus den Seitenschif-fen empfängt. Die in einem rechteckigen Rahmen eingebetteten Spitzbogenfenster des Mittelschiffs sind heute vermauert und nicht mehr zu erkennen. Eben-falls gotisch sind sicher die wuchtigen Untergeschosse des mit Haustein gerahmten Turms. Der obere Teil brach jedoch 1625 über dem Chor zusammen. Darauf-hin wurden Turm und Chor erneuert.

Aus der Zeit um 1400 stammt die St. Johannes d. T.-Pfarrkirche in Saulgau, eine Basilika mit spitzbogigen Pfeilerarkaden. 1402 empfing der eingezogene Chor mit Stützpfeilern, die auf eine frühere Einwölbung hinweisen, seine Weihe. Gleichzeitig erhöhte man den Turm um das Glockengeschoß. Als Abschluß erhielt er über vier gemauerten Giebeln einen steilen Achteck-helm. Wie in Pfullendorf und Mengen blieben jedoch die Langhausdecken flach. Die ebenfalls gotische Vor-halle in der Mittelachse des Langhauses besitzt drei gekehlte Spitzbogenöffnungen nach West, Nord und Süd in glattem, schwerem Mauerwerk mit profiliertem Sockel. Innen sind drei Kreuzgewölbejoche mit Birn-stabrippen auf sechs runden Wandsäulen angelegt, die Blattwerk- und Fratzenkapitelle aufweisen sowie zwei Blattwerkkonsolen. Die runden Schlußsteine zeigen das Christusantlitz, das Lamm Gottes und den Pe-likan.

Trotz ihrer Schlichtheit dürfen wir Turm und Chor der St. Nikolauskirche in Beuron-Hausen im Tal nicht übersehen. Auf spätromanischem Sockel erhebt sich an der Nordseite des mit einfachem Netzgewölbe ohne Rippen versehenen Chors, der mit drei Seiten des Achtecks schließt, ein relativ niederer Turm mit Sattel-dach, der noch aus dem hohen Mittelalter stammt. Offensichtlich ist er jedoch am Ende der Spätgotik erneuert worden.

Etwa gleich alt sind auch Turm und Chor der Täufer-kirche in Saulgau-Moosheim, die dem Spital in Saulgau inkorporiert war. Um 1400 entstanden ein dreiseitig geschlossener Chor mit abgestuften Strebepfeilern, Spitzbogenfenstern, deren Maßwerk teilweise erneuert ist, und ein kräftiger mit Satteldach und Giebelfialen versehener Turm. Die Spitzbogenschallöffnungen des Glockengeschosses zeigen gutes, teils erneuertes Maß-werk.

In den Jahren 1480 und 1481 erhielt die Pfullendorfer Jakobuskirche durch den Salemer Werkmeister Hans von Saphoi eine Chorerweiterung mit Dreiachtel-Schluß, die sich nach außen schlicht darbietet. Das Innere versah der Baumeister aber mit einem eleganten Netzrippengewölbe, das der Barockisierung zum Opfer fiel und nur noch in Resten hinter dem Hochal-tar zu erkennen ist. In den neuen Chor kam auch ein turmartiges, durchbrochenes und fialengeschmücktes Sakramentshaus, das sicher anläßlich der Errichtung des neuen Hochaltars 1717 verschwunden ist. Gleich-zeitig beseitigte man auch den um 1481 als Chor-schranke errichteten Lettner, dessen meterhoher Auf-bau den Blick auf den Hauptaltar verstellte. Auch die vom Salemer Steinmetzen kunstvoll gemeißelte Kanzel mußte schon 1660 einer zeitgemäßeren weichen. Über der Sakristei erbaute Hans von Saphoi einen neuen netzrippengewölbten Bibliotheksraum, den er mit drei Schlußsteinen versah. Der letzte von ihnen zeigt neben einem Engel Saphois Meisterzeichen und die Jahreszahl 1481. Wohl zugleich – und nicht schon um 1450 – erstand über dem Platz seines Vorgängers der sich in vier Geschossen aufbauende Turm mit elegantem Fenstermaßwerk, Steingalerie und durchbrochenem Steinhelm mit Krabben. Ohne Bedenken dürfen wir in ihm den schönsten Turm im Kreis Sigmaringen erblicken.

Die Mutterkirche von Sigmaringen, die Pfarrkirche in Laiz, wurde nach einem Brand von 1426 wiederaufgebaut. Vom romanischen Turmchor wurde jedoch nur noch der nahezu quadratische, ursprünglich kreuzgratgewölbte Chor verwendet. Auf der Nordseite fügte man einen neuen Turm so an Chor und Langhaus an, daß er das nördliche Seitenschiff etwas verkürzt. An verschiedenen Merkmalen läßt sich erkennen, daß der heutige basilikale Querschnitt des Langhauses vom Umbau der Jahre 1765 bis 1768 stammt. Bis dahin müssen drei verschieden hohe Schiffe unter einem Dach derart vereinigt gewesen sein, daß sie eine Staffelhalle oder Pseudobasilika bildeten. Beim barocken Umbau sind auch die einst spitzbogigen Arkaden mit Korbbögen verkleidet und die Pfeiler mit Kämpfergesimsen aus Stuck versehen worden. Um einen besseren Durchblick in den Chor zu schaffen, hat man zudem den Triumphbogen aufgebrochen und ihn dreipaßförmig nach oben angelegt.

Im Jahr 1491 verwüstete in Mengen-Ennetach ein verheerender Brand den Chor der heutigen Pfarrkirche St. Cornelius und Cyprian. An seiner Stelle entstand darauf durch den Stuttgarter Baumeister Aberlin Jörg (Albrecht Georg) ein neuer mit Sakristei, in denen drei Meisterzeichen auf den Erbauer hinweisen. Der Raum besitzt ein Stichkappengewölbe, dessen scharfgratige Sandsteinrippen farbig gestaltet sind und in sechs dreipaßförmigen Schlußsteinen enden. Im letzten, d. h. östlichen, ist das farbige Wappen des Aberlin Jörg zu sehen. Unter dem umlaufenden Schräggesims kauern sechs Konsolfigürchen: Teufel, Wilder Mann, Bauer, Knecht, Bube und Schildknappe, der letzte wieder mit dem Meisterzeichen des Jörg. Die mit gekehltem Baustein versehenen Fenster besitzen ein reich gestaltetes, teils mit Fischblasen gegliedertes Maßwerk. Aus der selben Zeit stammt sicher auch das Glockengeschoß des mit Satteldach und hochgezogenen Giebeln gekrönten Turms. Zum Glück hat sich hier im Chor

das bis zum Gewölbe reichende, zierliche, turmförmige Sakramentshaus erhalten, gleichwohl es sich heute verwittert und erneuerungsbedürftig darbietet.

Etwas später entstand als weiteres Werk der Spätgotik die Pfarrkirche in Bingen mit prachtvollem, netzrippengewölbtem Chor, bei dem das östliche Mittelfeld mit Fischblasenwerk gefüllt ist. Die zierlich gearbeiteten Wandkonsolen besitzen teilweise zackiges, durchbrochenes Laubwerk, teils tragen sie Schilde. Wieder zieren vier Schlußsteine mit figürlichen Reliefs in Dreipaßform die Decke. Die spitzbogigen Maßwerkfenster mit Dreipaßformen und Fischblasenmotiven sind auf der Südseite dreiteilig, in den Schrägseiten zweiteilig. Die Langhausmauern sind durch kräftige Strebepfeiler und schmalere Spitzbogenfenster ohne Maßwerk gegliedert. Der hohe gotische Westturm stammt von 1522 und zeigt ein reicheres Hausteinportal mit Eselsrückenbogen, Satteldach und Fialengiebeln.

Am ursprünglichsten hat sich neben Ennetach und Bingen die Kirche in Hettingen ihren spätgotischen Charakter bewahrt. Zusammen mit der südlich anstoßenden Taufkapelle erstand sie wohl in einem Zug im Jahr 1499 durch Bauleute, die schon in Bingen tätig waren. Entscheidend für den Bau war ohne Zweifel die Absicht der Ortsherren, der Freiherren von Bubenhofen, hier ein Kollegiatstift zu schaffen, das von 1503 bis 1531 bestanden hat. Der zweijochige Chor mit Dreiachtel-Schluß, auf der Nordseite leicht eingezogen, auf der Südseite bündig mit dem Langhaus, besitzt ein schönes Netzrippengewölbe mit drei Schlußsteinen und als Konsolfigur ein Baumeisterbildnis. Ein gleiches Gewölbe zeigt auch die Taufkapelle, allerdings mit nur zwei Schlußsteinen, gleichfalls mit zwei Jochen und im Dreiachtelschluß angelegt. In den Winkel zwischen Chor und Taufkapelle ist die kreuzgratgewölbte Sakristei hineingebaut, über deren Obergeschoß man die schmale Empore auf der Südseite des Chors erreicht. Gegenüber dem Sakristeieingang führt eine Wendeltreppe auf die nördliche Chorempore. Diese Emporen

83

sind nichts anderes als Teile des ehemaligen, den Chor vom Langhaus trennenden Lettners, die mit ihrer prachtvoll durchbrochenen Brüstung dem Ortsadel zum Aufenthalt beim Gottesdienst gedient haben. Gleichzeitig mit dem Bau entstand auch das in prachtvoller Steinmetzarbeit gemeißelte Sakramentshäuschen mit der Wurzel Jesse, dessen Spitze bis zur Decke reicht. Im Unterschied zum Chor blieb die Langhausdecke flach.

Der Zeit um 1520 gehört die Pfarrkirche zu Sauldorf-Krumbach an, die Johannes dem Täufer geweiht ist, und die von den Herren von Heudorf gefördert wurde. Der dreiseitig geschlossene und mit feinem Netzrippengewölbe versehene, mit Strahlen, Blattranken und Schwalben ausgemalte Chor enthält eine Sakramentsnische mit dem heudorfschen Wappen und der Jahreszahl 1522. Andererseits zeigt eine Wandkonsole des Gewölbes auf einem Wappenschild die Zahl 1538, die jedoch für die Erbauung des Chors recht spät erscheint. Vom flach gedeckten Langhaus gehören die beiden vorderen Fensterachsen ebenfalls der Gotik an.

Im Teilort Einhart der Gemeinde Ostrach zählt die Nikolaus-Pfarrkirche, wenigstens der in klaren gotischen Formen erbaute Chor und der nördlich anschließende Turm mit Satteldach und Staffelgiebeln, ebenfalls zur spätesten Gotik in unserem Gebiet. Als krönender Abschluß dieses Baustils entstand in Meßkirch durch Graf Gottfried Werner von Zimmern 1526, also ein Jahr nach dem Bauernkrieg, in St. Martin eine dreischiffige Hallenkirche mit elegantem Netzrippengewölbe. Dazu konnte der Bauherr den infolge der Reformation in Konstanz beschäftigungslos gewordenen Steinmetz Lorenz Rheder aus Speyer gewinnen, der am dortigen Münster die Nikolauskapelle an der Nordseite des Turms mit reichem Netzrippengewölbe und zahlreichen Schlußsteinen geschaffen hatte. Leider ist dieses Werk durch den Neubau Salzmanns von 1772/73 bis auf Teile der Umfassungsmauern verloren gegangen.

Zu den genannten Bauten kommt noch eine Vielzahl gotischer Kirchtürme, alle durchweg mit Satteldach, einfachen oder Staffelgiebeln, die gelegentlich mit Blendpfeilern und Fialen gegliedert sind. So in Herbertingen und dessen Teilorten Marbach und Mieterkingen, in Saulgau-Braunenweiler, in Mengen-Rulfingen, in Ostrach-Levertsweiler, in Pfullendorf-Denkingen, wo auch Teile der Langhaus-Nordwand gotisch sind und sich ein gutes Sakristeiportal und ein Wandtabernakel aus derselben Zeit erhalten haben; in Pfullendorf-Zell am Andelsbach, in Herdwangen-Großschönach, dessen Turm besonders hübsche Staffelgiebel und im Glockengeschoß schöne Maßwerkfenster besitzt, in Sauldorf-Bietingen und in dessen weiteren Teilorten Boll und Rast, dann in Leibertingen-Kreenheinstetten und im nördlichen Kreisgebiet der Turm der Leodegars-Pfarrkirche in Gammertingen. Gotisch sind weiter die Turmschäfte der Kirchen in Herdwangen-Aftholderberg und Krauchenwies-Göggingen. In Wald-Sentenhart begegnen wir einer gotischen Chorturmkirche mit guter, alter Ausstattung. Der Turm der ehemaligen Klosterkirche in Inzigkofen ist nicht so ohne weiteres als gotisch mit barockem Aufsatz zu erkennen, dennoch weist ein zweiteiliges schlankes Maßfenster an der Nordwand, zwei Meter über dem Hauptgesims des Schiffs auf den Bestand von 1484 hin. Sicherlich gotischen Ursprungs ist auch der kräftige Turmschaft in Hettingen-Inneringen, in Krauchenwies und jener der Georgskirche in Sigmaringen-Oberschmeien.

Unter den Kapellen ragt der gotische Chor der Wallfahrtskirche Maria Schray in Pfullendorf aus dem Jahr 1476 hervor, den die Schweden 1632 im Dreißigjährigen Krieg niedergebrannt haben. Zum Glück blieben die Außenwände mit abgetreppten Strebepfeilern und oben spitz zulaufenden Fenstern und das Netzgewölbe erhalten. Bei der Barockisierung 1750 aber hat man dessen Rippen herausgebrochen, um eine Fläche für das Deckenbild zu schaffen. Offensichtlich war die Kapelle eine Art Probestück für den Baumeister der 1480 begonnenen Chorerweiterung der dortigen Pfarrkirche, nämlich für Hans von Saphoi. Ein guter Kapellenraum hat sich im einstigen Salmannsweiler Hof, dem heutigen Spital, am Obertor von Pfullendorf erhalten, der von 1510 bis 1519 errichtet und mit einem Netzrippengewölbe mit Schlußsteinen überspannt wurde. Sie ist den hl. Dreikönigen geweiht. Eine frühe Kapelle, die sogar noch in den Anfang des 13. Jahrhunderts zurückgehen mag und 1602 umgebaut wurde (Turm jedoch erst 1868), steht in Ostrach-Laubbach. Weitere gotische Kapellen mit teils kostbarer Ausmalung finden sich in Meßkirch-Schnerkingen und in Veringenstadt-Hermentingen. Gotischen Ursprungs sind auch die beiden Inneringer Kreuz- und Dreifaltigkeitskapellen, von denen die letzte (erbaut 1522) kreisrund angelegt ist, ferner die Saulgauer Kreuzkapelle mit zwei Spitzbogenfenstern und zwei Wandpfeilern. Hinzukommen die Verenakapelle zu Saulgau-Haid, jene in Großtissen bei Saulgau, die Oswaldkapelle in Scheer, die Marienkapelle in Hohentengen, die Leonhardskapelle in Inzigkofen und die Friedhofskapelle in Inzigkofen-Vilsingen. Am Übergang zur Renaissance 43 steht bereits die dreischiffige St. Georgskapelle in Thiergarten im Donautal. Auf dem Heuberg stehen zwei gute Kapellenbauten: die Friedhofskapelle mit Dreiachtel-Schluß in Stetten am kalten Markt mit zwei prachtvollen gotischen Figuren, dann jene im Teilort Nusplingen mit eingezogenem Chor, die schon fast die Größe einer bescheidenen mittelalterlichen Pfarrkirche erreicht. Zum Schluß sei noch die Gottesackerkapelle in Sauldorf-Boll erwähnt, die sogar noch romanische Teile besitzt.

Unter den profanen gotischen Bauwerken ragen zwei Schlösser hervor, jenes von Scheer und Teile des Sigmaringer, soweit sie noch aus dem Jahr 1498 stammen. 1486 bzw. 1496 ließ Graf Andreas von Sonnenberg in 104 Scheer die ältere Burg des 11. Jahrhunderts niederlegen und durch Meister Lienhard aus Mengen ein zeitgemäßes Schloß in spätgotischen Formen errichten, dessen Kapelle 1505 geweiht wurde. Es ist eine dem schmalen Bergrücken angepaßte, unregelmäßig ineinanderge-

schachtelte, hochragende Gebäudegruppe, im Osten auf hohen Fangmauern, nach Süden durch einen tiefen Graben von Zwinger und Park getrennt. Die beiden Hauptgebäude im Norden und Süden mit hohen Staffelgiebeln und zumeist rechteckigen Fenstern und der Verbindungsbau dazwischen fassen den Hof von drei Seiten ein, der nach Westen mit einer kräftigen Mauer abgeschlossen ist. Aus dem niederen Verbindungsbau springt nach Osten ein weiteres Gebäude hervor, an dessen Südostecke ein reizender Erker mit Blendmaßwerk, Bogenfenstern und Helmdach sitzt. Die ehemalige Kapelle im Südost-Obergeschoß zeigt Spuren von Wandmalereien der Zeit.

Auch am Sigmaringer Schloß ließen kurz vor der 33 Wende zum 16. Jahrhundert die Grafen von Werdenberg bedeutende Neubauten erstehen. Auf dem östlichen Plateau entstanden damals zwei quer zum Felsen stehende, rechteckige Bauten mit Treppengiebeln und mit schmalem Hof dazwischen. Das westliche von ihnen zeigte in einem Treppenturm einen Türsturz mit Eselsrückenbogen und der Jahreszahl 1498, das östliche enthielt die Kapelle. Nach dem Brand von 1893, der beide Teile vernichtete, setzte man den erhalten gebliebenen Türsturz wieder in den Neubau ein. Die beiden Türme der westlich gelegenen Einfahrt, die noch Schießscharten zeigen, stammen wenigstens in den unteren Geschossen ebenfalls aus der Zeit um 1500. Über der Wölbung der Durchfahrt sitzt das prachtvolle gotische Sühnerelief des Grafen Felix von Werdenberg aus dem Jahr 1526. Er hatte 1511 Graf Andreas von Sonnenberg aus dem benachbarten Scheer auf freiem Feld überfallen und erschlagen. Wohl durch die Hand Weckmanns d. Jüngeren aus Ulm ließ er die Pietà anfertigen. Während sich die figürliche Darstellung weitgehend an gotische Vorbilder hält, zeigen die Ornamente Renaissance-Charakter.

Das Schloß Bartenstein über der Donau in Scheer gehört dem 13. bis 15. Jahrhundert an. Als weiterer Wehrbau ist hier die Burg Wildenstein über dem 41 Donautal zu nennen, zwischen 1513 und 1554 entstan- 42 den. Ihre Gestalt gehört jedoch im wesentlichen der Renaissance an.

94 Eine städtische Wehranlage, die ihresgleichen sucht, bietet Pfullendorf. Im Obertor besitzt es eine der eindrucksvollsten Torgruppen: eine spätgotische Doppeltor-Anlage. Der innere, mit spitzen Einlaßpforten, Eckquadern und Treppengiebeln versehene Hochwachtturm überragt das äußere Torhaus bei weitem. Jenes wird von zwei nach innen offenen Rundtürmen flankiert. Außen über der Durchfahrt sitzt ein Kreuzigungsrelief, dessen unterer Teil das reichsstädtische Wappen zeigt, begleitet von Wilden Männern mit Keulen. Über dem Gekreuzigten ist die Jahreszahl 1505 zu lesen. Im übrigen sind in Pfullendorf weit größere Teile der mittelalterlichen Stadtbefestigung erhalten geblieben als in anderen Städten des Kreises. Mauerzüge sehen wir sonst noch in Veringenstadt und Hettingen; in Saulgau erhebt sich am Nordrand der Altstadt beim ehemaligen Franziskanerinnenkloster der Katzenturm. In Mengen sind Mauerteile im Westen und Norden auf unsere Tage gekommen, da sich Häuser bzw. Außenwände mit malerischen Giebeln über ihnen erheben.

Eine ganze Anzahl Häuser reicht in Pfullendorf ins Mittelalter zurück, allen voran das 1524 errichtete, später allerdings veränderte Rathaus mit Fruchthalle oder Greth im Untergeschoß. In der Linzgaustadt ist

96 auch das älteste Bürgerhaus Süddeutschlands zu bewundern. Es ist das sogenannte »Alte Haus« in der Museumsgasse, dessen vorkragendes Obergeschoß auf einem der Hausmitte radial zulaufendem Gebälk ruht. Auf dem Bogen des ehemaligen gotischen Ostportals ist die Jahreszahl 1317 zu lesen. Allerdings wurde das Gebäude um 1536 als alemannisch-schwäbisches Fachwerkhaus erweitert. Bemerkenswert ist auch das Bindthaus in der Metzgergasse, ein Fachwerkbau von 1499, in dem sich die Küferei des alten Spitals befand. Als gotisches Gebäude nicht zu übersehen ist die einstige Spitalscheune in der Pfarrhofstraße, ein Steinhaus mit schönen Treppengiebeln, Eckquadern, mit profilierten Fenstern und Türen. Ein Spitalwappen an der Vorderfront zeigt die Jahreszahl 1515.

Zu den ältesten Stadthäusern im Kreis gehört das Buchauer Amtshaus in Saulgau, dessen Baubeginn noch in der Mitte des 13. Jahrhunderts liegt und das um 1400 einen Umbau erfuhr. – Nach dem sog. Schoberhaus in Pfullendorf ist das 1981 fertig restaurierte »Haus am Markt« in Saulgau um 1400 das nächstältere Fachwerkhaus im Landkreis. Auch der »Alte Fuchs« in Mengen um 1500 soll nicht vergessen sein.

Ein gotisches Schmuckstück besitzt auch Veringenstadt in seinem dreigeschossigen Rathaus an der marktplatzähnlichen Verbreiterung der Hauptstraße. Wie jenes von Pfullendorf zeigt es im Untergeschoß eine Markthalle mit drei Mittelstützen, im Obergeschoß zwei gotische Holzsäulen und verschiedene holzgetäfelte Räume.

Zum Schluß unserer Aufzählung der gotischen Bauten sollen auch noch zwei klösterliche Bauwerke angefügt sein: In Inzigkofen stammt der zweigeschossige Osttrakt des Franziskanerinnenklosters, wohl der sogenannte »Gastbau«, noch aus der Zeit um 1475. Auf der südlichen Giebelseite hat sich nämlich eine Spitzbogenpforte mit profiliertem Sandsteingewände erhalten. Später wurde der Bau, so etwa die Fenster, teilweise verändert. Im ehemaligen Zisterzienserinnenkloster Wald, 1212 gestiftet, ist der sogenannte »Jennerflügel« noch mittelalterlichen Ursprungs. Im Erdgeschoß enthält er den westlichen Kreuzgang mit zehn Achsen, von denen jede ein zweiteiliges Maßwerkfenster mit Fischblasen besitzt. Dabei sind die etwas älteren Formen des nördlichen Teils (um 1500) nicht zu übersehen, dessen Sterngewölbe kleinere Schlußsteine aufweist. Hingegen zeigen die fünf südlichen Achsen um 1530 schon Renaissanceformen.

Die Plastik der Spätgotik

Die weit emporsteigenden Chorhäuser spätgotischer Kirchen entstanden meist in solchen Ausmaßen, um ausladende Schreinaltäre mit hohem, bis zur Decke reichendem Gesprenge aufzunehmen, so etwa in Pfullendorf, Saulgau, Mengen-Ennetach und anderen Städten unseres Kreises. Eine solche Schauwand sollte die Blicke der am Meßopfer Teilnehmenden auf sich ziehen. Der Aufstieg des städtischen Bürgertums zog eine Fülle von Altarstiftungen nach sich, ja, die Städte wetteiferten untereinander, die schönsten Altäre zu besitzen. Als der Sturm der Reformation 1531 über das Ulmer Münster hereinbrach, fielen nicht weniger als sechzig Altäre mit kostbaren Aufbauten der Ausräumung zum Opfer. Dieses Los traf in unserem Gebiet zwar nur die Städte Gammertingen und Hettingen, dennoch ist hier nicht ein Hochaltar aus dieser Zeit unversehrt auf uns gekommen.

Unbestrittene künstlerische Metropole in Oberschwaben war Ulm, das ein weites Umland mit Plastiken und Gemälden versorgte. Immerhin kamen auch vom Bodensee Schnitzwerke in das südliche Kreisgebiet, die sich deutlich von der Ulmer Prägung abheben. Daneben müssen wir in Landstädten wie Veringenstadt und Mengen mit einheimischen Werkstätten rechnen. Offensichtlich pflegte die Familie Strüb nicht nur die Malerei, zahlreiche in Veringenstadt vorhandene Plastiken eigenen Stils sind ein Hinweis dafür, daß die Strübs wohl ganze Altäre ins Land hinaus geliefert haben. Ein Ölberg- und Heiliggrab-Altar in der Pfarrkirche Mengen, dessen Figuren aus Ton gefertigt sind, stammt wohl aus einer hier ansässigen Werkstatt. Im übrigen fällt es bei den meisten Plastiken schwer, sie bestimmten Meistern zuzuordnen.

Der lyrisch-traumhafte Grundakkord des sogenannten »weichen Stils« kurz nach 1400 hat in keinem seiner Werke eine beglückendere Verwirklichung erfahren als in der »Schönen Madonna«. Von bestrickendem Lieb-*198* reiz zeigt sich jene in Veringendorf, die um 1425 bei den Strübs in Veringenstadt entstanden sein mag. Jedenfalls war sie eine Stiftung der dortigen Bürger. Weniger Qualität bietet die stehende Madonna mit Kind in Laiz, deren Rückseite einen Zettel mit dem Entstehungsdatum 1427 und dem Namen des Troch-*197* telfinger Malers Heinrich Gretzinger enthält.

In ergreifender Weise wird die um ihren Sohn trauernde Maria im Bildwerk der Pietà dargestellt. Wohl noch vor 1400 ist die in Wald entstanden, kurze Zeit darauf jene in Neufra im Fehlatal, weitere in Sießen und *195* Hohentengen. Die qualitätvollste befindet sich als Wallfahrtsbild in Beuron (um 1430), nicht weniger bedeutend ist jene auf der Nonnenempore in Laiz, eine weitere dieser Art steht in St. Martin in Mengen. Einer besonderen Ausformung des Themas begegnen wir in Sigmaringendorf, wo Maria einen nahezu aufrecht sitzenden Christus auf ihrem Schoß hält, wohl um 1400 entstanden. Von erstaunlich hoher Qualität ist die in Ton gefertigte Halbfigur der Schmerzensmutter mit dem Schwert im Herzen in der Pfarrkirche in Aach-*199* Linz. Sie zeigt den Stil des »Meisters von Eriskirch« und ist damit dem Kunstkreis des Bodenseegebiets zuzuordnen. Eine Mariä-Ohnmachtgruppe von Saulgau um 1400 kam ins Diözesan-Museum nach Rottenburg am Neckar.

Auch drei Kreuze desselben »weichen Stils« seien genannt: Das mächtige im Chor der Wallfahrtskirche Maria Schray in Pfullendorf, das erst nach dem Brand von 1632 dorthin kam; ferner das im Langhaus der Pfarrkirche in Rohrdorf bei Meßkirch und das kleinere in Laiz. Beachtenswert ist auch ein hl. Bischof um 1420 in der Marienkapelle in Laubbach bei Ostrach.

Seit 1430 machte sich überall in Oberschwaben der Einfluß des Schnitzers und Malers Hans Multscher bemerkbar. Im Umkreis dieser überragenden Künstlerpersönlichkeit entstanden zwei kostbare Madonnen mit Kind, eine sitzende in der Klosterkirche in Wald *201* und eine stehende in Sigmaringen-Laiz (beide um 1435). Auch der Kreuzschlepper in Mengen-Ennetach *200* verrät deutlich den Ulmer Einfluß.

Recht selbständig geprägt erweisen sich etliche Figuren in der Pfarrkirche in Veringenstadt: ein Petrus und Nikolaus, wohl Arbeiten der einheimischen Strübs, deren Tätigkeit wir nicht auf die Malerei einengen dürfen. Gegen 1440 schufen sie auch die dortige anmutige Traubenmadonna mit Kind, deren Blick nicht mehr so sehr der Erde entrückt ist wie jener der Veringendorfer. Ungefähr gleichzeitig entstand auch der hl. Johannes der Täufer, dessen prächtige Gestalt den dortigen Chor ziert. Der Veringenstädter Madonna ist jene sitzende im erzbischöflichen Studienheim St. Fidelis in Sigmaringen anzuschließen, die dem Nachlaß des Geistlichen Rats Marmon entstammt.

Deutlich zur Kunst des Bodenseegebiets gehört ein um 1450 entstandener Schreinaltar, der, ergänzt und erneuert, seit 1892 im südlichen Seitenschiff der Jakobuskirche in Pfullendorf steht. Er zeigt vier ursprüngliche Schnitzfiguren: die hll. Ägidius, Johannes Ev., Katharina von Alexandrien und Nikolaus. Recht gut ist hier auch der golddamaszierte Goldhintergrund angelegt. Dies könnten Arbeiten des in Konstanz tätig gewesenen Klaus Kemerler (dort 1428–79) sein.

Nach 1450 werden die uns erhaltengebliebenen spätgotischen Figuren so zahlreich, daß hier nur eine kleine Auswahl geboten werden kann. Bemerkenswert sind die aus Ton gefertigten Gestalten eines Ölbergs in der Pfarrkirche in Mengen, die in einem barocken Aufbau mit einer gleichzeitigen Grablegung Jesu zusammengefaßt werden, offensichtlich Arbeiten einer hier tätigen Werkstatt. Ihr ist auch ein Ölberg aus Ton an der Pfarrkirche in Veringendorf anzuschließen. Weitere Holzplastiken in Veringenstadt stammen gewiß wieder aus der Strüb-Werkstatt: Ein Ölbergchristus mit den in Schlaf versunkenen Jüngern und eine Kreuzigungsgruppe in der dortigen Peterskapelle auf der Burg, dann ein Auferstandener und eine Darstellung des bekannten Ärztepaars Cosmas und Damian in der Pfarrkirche. Einer etwas älteren Stufe gehören die Madonna mit Kind, Petrus und Gallus an, die in Hermentingen innerhalb eines barocken Altaraufbaus erhalten geblie-

ben sind. Übrigens muß gegen 1500 die Bildhauertätigkeit der Strübs erloschen sein.

Nur schwerlich lassen sich Werke des »Illerzeller Meisters« mit dieser Bezeichnung verbinden, obgleich sie gehäuft im Gebiet nördlich von Sigmaringen auftreten (warum also eine Benennung nach Illerzell bei Ulm?). Ausgangspunkt sind Plastiken in der Pfarrkirche in Veringendorf um 1500: Eine trauernde Maria mit edel geschnitztem Christus auf ihrem Schoß, dann die sie einst flankierenden trauernden Johannes Evangelist und Maria Magdalena mit Salbgefäß. Leicht läßt sich die dichter komponierte Gruppe desselben Themas in der Pfarrkirche in Bingen anfügen, ferner eine Madonna mit Kind vom einstigen Hochaltar in Hettingen, dann eine Ottilia aus der wohl bis zur Reformation existierenden Kapelle des im Fehlatal abgegangenen Örtchens Baldenstein. Die prachtvolle hl. Sippe mit der Anna-selbdritt, mit Josef und Joachim in der Pfarrkirche Veringenstadt trägt mehr ulmischen Charakter und ist eher dem Bildhauer Niklaus Weckmann d. J. zuzuschreiben.

Einen unbestrittenen Höhepunkt Ulmer Plastik in unserem Kreis stellt die gewaltige Madonna mit Kind aus der Zeit um 1490 in der Pfarrkirche in Gammertingen-Feldhausen dar. Sie muß Gregor Erhart von Ulm zugeschrieben werden. Sie soll vor dem Bildersturm anläßlich der Reformation 1531 aus der Reutlinger Marienkirche entfernt und dadurch vor der Zerstörung bewahrt worden sein, daß sie ein Feldhauser Bauer gegen eine Ladung Holz eingetauscht habe. In der Tat kann für eine solch gewaltige Figur als ursprünglicher Standort nur eine große Stadt- oder Klosterkirche in Frage kommen.

Zu den großartigsten Leistungen der spätgotischen Schnitzerei gehören die Plastiken des Binger Hochaltars von 1496, dessen ursprünglicher Schrein auch hier verlorenging. In der Mitte barg er eine erhabene Maria mit Kind, flankiert von den Aposteln Petrus und Paulus und einem prachtvollen Johannes dem Täufer und einer Maria Magdalena. Sie sind engstens verwandt mit den Figuren in Bellamont, früher in der Klosterkirche in Ochsenhausen, sicher Arbeiten des Nikolaus Weckmann in Ulm. Kaum weniger Qualität zeigen drei Plastiken aus dem einstigen Hochaltar in Mengen-Ennetach, ebenfalls um 1495 entstanden. Wieder ist es eine anmutige Maria mit Kind, dann ein Sebastian und ein Cornelius, der Kirchenpatron. Auch die Pfarrkirche in Scheer besitzt noch ihre gotischen Hochaltar-Plastiken aus der Zeit um 1500: in der Mitte St. Nikolaus, zu seiten wiederum Petrus und Paulus. Zwei gute Bischöfe, einen hl. Konrad und einen hl. Ulrich, um 1500, bewahrt die Pfarrkirche von Saulgau-Fulgenstadt. Nicht weniger qualitätsvoll ist eine Anna-selbdritt im Kloster Sießen.

Für das große Altarhaus der Jakobuskirche in Pfullendorf müssen wir uns ebenfalls einen hoch aufragenden Schreinaltar vorstellen. Leider ist dieser wohl 1717 beseitigt worden; immerhin hat sich die Mittelfigur, eine Madonna (um 1485), in der Filialkapelle in Wattenreute erhalten. Maria trägt quer vor der Brust das nackte Kind, auf dem Haupt eine mächtige Krone, zu Füßen liegt eine Mondsichel mit breitem Männergesicht. Die Plastik ist sicher keine Ulmer Arbeit und wohl am Bodensee entstanden.

Nicht weit von hier könnte ein weiterer guter Bildhauer, der sogenannte »Meister von Zell am Andelsbach«, von dem sich eine Reihe überdurchschnittlicher Figuren erhalten hat, ansässig gewesen sein. In der Zeller Kirche hinterließ er neben einem Apostelpaar Petrus und Paulus zwei anmutige Frauengestalten, Katharina und Barbara. Ihre Schwestern begegnen uns in der Friedhofskapelle in Stetten am kalten Markt, eine Barbara und Agnes von seiner Hand stehen in der Kapelle am Lorettoweg in Scheer. Zwei männliche Heilige, einst in Inzigkofen, gelangten in die Lorenzkapelle in Rottweil. Nahe mit ihnen verwandt zeigt sich ein hl. Bischof Blasius in der Frauenkirche in Mengen. Möglicherweise gehören auch eine Madonna mit Kind und die hll. Remigius und Laurentius in der Pfarrkirche in Sentenhart zu diesem Meister.

Eine ähnliche Handschrift führte der Schnitzer des sogenannten Rother Altars, der sich heute in Mannheim befindet (1513 datiert). Diesem darf man auch die qualitätvolle Anna-selb-dritt in Laiz anfügen, die mit zu den ansprechendsten Darstellungen des Themas in unserem Gebiet zählt. Einem weiteren Bildhauer gehören fünf Plastiken aus der Zeit um 1500 an, die heute in der Pfarrkirche in Kreenheinstetten zu sehen sind, jedoch vor der Reformation wohl in einer Ebinger Kirche gestanden haben: eine Madonna mit Kind, dazu Michael und Wendelin, ferner Johannes Evangelist und Sebastian.

Obwohl keiner der großen Hochaltäre der Spätgotik im Kreisgebiet erhalten blieb, gibt es immerhin einige kleinere mit geschnitztem Mittelteil und gemalten Flügeln. Ein solcher mit der Darstellung der Anbetung der hl. Dreikönige hat sich in der Spitalkapelle in Pfullendorf erhalten, eine Stiftung des Salemer Abtes Johannes Scharpfer und darum wohl eine Konstanzer Arbeit. Kleinere Altäre besitzt auch das fürstliche Museum in Sigmaringen, zumeist aus altem Klosterbesitz (Inzigkofen, Laiz, Gorheim, Hedingen). Aus der Zeit um 1500 stammt jener mit der Madonna, einem jugendlichen Diakon und der hl. Ottilia, von einem dreipaßförmigen Maßwerk überwölbt. Einen etwas anderen Stil zeigt ein Altärchen mit den hll. Nikolaus, Petrus und Paulus, um 1490 geschnitzt.

Im Unterschied zur Malerei ist in der Plastik die letzte Periode der Spätgotik, die zu Renaissanceformen neigt, nur schwach im Kreis vertreten. Immerhin zeigt das Fürstliche Museum in Sigmaringen eine stehende, 1.37 Meter hohe Maria mit Kind ohne Fassung, ein ausgezeichnetes Werk (um 1520). Noch später ist der in der Schloßkapelle befindliche, ganz geschnitzte Flügelaltar entstanden, der der Kändelwerkstätte zugeschrieben wurde. Zwei nicht minder qualitätvolle Plastiken aus einem wohl in Ebingen zu lokalisierenden Altar haben sich in Neufra erhalten: eine ungemein plastisch gearbeitete Madonna mit Kind, die als pausbäckige Frau aus dem Volk wiedergegeben ist, ferner eine schlichtere

Katharina, Arbeiten des sogenannten »Heinstetter Meisters« um 1525 (zuweilen auch »Meister von Weilen unter den Rinnen« genannt).

83 Zwei ausgezeichnete Steinmetzarbeiten der Spätgotik sollen hier noch angeführt werden: das um 1500 wohl von Reutlinger Steinmetzen geschaffene Sakramentshaus in Hettingen und die Sühnetafel von 1526 über dem Sigmaringer Schloßportal. Das erste Werk zeigt einen Stammbaum Jesse mit mehreren Halbfiguren und herrlich durchbrochenes Rankenwerk, an der Spitze eine hölzerne Madonna mit dem Jesuskind. Die Sühnetafel des Grafen Felix von Werdenberg, sicher die Arbeit einer Ulmer Werkstätte, etwa des Nikolaus Weckmann des Jüngeren, enthält in der Mitte eine Pietà, vor ihr einen betenden Ritter, geschmückt mit dem Orden des Goldenen Vlieses. Die Arbeit ist figürlich noch dem spätgotischen Formenkanon verpflichtet, im Dekor jedoch bereits ganz der Renaissance zugewandt.

Die spätgotische Malerei

Vom Reichtum der einst farbigen Ausmalung mittelalterlicher Kirchen vermögen wir uns heute nur noch eine unzureichende Vorstellung zu machen. Vor den Augen der zumeist leseunkundigen Besucher entfaltete man gern ganze Folgen biblischer Szenen oder Zyklen aus Heiligenleben. In der Regel entsprach dieses bunte Gewand nicht mehr dem Bedürfnis des Barock nach hellen Kirchenräumen, darum wurden die Fresken übertüncht und bei Erweiterungen teilweise zerstört. Als man in diesem Jahrhundert die kostbaren Ausmalungen wieder freilegte, vermochte man die trocken aufgetragene Binnenzeichnung nicht zu retten. Sie ging mit der abgenommenen letzten Putzschicht verloren. Von der Ausmalung der Pfarrkirche St. Johann in Saulgau kurz nach 1400 sind noch etliche Reste erhalten.

Erst jüngst entdeckten Sigmaringer Restauratoren in der Pfarrkirche in Denkingen bei Pfullendorf eine Reihe von Fresken aus dem Anfang des 15. Jahrhunderts. Leider ist deren Inhalt nur schwer zu entziffern. Eine prachtvolle Chorausmalung besitzt dagegen noch die Pfarrkirche in Laiz, die um 1430 der Trochtelfinger Heinrich Gretzinger ausgeführt haben dürfte. Dabei sind die Bilder in drei Zonen übereinander angeordnet, das spitzbogige Ostfenster flankierend. Zu erkennen sind eine Geburt Mariä, eine Geburt Christi, die Flucht nach Ägypten und eine Anbetung der hl. Dreikönige. In der obersten Zone sehen wir die Himmelfahrt Christi, von dem nur noch die Fußpartie dargestellt ist, zu seiten knien Apostel. In der Fensterleibung sind vier weibliche Heilige zu sehen, darunter Agnes und Verena.

Kostbare Wandfresken besitzt auch die Kapelle in Veringenstadt-Hermentingen, im Chor aus der Zeit bald nach 1400, im Langhaus um 1450. Die schlichteren im Chor zeigen Szenen aus der Kindheit Jesu: eine stark beschädigte Darstellung im Tempel, dann den Zwölfjährigen im Tempel, ferner wohl die Taufe Jesu im Jordan, wovon jedoch nur Johannes der Täufer mit erhobener Hand zu erkennen ist. Die qualitätvolleren Bilder, friesartig unter der Decke an Süd- und Nordseite angebracht, zeigen Bilder aus der Passionsgeschichte: Einzug Jesu in Jerusalem, das Abendmahl, Christus am Ölberg, die Gefangennahme, Christus vor Kaiphas, Dornenkrönung und Schaustellung Jesu, Christi Verurteilung vor Pilatus, Kreuztragung, Christus am Kreuz, die Grablegung, Christus in der Vorhölle und schließlich die Auferstehung. Die Fresken wurden 1946 von Josef Lorch aus Sigmaringen restauriert.

Nicht weniger bedeutsame Wandmalereien kamen in der Kapelle von Meßkirch-Schnerkingen in zwei breiten, übereinander gelagerten Bändern an den Chorwänden zutage. Oben erscheinen langgezogen die zwölf Apostel mit ihren Attributen in den Händen. Es sind kräftige, gedrungene Gestalten, in weite Gewänder gehüllt. Leider ist auf der unteren Zone nicht mehr viel zu erkennen: eine Kreuzigungsgruppe, dann vielleicht eine Beweinung Christi oder eine ähnliche Szene. Die Fresken gehören wohl der Mitte des 15. Jahrhunderts an.

Aus der Zeit um 1500 bewahrt die Pfarrkirche Hettingen eine gute Chorgewölbeausmalung mit zahlreichen Pflanzenornamenten mit Blüten, Früchten und Vögeln. Eine ganz ähnliche ist auch in der Pfarrkirche Bingen erhalten geblieben. Wiederum zeigt sie Rankenwerk und Blumen, wohl bald nach 1490 entstanden. In der südlichen Taufkapelle besitzt Hettingen ein prachtvolles Wandfresko, das den Kirchenpatron zeigt: die Mantelteilung des hl. Martin (um 1500). Zu Füßen des Geschehens kniet Hans Kaspar von Bubenhofen, der Stifter der Kollegiatskirche, zusammen mit seinen beiden Frauen und Kindern. Genau wie eine Apostelfolge in Rundmedaillons mit Schriftbändern, die sich durch Chor und Langhaus zieht, ist dies wohl eine Arbeit des einheimischen Hans Sebold, der um jene Zeit in Hettinger Urkunden als Maler genannt wird. Nach Forschungen Herbert Burkarths wird die Hettinger Malertradition sogar noch eine Weile durch Hans Fischer fortgeführt.

Eine späte Ausmalung des Jahres 1515 besitzt die Wölbung der halbrunden Apsis der romanischen
Peterskapelle in der Burg in Veringenstadt. Ohne Zweifel ist es eine Arbeit der Brüder Hans und Jakob Strüb, eine Marienkrönung, ein beliebtes Motiv am Ausgang des Mittelalters (vgl. Hochaltäre in Breisach und Freiburg/Br.). Maria kniet in wallendem Mantel, von goldenem Lichtschein umgeben, zwischen den thronenden Gott Vater und Sohn, die über ihrem Haupt die Krone halten. Musizierende Engel stellen die Verbindung zu den Brustbildern der zwölf Apostel her. Unten sind König David und der Priester Zacharias zu sehen, daneben die Vierzehn Nothelfer, die Nebenpatrone der Peterskapelle.

Eine prächtige Chorgewölbeausmalung aus dem Jahr 1524 besitzt die Pfarrkirche in Einhart bei Ostrach. In zwölf Rhomben des Netzrippengewölbes erscheinen in Frührenaissancecharakter die Köpfe der zwölf Apostel in braunroten Tönen, umgeben von grünen Blattrosetten und flatternden gelben Bändern. In der Mitte sehen wir das Haupt Christi und das Wappen der Herren von Graemlich. Die übrigen Kappen sind mit zartem Blatt- und Blumenwerk ausgefüllt.

Etwas vom emaillehaften Glanz gotischer Tafelmalerei hat sich ebenfalls in unserem Kreis erhalten, doch selten noch am ursprünglichen Aufstellungsort. So besitzt der im südlichen Seitenschiff der Jakobuskirche in Pfullendorf aufgestellte einstige Spitalaltar (um 1450) noch seine ursprünglichen gemalten Flügel. Sie zeigen innen auf grüner Wiese und vor golddamasziertem Hintergrund die hll. Benedikt und Radegundis, ferner die hll. Johannes den Täufer und Wolfgang. Außen begegnet dem Betrachter eine Anbetung der hl. Dreikönige vor einer reizvollen Bodenseelandschaft. Leider haben die Gemälde an ihrem einstigen Aufbewahrungsort stark gelitten und sind teilweise ergänzt. Das schmale Predellabild, auf dem Engel das Schweißtuch Christi halten, ist nicht wie die übrigen Bilder eine Arbeit der Bodenseeschule, sondern von Bartholomäus Zeitblom in Ulm geprägt (um 1490).

Die bedeutendsten gotischen Tafelbilder im Kreis Sigmaringen sind ohne Zweifel auf den Altarflügeln des Hochaltars der Pfarrkirche in Bingen erhalten. Es sind Werke des Ulmers Bartholomäus Zeitblom (um 1495), der 1482 von Nördlingen in die Donaustadt kam und mit ihnen seine Meisterschaft erreichte. Die Bilder auf den ehemaligen Innenseiten zeigen in voller Höhe der Tafeln die Geburt Christi und die Anbetung der Könige. Außen waren auf jedem Flügel zwei Szenen dargeboten, wovon die des rechten Flügels unversehrt auf uns gekommen sind: Darstellung im Tempel und Tod Mariens. Während die Innenseiten qualitätvolle Meisterwerke zeigen, sind die der Außenseiten sicher nur von Mitarbeitern geschaffen. Alfred Stange urteilt über sie: »Die Bilder der Feiertagsseite darf man als die schönsten Arbeiten Zeitbloms ansehen. Festlicher, reicher, bewegter und lebendiger als die Bilder der achtziger Jahre sind sie. Die architektonischen und landschaftlichen Motive sind hier vorwiegend Rahmen und Folie für die Figuren, die groß und beherrschend vor den glatten Mauern agieren. Vornehm in ihren Gebärden und in kostbare Gewänder gekleidet, eignet ihnen eine ausnehmend hohe Würde, wie sie in der bürgerlichen Kunst dieser Jahrzehnte selten ist.«

Ein ähnlich bedeutendes Werk war der »Pfullendorfer Altar«, dessen Tafeln heute auf mehrere Museen zerstreut sind. Sollte er aus der dortigen Jakobuskirche kommen – das ist nicht ganz sicher –, müßte er auf Grund der Baugeschichte um 1485, nicht erst gegen 1500 (Hans Koepf) entstanden sein. Neben der Geburt Mariens waren auf ihm dargestellt der Tempelgang, die Begegnung Joachims und Annas unter der Goldenen Pforte, Mariens Vermählung, Verkündigung, Heimsuchung, die Geburt Christi und der Marientod. Alle Bilder verraten deutlich die Handschrift der Ulmer Zeitblom-Werkstatt, wahrscheinlich sind sie – auf Grund einer anderen Datierung – gar eigenhändige Werke des Bartholomäus Zeitblom. Leider sind die beiden im Sigmaringer Museum befindlichen Tafeln vor kurzem nach Stuttgart abgegeben worden. – Eine Weltgerichts-Darstellung, die von der Rückseite des ehemaligen Hochaltars in St. Jakob stammen könnte, gelangte in das Diözesanmuseum, heute im Augustinermuseum Freiburg im Breisgau. Sie zeigt jedoch eine völlig andere Handschrift und erinnert eher an Martin Schongauer in Colmar.

Ein weiteres Tafelwerk, nämlich das der Pfarrkirche in Mengen-Ennetach, von dem Ulmer Maler Jörg Stocker signiert und mit 1496 datiert, hängt nun im Fürstli-Museum in Sigmaringen. »Einmal geschlossen zeigte der Altar vier ganztafelige Bilder aus der Jugendgeschichte: Verkündigung, Geburt, Beschneidung, Anbetung der Könige und auf den Außenseiten der äußeren Flügel dazu eine über beide Tafeln greifende Kreuztragung. Auf dieser hat sich am Gewandsaum Christi der junge Martin Schaffner genannt. Stocker hat sich redliche Mühe gegeben, die 205 cm hohen Tafeln angemessen zu füllen. Aber freilich tat er es in einer sehr ungelenken Weise. Denn ihm waren weder Geist und Phantasie gegeben, um seine Komposition zu eigenem Leben zu erwecken, noch besaß er ein Gefühl für innere Größe« (Alfred Stange).

Vom selben Jörg Stocker könnte eine Tafel mit dem Tod Mariens in der Spitalkapelle in Pfullendorf stammen, auf dem zu Füßen des Sterbebetts der Salemer Abt Scharpf kniet. Auch die Flügel und die Predella des dortigen Dreikönigsaltars (um 1500) sind wohl derselben Werkstatt zuzuordnen.

Vier Bischofsbilder als Kniestücke, auf golddamasziertem Hintergrund mit Granatapfelmuster, aus der Zeit nach 1500 haben sich in den Kirchen in Ostrach (dort in die Brüstung der neugotischen Kanzel eingelassen) und Magenbuch erhalten. Die Heiligen sind in Dreiviertelansicht mit Mitra und Krummstab wiedergegeben; möglicherweise sind sie Arbeiten des Bartholomäus Zeitblom.

Beim Inzigkofer Altar von 1505, einem ursprünglichen Wandelaltar mit vier Flügeln, dessen Bilder sich heute zum größeren Teil in Donaueschingen befinden, eines (Beschneidung) im Kaiser-Friedrich-Museum in Berlin und eines (Heimsuchung) in der Sammlung Thyssen auf Schloß Rohoncs in Lugano, stoßen wir auf die Malerbrüder Hans und Jakob Strüb aus Veringenstadt. Sie zeigen hier solide künstlerische Leistungen, ohne die Höhe eines Zeitblom zu erreichen, der seinerseits in keiner Weise zu den bedeutendsten Meistern seiner Zeit gezählt werden darf. Ein qualitätvollerer Zyklus aus dem Marienleben derselben Maler hat sich im Fürstlichen Museum in Sigmaringen erhalten, Fragmente eines doppelflügeligen Altarwerks, das ursprünglich in Gorheim oder Hedingen gestanden haben könnte. Vier weitere Tafelbilder aus der reiferen Zeit der Strüb mit einer Kreuztragung, einer Kreuzverehrung durch Kaiser Heraklius, einer Tafel mit den Aposteln Thomas, Jakobus d. Ä. und Bartholomäus und einer mit den hll. Georg, Nikolaus und Ursula befinden sich im Fürstenbergischen Museum in Donaueschingen. In der Kreuzigungstafel ist auf einem Stadttor ein Reichsadler zu sehen, vielleicht ein Hinweis, daß die Tafeln ursprünglich in Pfullendorf gestanden haben.

In Sigmaringen hat sich eine weitere Gemäldeserie erhalten: drei Tafeln aus der ehemaligen Schloßkapelle
211 in Krauchenwies, heute im Schloßmuseum, nämlich eine Verkündigung, eine Geburt Christi und eine Anbetung der drei Könige; zwei Altarflügel aus dem Besitz von Thomas Geiselhart, heute im Fürstlichen Museum, mit den hll. Fabian und Nikolaus, Johannes Ev. und Jakobus, Clara und Genovefa, schließlich Franz v. Assisi und Augustinus, kamen sicher aus dem Frauenkloster Inzigkofen. Denn vor der fürstlichen Konfiszierung aller Kunstgegenstände nach der Aufhebung des Klosters hatte dort allein Geiselhart Zugang. Hier anzuschließen ist ein wohl aus Laiz stammender Altarflügel mit der Stigmatisation des hl. Franz v.
212 Assisi in Sigmaringen-Oberschmeien.

Eine ganze Reihe gotischer Ölbilder befindet sich im Sigmaringer Fidelishaus, darunter eine schöne Auferstehung und eine Gethsemane-Szene, um 1510/20, zwei Altarflügel im Haus Nazareth, um 1520, und vier Apostelköpfe (vielleicht aus einem Marientod) im Erzbischöflichen Konvikt in Sigmaringen. Allesamt sind es Malereien, die der Geistliche Rat Thomas Geiselhart wohl aus Inzigkofen geborgen hat, bevor das Fürstenhaus den Klosterbesitz für sich beanspruchte.

Zur gotischen Malerei in unserem Kreis sind schließlich noch drei Arbeiten der zwanziger Jahre zu nennen: In der Pfarrkirche Unserer Lieben Frau in Mengen befindet sich in der Ölbergkapelle eine Tafel mit der sitzenden Muttergottes in offener Halle vor den hll. Ottilia und Crispin mit Kirchenmodell; signiert E. F. 1522. In der dortigen Martinskirche hängt ein querformatiges Bild mit dem kreuztragenden Christus, begleitet von Simon von Cyrene, den drei Frauen, Kriegsknechten und den beiden Verbrechern, die mit ihm gekreuzigt werden sollen. Das recht naiv gemalte Stück trägt die Jahreszahl 1528, die dem wohl älteren Bild später

hinzugefügt wurde. Schließlich ist auch noch auf das heudorfsche Familienbild in der Pfarrkirche in Krumbach aus dem Jahr 1525 hinzuweisen, das den Gekreuzigten zwischen den Familienwappen und den Porträts der alten und jungen Heudorfer zeigt.

Renaissance–Manierismus

Der nachgotisch-manieristische Stil, in unserem Gebiet seit 1525 spürbar, hat sich zunächst kaum an herrschaftlichen oder kirchlichen Bauten hervorgetan, vielmehr erscheint er in Ausstattungen, sowohl in der Plastik wie in der Malerei. Zwar machten sich die Erschütterungen des Bauernkriegs in unserem Kreis nicht wie in anderen Teilen des Landes so gravierend bemerkbar, aber die Einführung der Reformation in den altwürttembergischen Gebieten und in größeren Reichsstädten brachte eine tiefe Verunsicherung der Gläubigen mit sich. Stiftungen wohlhabender Bürger hörten schlagartig auf. Einzig der herrschaftliche Adel, etwa die Herren von Zimmern in Meßkirch, gaben Aufträge für Kirchen, erst recht für ihre Wohnsitze.

An der Wende zum neuen Stil stand ein Bau des Grafen Gottfried Werner von Zimmern, nämlich die netzrippengewölbte St. Martinskirche in Meßkirch, die 1526 89 durch Lorenz Rheder, dem beschäftigungslos gewordenen Konstanzer Münsterbaumeister, gebaut wurde. Wie bereits erwähnt, dürfte sie noch ganz im gotischen Stil gehalten gewesen sein. Einzig die Ausstattung, vor allem die zahlreichen Altargemälde des »Meisters von Meßkirch«, war vom neuen, aus Italien kommenden Renaissancestil geprägt. Leider ersetzte man 1772/73 die dreischiffige Halle durch einen schon zum Klassizismus hin tendierenden Spätrokokobau.

Auch der südliche Teil des »Jenner-Flügels« des ehemaligen Zisterzienserklosters in Wald, 1533–1536 an einen älteren aus der Zeit um 1500 angefügt, trägt noch weitgehend gotische Züge. Nur die Gewölbeschlußsteine zeigen Renaissancecharakter.

Aus den nächsten vierzig Jahren sind nur bescheidene Nachrichten über kirchliche Bautätigkeit zu melden. 1537 entstand in Hausen am Andelsbach ein neuer Kirchturm mit steilem Satteldach und Staffelgiebel im Stil der Gotik. 1541 errichtete man in Gutenstein an der Donau eine neue Galluskirche, ebenfalls in gotischen Formen. Auch hier sehen wir wieder den seit längerer Zeit üblichen Satteldachturm. Genau dieselbe Gestaltung besitzt auch der 1569 erstellte Kirchturm der Pankratiuskirche in Ostrach.

Reine Renaissanceformen im Kirchenbau treten bei uns zum ersten Mal bei dem 1576 errichteten Turm und dem Fassadengiebel der Marienkirche in Meßkirch auf. Sie sind so eng mit dem Glockenturm und Torbau des Heiligenberger Schlosses verwandt, daß für sie nur Jörg Schwarzenberger als Baumeister in Frage kommt. Womöglich war dieser am Meßkircher Schloßbau schon seit 1557 beschäftigt.

216

Die beiden letzten Jahrzehnte des 16. Jahrhunderts bringen eine deutliche Belebung der kirchlichen Bautätigkeit. Sie steht aber auch hier unter dem starken Einfluß der adligen Ortsherrschaften; teilweise sind diese als umfangreiche Stifter aufgetreten. So erfolgte 1580 unter Graf Karl von Hohenzollern-Sigmaringen der Neubau des Kirchturms von St. Johann in Sigmaringen, den nach Auskunft einer Schrifttafel von Hans Schaller (Ulm) der Steinmetz Heinrich Scheffler ausgeführt hat. Als oberstes Geschoß trug der Turm über einer Galerie ein Achteck mit geschwungener Haube. Im Anschluß daran ersetzte man die gotische Johanneskapelle durch ein Langhaus im Stil der Renaissance, das 1604 seine Weihe erhielt, 1757 aber einem Neubau weichen mußte. Das oberste Turmgeschoß wurde 1768 durch ein quadratisches mit abgeschrägten Ecken und vorgesetzten Pilastern und mit einer Zwiebelhaube ersetzt.

In der kleinen Ritterherrschaft Gammertingen-Hettingen erstanden in der Folgezeit kurz hintereinander vier einander sehr ähnliche Kapellen, deren Bau offensichtlich die Ortsherrin Dorothea Speth, eine geborene von Rechberg zu Hohenrechberg, stark gefördert hat. In Hettingen errichtete man dicht vor dem südlichen Stadttor 1582/83 eine Marienkapelle mit hübschem achtseitigem Dachreiter über der Giebelwand, der eine Zwiebelhaube zeigt. 1591 ließ eine Tochter der Dorothea Speth in Neufra wohl durch den Biberacher Baumeister Hans Kutzberger die Muttergotteskapelle erstellen, die auffällig durch Nischen mit gedrückten Eselsrückenbögen und Lisenen gegliedert ist. Im selben Jahr errichteten die Einwohner von Feldhausen bei Gammertingen, offensichtlich auf den Rat der Ortsherrin, beim neugeschaffenen Friedhof nahezu in denselben Formen eine Sebastianskapelle. Schließlich bauten 1595 die Gammertinger ihre zerfallene Michaelskapelle am Nordrand der Stadtmauer wieder auf, wobei das Heiligtum gleichsam als Schwesterkirche der drei vorangegangenen ausfiel.

Auch nach 1600 entstanden nur wenige Kirchen und Kapellen, die auf uns gekommen sind: in der Zeit der endgültigen Übernahme der Renaissance-Formen treten etliche »welsche« Baumeister auf (sogenannte »Muratori«), so ein Martin Balbieri aus Welsch-Graubünden (aus Ruffolt), der 1617 die Kirche St. Silvester in Frohnstetten neu errichtete. Im Jahr zuvor war das eng mit Kloster Wald zusammenhängende Kappel an einen Kirchenbau geschritten. 1624 fügte man dem älteren Chor der Mauritiuskirche in Stetten am kalten Markt ein Langhaus an, in das durch hohe Rundbogenfenster helles Licht einfällt. 1628 hatte man die 1956 abgerissene kleine Kirche in Gammertingen-Kettenakker gebaut. 1629 erstellte der Baumeister Hans Alberthal aus dem Misoxer Tal in Graubünden, nunmehr in Dillingen, die achteckige Kapelle auf dem Josefsberg in Sigmaringen.

Im Jahr 1628 hatte man in Scheer begonnen, die Lorettokapelle zu bauen, die jedoch infolge der Wirren des Dreißigjährigen Kriegs längere Zeit unvollendet blieb und erst 1745 ihre Weihe erhielt. Sie zeigt nach Westen eine bemerkenswerte Schauseite: das Erdgeschoß enthält eine kreuzgratgewölbte offene Vorhalle

224

mit drei Rundbögen über Rechteckpfeilern mit profilierten Sockeln und Kämpfergesims. Obergeschoß und Giebel sind durch Lisenen und verkröpfte Gesimse gegliedert, dazu im Mittelteil mit drei Rundbogenfenstern. Unter dem mittleren sitzt ein Sandsteinrelief mit Wappentuch, das von Putten gehaltene Wappenschilde der Herren von Sulz, Waldburg und Wolfegg zeigt. Hinzu kommt eine Schrifttafel mit Hinweis auf den Erbauer der Kirche, auf Truchseß Wilhelm Heinrich. Der zweigeschossige Giebel zeigt unten in der Mitte ein Rundfenster, flankiert von zwei Figurennischen mit den hll. Sebastian und Josef in Stein. Oben im Spitz ist eine Kreuzigungsgruppe, wiederum in Nischen, zu sehen.

Dem Adel war es auch vorbehalten, entsprechend dem Zug der Zeit ihre mittelalterlichen, engen und teilweise düsteren Wohnsitze in schloßartige Anlagen umzuwandeln. Dagegen änderten sich in den Städten die Häuser der Bürger nur unwesentlich; sie erhielten allenfalls eine modernere Ausgestaltung im Sinn der Renaissance.

41 Die Feste Wildenstein über dem Donautal, seit etwa
42 1250 im Besitz der Wilden von Wildenstein, später in andere Hände gelangt, seit 1398 teilweise, von 1415 an ganz im Eigentum der Herren von Zimmern, das sie 1488 zwar kurz an die Werdenberger verloren, 1504 aber wieder zurückerhielten, war in Zeiten der Pest und der Kriege stets ein sicherer Zufluchtsort gewesen. Die Zimmernsche Chronik berichtet: »Herr Gottfried Werner hat sich vorgenommen, Schloß Wildenstein wehrhaft auszubauen, was er auch mit großen Unkosten getan.« In der Tat bietet die Anlage weniger ein Bild der mittelalterlichen Burg als einer gegen Feuerwaffen trotzenden Feste der Renaissancezeit. So schützt auf dem zwischen zwei Schluchten aufsteigenden Kamm ein gewaltiges Vorwerk mit zwei flankierenden Halbtürmen die Wohngebäude gegen die Bergseite. Zwischen Vor- und Hauptburg gähnt eine 25 Meter tiefe Schlucht mit senkrecht abfallenden Wänden, über die eine 25 Meter weit gespannte Zug-

brücke führt. Die Bastei der Hauptburg wird durch einen halbrunden, 30 Meter aus dem Burggraben aufsteigenden Eckturm flankiert und mit unterirdischen Verließen und Vorratskammern verbunden. Ein leicht abgewinkeltes Treppengewölbe führt in die einzelnen Stockwerke der Bastei, in die Zeugkammern und Geschützstände. Die ehemalige Schreibstube hat Gottfried von Zimmern künstlerisch ausgestalten lassen, mit bemalter Holzdecke und Grisaillen an Wänden und Türen. »Zwei schmale, mit Pultdächern gedeckte Umgänge gleiten von der Bastei zum Palas. Über die Mitte des Ostganges und der Umfassungsmauer ragt die Schloßkapelle im Dreiachtelschluß auf. Ein steinernes Wappen schmückt das Rippengewölbe, links ein Sakramentshäuslein. Den berühmten Wildensteiner Altar des Meisters von Meßkirch hegt als Kleinod die fürstenbergische Gemäldegalerie in Donaueschingen – als karger Ersatz dient eine Kopie (Alfons Kasper)«. Etliche Veränderungen im Stil der Renaissance erhielt auch das Schloß in Scheer. Vor allem fügte man ihm auf der Nordseite ein neues Torhaus an.

Mit dem neuen Stil aus Italien kam auch eine bisher unbekannte Form des adeligen Herrenhauses, das in unserem Kreis mit einem der frühesten Beispiele vertreten ist, die Palazzo- und Vierflügelanlage. Es ist das Schloß in Meßkirch, dessen Neubau 1557 unter Graf 89 Froben Christoph von Zimmern begann, kurz nachdem der Wildenstein seine heutige Gestalt bekommen hatte. Als Baumeister ist Jörg Schwartzenberger aus Landsberg zu vermuten, dessen Persönlichkeit als Baumeister sich nach 1567 am Heiligenberger Schloß erweist. Ob er aber in Meßkirch von Anfang an mit dabei war und gar als der Urheber des Plans erwogen werden muß, ist noch nicht geklärt. Die quadratische Anlage ist klar ausgebildet, wenn auch nördlich eine Lücke mit Teilen des mittelalterlichen Schlosses stehen blieb. Zwischen vier leicht vortretenden Vierecktürmen dehnen sich einstöckige Verbindungsflügel mit ausgeprägt horizontal lagernden Bauschichten. Der Schmuck an Türgewänden und Portalen bleibt sehr schlicht. Der sogenannte »Amtsgerichtssaal« zeigt eine ähnliche Kassettendecke wie der Rittersaal des Heiligenberger Schlosses. Die aufgemalten Ornamente täuschen schwarze und braune Intarsien vor, die wie in gelblich-bräunlichen Hölzern eingelegt erscheinen. Auch die Türleibungen und der auf Konsolen ruhende Steinkamin sind manieristisch geprägt. Leider ist die Hofkapelle profaniert und ihrer Ausstattung beraubt. Immerhin zeigt sie noch Reste ihrer früheren Ausmalung und Teile der Stukkaturen.

Am Sigmaringer Schloß überwölbte 1580 wohl der Baumeister des dortigen Kirchturms die Schloßauffahrt. In Aach-Linz fand 1585 der weitgehende Umbau des Freybergischen Schlößchens statt. Graf Karl II. von Hohenzollern (1576–1606) ließ 1595 bis 1597 »das alt Schloß oder Wasserhaus« in Krauchenwies durch den Ravensburger Baumeister Hans Waldner neu aufführen. Der Westteil des Sigmaringer Schlosses erhielt durch Hans Alberthal aus Dillingen seine Renaissancegestalt (1627–30). Zwei Verträge sprechen von umfangreichen Umbauten. Diese erstreckten sich auf den Bau südlich des großen Turms, der einen geschweiften Mittelgiebel erhielt. Der werdenbergische Bau im Westen wurde erhöht; das Obergeschoß zwischen den Rundtürmen ging in zwei achteckige Turmgeschosse mit einstmals geschweiften Helmen über.

Manieristische Plastik

Nach dem Verlöschen der gotischen Kunst um 1530, ausgelöst durch die religiösen Wirren der Reformation und den auf die Bauernkriege folgenden wirtschaftlichen Niedergang, sahen sich die Meister der Großplastik fast ausschließlich auf die Herstellung von Grabmälern beschränkt, deren festgelegte Typen wenig Spielraum für eine freie künstlerische Gestaltung ließen.

An der Südwand der Meßkircher St. Martinskirche sieht der Besucher das wuchtige Bildnis des Erbauers des spätgotischen Gotteshauses von 1526, des Grafen Gottfried Werner von Zimmern. Das vom Nürnberger Pankratius Labenwolf 1551 in Bronze gegossene Grabmal zeigt den Bauherrn in stolzer Ritterrüstung, einen schlafenden Löwen zwischen den gespreizten Beinen. Reiches Renaissance-Rankenwerk mit Rosen, Akanthus, Waffen, Vasen und Sphynxe umgeben das hochrechteckige Epitaph. Der einstige Standort war der Chor der Kirche.

Zwei Grabmäler für Philipp Dietrich Speth v. Zwiefalten († 1582) und seine Frau Dorothea von Rechberg zieren die Schrägseiten des gotischen Chores der Hettinger Pfarrkirche. Beide Steine, in der Darstellung verschieden – einmal kniet das Ehepaar einem Kreuz in der Mitte zugewandt, dann kehren sie beide einander stehend den Rücken, große Wappenschilde mit fliegenden Helmbändern zu Füßen –, stammen vom Ulmer Hans Amann und wurden 1586 gemeißelt. Da der älteste Sohn der Vorgenannten im selben Jahr starb, schuf dieser auch für ihn ein ähnliches Epitaph. Es zeigt den Toten in Lebensgröße mit breiter Schrittstellung in der Ritterrüstung der Renaissancezeit.

Ein Ulmer Meister, nämlich Wolfgang Neidhart, goß ein weiteres gewaltiges Grabmal in der Meßkircher Pfarrkirche für Graf Wilhelm von Zimmern, als dieser 1599 starb. Das Bronze-Epitaph zeigt über einem Sockelgeschoß mit Inschrifttafel zwischen zwei wappengezierten Pilastern eine rundbogig geschlossene Nische. In einer von Wolken überzogenen und sonnenbeschienenen Berglandschaft kniet der Verstorbene betend vor einem Kreuz, vor ihm ein liegender Löwe, hinter ihm sein kostbar geziertes Streitroß. Prachtvoll sind Locken, Halskrause und die Zier der Rüstung herausgearbeitet. Unter dem obersten Gesims erhebt sich in der Mitte ein Medaillon mit Helm und flatternder Zier, von zwei fliehenden Löwen begleitet.

In der Pfarrkirche in Sigmaringen-Laiz sitzt in der Nordwand des linken Seitenschiffs eine Grabplatte für Barbara von Hausen, Nonne zu Laiz, um 1600 von ihrem Bruder (?) Wolfgang von Hausen, Propst zu

83

217

90

221

Ellwangen, gestiftet. Im Mittelfeld des dreigeteilten Aufbaus sehen wir eine Bogennische mit hermenförmigen Beschlagwerk-Pilastern. Darin ist eine Pietà gemeißelt: Maria hält den Körper Christi mit beiden Armen vor sich; zur Seite kniet die Verstorbene im Nonnenhabit, neben sich das Wappen derer von Hausen mit einem schreitenden Widder. Dieses Grabmal ist ohne Zweifel eine bisher nicht erkannte Arbeit Hans Morincks aus Konstanz. Aus derselben Zeit stammt das Epitaph des Hans Wilhelm von Freyberg († 1599) in Aach-Linz, eine Arbeit der Es. Gruber-Werkstatt in Lindau.

Ein nicht minder qualitätvolles Epitaph bewahrt die Pfarrkirche in Neufra im Chor der Pfarrkirche, das den 1608 gestorbenen Ritter Albert Speth von Zwiefalten und seine Frau Maria Anna von Rietheim zeigt, beide vor einem Kreuz in der Mitte kniend. Auch hier haben wir ein großes, von Hermen gerahmtes Mittelfeld vor uns, die Hermenschäfte und das obere Gesims mit Beschlagwerk geziert. Besonders liebevoll ist das Kreuz herausgearbeitet. Das Grabmal ist wohl das Werk eines Biberacher Steinhauers, von dessen Signum nur noch »... ACHIUM« zu lesen ist.

Ähnliche Epitaphe, die wohl von derselben Hand gearbeitet sind, besitzen die Kirchen in Bingen (für Catharina von Neuhausen geb. Speth von Schülzburg, † 1603, u. a.) und Hausen im Tal (für »Hans von Husa«). Schließlich soll auch noch das Epitaph aus derselben Zeit in der St. Martinskirche in Mengen angeführt werden, das eine Ritterfamilie mit zwei Söhnen zeigt, vor einem Altar mit Kreuzigungsgruppe kniend. Über den seitlichen, die halbrunde Nische flankierenden Pilastern sitzen ovale Medaillons mit Wappenschilden und Helmzier.

Neben den von Adeligen gestifteten Grabmälern gab es vor 1575 kaum plastische Arbeiten der nachgotischen Zeit. Als ein bescheidenes Beispiel sei immerhin ein Mauritius in der Muttergotteskapelle in Neufra genannt, der nach der Wiedereinführung des alten Glaubens (nach 1543) als Hochaltarfigur entstand. Im wesentlichen zwar dem gotischen Formenkanon verpflichtet, zeigt er in der Haarbehandlung doch neue Züge.

Die von der italienischen Renaissance geprägte Plastik beginnt in unserem Gebiet mit zwei Reliefs in der Pfarrkirche in Herdwangen, die sicher aus dem Kloster Petershausen in Konstanz stammen und von dem dort beschäftigten Meister Michel (van der Veeken?) gemeißelt wurden: Es sind eine Geburt Mariens und eine Heimsuchung, in Öhninger Kalkschiefer gearbeitet (1575). In den Reliefs erweist sich Meister Michel als der künstlerische Vorgänger Hans Morincks am Bodensee.

Den ersten nachgotischen Altar, der unversehrt auf uns gekommen ist, bewahrt die Muttergotteskapelle in Neufra. Laut Inschrift 1592 gestiftet, zeigt er im Unterbau eine holzgeschnitzte Predella mit der Weihnachts-Darstellung und gemalte Flügel. Auch der Mittelteil enthält in einer rundbogig geschlossenen Nische einen geschnitzten Gnadenstuhl, also die am Ende des Mittelalters so beliebte Darstellung der hl. Dreifaltigkeit, bei der der sitzende Gott Vater vor dem Schoß den gekreuzigten Sohn dem Beter darbietet. Die Szene begleiten sechs Engel, von denen die vier äußeren die Marterwerkzeuge Jesu, die beiden inneren den Mantel des Vaters halten. Auch hier können gemalte Flügel den Mittelteil verschließen, wobei gemalte Seitenteile des Altars sichtbar werden. Bisher hat man die Schnitzereien dem Umkreis des Überlingers Hans Ulrich Glöckler zugeschrieben, doch weisen die Verbindungen des Stifterpaars Philipp Schad aus Mittelbiberach und Margaretha geb. Speth eher nach Biberach. Wohl nur dort ist der Schnitzer zu suchen.

Aus den neunziger Jahren stammt sicher auch ein eigenartiger Altar mit fünf Figuren in der nördlichen Seitenkapelle am Chor der Pfarrkirche in Stetten am kalten Markt. Die im Hochrelief gearbeiteten Heiligen zeigen noch ganz der Gotik verhaftete Züge; bei näherem Hinsehen erweisen sich Dekoration und Gesamtauffassung als der Renaissance verpflichtet. Die Flügel

215

218

sind übrigens mit 1618 datiert, also wohl später angefügt worden.

Zu den bedeutendsten Renaissanceschnitzereien im Kreis Sigmaringen zählen mehrere Arbeiten des in Hundersingen geborenen, später in Ostrach ansässigen Künstlers Melchior Binder, der wohl um 1605 wieder nach Hundersingen zog. Als einen Altar-Mittelteil schuf er 1595 für seine Heimatpfarrkirche Ostrach in *219* Hochrelief eine eindrucksvolle Anna-selb-dritt, also Maria und Anna auf einer Bank sitzend, in ihrer Mitte das Jesuskind. Der menschlichen Dreiheit ist die Dreifaltigkeit Gottes gegenübergestellt, über einem Vorhang in der Mitte erscheinen die Hl. Geist-Taube und darüber der segnende Gott Vater mit Weltkugel. 1604 lieferte Binder einen Blasius und eine Muttergottes nach Burgweiler bei Ostrach, etwas später einen hl. Gregor in die Kapelle nach Waldbeuren. Aus der Zeit gegen 1610 sind zwei Pietàs erhalten, eine in der Liebfrauenkirche zu Meßkirch, eine andere in Veringenstadt. In die 1616 gebaute Kirche in Kappel bei Wald fertigte Melchior Binder den einzigen, in unserem Kreis komplett erhaltenen Altar, der neben den Holzfiguren die ganze Welt der ihm eigenen Renaissance-Ornamente zeigt: Laubsäge-Beschlagwerk, Löwen- und geflügelte Engelsköpfe, zierliche Fruchtgehänge. Das rundbogig geschlossene Relief in der Mitte enthält Christus den Auferstandenen, von Seligen begleitet, darüber Gott Vater, die Hl. Geist-Taube und Engel. In den Seitennischen stehen die hll. Martin und Markus. Hermengeschmückte Pilaster trennen Haupt- und Seitenteile. Weitere Plastiken Melchior Binders kamen aus Ostrach in die benachbarte Wendelinskapelle nach Kalkreute (Katharina, Georg und Bernhard), Petrus und Paulus in die Pfarrkirche nach Magenbuch.

In der Martinskirche Mengen treffen wir auf Arbeiten der Glöckler-Werkstatt Überlingen (so Adolf Schahl), nämlich auf ein Chorbogenkreuz, eine hl. Anna und zwei Bischöfe (um 1600). Von derselben Hand stammt wohl ein Georg in Inzigkofen, vielleicht auch das große Kreuz am Hochaltar der Pfarrkirche in Herbertingen. Ein Zeugnis des qualitätvollen Schaffens Joachim Taubenschmids in Hechingen ist sicher das ausgezeichnete Kreuz mit zwei Meter hohem Korpus in der Pfarrkirche in Bingen. Auch vier Figuren in Hettingen (Sebastian, Wendelin, Donatus und Martin), die unter der Orgelempore der Pfarrkirche angebracht sind, dürften in diesen Zusammenhang gehören. Die dort im Pfarrhaus aufbewahrte Madonna dagegen, die durch die Feinheit der Ausarbeitung besticht, ist möglicherweise ein Biberacher Werk. Aus Biberach, etwa aus der Hand des Georg Mayer, des Nachfolgers Hans Dürners, kommt wohl auch der 120 cm hohe Schutzengel mit Knaben an der nördlichen Langhauswand der Pfarrkirche in Gammertingen.

Mit zu den umfangreichsten Schöpfungen der Zeit zählte ein leider nicht mehr vollständig erhaltener Rosenkranzaltar im nördlichen Seitenschiff der Jakobuskirche in Pfullendorf von der Hand »des Martin Zirn Bildhauergesell« in Überlingen (1615). Der jün- *223* gere Bruder des berühmteren Jörg Zürn brachte auf dem Relief der Dornenkrönung sein Signum MZ an. Zu bedauern ist vor allem der Verlust der zentralen Rosenkranzkönigin, die 1752 einer Madonna des Franz Magnus Hops weichen mußte. Dagegen sind die knienden Begleitfiguren Dominikus und Jakobus erhalten geblieben; freilich entspricht ihre Qualität längst nicht den Plastiken des vorausgegangenen Überlinger Hochaltars, an dem auch der junge Martin beteiligt war. Teilweise recht lebendig sind die Rosenkranz-Reliefs ausgefallen, von denen allerdings nur noch zehn Originale sind. Die übrigen sind Nachschöpfungen der neunziger Jahre des letzten Jahrhunderts.

Manieristische Malerei

Einer der bedeutendsten Frühmanieristen in Süddeutschland, der im Umkreis Dürers (Hans Schäufelein und Hans von Kulmbach) seine Ausbildung empfangen haben könnte, wirkte entscheidend bei der Ausstattung der Meßkircher St. Martinskirche von 1526 mit: der immer noch anonyme »Meister von Meßkirch« (tätig zwischen 1525 und 1540). Graf Gottfried Werner von Zimmern beauftragte ihn mit der Anfertigung sämtlicher Tafelbilder von Hoch- und Seitenaltären, von denen noch 52 Darstellungen in Meßkirch, in europäischen und amerikanischen Sammlungen erhalten sind. Am ursprünglichen Standort

214 befindet sich nur das um 1538 gemalte Hochaltarblatt mit der Darstellung der hl. Dreikönige, heute allerdings in den linken vorderen Seitenaltar eingebaut. Das Gemälde besticht durch seine Zeichnung und die emaillehaften Farben. Zweifellos gehört es zu den besten künstlerischen Leistungen überhaupt, die wir im Kreis Sigmaringen besitzen. Über dem Kopf des Mohrenkönigs erscheint im Mittelgrund ein Haus, in dem mehrere Kunstfreunde das »Strübhaus« in Veringenstadt als die Heimat des Malers erkennen wollen. Man neigt darum immer mehr dazu, in dem anonymen Künstler das jüngste Mitglied der Brüder Strüb, nämlich Peter den Jüngeren, zu sehen. Auch auf dem »Wildenstein« hat er mehrere Fresken hinterlassen, die in letzter Zeit liebevoll und sachkundig restauriert wurden.

220 Weitere Fresken dieser Zeit finden sich, wenn auch nur noch in Bruchteilen erhalten, in der Friedhofskirche in Vilsingen, zu denen 1627 zusätzliche Bilder kamen, ferner in der Pfarrkirche in Pfullendorf-Denkingen.

95 Wahre Kabinettstücke leuchtender Renaissance-Glasmalerei sind im Pfullendorfer Rathaus von der Hand des später in Schaffhausen ansässigen Christoph Stimmer zu sehen: Wappenscheiben Kaiser Karls V., Erzherzog Ferdinands I. von Österreich, der Städte Pfullendorf, Mengen, Ravensburg, Überlingen, des Zisterzienserklosters Salem, des Landkomturs von Altshausen, des Klosters Königsbronn, des Frauenstifts Wald und eine eigene, die der Maler auf einem Schriftband signierte und mit 1525 datierte. Diese zeigt neben dem Wappen eine nackte Schöne mit flottem Federhut vor

einer Renaissancearchitektur. Hinzu kommt aus einem anderen Zusammenhang eine Kreuzigungsscheibe mit Maria und Johannes.

Davon, daß in Pfullendorf auch eigene Maler tätig waren, zeugen Wandfresken mit dem Sündenfall und einer Kreuzigung im Haus Schorer in Pfullendorf. Sie stammen von Balthasar Gropp und sind 1549 gemalt. Als wichtigste Tafelbilder der Zeit sind neben einem Kreuzigungsbild in der Kirche in Kappel bei Wald, eine Kreuzigung mit Maria und Johannes und vier weiteren Heiligen darstellend und 1569 von der Walder Äbtissin gestiftet, die Altarflügel und Altarseitenteile der Muttergotteskapelle in Neufra zu werten (1592). Auch sie rühren sicher von einem nicht bekannten Biberacher Maler her, der Stichvorlagen benutzte, jedoch nur mäßige Qualität erreichte. Auf den Innenflügeln zeigen die Gemälde den stehenden Schmerzensmann und die sitzende Pietà, auf den Außenseiten die von sieben Schwertern durchbohrte schmerzhafte Gottesmutter und den gebundenen Heiland vor dem Hohenpriester Kaiphas. Auf den Flügeln der Predella sind Verkündigung und Heimsuchung, die Anbetung der hl. Dreikönige und die Beschneidung wiedergegeben. Wesentlich qualitätvoller ist der Freskenzyklus zum Leben Jesu in mehreren Bändern an der Südwand der Kapelle ausgefallen, der deutlich die Handschrift des Biberacher Baltus Moll trägt. Leider ist eine Reihe von Darstellungen durch einen späteren Fensterdurchbruch verloren gegangen. Glanzvoll rahmte derselbe Meister Chorbogen und die Fenster der Langhaus-Nordseite und des Chors mit dem ganzen Dekor der Renaissance, mit Roll- und Beschlagwerk, mit Früchtegehängen, Masken mit Fratzen, mit Engeln, der Sanduhr, dem Pelikan, der mit seinem eigenen Blut die Jungen tränkt und mit anderem mehr. Zu erwähnen ist auch ein Apostelzyklus mit Christus in der Mitte über der rückwärtigen Empore.

Aus der Zeit nach der Jahrhundertwende sei der sechs Meter hohe Christophorus genannt, der als Fresko an die südliche Außenwand des Chores der Pfarrkirche in

Sigmaringen-Laiz 1618 aufgetragen wurde. Allerdings ist er nur in einer Übermalung von 1900 auf uns gekommen. Schließlich sei noch an das herausragende Pestbild im Saulgauer Rathaus aus der ersten Hälfte des 17. Jahrhunderts erinnert, dessen Meister noch unbekannt ist. Es zeigt über einer Prozession vor dem Stadthintergrund die hll. Rochus, Sebastian und Maria auf der Mondsichel und von musizierenden Engeln umgeben, ferner einen hl. Büßer als Fürbitter vor Christus mit ausgebreiteten Armen. Das Tafelbild mit seinen lebendigen Farben, seinen schlankgliedrigen und reich bewegten Gestalten gehört zu den besten Zeugnissen jener Zeit.

Die Baukunst des Früh- und Hochbarock (1640–1730)

Die Ereignisse des Dreißigjährigen Kriegs, der sich von 1630 an in unserem Gebiet in verheerendem Maße auswirkte, ließen die Bautätigkeit für die nächsten 25 Jahre völlig zur Ruhe kommen. Bis auf das Sigmaringer Schloß, dessen Ostteile beim Angriff schwedischer Reiter 1633 niederbrannten, und die Wallfahrtskirche Maria Schray vor den Toren Pfullendorfs, die dasselbe Schicksal erfuhr, scheinen sich die baulichen Zerstörungen in Grenzen gehalten zu haben. Bei der Behebung der gröbsten Schäden wandte man gerade diesen beiden Gebäuden nach 1655 die erste Sorge zu. So erstand 1656 der Chor des Pfullendorfer Heiligtums weitgehend in den gotischen Formen von 1476 (wahrscheinlich war es auch nur ausgebrannt), 1667 fügte man ihm zur Aufnahme der zahlreichen Wallfahrer ein neues Langhaus an. In Sigmaringen ließ Fürst Meinrad I. von Hohenzollern die abgebrannten Teile des Schlosses 1658 und 1659 wieder aufrichten und vereinigte dabei die beiden werdenbergischen Ostbauten einschließlich des zwischen ihnen liegenden Hofs unter einem großen Dach. Mit dem Auftrag betraute der Fürst den ersten der sieben bedeutenden Baumeister

aus dem Bregenzerwald, nämlich Michael Beer I (ca. 1605–66) aus Au, den Erbauer von Stift und Kirche St. Lorenz in Kempten. Leider ist sein Werk 1893 bis auf die Grundmauern durch Feuer zerstört worden.
Dagegen blieb das vom selben Baumeister ausgeführte eigenartige Klostergebäude der Augustinerinnen in Inzigkofen (1659–63) erhalten. Bei ihm handelt es sich um den an den mittelalterlichen Ostbau anschließenden zweigeschossigen Kreuzgang, der schiefwinklig angelegt ist und auf der Nord- und Ostseite drei Fensterachsen, auf den übrigen jedoch vier enthält. Das Untergeschoß besitzt gratige Kreuzgewölbe und hohe Rundbogenöffnungen. Gleichzeitig führte Michael Beer auch den hufeisenförmigen Nordwestflügel hoch, von dem der Südteil dreigeschossig, der andere zweigeschossig angelegt ist. Bemerkenswert ist der Prälatensaal mit einer auf Holzsäulen aufruhenden Bretterdecke, die aufgesetzte Leisten zeigt. Im Nordteil liegt die ehemalige Hauskapelle mit flachem Stichkappengewölbe, dessen Deckenfelder mit hellroten Leisten und Blumenmustern ausgemalt sind. Die übrigen Zimmer und Gänge zeigen schlichte Holzleisten- oder Stuckdecken. Der Neubau der Klosterkirche derselben Zeit mußte 1780 einem Bau des Christian Großbayer weichen.
Michael Beer erhielt 1660 außerdem den Auftrag, die offensichtlich im Dreißigjährigen Krieg stark mitgenommene Josefskapelle auf dem Sigmaringer Josefsberg wieder herzurichten und umzubauen.
Bei der religiösen Erneuerung nach 1650 half in den Städten der überall beliebte Orden der Franziskaner eifrig mit. In Saulgau hatte 1646 das Stift Buchau für sie ein Kloster gegründet. Die in der oberen Vorstadt gelegene St. Antoniuskirche erhielt 1664 ihre Weihe; das anschließende Gebäudeviereck des Klosters erstand 1665 wohl durch ordenseigene Kräfte.
Im Jahr 1677 bekam der mächtige romanische Kirchturm der St. Martinskirche in Meßkirch eine Erhöhung um ein barockes achteckiges Glockengeschoß.
In den achtziger Jahren des 17. Jahrhunderts machte

sich in den Klöstern das Bedürfnis nach helleren, freundlichen Räumen bemerkbar, die die düsteren des Mittelalters ablösen sollten. Wohl ebenfalls durch ordenseigene Kräfte entstand ein neues Franziskanerkloster in Sigmaringen-Hedingen. 1680 bis 1682 wagte man, wesentlich vom Sigmaringer Fürsten gefördert, auch einen Kirchenneubau, der jedoch 1889 durch den Anbau der fürstlichen Gruft im Äußern verändert wurde.

226 Im Jahr 1680 brach man in Habsthal ebenfalls die Kirche ab und errichtete sie durch einen Schüler des 1666 tödlich verunglückten Michael Beer I neu, nämlich durch Jos oder Jodokus Beer I (1650–1688) aus Au im Bregenzerwald. Dieser erstellte auch im folgenden Jahr das Kloster der dortigen Dominikanerinnen, wobei ein Bruder Euprepius, vielleicht ein Franziskaner, eine gewisse Rolle spielte. Die Gebäudegruppe in Habsthal ist ein geschlossener Baukörper mit vier dreigeschossigen Flügeln um einen quadratischen Hof, überall von einem gleichhohen Satteldach gedeckt. Über dem Nonnenchor sitzt ein sechseckiger Dachreiter mit welscher Haube. Im übrigen hebt sich die Kirche nach außen nur durch die hohen Rundbogenfenster im Nordflügel vom übrigen Baukomplex ab. Im Innern sind die Wände glatt und unten ringsum getäfelt. Die Decken sind flach gehalten und durch kräftige Hohlkehlen abgesetzt. Rings um den Klosterhof zieht sich ein mit gratigen Kreuzgewölben überdeckter Kreuzgang. Sämtliche Räume des Erdgeschosses mit Ausnahme des Refektoriums und des Kapitelsaals sind mit gratlosen Kreuzgewölben oder Tonnengewölben mit Stichkappen angelegt. Die Gänge des Obergeschosses zeigen einfache Stuckgliederung aus der Erbauungszeit.

Um 1681 begann Jos Beer, auch für das Zisterzienserin-
93 nenkloster in Wald Ost- und Südflügel zweigeschossig zu errichten, eine Maßnahme, die laut Wappeninschrift der Äbtissin Maria Jakobe von Bodman im Kapitelsaal 1685 abgeschlossen war. Auch hier zieht sich um den Hof ein überbauter Kreuzgang mit rippenlosen Kreuz-

gewölben und heute teils vermauerten rundbogigen Fenstern. Im Ostflügel ist nahe der Kirche die Sakristei untergebracht, die durch Rundbögen über einem Mittelpfeiler geteilt wird und wieder rippenlose Kreuzgewölbe zeigt. Das Erdgeschoß im Südflügel enthält an der Ostecke den wohl auch als Refektorium verwendeten Konventsaal. Er besitzt eine Stuckdecke, die in geometrische Muster um drei Vierpässe aufgeteilt ist. Diese wiederum enthalten die gleichen Wappenbilder wie am Kirchenportal. Gleichzeitig mit diesen Bauten muß auch auf der Westseite ein Anbau an den »Jennerflügel« erfolgt sein, der im Obergeschoß den Prälatensaal birgt. Dieser besitzt eine ungewöhnlich reiche Stuckdecke mit rundem Mittelspiegel und vier Eckspiegeln. Die Felder werden von kräftigen Laubwülsten gerahmt und sind bis auf die glatten Spiegel mit Akanthusranken im Stil der Wessobrunner Stukkatoren um 1700 ausgefüllt. Im übrigen geht auch der Entwurf der von 1697 an ausgeführten Klosterkirche noch auf Jos Beer I zurück. Als weitere Baumaßnahmen dieses Meisters kennen wir das 1686/87 errichtete Pfarrhaus in Sigmaringendorf; ebenfalls ihm müssen der 1687/89 erfolgte Umbau und der Westbau der Pfarrkirche in Sigmaringen-Laiz zugeschrieben werden. Übrigens stammt auch das achteckige Glockenhaus mit schlanker Zwiebelhaube aus dem Jahr 1687.

Von 1682 an ließen auch die vom Kloster Zwiefalten abhängigen Benediktinerinnen in Mariaberg bei Gammertingen durch den zweiten berühmten Vorarlberger Baumeister Michael Thumb (gegen 1640–1690) einen 227 Entwurf für Kirche und Kloster erstellen. Die Ausführung jedoch erfolgte weitgehend durch dessen Palier, den jungen Franz Beer II (1660–1726), der sich 1687 mit der Saulgauer Engelwirtstochter Katharina Eberle verheiratete und sich recht unabhängig von seinem Vetter betätigt hat. Die Zusammenarbeit mit Zwiefalten führte offensichtlich zur Anstellung als Klosterbaumeister zwischen 1692 und 1710. In der Hauptsache errichteten in Mariaberg 1683 die Maurer das Klostergebäude, dann 1684 die Kirche an der Nordseite der Vierflügelanlage mit achtseitigem Dachreiter über dem Westgiebel. Franz Beer schuf einen relativ kurzen, steilen Raum mit kräftig profilierten Pfeilern und Gesimsen, dazu einen Chor mit seitlichen Emporen. Die stattliche Nonnenempore im Westen könnte aus späterer Zeit stammen.

Das Franziskanerinnenkloster in Gorheim bei Sigmaringen schloß 1683 mit dem aus Wasserburg am Bodensee stammenden Maurer Hans Dirrheimer, der seit den siebziger Jahren in Sigmaringen ansässig war, ferner mit den Zimmermeistern Wolf Herburger und Hans Kasper Ruoprechter, einen Akkord über die Errichtung eines neuen Gebäudes. Dabei spielten wieder Pläne eines Drittordensbruders Illuminatus Roth aus der Schweiz, wie von den Franziskanern gewohnt, eine besondere Rolle.

Ein Doppelwappen am ehemaligen Dominikanerinnenkloster Pfullendorf neben dem dortigen Rathaus zeigt neben dem Wappen der Priorin Egenroth und dem des Ordens die Jahreszahl 1686. Dies kann wohl nur bedeuten, daß in jenem Jahr das Gebäude neu errichtet wurde.

Im Zuge der Klöstererneuerung beauftragte auch das Augustinerchorherrenstift Beuron 1694 den Vorarlberger Franz Beer mit dem Neubau des Süd- und Ostflügels des Klostergebäudes, die hufeisenförmig den Kreuzgang umschließen. Dabei überragte der Süd- den Ostflügel im Osten um drei Fensterachsen. Oberhalb des alten Klostereingangs im Südflügel ist das Wappen des ersten Beuroner Abtes Georg Kurz zusammen mit der Jahreszahl 1696 angebracht. Im Innern des dreigeschossigen Baus stoßen in den beiden unteren Geschossen Zimmer und Räume auf die mit gratigen Kreuzgewölben versehenen Kreuzgänge. Der

228 heutige Kapitelsaal (früher Sommerrefektorium) neben der Sakristei mit fünf Fensterachsen zeigt eine flache Decke, deren reicher, kräftiger Stuck wohl um 1702 entstanden ist. Im Jahr 1701 hatte übrigens das Kloster Franz Beer durch den Meßkircher Baumeister Johann

Georg Brix (ca. 1665–1742) abgelöst, der den Ostflügel bis 1705 vollendete.

Nach den Plänen des 1688 gestorbenen Jos Beer erstellte in Wald zwischen 1697 und 1700 dessen jüngerer Bruder Franz Beer I (1659–1722 Au), nicht zu verwechseln mit dem Zwiefalter Klosterbaumeister Franz Beer »von Bleichten«, die Klosterkirche. Sie zeigt ein schlichtes, sechs Fensterachsen tiefes Langhaus mit Rundbogenfenstern und Wandvorlagen, dazu einen Chor im Fünfachtel-Schluß, durch Stützpfeiler kräftig gegliedert. Zu den großen Fenstern, die viel Licht in das Innere einfließen lassen, kommen dort darüber querovale, die den Dachboden erhellen. Im übrigen zieht sich über Schiff und Chor ein gleich hoher First, so daß die Chormauern höher als jene des Langhauses geführt sind. Im Westen des Schiffs erhebt sich über dem Dachfirst ein unten viereckiger, dann ins Achteck übergehender Turm mit barocker Zwiebelhaube. Das Sandsteinportal zwischen jonischen Säulen auf der Langhaus-Nordseite zeigt die Wappen der Äbtissin von Bodman, des Stifters von Weckenstein und des Zisterzienserordens. Im Innern reicht die Nonnenempore vier Fensterachsen weit nach vorn. Die Wandpfeiler sind in Langhaus und Chor mit niederem Volutenkapitell und feingliedrigem Gebälk geschmückt. Der Raum erhielt 1752 eine reiche Rokokoausstattung, die ihn völlig veränderte.

Nach 1700 eiferte man auch auf dem Dorf den Klöstern nach und errichtete helle, freundliche Kirchen mit eleganten Zwiebeltürmen. So entstand 1701 in Rohrdorf eine neue Kirche, wohl durch den Meßkircher Johann Georg Brix, der gleichzeitig in Beuron tätig war.

Im Jahr 1702 errichtete am Nordrand der Saulgauer Altstadt wohl Franz Beer »von Bleichten« den Neubau des Franziskanerinnenklosters (früher Beginen-Haus) mit dreigeschossigem Haupt- und zweigeschossigem Nebengebäude. Stadteinwärts war die Kirche mit eingezogenem, dreiseitig geschlossenem Chor vorgesetzt. Sie zeigt durch Lisenen gegliederte Wände und kräftiges Hauptgesims. Durch den Einbau von Wohnungen, der Stadtschreiberei, Schulen und wechselnden Behörden hat sich das Aussehen jedoch weitgehend verändert.

In Bronnen bei Gammertingen erstellte 1708 das Kloster Mariaberg wohl ebenfalls durch Franz Beer II., vielleicht durch die Zwiefalter Klostermaurer Schneider ausgeführt, eine neue Josefskapelle. Sie zeigt eine bemerkenswert stuckierte Langhausdecke.

Die 1711/12 gebaute Klosterkirche der Franziskanerterziarinnen in Pfullendorf ist im Unterschied zum Klosterbau heute verschwunden. Im Sigmaringer Franziskanerkloster in Hedingen fügte man um 1715 auf der Nordseite der Kirche die etliche Zeit später wieder ausgebrannte Marienkapelle an.

Um 1718 erbaute Franz Beer II. für einen weiteren, jedoch kleinen Schwesternkonvent ein Ordenshaus. Es ist das Beginenklösterchen in Moosheim bei Saulgau. Zwischen 1716 und 1722 entstand unter der Priorin Josepha Baitzin der Klosterneubau der Dominikanerrinnen in Sießen, für den ebenfalls Franz Beer von Bleichten zusammen mit Christian Thumb verantwortlich zeichnete. Diese erstellten um einen quadratischen Kreuzgang vier schlichte, dreigeschossige Flügel mit vortretenden Eckrisaliten; sie wölbten die Erdgeschoßräume und versahen den Kreuzgang mit Kreuzgratgewölben. Die meisten Zimmer zeigen schlichte Stuckdecken mit Akanthus und einfachen Kreis- und Rechteckfeldern. Sehr viel reicher fiel der Kapitelsaal aus, der Bandelakanthus und farbige Stuckmedaillons des Ordensstifters Dominikus, der hl.
229 Katharina von Siena und der Klostergründer über der stuckmarmornen Türeinfassung darbietet. Beachtenswert auch die Reliefs, die eine alte Ansicht von Sießen und die Landschaft bis nach Saulgau zeigen.

Im Jahr 1719 ließ der Deutschordenskomtur Johann Franz von Reinach zu Altshausen in Hochberg an den
248 mittelalterlichen Turm der Pfarrkirche ein neues Langhaus mit Chor anfügen. Dabei erhielt der Turm ein achteckiges Glockengeschoß mit barocker Haube.

Zwischen 1721 und 1724 entstand durch den Meßkircher Baumeister Johann Georg Brix in Engelswies eine neue Pfarr- und Wallfahrtskirche, ein ungewöhnlicher, stattlicher Bau, dessen Plan ursprünglich für St. Johann in Donaueschingen bestimmt war. Bemerkenswert sind neben dem schlanken Turm mit Zwiebelhaube das um ein Querhaus erweiterte Schiff mit Stichkappenwölbung und der eingezogene Chor, dessen Seitenwände sich zu Oratorien öffnen.

Als man 1723 in Veringendorf das düstere, dreischiffige romanische Langhaus abbrach und an dessen Stelle einen hellen, um eine Fensterachse verlängerten, stichkappengewölbten Saalraum mit Querhaus setzte, waren wohl ebenfalls Vorarlberger Bauleute am Werk. Etwas altertümlich wirkende Stuckrahmen umgeben mehrere Deckenspiegel in der Längs- und Querachse. Kräftiger Akanthus sitzt hoch oben an den Pilastern der Stirnseite zum Chor und folgt dort der Wölbung der Decke, deren erstes Feld mit einer großen und vier kleinen Strahlensonnen geziert ist.

Im Jahr 1724 entstand am Franziskanerinnenkloster Gorheim bei Sigmaringen der südöstliche Gastflügel, der sich zur Straße hinzieht.

Das im Ablachtal gelegene Menningen bewahrt in seiner Pfarrkirche zum hl. Johannes dem Täufer noch mehrere gotische Teile; um 1725 erfolgte dort eine barocke Erweiterung, wobei der Turm ein achteckiges Glockengeschoß mit eleganter Zwiebelhaube erhielt. Auch in Sauldorf-Bietingen fügte man 1725 an den mittelalterlichen Turm der Pfarrkirche St. Cyriak ein barockes Langhaus und einen Chor im FünfachtelSchluß an. Bei beiden Bauten könnte Johann Georg Brix aus Meßkirch der Ausführende gewesen sein. Weitgehend neu erstand im selben Jahr die schlichte Pfarrkirche St. Pankratius in Magenbuch bei Ostrach durch den ortsansässigen Baumeister Lukas Schindler. Auch die Wolfgangskapelle in Bingen-Hitzkofen stammt aus diesem Jahr; die aus dem hohen Mittelalter herrührende Kreuzkapelle in Hettingen-Inneringen verdankt dieser Zeit einen wesentlichen Umbau.

Im selben Jahr ließ Abt Didakus Ströbele von Schussenried in dem inkorporierten Untereggatsweiler bei Braunenweiler durch den Klosterbaumeister Michael Mohr (ca. 1682–1732), ebenfalls einen Vorarlberger aus Andelsbuch, eine neue Georgskirche erbauen. Der dem Chor östlich angefügte Turm erinnert mit seinem achteckigen Glockengeschoß und seiner Zwiebelhaube an jenen der Klosterkirche Schussenried. Der saalartige Innenraum empfängt durch die Fenster helles Licht. Im übrigen wird er durch Wandpfeiler und ein umlaufendes Gesims gegliedert, über dem eine Hohlkehle zur lebendig stuckierten Decke überleitet. Das feine Akanthus- und Bandelwerk, die Lilien, Muscheln, Engelsköpfe und Vasen stammen von dem Mailänder Stukkator Nicolao Berthi.

In Wald wurde das Kloster unter der Äbtissin Antonie von Falkenstein umfangreich erweitert durch den Anbau eines dreigeschossigen, T-förmigen Flügels in der Verlängerung der Kirche nach Westen. Die Arbeiten besorgten die durch qualitätvolle Bauten bekannten Brüder Christian und Johann Georg Wiedemann aus Elchingen in den Jahren 1721 bis 1728 (1721/23 das neue Konventgebäude, 1723/26 Abteibau, 1727/28 Gastflügel). Dabei ist der gesamte Erweiterungsbau in Höhe des Erdgeschosses mit einem kräftigen Gurtgesims umzogen. Die Putzflächen blieben glatt, nur die Risalite sind durch Pilaster mit einfach verputzten und stuckierten Kapitellen gegliedert. Für weitere Belebung sorgen die knapp vorspringenden Sandsteinumrahmungen der Fenster.

Den Höhepunkt der hochbarocken Baukunst in unserem Gebiet bildet der Neubau der Sießener Klosterkirche 1726/28 durch den bayerischen Architekten Dominikus Zimmermann (1685 Wessobrunn–1766 Wies), der nahezu gleichzeitig auch die berühmte Wallfahrtskirche Steinhausen bei Bad Schussenried schuf. Unter den engeren Mitarbeitern sind die Maurerpoliere Pontian Steinhauser und Kaspar Finsterwalder (†1731 Saulgau) zu erwähnen. Aus der Mitte des östlichen Klosterflügels wächst in drei Jochen das Langhaus

116
230

hervor, dem sich ein runder Chor anschließt. Dabei ist das vordere Joch zu einem vorspringenden Querhaus verbreitert. Nach Westen stößt der Kirchenraum durch den Klosterflügel bis zum Kreuzgang vor. Über der Westfassade gegen den Kreuzgarten erhebt sich ein turmartiger Dachreiter, dessen niederes Zeltdach jedoch nur einen kümmerlichen Ersatz für die einstige welsche Haube mit hoher Spitze darstellt. Die elegante Außengliederung der Kirche mit Doppelpilaster und Fensterpaaren, die durch dreiteilige Oberlichter zusammengekoppelt werden, am Lang- und Querhaus, ferner mit einfachen Pilastern und Fenstern am Chor wird durch den Verlust der geschweiften Giebel am Querhaus recht beeinträchtigt. Nicht minder reich komponiert zeigt sich das Kircheninnere. Eingestellte Wandpfeiler mit Pilasterpaaren tragen über kräftig profiliertem Gebälk gedrückte Gurtbögen. Flache Kuppeln überspannen das Schiff, während der Chor eine Tonne mit östlicher Halbrundwölbung besitzt. Die farbige Stuckierung mit elegantem Akanthus und Bandel- und Gitterwerk-Motiven stammt von Kaspar Zimmermann, einem Bruder des Architekten und Malers. Nicht erst 1741, wie oft dargestellt, sondern schon 1725 begann die Stadt Saulgau durch den am Sießener Klosterbau beteiligten Maurer Franz Nußbaumer aus Egg im Bregenzerwald, die Frauenkapelle neu erstellen zu lassen. Den Stuck besorgte der ebenfalls in Sießen tätige Kaspar Zimmermann aus Wessobrunn, Bruder des Dominikus.

Johann Georg Wiedemann schuf 1727/28 nebenher im Stil des frühen Rokoko im Auftrag des Abtes Constantin von Salem die Filialkirche in Ostrach-Bachhaupten. Der schmucke Bau zeigt eine lebendige Außengliederung durch geschwungene West- und Ostgiebel, durch Wandlisenen, ein Hauptgesims mit Architrav, glattem Fries und Obergesims. Der unten quadratische Turmschaft trägt ein achteckiges, mit flacher welscher Haube abgeschlossenes Glockengeschoß mit Ecklisenen und rundbogigen Schallöffnungen. Innen wird der Chor durch einen halbkreisförmigen Bogen vom Langhaus getrennt. Zartes Bandelwerk und Pflanzenmotive beleben den Stuck der Decke.

An profanen Bauwerken ist das spethsche Schlößchen in Neufra zu nennen (1690), zu dem das Baumaterial vom Schloß im benachbarten Bronnen verwendet wurde. Dieses mußte nämlich auf Grund eines Einspruchs der Mariaberger Benediktinerinnen abgebrochen werden. Ferner erhielt um 1720 auch das spethsche Schloß in Hettingen seine gegenwärtige Gestalt. 1726 entstand das Amtshaus des Klosters Inzigkofen.

Die Plastik des Früh- und Hochbarocks (1640–1730)

Weit stärker als auf dem Bausektor war es noch während, erst recht nach dem Dreißigjährigen Krieg nötig geworden, zerstörte und schadhaft gewordene Kirchenausstattungen wiederherzustellen oder ganz zu ersetzen. Dabei mußten sich die Gemeinden freilich meist auswärtiger Meister bedienen, da solche in unserem Gebiet kaum anzutreffen waren.

So lieferte der Ehinger Bildhauer Zacharias Binder (†1673), der Sohn des Ostracher und Hundersinger Melchior Binder, um 1640 ein frühbarockes Kreuz in die Pfarrkirche St. Johann in Sigmaringen. Zu Füßen des Gekreuzigten stellte er eine klagende Schmerzensmutter. Vom selben Meister stammt eine Magdalena im Heimatmuseum Mengen.

Der seit 1645 in Waldsee ansässige Georg Grassender schuf zu einem gotischen Kreuz der Pfarrkirche Hettingen, das heute über dem Choraltar angebracht ist, die trauernden Maria und Johannes (datiert 1645, Zuschreibung). Spätwerke von seiner Hand aus der Zeit um 1670 finden sich in der Pfarrkirche in Mengen-Ennetach, wo die Schnitzarbeiten beider Seitenaltäre deutlich seine Handschrift zeigen: am linken Altar die Figuren der Evangelisten Markus und Johannes, oben im Auszug der auferstandene Christus, begleitet von Engeln mit den Leidenswerkzeugen. Auf der Gegen-

seite sind die hll. Cyprian und Nikolaus, im Obergeschoß die hl. Ottilia und seitlich über den Säulen die hll. Florian und Leonhard zu sehen. Die Kanzel und die Apostelserie an den Hochschiffwänden dagegen verraten die Hand des Sohnes Felix Grassender (um 1690).

Von der Altarausstattung der 1656 wieder hergerichteten Wallfahrtskirche Maria Schray bei Pfullendorf ist nur die Wallfahrtsmadonna (um 1658) im Hochaltar dieser Zeit zuzuordnen. Ohne Zweifel ist sie ein Werk des ortsansässigen Bildhauers Valentin Ungelehrt, der von 1652 an sich dort aufgehalten hat, jedoch vor 1680 gestorben sein muß.

Besonders qualitätvolle Schnitzarbeiten hat der Biberacher Bildhauer Hans Thomas Kutzberger (1607–84), ein Enkel des Baumeisters Hans Kutzberger, in der Michaelskapelle zu Gammertingen hinterlassen. Die Plastiken des Hochaltars, besonders die hll. Joachim und Anna, sind ausnehmend gut geschnitten (1674). Nicht minder schöne Figuren sind an den Langhauswänden die hll. Wendelin und Crispinus, die Patrone der Landwirte und Schuhmacher. Dieselbe Handschrift zeigen zwei Kirchenlehrergestalten, Ambrosius und Augustinus, über Langhaussäulen der Pfarrkirche in Neufra. Zum Besten der Zeit zählt ein Christus Salvator, einst Abschluß des früheren Kanzeldeckels, heute im Neufraer Pfarrhaus. An der Kanzelbrüstung sind die kleinen Evangelistenfiguren desselben Meisters noch zu bewundern.

Heinrich Karl Amrhein aus Rottenburg, ein Schweizer Bildhauer aus Münster im Aargau (Beromünster) und seit 1677 in der Neckarstadt ansässig, lieferte 1680 bis 1682 Schnitzwerke für drei Altäre in die Pfarrkirche in Gammertingen, die allesamt verloren sind. Immerhin sind von seiner Hand in der Neufraer Muttergotteskapelle ein hl. Sebastian, im dortigen Pfarrhaus eine Himmelskönigin mit Kind und ein hl. Josef erhalten. Zahlreiche Altäre einer schlichten, ländlichen Manier mit eigenartigen Knorpelschnitzereien schuf der Hettinger Schreiner Baltus Widmann zwischen 1675 und

225

1710. Dabei bediente er sich regelmäßig der Hilfe des Andelfinger Bildhauers Bernhard Feuerstein. Die meisten Altäre dieser Art mußten später weichen; immerhin blieb einer in der Kapelle in Veringenstadt-Hermentingen erhalten (1680), ein weiterer kam aus der Neufraer Muttergotteskapelle in die Schloßkapelle Wolfach im Kinzigtal (von 1695).

226 Von dem wenig hervorgetretenen Riedlinger Jörg Martini besitzt die Klosterkirche in Habsthal Schnitzarbeiten aus dem Jahr 1681. Ihm waren die Verzierung an Haupt- und Seitenaltären und über den letzten die großen Figuren der hl. Augustinus und Nikolaus von Myra anvertraut.

Ein sehr gutes Chorbogen-Kreuz des Konstanzers Christoph Daniel Schenck (1633–1691) hat sich in der ehemaligen Klosterkirche Mariaberg erhalten. Leider hat man dort die ungewöhnlich schlanken Begleitfiguren Maria und Johannes verschleudert. Übrigens wirkte im selben Kloster als Beichtvater der Zwiefalter Benediktiner Pater Anselm Storr (†1713 36jährig), der nebenbei als Bildhauer tätig war. Außer anderen Figu-

227 ren schuf er die Schnitzereien des dortigen Hochaltars. Noch nicht klar faßbar ist das Werk des Weingartener Bildhauers Johann Jakob Brumbacher, der in den achtziger und neunziger Jahren des 17. Jahrhunderts Arbeiten in das Saulgauer Gebiet lieferte. Ihm ist ein St. Georg mit Drachen (1684) in der Kirche Untereggatsweiler zuzuschreiben. Auch der sehr gute Jakobus in der Kirche Heratskirch bei Bolstern dürfte von ihm stammen.

Ebenso undeutlich sind die Umrisse des Lebenswerkes des 1703 aus Bernegg/Kanton St. Gallen in Saulgau eingewanderten Josef Gugger (†1728). Offensichtlich war er 1725 entscheidend an der Ausstattung der Sießener Klosterkirche beteiligt. Von ihm rühren wohl die Figuren der hll. Pankratius und Ottilia, ferner die Evangelisten der Kanzel in der Pfarrkirche in Braunenweiler her.

Ein bemerkenswerter Hochaltar aus einer ganz anderen Region erhebt sich in der Pfarrkirche in Kreenhein-stetten. Er stand früher in Schwenningen am Heuberg. Sicherlich dürfte er um 1720 in der Werkstatt des Villingers Josef Anton Schupp (1664–1729 dort) entstanden sein. Er zeigt drei Säulenpaare mit Sonnenblumenornament, verkröpftes Gebälk, im Auszug Gott Vater mit Hl. Geist-Taube, ganz oben das flammende Herz-Jesu mit Kreuz, flankiert von rauchfaßschwingenden Engeln. Die zum Altar gehörigen großen Seitenfiguren Georg und Sebastian stehen noch in Schwenningen, ebenso wie eine prachtvolle Madonna mit Kind im Strahlenkranz, verehrt von den hll. Columban mit Hirsch und Wolfgang.

Der Etschmann-Schüler Georg Anton Machein (1685 Regensburg-Prüfening–1739 Überlingen), der Schöpfer des Schussenrieder Chorgestühls, ferner der Altäre der Weilerkapelle in Riedlingen, lieferte 1728 zu einem älteren Altar der Kirche Untereggatsweiler hinter Saulgau den figürlichen Schmuck.

Zwischen 1718 und 1734 saß in Mengen dessen Bruder Hans Georg Machein, ebenfalls ein Etschmann-Schüler, jedoch weniger als Georg Anton begabt. Er schnitzte für die Martinskirche zwei Bischöfe für den Hochaltar. In der Pfarrkirche Unserer Lieben Frau in Mengen sind ihm die Büsten der hll. Thomas von Aquin und Maria Magdalena zuzuschreiben, ferner die Schnitzarbeiten am Rahmen des Ölbergaltars, dazu die Büsten der hll. Dominikus und Katharina von Siena. Auch ein hl. Valentin und ein Johannes im Heimatmuseum stammen von ihm, genauso die schlichten Plastiken der hll. Wendelin und Eulogius der Kreuzkapelle in Inneringen.

Bisher wurden die Schnitzarbeiten des aus Mellau im Bregenzerwald stammenden, 1710 kurz in Pfullendorf, seit 1713 in Überlingen am Bodensee ansässigen Johann Georg Greising wenig beachtet. Werke seiner Hand finden sich in der Wallfahrtskirche in Engelswies, für die er 1723/24 die Schnitzarbeiten des Hochaltars lieferte. Bemerkenswert sind dort die Figuren der hll. Petrus und Paulus. Zweifellos ist ihm auch die aufwendig komponierte Kanzel zuzuschreiben.

Der fruchtbarste Bildhauer des Hochbarock in unserem südlichen Gebiet ist der 1692 in Braunau am Inn geborene Johann Felizian Hegenauer, der sich kurz in Überlingen am Bodensee aufhielt, von 1717 an bis gegen 1740 aber in Pfullendorf arbeitete. Sein Hauptwerk dort sind die Schnitzarbeiten zum 1717/18 ent-

243 standenen Stuckmarmor-Hochaltar der Jakobuskirche. In der Bewältigung großformatiger Figuren, etwa des Apostels Jakobus des Älteren oder des Johannes Evangelist, zeigt er deutliche Schwächen. Für die Pfullendorfer Spitalkapelle fertigte er 1726/27 einen kleinen Altar mit einer Madonna mit Kind, umgeben von Engeln und Heiligen. Eine schwache Kreuzigungsgruppe von ihm birgt die dortige Friedhofskapelle. Leider sind aus der Wattenreuter Kapelle bei Pfullendorf die drei Figuren der hll. Florian, Georg und Martin, typische Hegenauer-Werke, gestohlen worden. Eine Madonna mit Kind und einen Erbärmde-Christus bewahrt die Kirche in Zell am Andelsbach. Hegenauers Frühstil zeigt auch ein hl. Josef mit Kind in der Klosterkirche Wald. Aus der Zeit um 1725 dürfte der Hochaltar der Pfarrkirche in Meßkirch-Rohrdorf stammen, der einen mächtigen Aufbau mit zwei Säulenpaaren aufweist, zwischen ihnen die hll. Bischöfe Konrad und Ulrich, wiederum unverkennbare Hegenauer-Figuren. Den gewaltigsten Altarbau des Pfullendorfer

238 Schnitzers besitzt die Pfarrkirche in Stetten am kalten Markt, der gegen 1730 entstanden sein mag. Zwischen den Säulen stehen die überlebensgroßen Plastiken des hl. Karl Borromäus und des hl. Oswald unter hohen Muscheln. In der Mitte des Oberteils ist eine gute Mater dolorosa zu sehen, flankiert von den hll. Katharina und Barbara. Auch die Kanzel mit dem großen Posaunenengel auf dem Schalldeckel, ein mächtiger Johann Nepomuk und eine Himmelskönigin mit dem Jesuskind sind unverwechselbare Arbeiten des Pfullendorfer Schnitzers. Schließlich sind noch zwei große Figuren Hegenauers in der Pfarrkirche in Krauchenwies-Ablach, ein Sebastian und ein Johann Nepomuk, zu nennen.

Neben diesen, bestimmten Schnitzern zugewiesenen Plastiken gibt es aus der genannten Zeit eine Reihe weiterer Altäre und einzelner Werke, die hier nicht alle einzeln aufgezählt werden können.

Die Malerei des Früh- und Hochbarock (1640–1730)

Wie auf dem Gebiet der Plastik, beschränkten sich die Auftraggeber auch hier fast ausschließlich auf die Wiederherstellung von Altarausstattungen nach dem Dreißigjährigen Krieg. Offensichtlich setzen diese Arbeiten erst um 1675 in größerem Umfang ein. Zunächst blieb die Aufgabe der Maler auf das Gebiet der Tafelmalerei eingeengt. Freskenmalereien erhielten die Kirchendecken erst gegen 1730.

Die Pfarrei Inneringen errichtete 1662 eine Rosenkranz-Bruderschaft und bestellte wohl umgehend einen Altar, dessen Blatt mit der Rosenkranz spendenden Madonna, ferner mit Dominikus und Katharina von Siena noch erhalten ist. Das Gemälde ist dem Heiligkreuztaler Klostermaler Hans Erhard Veser in Andelfingen (†1676 etwa 55jährig) zuzuschreiben, dem Begründer einer ganzen Malerdynastie.

Der Sohn Jerg Ferdinand Veser (1652–1725), ebenfalls in Andelfingen bei Riedlingen daheim, scheint nach 1675 einer der meistbeschäftigten Maler unseres Gebiets gewesen zu sein. Für die Kapelle in Hermentingen bei Veringenstadt lieferte er 1680 ein Hochaltarblatt mit der schmerzhaften Muttergottes, den toten Sohn zu Füßen. Ein Sieben-Zufluchtenbild malte er 1695 als Seitenaltarblatt für die Muttergotteskapelle in Neufra; ein Sebastiansbild und eine Darstellung der Taufe Jesu aus der Neufraer Pfarrkirche befindet sich dort in Privatbesitz. Auch zwei Tafelgemälde in der Marienkapelle in Hettingen gehen offensichtlich auf den Andelfinger Maler zurück. Das Altarblatt der Peterskapelle in Veringenstadt mit dem Thema der Pietà ist ohne Zweifel eine Arbeit Vesers.

Ein gutes Hochaltarbild mit dem hl. Michael und dem Engelsturz besitzt die Michaelskapelle in Gammertingen aus dem Jahr 1674. Das qualitätvolle Leinwandgemälde ist wie der gesamte Altar in Biberach/Riß geschaffen worden, wahrscheinlich durch den wenig bekannten Peter Abt (dort seit 1651 ansässig).

Im Jahr 1685 lieferte der Radolfzeller Maler Johannes Raumiller eine Reihe von Gemälden an die Pfullendorfer Stadtkirche. Leider sind davon nur noch zwei Brustbilder der hll. Petrus und Paulus im dortigen Pfarrhaus erhalten.

In der Wallfahrtskirche Maria Schray in Pfullendorf trifft der Besucher auf zwei Ölbilder, die neben den Seitenaltären hängen, ursprünglich jedoch zu später abgegangenen Kapellen gehörten: eine große Anna-selb-dritt (einst in der St. Anna-Wallfahrtskapelle zu Schweitzersbild), eine Votivgabe des Burgweiler Pfarrers Wilhelm Neher von 1689. Das andere ist eine Ruhe-Christi-Tafel aus einer Wegkapelle an der Mengener Landstraße. Beide Bilder sind mit großer Wahrscheinlichkeit Arbeiten des Meßkirchers Johann Dietrich Klaiber (∞1676 dort, †1723). Von ihm dürfte auch der Kreuzweg in der St. Martinskirche in Meßkirch stammen.

Durch das Benediktinerkloster Mehrerau bei Bregenz vermittelt, kam ein weitbeschäftigter Altarblatt-Maler 226 nach Habsthal: Matthäus Zehender (*1641 Mergentheim, †1697? Bregenz). Die beiden Seitenaltarblätter schuf er 1681; sie zeigen die Steinigung des hl. Stefanus und die hl. Rosa von Lima. Das mächtige Hochaltarblatt mit der »Gründung des Dominikanerinnenklosters« malte er 1691. Auf der Tribüne der Altarsakristei im Kloster Sießen hängt ein weiteres Bild des Meisters von 1693: ein Altarblatt, die Übergabe des Ordensgewandes durch Maria an den hl. Dominikus darstellend. Diese Bilder gehören mit zum qualitätvollsten aus jener Zeit in Oberschwaben.

Ein großformatiges Altarblatt des Philipp Albert Zehender um 1710, das vor Jahren in der Einsiedlerkapelle in Inzigkofen den dortigen Altar geschmückt hat, kam vor einigen Jahren in die Kirche in Krauchenwies-Ablach.

Der nördliche Seitenaltar der ehemaligen Klosterkirche in Inzigkofen enthält als Blatt eine »Flucht nach Ägypten«, das Fürst Meinrad von Hohenzollern 1696 einem Konstanzer Meister in Auftrag gab.

Sehr viel bescheidener bietet sich das St. Anna-Altarblatt im nördlichen Querhaus der Pfarrkirche in Veringendorf dar, das Fürst Meinrad II. von Sigmaringen 1695 stiftete. Er betraute damit wohl seinen damaligen Hofmaler Franz Anton von Aw (1672–1715), dem er als Gleichaltriger offensichtlich sehr verbunden war. Leider sind dessen Werke nahezu alle verloren gegangen, unter ihnen auch das ehemalige Hochaltarbild für Kloster Gorheim. Auch von seinem Ehenachfolger, Johann Josef Feser (1687 nach 1738) aus Andelfingen, der die beiden Stiefsöhne Franz Joseph (1704–1740) und Andreas Meinrad von Aw (1712–1792) im Malerhandwerk ausbildete, kennen wir keine gesicherten Arbeiten. Ihm sind wohl die Passionsbilder im Pfarrhaus St. Johann in Sigmaringen zuzuschreiben.

Einem talentierten, aber unruhigen Maler begegnet man in der Klosterkirche in Wald: Franz Carl Stauder (1660/64–1714 Solothurn), der 1690 in Konstanz aus dem Militärdienst desertierte und mit seiner Familie in die Schweiz entfloh, jedoch von 1702 an immer wieder einmal nach Salem kam. Im selben Jahr 1702 malte er, wohl auf Grund der Vermittlung der dortigen Zisterzienser, für Wald das prachtvolle Hochaltarbild mit der Himmelfahrt Mariens. Für den nördlichen Seitenaltar schuf er gleichzeitig eine »Kreuzesmystik des hl. Bernhard«, für den Konventsaal ein großes Porträt des Abtes Stephan von Salem.

Ebenfalls aus dem Jahr 1702 stammen die beiden guten Altarblätter der Seitenaltäre in der Kirche in Herbertingen-Marbach, die vor 1936 in der Herbertinger Kirche waren. Leider kennt man bis jetzt nicht deren Schöpfer.

In der Sakristei der Martinskirche in Hettingen hängt eine schwere Kupfertafel mit der sehr guten Darstellung der »Sieben Zufluchten«, eine Stiftung des Ortsherrn Anton Josef Sigmund Speth von Zwiefalten aus dem Jahr 1708, seit 1706 bischöflich konstanzischer Obervogt in Markdorf, zudem Schwager des Fürstbischofs. So kommt als Meister des Hettinger Bildes wohl nur der konstanzische Hofmaler Johann Michael Feuchtmayer (1666–1713, seit 1706 in Salem und Konstanz ansässig) in Frage. Nach dessen Tod beschäftigte man in Markdorf den Maler Johann Hertz aus Immenstadt im Allgäu. So geschah es nicht von ungefähr, daß derselbe Maler 1715 mit den beiden Hochaltarblättern für Hettingen beauftragt wurde. Das großformatige Gemälde im ehemaligen Hauptgeschoß (heute an der Nordwand der Pfarrkirche) zeigt, qualitätvoll ausgeführt, eine Anbetung der Hirten an der Krippe von Bethlehem, das einstige Oberbild die Anbetung der hl. Dreikönige. In der Hettinger Sebastianskapelle hängt ein weiteres Bild des Johann Hertz, eine Heimsuchung Mariens.

Von guter Qualität zeigen sich auch zwei Altarblätter in der Pfarrkirche St. Cyriak in Bietingen bei Meßkirch. Die Hochaltar-Mitte ziert eine »Anbetung der Hirten«, signiert von »Mayer Augustae 1714«; das Oberblatt enthält eine »Mariä Verkündigung«. Offensichtlich handelt es sich beim Maler um jenen Augsburger Anton Mayer, der 1715 das prachtvolle Mittelbild des einstigen Heiligkreuztaler Hochaltars geschaffen hat.

Wesentlich bescheidener geben sich die etwas altertümlichen Bilder des seit 1706 in Trochtelfingen ansässigen Malers Johann Schlander (1675/80–1737). Für ein Altarantependium der Kirche in Bronnen bei Gammertingen fertigte er eine schlichte »Flucht nach Ägypten«. Ein Ölbergbild hängt in der Pfarrkirche Kettenacker; die Sebastianskapelle des benachbarten Feldhausen besitzt zwei Bilder des Malers mit demselben Thema, einem »hl. Wandel«, Maria und Josef mit dem ausschreitenden Jesusknaben in der Mitte (1723). Die beiden Altarblätter, eine »Vermählung Mariens« und »Joachim und Anna«, der Bronner Kirche wollten

die Mariaberger Klosterfrauen 1722 einem moderneren Meister anvertrauen. Offensichtlich waren sie über das Kloster Zwiefalten mit dem jungen Franz Joseph Spiegler aus Wangen (1691–1756 Konstanz) in Verbindung gekommen, der mit seinen Arbeiten wesentlich bessere Qualität lieferte. Von ihm stammt auch ein Seitenaltarblatt von 1729 in der Kirche in Bachhaupten bei Tafertsweiler, ein hl. Wendelin als Patron der Haustiere. 6

Für die Ausmalung der Langhaustäferdecke in Krumbach bei Meßkirch beauftragte man 1722 einen blutjungen Schüler des Jacob Carl Stauder in Konstanz, nämlich den aus Meßkirch stammenden Jakob Anton von Lenz (1701–1764 Konstanz). Dieser malte in Stauderscher Manier als Hauptdeckenbild eine »Himmelfahrt Mariens«, wobei er die kulissenhaft rahmende Scheinarchitektur und eine Reihe lebhaft gestikulierender Apostel vom Meister übernahm, ferner als Begleitung die vier Evangelisten. Unter die Empore setzte er die büßenden Petrus und Maria Magdalena. Für die Menninger Pfarrkirche schuf Lenz zwei große Ölbilder (1736), einen hl. Sebastian, dem Christus mit Kreuz erscheint, ferner einen sterbenden Josef, umgeben von Christus und Maria.

Einem weiteren Schüler Stauders begegnet der Besucher in der Wallfahrtskirche zu Engelswies, nämlich Johann Zick (1702–1762), der sich vom schlichten Handwerker zum angesehenen Künstler hocharbeitete. Noch vor seinen ersten Werken in der Maria-Hilf-Kirche in Au bei München fertigte Zick 1723 für den rechten Engelswieser Seitenaltar ein Schutzengelbild, darüber einen Johann Nepomuk (das erste signiert: »J: MA: Zickh/Pinxit et Jnvenit«). Von ihm ist wohl auch das Verenabild am linken Seitenaltar, datiert mit »1723«.

Die Blätter der beiden Altäre in den Querhäusern, Joachim und Anna, ferner den Tod des hl. Josef und darüber Gott Vater darstellend, rühren von dem aus Lugano stammenden und zeitweilig in Überlingen, mitunter auch in Freiburg/Breisgau ansässigen Jacopo

Pellandella (1724 und 1737) her. Offensichtlich waren sie durch den Altarbauer Greysing vermittelt.

Ein recht eigenwilliger Maler von solider Qualität war Caspar Fuchs, seit 1723 in Saulgau wohnhaft, gestorben 1741. In der Klosterkirche in Sießen malte er an der unteren Westempore drei hl. Dominikanerinnen, ferner die kleinen nachgedunkelten Fresken des sel. Heinrich Seuse und der hll. Dominikus und Petrus Martyr; für die Klausur eine Geißelung Christi und die Vierzehn Nothelfer (1723). Von Fuchs signiert ist auch das Altarbild »Beweinung Christi« in der St. Annakapelle zu Fulgenstadt. Für die Kirche in Saulgau-Schwarzach schuf er das Hochaltarbild mit den hll. Meinrad und Blasius, kniend vor der hl. Dreifaltigkeit und der Immakulata. Die Seitenaltarblätter, ebenfalls von Fuchs, zeigen die hll. Schutzengel mit Josef (Nordseite), ferner die Begegnung Mariens mit Elisabeth (Südseite); hinzu kommen jeweils die Altaroberblätter. Ein großformatiges Bild von Fuchs besitzt auch die Kirche in Mieterkingen, die Rosenkranzspende der Madonna an Dominikus und Katharina von Siena darstellend.

Einem Höhepunkt der Malerei begegnet der Kunstfreund in den Deckenfresken der Klosterkirche in Sießen im Stil des frühen Rokoko von der Hand des Johann Baptist Zimmermann (1680–1758). Mit 1729 datiert, zeigen sie im Chor den hl. Markus auf Wolken, über der Vierung die Übergabe des Rosenkranzes durch Maria an den hl. Dominikus, der ihr alle vier damals bekannten Weltteile zuführt. Die beiden nächsten Hauptfresken sind der hl. Maria Magdalena von Pazzi, der Mystikerin und Ordenspatronin, und der 1726 heiliggesprochenen Agnes von Montepulciano gewidmet, der ein Engel die Kommunion überreicht. Je vier kleine Medaillon-Bilder begleiten die Langhausfresken und symbolisieren die hl. Eucharistie.

Die Baukunst des Rokoko und Klassizismus (1730–1805)

Mit der Erbauung der Klosterbasilika in Weingarten 1715/1724 war neben der Demonstration geistlicher Macht etwas vom Glanz des Gottesreiches auf Erden sichtbar geworden, wie kaum zuvor in Oberschwaben. In den Kirchen in Sießen und Steinhausen bei Schussenried (1728/33) ließ der bayerische Baumeister Dominikus Zimmermann den beschwingten, ekstatischen Geist des Rokoko aufleuchten. Gotteshäuser wurden zu Räumen, über denen sich der Himmel gleichsam öffnete und die Herrlichkeit Gottes niederstieg.

Leider läßt die erste Kirche der dreißiger Jahre, die zwischen 1731 und 1733 durch Johann Kaspar Bagnato (1696 Landau/Pfalz–1757 Insel Mainau) errichtete Pfarrkirche in Friedberg, westlich von Saulgau gelegen, nur im Äußeren etwas vom neuen Geist spüren. Denn die ursprüngliche Ausstattung ging verloren. Der Deutschordensbaumeister von Altshausen verlieh der Westfassade Leichtigkeit und Leben durch ein Dreipaßfenster über dem Portal und die Schwingung des Giebels. Dem achteckigen Glockengeschoß des Turms setzte er eine elegante Zwiebel auf.

Nach den Plänen desselben Architekten ließ Fürst Froben Ferdinand von Fürstenberg–Meßkirch an der Nordwestseite der Meßkircher St. Martinskirche durch den Hofbaumeister Johann Georg Brix die Johann Nepomuk-Kapelle errichten. Allerdings kam 235 es erst 1738/39 zur Ausstukkierung durch den Münchner Egid Quirin Asam (1962 Tegernsee–1750 Mannheim), die teilweise noch vom Bandelwerk des Régencestils geprägt ist.

Das bedeutendste Bauwerk des Jahrzehnts ist freilich 39 die Kirche der Augustinerchorherrren in Beuron im 232 Donautal, 1732/38 ausgeführt vom nicht weiter hervorgetretenen Baumeister Matthäus Scharpf aus Rottweil. Das nach außen hin schlichte, langgestreckte Gebäude, dessen Turm an der Südseite des Schiffs ein achteckiges Glockengeschoß mit Zwiebelhaube zeigt, besitzt bezeichnenderweise kein Querhaus. Das Innere der Kirche ist durch Freipfeiler mit hochgelegenen Emporen über der Kapitellzone eigenwillig geprägt; dabei sind die freistehenden Pfeiler durch Rundbögen mit den Wandpfeilern der Außenmauern verbunden. Unter und über den Emporen sitzen oben rundbogig geschlossene Fenster, die helles Licht einströmen lassen. Das Tonnengewölbe über dem Mittelschiff des Langhauses trägt eine reiche und kräftige Stuckierung 233 mit Kartuschen, Ranken, Blumen- und Fruchtgehängen, Gitterwerk und Muschel-Motiven. Diese stammt von dem Wurzacher Johannes Schütz aus der Wessobrunner Schule, ferner von Pontian Gigl aus Wessobrunn selber (†1742 Beuron). Vom Letztgenannten ist auch der Stuck in der Sakristei, im Bischofszimmer und im Noviziat im zweiten Obergeschoß ausgeführt.

Im Jahr 1737 entstand in Pfullendorf zwischen Pfarrkirche und Pfarrhaus St. Jakob der »neue Klosterbau« der Franziskanerinnen oder Grauen Schwestern, der allerdings erst 1740 vollendet war. Sehr lebendig bieten sich die aufgemalten geschwungenen Giebelformen über Portal und Fenster dar.

Zwischen 1737 und 1739 errichtete der Maurermeister Melchior Schäntzle aus Oberstetten hinter Trochtelfingen die Pfarrkirche St. Nikolaus in Feldhausen bei Gammertingen neu. Aus dem Westgiebel wächst auf schmaler Vorlage, anläßlich der Kirchenerweiterung 1972 erneuert, ein unten quadratischer, im Glockengeschoß achteckiger Turm mit Zwiebelhaube empor. Ein gleichhohes Satteldach zieht sich über Langhaus und Chor, die im Innern eine stuckierte Flachtonne mit Stichkappen zeigen.

Im einst fürstenbergischen Jungnau bei Sigmaringen erstellte 1737/38 der Meßkircher Baumeister Johann Georg Brix einen recht schlichten Kirchenbau. An das rechteckige Langhaus schließt sich ein eingezogener Chor an, beide mit einer flachen geputzten Decke über Hohlkehle versehen. Wegen nachgebender Fundamente an der Giebelseite mußte Maurermeister Jakob Salzmann aus Meßkirch 1759 einen Umbau vornehmen, vor allem die Nordwestseite mit Stützpfeilern versehen.

Die Josefskapelle auf dem Josefsberg in Sigmaringen erhielt 1739 im Innern ein neues Gewand durch Vergrößerung der Hauptfenster und Auszierung durch Stuckarbeit. Nikolaus Schütz aus Landsberg am Lech kleidete den Raum mit feinem Bandelwerk, Hängeblumen und Gitterwerk aus. Den Fenstern gab er eine neue Umrahmung, mit elegantem Muschelwerk und Blumengirlanden geschmückt. Ein Jahr später zierte derselbe Stukkateur auch die Einsiedlerkapelle in Inzigkofen mit feinem Bandel-, Gitter- und Muschelwerk aus.

Angeregt vom aufbrechenden Rokoko in Oberschwaben, setzten nach und nach auch die Städte ihren Ehrgeiz darein, den Kirchen neuen Glanz zu verleihen. So gab Mengen seiner Liebfrauenpfarrkirche 1740 eine moderne Chorgestaltung: man erhöhte den Chorbogen und zierte die Decke mit reichem Stuck und mit Fresken. Die Erneuerung der Langhausdecke folgte – entgegen mancher Literatur – jedoch erst 1749. Im übrigen dürfte der berühmte Peter Thumb, was schon behauptet wurde, beim Umbau keine Rolle gespielt haben.

Wenn sich die Beteiligung von Peter Thumb (1681 Bezau – 1766 Konstanz), des berühmten Vorarlberger Barockbaumeisters, am Umbau der Liebfrauenpfarrkirche in Mengen auch nicht halten läßt, so hat er dennoch dort ein ansehnliches Werk geschaffen. Leider ist die Prioratskirche der Benediktiner, die 1725 die Wilhelmiten abgelöst haben, 1810 abgebrochen worden. Gleich nach dem Übergang des Priorats an Petershausen im Spätjahr 1741 hatte der dortige Abt Peter Thumb mit dem Kirchenneubau beauftragt, der 1742/44 ausgeführt wurde. Dabei übertrug man die Ausstukkierung zu Beginn 1743 der bekannten Werkstatt des Johann Georg Gigl aus Wessobrunn. Nach der Fertigstellung der Kirche begann der Bau der Klostergebäude, der etwa 1747 abgeschlossen gewesen sein muß.

Sie sind als Zeugnis Thumbschen Schaffens in Mengen noch erhalten.

Im benachbarten Scheer begann man ebenfalls 1742, die innen flachgedeckte Säulenbasilika St. Nikolaus im Geist des Rokoko zu erneuern. Alle drei Schiffe erhielten ein Tonnengewölbe, in das die Stichkappen einschneiden. Der berühmte Dekorateur Joseph Anton Feuchtmayer (1696 Linz a. D. – 1770 Mimmenhausen) entfaltete hier in seinen Stukkaturen seine reife Meisterschaft. Seine Rocaillen erinnern an Vogelflügel (Alfons Kasper). Er zeigt phantastische Motive etwa in den Fichtenbäumchen unter den Bögen, überhaupt eine Fülle von Motiven aus der Natur. Eine eigene beschwingte Form drückt sich auch in der Gestaltung der Oberfenster und in der Turmhaube aus.

Dem Jahr 1746 verdanken wir den jetzigen Bau der Eulogiuskapelle in Bingen, die leider heute einen arg verwahrlosten Eindruck macht. An das Langhaus schließt sich nordwestlich in gleicher Breite der rundgeschlossene Chor an. Innen zeigt das Heiligtum eine flache Decke über einer Hohlkehle.

Auf der Langhaus-Nordseite der ehemaligen Franziskanerklosterkirche in Sigmaringen-Hedingen erhebt sich die 1715 angebaute Marienkapelle, die etliche Zeit danach durch Brand zerstört wurde. Wohl durch Baumeister Johann Martin Schneider (1692–1760) aus Baach bei Zwiefalten ließ man die Kapelle 1747 erneuern. Die Stukkaturen darin stammen von Nikolaus Schütz aus Landsberg am Lech.

Auch die Dominikanerinnen vom Kloster Habsthal hatten 1748 das Bedürfnis, ihre 1681 durch Jos Beer errichtete Klosterkirche dem Geist des Rokoko anzupassen. Durch einen unbekannten Stukkateur ließen sie Chor- und Langhausdecke mit hübschem Muschelwerk auszieren, das sich vor allem um die Gemälderahmen legt und in Kartuschenform in die Hohlkehle der Ecken hineinzieht.

Wie in Scheer verzichtete man trotz anderweitiger Tendenzen auch in Pfullendorf darauf, die mittelalterliche Stadtkirche St. Jakob abzubrechen, modernisierte vielmehr das Innere durch feinstuckierte Flachtonnen mit eingesetzten Stichkappen. Das Langhaus versah der Konstanzer Johann Georg Graf 1750 mit lebendigem, doch etwas flachem Stuck; allerdings wurde er vor Vollendung des Gesamtwerks des skandalösen Betragens seiner Mitarbeiter wegen entlassen. An seiner Stelle schuf der junge Johann Jakob Schwarzmann (1729–1784) aus Schnifis bei Feldkirch den phantasievollen, die belebte wie unbelebte Schöpfung darstellenden Stuck im Chor. So kam es nicht von ungefähr, daß man demselben Meister auch die Ausstuckierung von Langhaus und Chor der Pfullendorfer Wallfahrtskirche Maria Schray 1751 anvertraute. Die flotten, sprudelnden Stuckornamente Schwarzmanns und die eleganten Gemälde von Aws schenkten dem zuvor nüchternen Innenraum etwas vom überschäumenden Leben des Rokoko.

Im Jahr 1751 entstanden zwei bedeutsame Wallfahrtskirchen, die zur schmerzhaften Muttergottes in Veringenstadt-Deutstetten, deren Vorgängerin lange Zeit als Pfarrkirche gedient hatte, und die ansehnliche Kapelle zum hl. Kreuz auf dem Hochberg bei Neufra. Die erste zeigt ein rechteckiges, mit einer flachen Korbbogendecke und tiefen Stichkappen versehenes Langhaus, dazu einen ebenfalls gewölbten Chor im Dreiachtel-Schluß. Recht schlicht bietet sich die von Melchior Schäntzle gebaute Neufraer Kapelle mit eingezogenem, rundgeschlossenem Chor und hübschem Dachreiter dar.

Ein glanzvolles Beispiel für das seit 1700 gewandelte Raumempfinden bietet die Klosterkirche Wald, der die Äbtissin Maria Dioskura von Thurn und Valsassina 1752 eine reiche Rokokoausgestaltung gab. Im Anschluß an Maria Schray in Pfullendorf übernahm Johann Georg Schwarzmann die Einkleidung der Decke und Wände mit spritzigen Stukkaturen und Muschelwerkgebilden. Über dem Gitter der Nonnenempore brachte er eine schwere Stuckdraperie an, die wie ein Theatervorhang niederfließt. Über die Kapitelle und Gesimse der Pilaster setzte er schwere Stuckschilde, über den Chorbogen eine ungemein elegante Kartusche mit züngelndem Blattwerk.

Im Jahr 1754 barockisierte bzw. erneuerte man einen spätgotischen Bau der Pfarrkirche in Aach-Linz.

Der bedeutsamste Bau der fünfziger Jahre ist jedoch 247 der von Langhaus und Chor der Stadtpfarrkirche St. Johann in Sigmaringen, den der kaum hervorgetretene Baumeister Johann Martin Ilg aus Dornbirn zusammen mit dem Arboner Zimmermeister Hans Jakob Stoffler 1757 ausgeführt hat. Der Patronatsherr, Fürst Joseph Friedrich von Hohenzollern (1715–69) in Sigmaringen, war zunächst mit den kaum bekannten Bauleuten nicht einverstanden, versuchte dann aber doch, seiner Residenzkirche fürstlichen Glanz zu verleihen. Entscheidend trug wieder der bereits hochgeschätzte Johann Jakob Schwarzmann bei, der bis zum Juli 1759 Decken und Wandpfeiler mit spritzigen Stukkaturen überkleidete. Zwar bleiben diese immer noch relativ flach, sind jedoch sehr phantasievoll gestaltet.

Auf Veranlassung des Hofkanzlers von Stader in Sigmaringen riß 1758 Baumeister Martin Ilg eine ältere Kirche in Bittelschieß südlich von Krauchenwies nieder und erstellte einen Neubau, der durch seine Ausstuckierung ein Rokokokleinod geworden ist. Das Ornament und die Blattwedel weisen eindeutig auf den Stukkateur der Sigmaringer Kirche, Johann Jakob Schwarzmann. Bemerkenswert sind die zierlich stukkierten Rahmen für die Altarblätter.

Im Jahr darauf findet man die Sigmaringer Arbeitsgruppe nochmals beisammen, um Chor und Langhaus der Ulrichskirche in Rulfingen bei Mengen auszuführen. Hier sind die Namen Ilg und Stoffler wieder genannt, dagegen ist das des Stukkateurs nicht überliefert. Doch auch hier kann für die mit Blumengewinde durchzogenen Muschelwerkformen im Langhaus und Chor nur wieder Schwarzmann in Frage kommen.

Eine schlichte Dorfkirche entstand 1758 in Storzingen im Schmeiental nach Plänen des im Jahr zuvor gestorbenen Meßkircher Baumeister Franz Singer. Offensichtlich stecken dort in den Chormauern noch Reste einer romanischen Anlage. Über dem Westgiebel des Langhauses sitzt ein achteckiger Dachreiter mit Zwiebelhaube; das Innere zeigt eine flache Decke über Hohlkehle.

Auf kirchlichem Sektor blieb die Bautätigkeit in den sechziger Jahren recht bescheiden. Um 1760 entstand in Inneringen der Neubau der Maria-Nöten-Wangkapelle, deren Ursprung in die Endzeit des Dreißigjährigen Kriegs zurückgeht. Von anderen Kapellen kennen wir überhaupt kein Baujahr, so etwa von der Kapelle in Sauldorf-Bondorf, der Annakapelle in Fulgenstadt, der Nikolaus- und Dreifaltigkeitskapelle in Herbertingen und der Kapellen in Jettkofen und Unterweiler. Sie alle zeigen schlichtes barockes Gepräge aus der Mitte des 18. Jahrhunderts.

Ein nicht überzeugender Umbau vollzog sich 1765 bis 1768 an der Pfarrkirche in Sigmaringen-Laiz. Dort erniedrigte man die Außenmauern der Seitenschiffe so weit, daß Fenster in den Oberteil der Mittelschiffsmauern eingebrochen werden konnten. Dadurch erhielt die Kirche einen basilikalen Querschnitt. Auch die Tieferlegung der Scheidbögen zwischen Haupt- und Seitenschiffen veränderte stark den Innenraum.

Der Kirchturm der Pfarrkirche St. Johann in Sigmaringen aus dem Jahr 1580 mit seiner welschen Haube fand offensichtlich nach dem Langhaus-Neubau keinen Gefallen mehr. Der Sigmaringer Maurermeister Josef Fleisch ersetzte 1768 das alte Glockengeschoß durch ein neues, dessen Kanten er abschrägte, und gab dem Turm eine elegante Zwiebel als Abschluß.

Am Ende des Rokoko hatten nahezu alle Städte und Klöster in unserem Gebiet ihren Kirchen Glanz und Helligkeit verliehen; die Räume waren weiß getüncht worden; vergoldete Bilderrahmen und farbenfrohe Gemälde prangten von den Decken; spritzige Stukkaturen kündeten vom frohen Leben der Zeit. Da gefiel auch den Meßkirchern ihre spätgotische, dreischiffige Hallenkirche mit der kostbaren Altarausstattung nicht mehr; 1769 regte Pfarrer Keller beim Fürsten von Fürstenberg in Donaueschingen eine ansehnliche Verbesserung des Kirchenbaus an. Der Deutschordens-baumeister Franz Anton Bagnato (1731 Altshausen – 1810 dort) legte Risse vor, die Kirche zierlich zu gestalten. Allein, nur der fürstenbergische Baudirektor

252 Franz Josef Salzmann (1724 Meßkirch – 1786 Donaueschingen) kam für den eigentlichen Entwurf in Frage, den der Hüfinger Maurermeister Franz Xaver Fritschi ausführte. Auch den Sigmaringer Maler Meinrad von Aw engagierte man für die Ausgestaltung der Kirche. So brach 1772 Fritschi das alte Kirchengewölbe in Langhaus und Chor ab, entfernte die Emporen und Säulen und erweiterte die Fenster. Diese versah er zusätzlich mit einem Oberlicht. So wurde das Langhaus zu einem ungewöhnlich weiten, lichten Saalbau. Eine flache Stucktonne überspannt den Raum, deren seitliche Wölbung mit kurzen Stichkappen auf dem Gebälk der Wandpfeiler aufruht. Wie in Pfullendorf, Wald und Sigmaringen überzog nun Schwarzmann 1773 die Decke mit seinen eleganten, quirlenden Stukkaturen, die bei uns den Höhepunkt seines Schaffens bilden.

254 Der Kirchenbau von 1780, den der Haigerlocher Baumeister Christian Großbayer (1718–81 dort) für die Augustinerinnen in Inzigkofen ausführte, ist schon ganz vom klassizistischen Stil geprägt. Große Schlichtheit begegnet im rechteckigen Langhaus mit vorn abgerundeten Ecken und im glatt geschlossenen Chor. Der Innenraum lebt von der hellen Farbstimmung: die Wände sind leicht gelblich getönt, die Pilaster, Fenstergewände und die Decke weiß, mit etwas Gold abgesetzt. Auf Wunsch des Prälaten vom Augustinerchorherrenstift Kreuzlingen bei Konstanz verzichtete man ganz auf die geplante Ausmalung durch Andreas Meinrad von Aw.

84 Leider ist im Anschluß an den Gammertinger Schloßbau von 1775/76 durch den französischen Architekten Michel d'Ixnard (1723 Nîmes–1795 Straßburg) die von ihm entworfene Kirchenerweiterung nicht ausgeführt worden. Nachdem von seinem Schüler Joseph Ferdinand Bickel (geb. 1752 Donaueschingen) gezeichneten

Riß im Pfarrarchiv in Gammertingen zu urteilen, hätte es einen prachtvollen klassizistischen Kirchenbau gegeben. Was dann Maurermeister Anton Schneider (1742–1816) aus Baach bei Zwiefalten 1803 an den gotischen Turm anfügte, war nur ein bescheidener Abklatsch des Geplanten. Die Gammertinger Leodegarskirche zeigte ursprünglich einen schlichten Innenraum ohne besondere Ornamente, einzig Stuckrahmen umziehen Chorbogen, Fenster und die Hohlkehlen des Langhauses und des Chors.

An weltlichen Bauten besitzen die Kreisstädte zahlreiche gute Bürgerhäuser aus der Barockzeit, die aufzuzählen zu weit führte. Es sei jedoch auf zwei Pfarrhäuser verwiesen, die von vornherein aufwendig gebaut und mit Stuckdecken versehen worden sind. Das Veringendorfer von 1746 zeigt teilweise Fachwerk und ein schönes Mansardendach, das in Liggersdorf von 1753 ein hohes Walmdach.

Vor allem trachtete der herrschaftliche Adel danach, seine Wohn- und Amtshäuser dem Geschmack der Zeit anzupassen. Ein prächtiger Adelsbau von etwa 1750 steht am Obertor in der Stadt Pfullendorf, das sogenannte Graemlich-Haus. Die Freiherren Speth von Zwiefalten ließen ihr Schloß in Hettingen teilweise im Geist des Rokoko mit eleganten Stukkaturen auszieren. Leider ist der schöne Festsaal vor mehreren Jahrzehnten abgebrochen worden. Im Sigmaringer Hofgarten entstand das Museumsgebäude mit hübschem Treppenhaus und einem stuckierten Festsaal. In Ostrach baute das Kloster Salem ein neues Amtshaus, das später als thurn und taxisches Forstgebäude Verwendung fand. Weiter zu erwähnen ist der Umbau des 1595/97 entstandenen alten Schlosses in Krauchenwies unter Fürst Karl Friedrich (1769–85), der den Ostflügel nach Süden verlängern und in verputztem Fachwerk erstellen ließ.

Aus der Zeit des Klassizismus hat sich als wertvollstes Bauwerk das Gammertinger Schloß des Baumeisters d'Ixnard erhalten, das sich Marquard Carl Anton Speth von Zwiefalten zu seiner Hochzeit mit Maximiliana

Speth zu Hettingen 1775/76 erbauen ließ. Auf der Ostseite zeigt der dreigeschossige Bau eine lange Front von fast 35 Metern Länge; auf der Gegenseite enthält das Schloß einen Mittelrisalit mit Dreiecksgiebel und Wappen. Durch den Abbruch des südwestlich unmittelbar anschließenden Gebäudes in jüngster Zeit ist jedoch dem Bauwerk die einstige Mittelachse verlorengegangen, und es ist kopflastig geworden. Der Risalit enthält im Innern eine durch alle drei Geschosse führende Treppenhalle mit zwei gewaltigen jonischen Säulen, die den Deckenunterzug tragen. Die Räume zeigen teilweise hübsch stuckierte Decken.

256 Ein weiteres Kleinod ist der von Baudirektor Franz Anton Bagnato 1785/86 ausgeführte Um- bzw. Erweiterungsbau des Pfullendorfer Rathauses aus dem Spätmittelalter. Fenster und der Balkon im Mittelgeschoß auf der Marktseite sind mit Girlanden geschmückt, das Dachgeschoß auf der Ost- und der Südseite mit einem Dreiecksgiebel geziert. Der Ratssaal ist auf Grund seiner Ausstuckierung und seiner original erhaltenen Ausstattung der schönste klassizistische Raum im Kreis Sigmaringen.

Aus dem Jahr 1789 ist noch der fürstliche Marstall des Krauchenwieser Schlosses, östlich der Bundesstraße nach Mengen gelegen, zu erwähnen. Über dem schönen, in Stein gehauenen und mit Girlanden geschmückten Hauptportal sind zwei nahezu vollplastisch ausgeführte springende Pferde zu sehen.

Die Plastik des Rokoko und des Klassizismus (1730–1810)

Bei der Ausstattung von Kirchen und Kapellen hatten die Besteller oft die Wahl, auswärtige, im neuen Stil erfahrene Bildhauer, die etwas vom Glanz des Rokoko aufleuchten lassen konnten, jedoch entsprechend teuer waren, oder einheimische Künstler, die schlichtere Werke schufen, mit Aufträgen zu versehen. Ein einfacher Meister, der mitunter einen kraftvollen, aber etwas derben Stil pflegte, war der Mariaberger Klosterschreiner und Bildhauer Balthasar Wild (geb. 1694 Burladingen-Melchingen, † nach 1751). Er könnte noch von Pater Anselm Storr († 1713) eine gewisse Ausbildung erhalten haben.

Wild lieferte für die Mariaberger Klosterkirche 1731 227 die schlichten Seitenaltäre mit hübschen Putten und einfachem Blattwerk. Sein bedeutendstes Werk ist der Hochaltar der Pfarrkirche Gammertingen-Feldhausen von 1740/41. Die mächtigen Apostelfürsten Petrus und Paulus von 1741 (rückseitig mit eingeschnittenem Datum versehen) begleiten ihn seitlich; im Auszug oben steht ein kraftvoll geschnitzter hl. Nikolaus; ihn flankieren große sitzende Engel mit dessen Attributen. An den Seitenaltären von 1745 schuf Wild nur den etwas steifen Aufbau, links den hl. Vitus. Um diese Zeit erstellte er auch die Kanzel mit den Evangelisten; auf dem Schalldeckel einen knienden Engel mit Schriftband. Ebenfalls von 1745 stammen die kleinen hll. Eulogius und Wendelin im Chorbogen. In einer Nische seitlich des Hochaltars steht, rückseitig mit 1750 datiert, eine etwas derbe Anna-selb-dritt. Von Wild besitzt auch die Pfarrkirche in Inneringen (heute auf dem Speicher des alten Pfarrhauses) einen mit 1740 datierten prachtvollen Ölberg. Die gleiche Handschrift zeigt ein kniender »Gegeißelter Heiland« in der Taufkapelle in Hettingen. Von demselben Meister ist dort wohl auch der hl. Josef mit Kind. In der Neufraer Hochbergkapelle befindet sich eine von Wild geschnittene Kreuzigungsgruppe (heute leider auseinandergerissen); die begleitenden hl. Michael und ein Schutzengel sind leider gestohlen. Eine kleinere und späte Kreuzigungsgruppe ist in der Sakristei zu sehen, ein kraftvoll-derber hl. Wendelin in der Muttergotteskapelle in Neufra. Die Pfarrkirche in Gammertingen besitzt einen mit 1749 datierten schlichten Auferstandenen und einen 1751 geschaffenen hl. Sebastian.

Keine rechte Vorstellung läßt sich bis heute vom Bildhauer des 1736 geschaffenen Hochaltars der Pfarrkirche in Frohnstetten gewinnen, der als Hauptfiguren die hll. Papst Sylvester und Johann Nepomuk zeigt. Verbirgt sich hinter ihm etwa der in der dortigen Baugeschichte erwähnte Bildhauer Grill vom Heuberg?

Mit Franz Anton Kuen (1679 Bregenz – 1742 Weingarten) verpflichteten die Meßkircher für den steinernen Johann Nepomuk in der Außennische der gleichnamigen Kapelle einen hervorragenden Meister. Die Büsten der hll. Johann Nepomuk und Johannes Evangelist im Innern sind dagegen dem Münchner Edig Quirin Asam (1692 Tegernsee – 1750 Mannheim) zuzuschreiben.

Der bedeutendste Rokokoplastiker Oberschwabens, Johann Joseph Christian (1706–77) aus Riedlingen, hat auch in unser Gebiet etliche hervorragende Arbeiten geliefert. Ein frühes Werk ist wohl die Pietà in der Pfarrkirche in Hundersingen, ebenso der mächtige hl. Sebastian in der Pfarrkirche in Bingen. Im Sigmaringer Schloß stehen unter den großen offenen Bogen zum Aufgang des Josefsbaus vier reichbewegte Rittergestalten (um 1740), die wohl nur von Christian stammen. Derselbe lieferte in die Sigmaringer Josefskapelle auf dem Josefsberg 1739 Schnitzarbeiten des dortigen Altars, die großen hll. Meinrad und Fidelis, dazu eine Fülle prachtvoller Putten. Christians Seitenaltarfiguren der Pfarrkirche Feldhausen von 1745 bilden einen ersten Höhepunkt seines Schaffens und gehören zum Besten der Rokokoplastik Oberschwabens überhaupt: 237 ein Johannes der Täufer, ein hl. Sebastian, ein hl. Josef und eine hl. Apollonia, dazu die kleineren Figuren der Schmerzensmutter und des trauernden Johannes in den Altaroberteilen. Köstlich ist ein um 1760 geschaffener hl. Wendelin in der Kirche von Untereggatsweiler. In der Spätzeit Christians könnte ein tiefgefurchter hl. Josef in der Kirche in Mengen-Blochingen gehören. Zu den letzten Werken zählt das Stuck-Epitaph für Fürst Karl Friedrich von Fürstenberg im Chor der Pfarrkirche in Meßkirch (1775/76).

Ein Schüler Christians, Franz Magnus Hops (1717 Mietingen – 1756 Sigmaringen), machte sich 1741 nach seiner Heirat in Sigmaringen ansässig und beherrschte nun weitgehend das Feld. Für die kleine Orgel der Josefskapelle in Sigmaringen schnitzte er 1742 den Zierat. 1744 lieferte er für die Klosterkirche Sigmaringen-Hedingen die gutgestaltete Figur eines Bischofs Eulogius (heute in der Sakristei). Als diese Kirche nach ihrem Brandschaden 1747 im Innern erneuert wurde, schuf er die Schnitzarbeiten für den dortigen Hochaltar: Christus am Kreuz, zu dessen Füßen die Schmerzensmutter vor einem Strahlenkranz und verschiedene Putten. Später fertigte er den Kerker-Christi-Altar: Christus an der Geißelsäule, Putten, Vasen und Dekor. Die Stadtpfarrkirche St. Johann in Sigmaringen bewahrt von diesem Meister ein gutes Tabernakelkreuz am Hochaltar (um 1750). Anläßlich der Renovierung der Pfullendorfer St. Jakobskirche schuf Hops die dortige Rosenkranz-Madonna (1751), vier große Wandleuchter, ferner zu einem gotischen Kreuz die großen Figuren der trauernden Maria und Johannes (bis 1890 im Nordschiff), heute an der Turm-Nordwand. Besonders kostbare Arbeiten sind dort das elegant gestaltete Chorgestühl (1752). Der kleine Auf- 243 erstehungs-Christus in der Wallfahrtskirche Maria Schray gehört offensichtlich auch zum Werk des Sigmaringers Hops. Ein größerer befindet sich in der Pfarrkirche in Inzigkofen, wo ein großes Wundenkreuz mit kräftigem Korpus ebenfalls deutlich die Handschrift dieses Meisters zeigt. Ihm ist auch der große Christus in Ketten in der Inzigkofer Leonhardskapelle an der Straße Sigmaringen–Meßkirch, ein Gegenstück des in Benzingen, zuzuschreiben. Nicht weniger als elf fast einen Meter hohe Plastiken auf Konsolen unter dem Gewölbe schmücken die Schloßkapelle in Hornstein bei Bingen; auch für sie ist Hops als Schnitzer anzunehmen. Zu den letzten Arbeiten seiner Hand zählt eine Reihe von Werken in Inneringen, um 1755 entstanden: ein prachtvoller steinerner Johann Nepomuk in einer Außennische der Dreifaltigkeitskapelle, ein Wundenkreuz im Pfarrhaus, ein hl. Aloysius in der Kreuzkapelle, drei für die einstige

Sebastianskapelle geschaffene Altarfiguren der hll. Nikolaus (vernachlässigt auf der Bühne des alten Pfarrhauses), Sebastian und Rochus in der Pfarrkirche. Kurz vor seinem Tod lieferte Franz Magnus Hops einen hl. Johannes den Täufer und einen hl. Sebastian in die Pfarrkirche in Langenenslingen; heute sind sie in Mengen-Rulfingen.

Vom Bruder des frühgestorbenen Franz Magnus, Joseph Anton Hops (1720–1761), der von 1748 an in Villingen sein Kunsthandwerk betrieb, stammt der in der Hedinger Klosterkirche befindliche Grabstein für die 1759 gestorbene Fürstin Johanna Katharina von Sigmaringen, eine geborene Reichsgräfin von Montfort. Der reichbewegte Umriß und die Gestalt des Chronos haben ihre Entsprechung im Epitaph der Elisabeth Knoll im Alten Rathaus in Villingen.

Wie bereits erwähnt, war zwischen 1743 und 1745 an *239* der Rokokoausstattung der Pfarrkirche in Scheer Joseph Anton Feuchtmayer aus Mimmenhausen am Bodensee beteiligt. Genauer zu fassen ist er als leitender Künstler in der plastischen Innendekoration, insbesondere der des Langhauses. Die Altäre, bis auf die Holzmensen durchweg in Stuckmarmor ausgeführt, zeigen ganz verschiedene Formen. Sie sind überdies geschickt in den Raum und das Gesamtdekor eingefügt. Allerdings kommt ihnen nicht jene entscheidende Bedeutung wie etwa in der Birnau oder in der Meersburger Schloßkapelle zu, da nur die Nebenaltäre in den Winkeln am Chorbogen im Hauptschiff in Erscheinung treten. Die übrigen in den Seitenschiffen muß der Besucher eigens aufsuchen. Der rechte Nebenaltar im Hauptschiff zeigt einen schlanken Aufbau mit reichgeschwungenen Voluten, in der Mittelnische einen lebhaft bewegten Sebastian, den wohl ein Schüler des Meisters geschaffen hat. Der Altar auf der Gegenseite enthält in der Mitte leider nicht mehr die ursprüngliche Maria. Bei beiden Ältären sind besonders die Scagliola-Einlagen der Mensen zu beachten. Die Stuckmarmor-Altäre an den Stirnseiten der Seitenschiffe, wiederum elegant, jedoch in eher herkömmlichen Formen ange-

legt, zeigen als Außenfiguren nördlich die hll. Andreas *240* und Johannes Evangelist, südlich die hll. Richard und Wuna, die Eltern der hll. drei Geschwister Waldburga, Wunibald und Willibald. An den Seitenschiffwänden sind jeweils drei unsymmetrisch gestaltete, jedoch aufeinander bezogene kleinere Altäre angelegt. Dabei zeigt der mittlere mit ungemein bewegtem Umriß einen ovalen Bildrahmen, flankiert von zwei lebhaft gebildeten Putten. Im nördlichen Schiff ist der Leonhardaltar begleitet von den Altären der hll. Karl Borromäus und Antonius von Padua. Im südlichen Seitenschiff ist der Josefsaltar gerahmt von denen der hll. Schutzengel mit Knaben und Maria Magdalena, die jeweils auf hohem halbseitigem, verkröpftem und engelkopfgeziertem Volutensockel stehen. Nahezu alle Figuren bis auf jene des englischen Königspaares Richard und Wuna sind offensichtlich Gesellenarbeiten. Das plastische Volumen ist geringer, jedoch von nervöser Energie erfüllt. 1747 lieferte Feuchtmayer für das Kloster Habsthal zwei kleine Wandaltäre mit architektonischer Verdachung und großen Rocailleohren, doch ohne figürlichen Schmuck. Eine sehr schlichte Form zeigt dort die 1748 entstandene, aus rotem Stuckmarmor gebildete Kanzel Feuchtmayers mit vergoldetem Muschelwerkornament. Über dem abschließenden Gesims steht ein Putto mit Gesetzestafeln.

Die Schloßkapelle in Hornstein bei Bingen beherbergt im Stuckmarmoraltärchen einen 1.32 m hohen Stuckalabastercorpus des Gekreuzigten von der Hand Feuchtmayers in der Art des Meersburger Kruzifixus. Wesentlich frühere Arbeiten, von 1727 nämlich, besitzt die Michaelskirche in Bachhaupten bei Tafertsweiler. Für sie schuf Feuchtmayer den später oft bevorzugten kleinen Typus für Stuckaltäre mit Putten, reichen Voluten und Vorhangdraperie. Der Hochaltar mit reicherem Aufbau zeigt zwei flankierende größere Engel, in der Mitte eine ältere Schmerzensmutter von etwa 1620/30.

Der bisher wenig beachtete, aus Augsburg stammende und später in Hoßkirch ansässige Franz Schneider oder

245 Sartori schuf für die Klosterkirche in Wald die Bildhauerarbeiten des ausgezeichneten Hochaltars (wohl 1753/54). Denn die Äbtissin Maria Dioskura dürfte ihm nicht nur das Oratorium 1754 und den Grabstein für die 1739 gestorbene Äbtissin Maria Constantina, Freiin in Falkenstein, 1765 übertragen haben, sondern die gesamte bildhauerische Ausstattung der Klosterkirche dieser Zeit. Ohne Zweifel gehört der Hochaltar mit Doppelsäulen, reich geschwungenem Gebälk und durchbrochenem Oberteil, dessen romanisches Kreuz von einem Strahlenkranz mit einer Fülle von Engeln und Puttenköpfchen umgeben ist, zu den besten Leistungen des Rokoko im Umkreis. Besonders elegant ist auch der Tabernakelaufbau mit seitlichen, anbetenden Engeln gestaltet. Vor den großen Altarsäulen sind die polimentweiß gefaßten Plastiken des hl. Benedikt und des hl. Zisterzienserabtes Stephan Harding postiert. An den Seitenaltären mit guten Rocailleschnitzereien steht jeweils ein Apostelfürst, der hl. Petrus und der hl. Paulus. Besonders erwähnenswert ist die Kanzel mit einem baldachinartigen Vorhang. Lebendig sind hier die Engel geschnitzt mit ihren Symbolen von Glaube, Hoffnung und Liebe. Das gleiche gilt auch für die vergoldeten Reliefs mit den Darstellungen von Königin Esther vor Assuerus, der Himmelfahrt Mariens und der Predigt des Johannes. Dieselbe Werkstatt des Franz Schneider schuf sicher auch die reiche Verzierung der zweitürmigen Orgel mit den zahlreichen Putten. – Es liegt nahe, daß die Äbtissin Maria Dioskura von Wald denselben Schnitzer zur künstlerischen Gestaltung der von ihr gestifteten Kanzel in Maria Schray bei Pfullendorf 1765 beigezogen hat.

Ein ausgesprochen bescheidener Bildhauer ist dagegen der Meister der Altäre von 1751/53 in der Deutstetter Wallfahrtskirche in Veringenstadt. Gerade die auf den Innenseiten der Seitenaltäre stehenden Eulogius und Wendelin verraten eine schwache Hand. Hinter ihr ist mit großer Sicherheit der in der Stadt ansässige Egid Hochstein (1720–69), der wohl in Schömberg bei Balingen gelernt hat, zu vermuten.

Als man 1757 in Sigmaringen begann, das Langhaus 247 und den Chor der Pfarrkirche St. Johann neu zu bauen, holte Fürst Joseph Friedrich von Hohenzollern den Stukkateur und Altarbauer Johann Michael Feichtmayr (1709 Haid b. Wessobrunn – 1772 Augsburg), den er in Haigerloch beschäftigt hatte, zur Errichtung der Stuckmarmoraltäre bei. Aus Zeitgründen fertigte dieser jedoch weitgehend nur den Entwurf für fünf Altäre, die er durch seinen Polier Thomas Sporer und sechs Gesellen ausführen ließ. Die großen Plastiken, die polimentweiß gefaßten Petrus und Paulus am Hochaltar, der hl. Fidelis und der hl. Johann Nepomuk im Querhaus, tiefgefurchte und reichbewegte, ja alle mit Verzückung wiedergegebene Gestalten, sind das 1760 geschaffene Werk des Haigerlocher Bildhauers Johann Georg Weckenmann (1727 Uttenweiler am Bussen – 1795 Haigerloch). Von diesem bedeutenden zollerischen Künstler stammen zwei gutgearbeitete Figuren auf der Umfassungsterrasse der Hedinger Kirche: ein 170 cm hoher hl. Fidelis aus grauem Sandstein, der, den Kopf mit Blick nach oben zurückgebogen, ein Kreuz vor der Brust hält, und ein 135 cm hoher Atlant aus demselben Material, eine bärtige Figur mit negroidem Einschlag. Auf der Terrasse vor dem Gammertin- 253 ger Schloß stehen acht 1776 entstandene allegorische Figuren, stark verwandt mit den vier Jahreszeiten in Krauchenwies, allesamt Schöpfungen Weckenmanns.

In neuester Zeit ersetzte man in Gammertingen die Steinplastik durch getreue Kopien. Leider beseitigten »nichteingeweihte« Stadtarbeiter die in einem Schuppen abgestellten, teils schadhaften Originale. Die im Park östlich des fürstlichen Landhauses in Krauchenwies aufgestellten vier Jahreszeiten stammten offensichtlich aus Inzigkofen und sind 1783 von Weckenmann geschaffen. Den Frühling symbolisiert ein Mädchen mit Blumenkorb, den Sommer eine Frau mit Ährenbündel im linken Arm, den Herbst versinnbildlicht Bacchus mit Weintrauben und einem Früchtekorb zu Füßen und schließlich den Winter ein alter bärtiger

Mann, neben ihm ein Baumstumpf mit einem brennenden Kohlebecken.

Ein schlichter Bildhauer ist Johann Baptist Hops II (1736 Mietingen – 1788 Sigmaringen), der durch seinen Onkel Franz Magnus nach Sigmaringen kam, doch durch Rauflust und Trinkfreudigkeit unangenehm auffiel. In der Sigmaringer Stadtkirche fertigte er Schnitzereien an Bänken, Chorgestühl und Chororgeln (1782). Eine recht ansprechende Arbeit ist der Gnadenaltar auf der unteren Empore der Laizer Pfarrkirche von 1771, für den Hops neben zwei knienden Putten in der Hauptsache dekorative Schnitzereien lieferte. Um 1770 sind auch Altarausstattung und Kanzel der Pfarrkirche von Storzingen im Schmeiental anzusetzen, deren bildhauerische Teile wiederum von Johann Baptist Hops stammen. Sehr viel bessere Plastiken schuf er für die

254 ehemalige Klosterkirche in Inzigkofen, deren Altäre und Kanzel 1780 entstanden. Im Sinn des Klassizismus sind sämtliche Figuren polimentweiß gefaßt, so die 160 cm hohen hll. Augustinus und Johannes der Täufer am Hochaltar, ferner der hl. Mauritius am linken und der hl. Martin am rechten Seitenaltar. Die Kanzel an der nördlichen Langhauswand zeigt am halbrunden Korb drei hochovale von antikisierendem Bandwerk und Lorbeergehängen umrahmte Medaillons mit den Figuren von Glaube, Hoffnung und Liebe in Flachrelief. Weitere dekorativ geschnitzte Teile an den Beichtstühlen oder an den Bänken sind ebenfalls Hops zuzuschreiben.

Wegen zahlreicher Aufträge in den sechziger Jahren des 18. Jahrhunderts war Joseph Anton Feuchtmayer in Mimmenhausen bei Salem kaum mehr in der Lage, neben den künstlerischen Entwürfen größere Teile plastischer Arbeiten selbst auszuführen. Den Vertrag mit der Abtei Beuron über die Lieferung des Hochaltars im Jahr 1759 hat er zwar unterschrieben, doch die Entwurfszeichnung und die Fertigung seinen beiden Mitarbeitern Johann Georg Dirr (1723 Weilheim/Oberbayern – 1779 Mimmenhausen) und Franz Anton Dirr (1724 Weilheim – 1801 Überlingen) überlassen.

Während der Altarriß Franz Antons Werk ist, war bei der Ausführung 1760 offensichtlich Johann Georg der entscheidende Meister. Leider sind bei der Neuausstattung der Kirche 1872 durch die »Beuroner Kunstschule« die prachtvolle Himmelfahrt Mariens und alle Begleitfiguren einschließlich der Putten beseitigt worden. Einzig Christus im Grab, von Engeln beweint, an der Vorderseite der Mensa ist erhalten geblieben und zeugt von der hohen Qualität Dirrscher Stuckplastik. Kurz zuvor hatte Johann Georg Dirr die beiden Seitenaltäre am Chorbogen ausgeführt, die links die hll. Joachim und Anna, rechts die hll. Dominikus und Katharina von Siena in polimentweißer Fassung darbieten. Wesentlich älter, 1740/44 geschaffen, sind die Schnitzarbeiten an den Chorbänken und an den sechs Beichtstühlen im Langhaus, die Pilastervorlagen mit Putten-Hermen und Blumengehängen zeigen, ferner über dem Gesims geschweifte Aufsätze mit durchbrochenem Muschelwerk. Übrigens kamen zwei Beichtstühle aus derselben Serie nach der Säkularisierung in die Pfarrkirche von Leibertingen. Für diese Schnitzereien dürfte im wesentlichen noch Feuchtmayer und nur beschränkt der junge Johann Georg Dirr verantwortlich sein. Ein Werk desselben Dirr kam zudem 1807 in die Pfarrkirche St. Jakob in Pfullendorf, nämlich der feingeschnittene Prospekt der Orgel, der stützende Engel-Hermen und mehrere Putten in polimentweißer Fassung enthält.

Zwei kostbare Stuckmarmoraltäre, die Johann Georg Dirr allein, d. h. unabhängig von seinem Lehrmeister, 1765/66 für die ehemalige Pfarrkirche St. Leonhard in Salem schuf, stehen seit 1808 in der Pfarrkirche Herdwangen. Beide, wieder asymmetrisch angelegt, sind voller Schwung und enthalten oben Putten und als Abschluß eine Büste. Ungemein elegant bietet sich links die Immaculata mit dem Kind auf dem linken Arm dar. Den Platz der Figur des hl. Josef am rechten Altar, ebenfalls eine Arbeit Dirrs, nahm ursprünglich die der hl. Anna, heute neben der Kanzel, ein.

Seit 1759 war der 1723 als Sohn des Felizian in Pfullen-

232

dorf geborene Johann Michael Hegenauer in Saulgau ansässig. Später zog er nach Türkheim an der Wertach, wo er nach 1798 gestorben ist. Diesem Bildhauer, der zu spröden, scharfschnittigen und jäh kontrastierenden Formen neigte, sind etliche Werke im Saulgauer Gebiet zu danken. Für die Pfarrkirche St. Oswald in Herbertingen schuf er um 1760 eine hübsche Pietà, einen Ölberg und einen Schmerzensmann. Zur selben Zeit fertigte er die Hoch- und Seitenaltäre in Saulgau-Hochberg und die schöne Kanzel. Neben knienden und anbetenden Engeln und Putten enthält der Hochaltar 120 cm hohe Figuren der hll. Joachim und Anna. Der linke Seitenaltar zeigt in der hohen Mittelnische eine Schmerzensmutter, der rechte den hl. Josef mit Jesuskind. Ein Relief mit einer köstlichen Fischpredigt des hl. Antonius von Padua bietet der bauchige Korb der Kanzel; auf ihrem Deckel sitzt der »Gute Hirt« mit einem Schäfchen auf dem Schoß. Einen hl. Josef und eine Mutter Anna besitzt die Pfarrkirche Mieterkingen, Kolossalfiguren der hll. Maria und Johannes das Kloster Sießen.

Die Niederlassung eines begabten Bildhauers 1764 in Saulgau könnte den Wegzug Hegenauers veranlaßt haben, nämlich des Joseph Laiber (1738 Kirchhofen – 1821 Stuttgart). Offensichtlich in Freiburg bei seinem Landsmann Christian Wentzinger ausgebildet, muß er auf weiteren Reisen den knittrigen Faltenstil kennengelernt haben. Als »Rebstockwirt« widmete sich Laiber jedoch weitgehend dem Gastgewerbe, so daß seine künstlerische Tätigkeit zu kurz kam. 1807 geriet er sogar in die Gant und starb völlig verarmt. Leider sind in Saulgau nur zwei große Plastiken erhalten geblieben: in der Stadtpfarrkirche die des hl. Josef von 1768 und die des hl. Nepomuk als Gegenstück, die später in das städtische Altersheim geriet.

Die Pfarrkirche in Gammertingen-Kettenacker besitzt etliche ansehnliche Plastiken aus der Zeit um 1770, darunter einen guten Bischof Eulogius und einen hl. Fidelis. Für sie kommt wohl nur ein Riedlinger Bildhauer in Frage, wie etwa Xaver Kazenmayer

(1720–1770) oder eher Fidel Vieheuser (Wichiser), der 1731 geboren ist. In dieselbe Zeit gehören auch die feinen Plastiken des hl. Erzengels Michael und des hl. Christophorus in der Pfarrkirche in Hohentengen. Auch sie könnten von einem Riedlinger Meister geschaffen worden sein. Zu wenig Beachtung fand bisher auch der Meßkircher Bildhauer Nessensohn, der die Pfarrkirche in Göffingen am Bussen ausstattete.

Sichere Nachrichten finden sich bei der zwischen 1774 und 1777 erfolgten Ausstattung der St. Martinskirche in Meßkirch mit Altären und Kanzel. Im fürstenbergischen Gebiet erhielt von vornherein der Hofbildhauer von Donaueschingen den Vorzug, nämlich Franz Xaver Biecheler (1726 Unterbaldingen? – 1787 Donaueschingen). 1774 lieferte er die Schnitzarbeiten zu den herrschaftlichen Oratorien im Chor. Im Frühjahr 1776 waren die Seitenaltäre am Chorbogen fertig, in deren Aufbau Bieheler recht originell links die Kanzel und rechts eine Kleinorgel miteinbezogen hat. Neben großen sitzenden Engeln auf den Schalldeckeln oben und jenen, die der Bildhauer außen auf die Balustraden gesetzt hat, sind links außen der von den Fürstenbergern so tief verehrte sel. Kardinal Konrad von Urach und rechts außen der sel. Kuno der Schweiger von Tannheim postiert; zwei Putten kommen jeweils hinzu. Im Sinn des heraufziehenden Klassizismus sind alle Figuren polimentweiß gefaßt, die Attribute und Instrumente vergoldet. Beim 1777 ausgeführten Hochaltar sind noch die Prinzipien des Barockaufbaus gewahrt, doch ist alles spritzige Muschelwerk vermieden; klassizistische Vasen und Lorbeergirlanden gehören schon zum Dekor. Die weißgefaßten großen Figuren der hll. Petrus und Paulus auf hohen Postamenten bleiben durch die Lichtbahnen der Chorfenster vom eigentlichen Aufbau getrennt; der reiche Tabernakel über der Mensa ist ebenfalls abgesetzt. Im Auszug erscheint auf Wolkenballen, von Putten und Puttenköpfchen umgeben, Gott Vater, die linke Hand auf die goldene Weltkugel gelegt, die ein großer kniender Engel hält; mit der rechten weist Gott hinab zum

Kreuz seines Sohnes, das die Mitte des Altarblattes bildet. Über den äußeren Säulen des Hochaltars knien auf Voluten anbetende Engel, auch diese Figuren sind polimentweiß gefaßt.

Für das Sigmaringer Schloß schuf 1774 der Riedlinger Franz Joseph Christian (1739–1798), der Sohn des berühmten Johann Joseph, eine 210 cm hohe Allegorie der Malerei und Bildhauerei, zwei Frauengestalten, die eine Kartusche mit dem hohenzollerisch-öttingischen Allianz-Wappen halten.

Zu wenig Beachtung fanden bisher zwei Spätrokoko-Altäre in der Pfarrkirche Kreenheinstetten, die gute Plastiken einer bislang unbekannten Handschrift zeigen. Sie sind wohl 1772 von jenem Bildhauer geschaffen worden, der 1771 dorthin einen Palmesel lieferte, nämlich von Christian Sieger (1715–1777) aus Egesheim bei Spaichingen. Der linke Seitenaltar zeigt die hll. Margaretha und Franz von Assisi, über dem Gesims zwei Engel, und oben Michael. Dem entsprechen am rechten Seitenaltar die hll. Johannes der Täufer und Johann Nepomuk, darüber zwei balancierende Engel, und oben ein Schutzengel. Den gleichen Stil findet man beim hl. Johann Nepomuk auf einer Konsole an der Südwand, umgeben von einem reichen, mit Rocaillen und Blattwerk gezierten Rahmen, der zu den Kabinettstücken der Zeit gehört.

Ein bisher bei uns zu wenig beachteter Vertreter des Klassizismus ist Fidelis Mock aus Sigmaringen, der in der Klosterkirche Wiblingen bei Ulm als Geselle von Franz Joseph Christian arbeitete. Für die Wallfahrtskirche Maria Schray in Pfullendorf erstellte er 1784 einen bedeutenden Stuckmarmor-Hochaltar, dazu die 244 großen Stuckplastiken der hll. Joachim und Anna über den seitlichen Durchgängen, ferner über dem Gebälk der inneren Säulen zwei sitzende Engel, an der Altarspitze einen Putto, daneben ein Puttenköpfchen über der Hl.-Geist-Taube. In den Gesamtaufbau sind, getrennt durch die beiden vorderen Chorfenster, auch zwei spitze Pyramiden einbezogen, die ovale Medaillons mit den Brustbildern Petrus' und Pauls tragen. In

Holz ausgeführt sind zwei kerzenhaltende Puttos zu Füßen der Gnadenmadonna, ferner die Tabernakeltür mit Jesu und den beiden Emmausjüngern zu Tisch. Gegen 1790 schuf Mock auch die dortigen Seitenaltäre mit stark reduziertem Stuckmarmor-Aufbau. Der linke zeigt im vorspringenden und erhöhten Mittelteil der Predella in Holz und vergoldet das Relief der Taufe Jesu im Jordan, darüber auf nach oben sich verjüngendem Sockel die 150 cm große Gestalt des Evangelisten Johannes in Stuck, von zwei Putten begleitet und von klassizistischem Stuckprofil mit Lorbeergirlande und Flechtband gerahmt. Am rechten Seitenaltar ist auf dem Holzrelief der Predellamitte die Flucht nach Ägypten dargestellt, als große Mittelfigur die Stuckplastik des hl. Josef mit vergoldetem Lilienstab. Vom selben Fidelis Mock stammt wohl auch die große Stuckfigur des hl. Lukas (um 1790) in einer Nische der Langhaussüdwand in der Pfarrkirche in Hettingen.

Ein klassizistischer Stuckbildhauer von besonderem Können war der Schwiegersohn Johann Georg Dirrs, 255 Johann Georg Wieland (1742 Worblingen bei Radolfzell – 1802 Mimmenhausen), der nach dessen Tod 1779 die Werkstatt übernahm. Der Pfullendorfer Rathaussaal, der wohl schönste profane Raum der Zeit weit und breit, besitzt von ihm ein Alabasterkreuz und eine gute Stuckmadonna von 1787. Wielands bestes Werk im Kreisgebiet ist jedoch der wohl gleichzeitig entstandene Stuckmarmor-Hochaltar der Pfarrkirche Herdwangen, der 1808 aus der abgerissenen St. Leonhardspfarrkirche in Salem kam. Der strenge Aufbau zeigt in der Mitte die Kreuzigung, dazu die trauernden Maria und Johannes, als weitere Figuren den heidnischen Hauptmann Cornelius mit der Lanze und Maria Magdalena. Seitlich sind die Plastiken der hll. Leonhard und Florian zu sehen, die mit zum Herausragenden der Zeit im Land zwischen See und Oberschwaben gehören.

Zu den spätesten Arbeiten des Stils zählen die beiden Seitenaltäre der Pfarrkirche in Aach-Linz (um 1806), die deutlich vom Niedergang der künstlerischen Tätigkeit der Zeit künden. Sie sind Werke der Überlinger Bildhauer Josef Alois Dirr (1761–1823) und Johann Sebastian Dirr.

Zwei große Holzfiguren, rückseitig mit 1810 datiert, stehen an der Langhaussüdwand in der Pfarrkirche in Gammertingen, ein hl. Wendelin und ein hl. Lukas. Ein Riedlinger Bildhauer hat sie wohl geschaffen.

Die Malerei des Rokoko und des Klassizismus (1730–1810)

Weit mehr als die Bildhauerei war die Malkunst der Zeit dazu berufen, im Spiel der Farben barocke Festesfreude aufleuchten zu lassen und Räume für den Einbruch himmlischer Lichtfülle zu öffnen. Darum kommt der Freskomalerei im Vergleich zu den Staffeleibildern, in der Hauptsache Altarblättern, die ungleich größere Bedeutung zu. Gerade hier aber vermißt man schmerzlich im Kreisgebiet Sigmaringen wirtschaftlich starke Klöster, wenn auch die Kirchen in Wald und Beuron den Besucher in dieser Hinsicht entschädigen. Vor allem die Städte, zumeist gefördert von adeligen Herrschaften, wetteiferten mit diesen an Glanz und Pracht, um den Ansprüchen kleiner Residenzen zu genügen. Zunächst sei jedoch auf eine Reihe hervorragender Altarblätter verwiesen.

Der alles überragende Maler Süddeutschlands, der Münchner Cosmas Damian Asam (1686 Benediktbeuern – 1739 München), hat in der Johann Nepomukkapelle in Meßkirch ein glanzvolles Altarbild (1738) als eine seiner letzten Arbeiten hinterlassen. Es zeigt den hl. Johann Nepomuk, wie er vor dem Gnadenbild in Altbunzlau kniet und ihm dabei die von Engeln begleitete Immaculata erscheint. Leider sind die vier Ovalbilder mit Szenen aus dem Leben des Titelheiligen an der Kapellenlaterne nur stark restauriert auf uns gekommen. Noch gut erhalten ist dagegen das Fresko mit der Verherrlichung des hl. Johann Nepomuk an der Kuppelschale des Heiligtums.

Der bedeutendste Maler Oberschwabens, Franz Joseph Spiegler (1691 Wangen i. A. – 1756 Konstanz), hatte in unserem Gebiet keine Gelegenheit erhalten, Fresken zu malen. Seine Altarblätter gehören jedoch bei uns zum wertvollsten Bestand. Neben den bereits erwähnten Ölbildern in Gammertingen-Bronnen und Bachhaupten lieferte er 1740 im Auftrag des Freiherrn Marquard Rudolph Speth von Zwiefalten das Hochaltargemälde für die Pfarrkirche in Gammertingen-Feldhausen. Es stellt die Vision des hl. Antonius von Padua dar, dem die Gottesmutter ihren Sohn Jesus darbietet. Dabei zeigt das prachtvolle Gemälde den von Spiegler so oft angewandten diagonalen Bildaufbau. Von gleich hoher Qualität sind die 1745 für die Seitenaltäre der Pfarrkirche in Pfullendorf entstandenen Blätter mit der Anbetung der hl. Dreikönige und der Sebastiansmarter. An der Südwand der Klosterkirche Habsthal befindet sich in einem Stuckrahmen ein 1747 datiertes Ölbild mit der Vermählung der hl. Katharina von Ricci mit ihrem himmlischen Bräutigam.

Nahezu der gleichen Wertschätzung erfreute sich bei den Zeitgenossen Johann Kaspar Kohler (1698 Schwarzenberg im Bregenzerwald, ∞ 1731 Saulgau, † dort 1747), dem eine Reihe Ölbilder zu danken ist. Für die Klosterkirche in Mariaberg bei Gammertingen schuf er 1731 zwei Seitenaltarblätter mit Oberbildern, nämlich ein gutes Madonnenbild mit dem vor ihr knienden Ordensvater St. Benedikt, daneben dessen Schwester Scholastika, von Engeln umgeben. Das Gegenüber zeigt den Tod des hl. Josef, an dessen Sterbebett Maria und den segnenden Christus. Das linke Oberbild enthält vier Heilige in Halbfigur, das rechte bietet den Englischen Gruß dar. Nicht weniger wertvoll ist das von Kohler signierte und mit 1736 datierte Hochaltarblatt der Pfarrkirche in Frohnstetten. Es zeigt den hl. Sylvester, als Patron Fürbitte für das Dorf einlegend, das zu seinen Füßen zu sehen ist. Die Gottesmutter nimmt die Bitte entgegen und überbringt sie der hl. Dreifaltigkeit. Aus demselben Jahr stammt das in der ehemaligen Klausur des Saulgauer Spitals aufbewahrte

235

227

234

Pestbild, auf dem Maria, ferner Rochus und Jakobus Fürbitte vor Christus für die Stadt zu ihren Füßen in der Pestzeit von 1611/12 einlegen. Im Unterteil des Ölgemäldes ist klein eine Prozession vor der ummauerten Stadt Saulgau zu sehen. In der angeschlossenen Antoniuskirche hängt ein ehemals vier Meter hohes Altarblatt mit einer Kreuzverehrung, das mit 1739 datiert ist. Aus demselben Jahr sind in der Saulgauer Liebfrauenkapelle zwei weitere Altarblätter aufbewahrt, von denen das eine das Christkind mit dem hl. Josef, die hll. Georg und Katharina mit Engeln zeigt, das andere die hll. Johann Nepomuk, Cäcilia und Isidor mit Engeln.

Von dem Jesuiten-Laienbruder Joseph Fiertmayer (1702 Schwandorf/Oberpfalz – 1738 Rottweil) besitzt die Saulgauer Antoniuskirche ebenfalls zwei alte Altarblätter, nämlich eine Verzückung des hl. Ignatius und einen hl. Franz Xaver, der den Heiden predigt.

Zwei Altarblätter eines anderen bekannten Meisters, eines Hauptvertreters der Bodenseemalerei, nämlich des Konstanzers Jacob Carl Stauder (1694 Oberwil/Kt. Baselland – 1756 Luzern), sind leider von ihrem Aufbewahrungsort vor nicht allzu langer Zeit verschwunden. Aus dem Landeskrankenhaus in Sigmaringen entfernte man ein Ölbild von 1731 mit Maria und verschiedenen Heiligen. Das Gemälde entstammte wohl dem einstigen Klosterbesitz der Inzigkofer Schwestern. Vor dem letzten Krieg bewahrte, ohne Zweifel ebenfalls aus Inzigkofen, das erzbischöfliche Konvikt in Sigmaringen ein Blatt von 1755 mit der Sebastianmarter.

Nach Johann Baptist Zimmermann, der die Kirche in Sießen ausmalte, ist der erste größere Freskant in unserem Gebiet Josef Ignaz Wegscheider (1704 Riedlingen – 1759), der sein Hauptwerk im Augustinerchorherrenkloster Beuron hinterlassen hat. Im selben Jahr 1738 schuf er für das 35 Meter lange Hauptschiff fünf Hauptbilder und drei weitere Deckenfresken im 22 Meter langen Chor. Über die Orgelempore malte Wegscheider die »Himmlische Musik«, wo ein geistlicher Organist inmitten von Wolken sein Instrument erklingen läßt; zwei kleinere Bilder mit musizierenden Engeln begleiten es. Das folgende große Fresko enthält die »Heilung eines Besessenen« durch den hl. Bischof Martin von Tours, den zweiten Kirchenpatron. Vier kleine Seitenbilder auf den Stichkappen mit Darstellungen aus dessen Leben ergänzen es. Das dritte Hauptbild zeigt auf einer Fläche von 7 × 9 Metern die »Klostergründung durch Graf Peregrin von Pussen«: Hier malte Wegscheider eine illustre Jagdgesellschaft, angeführt vom Grafen, die von dem gravitätischen Auftritt eines gewaltigen Hirsches mit flammendem Geweih überrascht wird. Das Tier weist auf die Erscheinung Mariens hin, die dem erstaunten Grafen den Plan eines Klosters eröffnet. Am unteren Rand des Freskos lagert eine männliche Gestalt als Symbol des Donaustroms. Zum Chor hin schließt sich als viertes Langhausbild eine »Verherrlichung des Ordensvaters St. Augustin« an, der aus der Hand eines lichtumstrahlten Engels die Krone der Herrlichkeit empfängt. Auch hier ist das große Fresko von kleineren mit Szenen aus dem Leben des Heiligen umgeben. Schließlich erkennt der Besucher vorn im letzten Langhausfresko eine feierliche Gruppe von Päpsten und Wohltätern des Klosters. Für die Chordecke wählten die Auftraggeber drei Motive aus: Im Anschluß an den Chorbogen sollte Wegscheider in einem Breitoval »Christus mit den Emmaus-Jüngern« beim Mahl darstellen. Das eigentliche Hauptbild zeigt eine prachtvolle Kuppelarchitektur darin »die Herabkunft des Heiligen Geistes«. Das Fresko über dem Hochaltar enthält die »Schlüsselübergabe an Petrus«. Mit all diesen Bildern erweist sich Wegscheider als geschickter Meister, der über kurvigen Rahmen eine reiche Landschaft als Szenenhintergrund mit zahlreichen Grüntönen, darunter mit einem herausstechenden Türkis, oder eine vielgestaltige Kuppel aufzubauen verstand. Ein weiteres Fresko in breitem Vierpaßformat schuf er für die Beuroner Sakristeidecke. Es zeigt die »Fußwaschung beim Abendmahl«. Bescheidene Reste einer Freskoausmalung finden sich in der einstigen Hofkapelle des Meßkircher Schlosses.

233

An der Decke ist das Martyrium einer Heiligen (Agnes?) zu erkennen; hinzukommen Eckkartuschen, die mit Wegscheider signiert und mit 1739 datiert sind. Im selben Jahr erhielt der Riedlinger Freskant den Auftrag, die achteckige Kuppel der Josefskapelle auf dem Sigmaringer Josefsberg auszumalen, und zwar mit der Verherrlichung des Titelheiligen. Geschickt führte er die tatsächliche Architektur in der Malerei weiter und öffnete damit den Kapellenraum in illusionistischer Weise nach oben. Zwar bleibt für die dargestellten Heiligen wie schon in Beuron nur wieder eine Randzone, doch vermeidet der Maler alles Gedrückte, indem er sie drall und kräftig gestaltet. Leider ist das Hochaltarblatt mit der Vermählung Mariens nicht signiert, dennoch dürfte es ebenfalls eine Arbeit Wegscheiders aus derselben Zeit sein. Im Jahr 1740 malte er schließlich ein Flachkuppelfresko in der Einsiedlerkapelle des Nonnenklosters Inzigkofen, das eine Fläche von sechs auf fünf Meter bedeckt und in einem länglichen Oval eine Verkündigung des Engels an Maria zeigt.

Mit diesen Arbeiten machte Wegscheider seine beherrschende Stellung im Sigmaringer Gebiet deutlich. So vermochte offensichtlich Franz Joseph von Aw (1704 Sigmaringen – † 1740 dort), der ältere Malersohn des Franz Anton († 1715), keine durchschlagenden Erfolge zu erzielen, vielmehr wandte er sich bald dem Wirtsgewerbe zu. Dessen jüngerer Bruder Andreas Meinrad von Aw (1712 Sigmaringen – 1792 dort), vor 1740 wohl Mitarbeiter Wegscheiders, tat sich nach seiner Verheiratung mit einer eigenen Werkstatt nicht leicht und konnte erst nach dem Weggang Wegscheiders in die städtische Verwaltung Riedlingens einen Durchbruch erzielen.

Ein weiterer Schüler Wegscheiders machte sich 1740 in Biberach an der Riß ansässig, wo er bis 1745 blieb, nämlich Joseph Esperlin (1707 Degernau bei Biberach – 1775 wohl Basel). Man übertrug ihm 1747 die Ausmalung des Langhauses der Pfarrkirche in Scheer an der Donau, die er bis 1752 vollendete. Leider zerstörte das

Erdbeben von 1935 die Fresken im Mittelschiff so stark, daß man sie weitgehend erneuern mußte. Geblieben sind über den Scheidbögen der Arkaden die illusionistisch gemalten Balkone mit den köstlichen Darstellungen der vier Erdteile, links Europa und Amerika, rechts Asien und Afrika. Erhalten geblieben sind weiterhin in den kostbaren Stuckrahmen der Seitenschiffdecken die vierzehn Kreuzwegstationen. Die beiden Fresken an den Westwänden der Seitenschiffe, die Mariä Geburt und die Darstellung Jesu im Tempel zeigen, sind von Esperlin signiert und mit 1752 datiert. Offensichtlich bildeten diese den Abschluß der Langhausausmalung. Auch zwei Altarblätter an den mittleren Altären der Seitenschiffe stammen von Esperlin, jenes des hl. Leonhard im linken und das des hl. Josef im rechten. Die beiden großen Seitenaltarblätter der Stirnwände dagegen sind kostbare Arbeiten Franz Anton Zeilers (1716 Reutte in Tirol – 1793 dort), der 1749 mit seinem Meister Gottfried Bernhard Götz in Birnau tätig war. 240

Wohl erst gegen 1755 setzte ein anderer Maler die phantasievolle Dekoration in der Pfarrkirche in Scheer fort. Franz Ignaz Oefele (1721 Posen – 1797 München), wesentlich jünger als Esperlin, schuf die Deckenfresken im Chor und den gemalten Hochaltaraufbau. Das Hauptbild über dem Altarraum zeigt in eleganter, sprühender Stuckeinfasung »die Verherrlichung der hl. Eucharistie« auf einem Altar unter dem sich öffnenden Himmel, in dem Gott Vater, Maria und Engel sichtbar werden. Zu Füßen postieren sich Priester, Fürsten und Volk. Hinter dem Hochaltartisch ist auf die Ostwand der gewaltige Aufbau eines Säulenaltars gemalt, der geschwungenes Gebälk und eine Rundkuppel enthält. Er ist der Rahmen für die Glorie des hl. Nikolaus, des Kirchenpatrons, zu dessen Füßen Frauen und Kinder beten. Zwischen den Säulen sind die hll. Katharina und Margaretha zu sehen, hoch über den Innensäulen die Apostelfürsten Petrus und Paulus, zu seiten der Fenster auf geschweiften Sockeln Johannes der Täufer und der hl. Ritter Georg. An den

Seitenwänden kommen weitere kleine Allegorien hinzu.

In der Klosterkirche der einstigen Dominikanerinnen in Habsthal trifft der Besucher auf sehr gute Deckenfresken eines im Kreis viel beschäftigten Meisters, nämlich des Gottfried Bernhard Götz (1708 Wehlerad/Mähren – 1774 Augsburg). Nach Arbeiten von 1742 für Weingarten und vor seinen bekannten Deckenbildern in Birnau (1749) malte er 1748 über der Habsthaler Nonnenempore das große Fresko »die Marienverehrung der Dominikanerinnen«. In kurviger Bogenarchitektur versammeln sich vor der in Wolken thronenden Madonna Gruppen von insgesamt sechzehn Dominikanerinnen, die ihr zu Ehren das Salve Regina singen. Über dem Langhaus malte Götz den Ordensvater Dominikus, wie er mit Monstranz auf den Stufen eines Altars kniet und in der Linken einen Schild mit dem Namen der Gottesmutter emporhält. Diese erscheint über ihm auf der Mondsichel und trägt das Gebet des Heiligen zum kreuzhaltenden Christus empor. Das Deckenfresko im Chor zeigt die Hostienverehrung durch die damals bekannten vier Erdteile. Auch über der Hochaltararchitektur ist nochmals ein Gemälde zu sehen, nämlich der thronende Gottvater, ihm zur Seite die Weltkugel. Insgesamt sind die Fresken des Augsburger Bergmüller-Schülers eine würdige Vorstufe der ungleich größeren Birnauer Arbeiten.

Mit Beginn des neuen Jahrzehnts schlug die Stunde für den Sigmaringer Andreas Meinrad von Aw (1712 Sigmaringen–1792 dort), der bis dahin bei uns nur eine große Votivtafel für Bürgermeister Franz Anton Walter (1742) in die Wallfahrtskirche Maria Schray zu Pfullendorf geliefert hatte. 1750 erhielt er den Auftrag zur Ausmalung der Pfarrkirche St. Jakobus in Pfullendorf. An der Langhausdecke des Mittelschiffs schuf er vorn die Verherrlichung des Titelheiligen, der auf Wolken dem offenen Himmel mit Christus und Maria entgegenfährt. Groß in der Deckenmitte schließt sich die Krönung Mariens an, die vor den Stufen eines Altars steht, über ihr erscheint die hl. Dreifaltigkeit. Zu Füßen der Gottesmutter und seitlich von ihr schweben zahllose Heilige auf Wolken, die neben dem Gotteslob auch ihr Lob darbringen, mit den Händen auf sie weisend. Über der Orgelempore malte von Aw Jakobus als den guten Hirten, neben ihm Dominikus mit der brennenden Fackel, über dem Berg in der Mitte das Lamm Gottes, von dem der Lebensstrom ausgeht. Leider tragen heute noch all diese Fresken eine entstellende Übermalung, die jedoch bei der demnächst beginnenden Restaurierung beseitigt werden soll. Die Decke im nördlichen Seitenschiff zeigt die Geheimnisse des Schmerzhaften Rosenkranzes mit dem zentralen Ölbergsbild, jene des südlichen Seitenschiffs die Geheimnisse des freudenreichen Rosenkranzes, in der Mitte groß das Fresko der Geburt Christi. In einer ähnlichen Weise ist oben im Mittelschiff die Krönung Mariens mit kleineren Darstellungen der Glorreichen Rosenkranzgeheimnisse umgeben. – Auch der lange Chor der Pfullendorfer Pfarrkirche sollte eine farbige Deckenausmalung erhalten. Hier war Meinrad von Aw die Aufgabe gestellt, das Jakobusgrab von Santiago de Compostela in Spanien darzustellen; ganz vorn über dem Hochaltar sollte die geistige Vermählung der Stadt Pfullendorf in Gestalt einer Frau mit dem Himmel Platz finden.

Mitte 1751 gaben die Pfullendorfer Meinrad von Aw den Auftrag, an Stelle eines bei einem Pfeilerzusammenbruch zerstörten Apostelbildes in der Pfarrkirche das großformatige Ölbild der hll. Simon und Judas Thaddäus zu malen (heute im Pfarrhaus), weiter über dem nördlichen Seitenaltar ein Deckenfresko mit dem Letzten Abendmahl, an den Seitenwänden des Chores Heilige, die besonders in Pfullendorf in hoher Verehrung standen: die hll. Christophorus, Antonius der Einsiedler, Oswald, Pankratius, Pelagius, Laurentius, Nikolaus, Martin, Urban, schließlich Magdalena, Katharina und Barbara.

Offensichtlich fanden die Pfullendorfer an den Arbeiten von Aws soviel Gefallen, daß sie ihm Mitte 1751 auch die Deckenfresken der Wallfahrtskirche Maria

243

Schray vor dem oberen Stadttor übertragen. An die Decke des ursprünglich mit Netzrippen versehenen Chores malte er die Immaculata, umgeben von Engeln und Heiligen. Das Hauptfresko im Langhaus zeigt Maria als die Hilfe der Christen; sie schwebt, sitzend, das Jesuskind auf dem Schoß, auf von Engeln getragenen Wolken über dem Teich Bethesda, um den sich Scharen von Kranken und Krüppeln gruppieren. Links hinten zeigt sich das Heiligtum Maria Schray. In den Ecken der Langhausdecke sitzen die Bilder der vier Evangelisten. Weitere Fresken sind an den Brüstungen der beiden Emporen zu sehen, in der Mitte oben ein sitzender und Harfe spielender König David, ansonsten allegorische Darstellungen.

Für die St. Georgskirche in Oberschmeien bei Sigmaringen fertigte von Aw wohl 1746 drei kleine Ölbilder, Wendelin und Sebastian in Halbfigur, ferner die Einsetzung des Rosenkranzes als Hochaltar-Oberblatt. Drei Ölbilder im Landeskrankenhaus in Sigmaringen aus demselben Jahr, ein Gekreuzigter mit Heiligen, ferner eine Allegorie der Jugend und des Alters sind offensichtlich verschwunden. Ein 260 cm hohes Altarblatt des Jahres 1752 mit der Himmelfahrt Mariens ist im Pfarrhaus in Rulfingen bei Mengen aufbewahrt.

Im Jahr 1753 wird Andreas von Aw die Aufgabe zuteil, die Barockkirche des Zisterzienserinnenklosters Wald auszumalen. Ursprünglich hatte der Schweizer Johann Melchior Eggmann (1711 Rorschach – nach 1753) von der Äbtissin Dioskura von Thurn und Valsassina den Auftrag erhalten. Nach der Fertigstellung des Freskos über der Nonnenempore, das die Vision des hl. Bernhard als siebenjähriger Knabe am Vorabend des Weihnachtsfestes zeigt, floh Eggmann jedoch im April 1753 unter Hinterlassung von Schulden aus Wald. Das große, hell erleuchtete Gewölbe des Langhauses malte nun von Aw mit der Darstellung des Besuches der Schwester Humbelina bei Bernhard von Clairvaux an der dortigen Klosterpforte aus, wie sie ihn wieder ins weltliche Leben zurücklocken wollte. Durch seitliche Einbuchtungen ist das Deckenbild in eine irdische und in eine himmlische Szene eingeteilt. Im unteren Teil entfaltet sich vor einer kühn von der Tiefe her gesehenen Klosterarchitektur die Begegnung der Geschwister mit ihrem Gefolge. Besonders lebhaft und bunt sind die Frauen, die Spielleute und Soldaten um Humbelina dargestellt. Dagegen ist die himmlische Szene leicht und zart abgesetzt, sie zeigt einen lichten gelbrosa Himmel mit den schwebenden Gestalten Christi, Mariens und der himmlischen Heerscharen. Im Chorbild zeigt von Aw die Verehrung der hl. Eucharistie durch die vier Erdteile, nahezu das gleiche Motiv, das Götz an die Chordecke der Habsthaler Klosterkirche malte.

Zwischen 1758 und 1760 war Andreas Meinrad von Aw mit der Ausmalung seiner Heimatpfarrkirche St. Johann in Sigmaringen beschäftigt. Das große Langhausbild bietet eine gewaltige Schau der Triumphierenden Kirche, das oben Gott Vater, die Geist-Taube und die Schmerzensmutter mit dem toten Christus auf ihrem Schoß zeigt. Darunter ist ein ganzer Heiligenhimmel ausgebreitet, in der Mitte der hl. Fidelis von Sigmaringen. In der Kuppel des Querhauses tritt dem Besucher in querovalem, vierpaßförmigem Rahmen die »Schau des Sehers Johannes auf Patmos« entgegen, das sich auf den Kirchenpatron bezieht. Über dem Chor erscheint das Motiv des Letzten Abendmahls, bei dem Christus seinen Aposteln an einem über breiter Freitreppe aufgestellten Tisch seinen hl. Leib reicht. Über dem Geschehen wölbt sich ein mit Vorhängen und Girlanden reich geschmückter Rokokosaal. Ganz unten ist die Gestalt der Kirche zu erkennen, die auf den Pelikan hinweist, wie er mit seinem Herzblut die Jungen nährt. Über den Seitenkapellen sind die Martyrien der hll. Fidelis und Johann Nepomuk zu erkennen. Auch die Altäre enthalten große Ölbilder von Aws. Erst relativ spät – 1767 – schuf er für den Hochaltar eine 350 cm hohe Kreuzigung mit der Schmerzensmutter, Johannes und Maria Magdalena. Um 1760 sind jedoch die Blätter der Seitenaltäre am Chorbogen anzusetzen, von denen der südliche die

244

245
246

247

Vierzehn Nothelfer, der nördliche die hl. Sippe mit Maria und dem Jesuskind in der Mitte zeigt. Auch die Oberbilder und das Predellabild des südlichen Altars mit dem Martyrium der hl. Ursula stellen Arbeiten von Aws dar.

Etwa gleichzeitig entstanden die beiden Seitenaltarblätter von Aws für die Kilianskirche in Bittelschieß, die wiederum die Vierzehn Nothelfer und die Kreuzabnahme Jesu zeigen. Leider sind die Deckenfresken von 1758 nicht mehr erhalten.

Größere Arbeiten von Aws im Kreisgebiet Sigmaringen sind erst wieder aus der Zeit gegen Ende der sechziger Jahre bekannt. Gegen 1768 erhielt er die Aufgabe, die Laizer Pfarr- und damalige Klosterkirche auszumalen. Leider verwandte der Künstler dabei nicht immer große Sorgfalt auf die Ausführung; möglicherweise ließ er manche Bilder durch Gesellen ausführen. An der Chordecke ist in einem Vierpaßfeld die Himmelfahrt Mariens zu sehen, die, von Engeln getragen, aus einem schattigen Vordergrund, in dem der leere Sarkophag und ihn umgebende Apostel zu sehen sind, herausschwebt. Die Langhauswände enthalten in schildförmigen Feldern vier Darstellungen aus dem Leben der Gottesmutter: Verkündigung, Heimsuchung, Geburt Christi und ihre Verherrlichung auf einem Thron. Über der Kanzel ist der Gute Hirte dargestellt, leider jedoch nicht gut erhalten. In der Kirche befindet sich weiter das einstige Hochaltarblatt mit dem Tod Mariens.

Aus der Zeit um 1768 stammen fünfzehn kleine Rosenkranzbilder in der Kirche in Oberschmeien. Ein Jahr darauf schuf von Aw für die Storzinger Kirche ein gutes Hochaltarblatt mit der »Einführung der Gürtelbruderschaft Maria Trost«. Die Seitenaltarbilder derselben Hand zeigen den hl. Wendelin und als Oberblatt Johannes auf Patmos, dann den hl. Aloysius in der Betrachtung der Leiden Christi und Johannes d. T.

Das bedeutende Spätwerk von Aws wurde 1773 die 252 Ausmalung der St. Martinskirche in Meßkirch. Neben dem Baumeister Franz Josef Salzmann oblag ihm sogar von Anfang an beim umfassenden Umbau die Entscheidung über alle künstlerischen Fragen; er entwarf die Pläne für die Gliederung der Innenwände und die Einteilung der Deckenfelder. In den meisten Fällen bestimmte er auch die Farbgebung der Fassungen. An der schneeweißen Decke mit den hellgrauen Stukkaturen Schwarzmanns wirken die Fresken wie bunte Edelsteine, deren Farbklänge die Festlichkeit des Raumes entscheidend bestimmen. Das mächtige, vierpaßähnliche Hauptfresko im Langhaus zeigt wie in Sigmaringen eine große »Schau der Triumphierenden Kirche«, oben die hl. Dreifaltigkeit, links die Gottesmutter, darunter einen von Engeln und Heiligen besetzten Himmel, in dessen Mitte der Kirchenpatron St. Martin auf Wolken getragen wird. Über dem Chorbogen ist in elegant geschwungenem Rechteckrahmen die Geburt Jesu mit der Anbetung der Hirten dargestellt. Über der Orgelempore ist der Chor der Engel zu sehen, die mit Gesang und Spiel den dreifaltigen Gott loben und preisen. Um den Kirchenpatron näher darzustellen, malte Meinrad von Aw auf sechs Feldern der seitlichen Deckenzwickel Szenen aus dem Leben und Wunderszenen des hl. Martin. In Grisaille-Farbe sind zwei hochovale Fresken an der Chorbogenwand gehalten: über der Kanzel die Predigt Johannes des Täufers, auf der Gegenseite die Posaunen von Jericho. Auf der Unterseite der ersten Empore ist in der Mitte die Vertreibung der Händler aus dem Tempel zu sehen, seitlich die Schlüsselübergabe an Petrus und die Bekehrung des Paulus. Die Decke der zweiten Empore enthält das Opfer Noes nach der Sintflut und das Opfer Abrahams. Von besonderer Leuchtkraft ist das Chordeckenfresko mit Christus beim Letzten Abendmahl. Auch die Altarblätter der Umbauzeit sind vom Sigmaringer Meister. Das Hochaltarblatt zeigt wie in Sigmaringen die Kreuzigung Christi, die Seitenaltäre am Chorbogen die Taufe Jesu im Jordan und die hl. Sippe mit der Mutter Anna. Vier der fünf Wandaltäre im Langhaus enthalten ebenfalls Ölbilder von Aws, darunter eine Darbringung Jesu im Tempel (1776).

Als letztes Werk von Aws im Kreisgebiet bewahrt die Wallfahrtskirche Maria Schray in Pfullendorf zwei Hochaltarblätter von 1784. Das große zeigt die »Verehrung des Namens Mariens durch die hl. Engel«, das Oberblatt Gott Vater und den Erlöser mit Kreuz.

Ein wesentlich bescheidener Maler lieferte zwei Seitenaltarblätter (1745) und zwei Altarantependien (1752) in die Pfarrkirche in Feldhausen bei Gammertingen, nämlich der Trochtelfinger Johann Baptist Bommer (1705 Aulendorf–1778 Trochtelfingen). Am südlichen Seitenaltar ist als Blatt der hl. Johann Nepomuk zu sehen, als Antependium eine Darstellung der Moldaubrücke in Prag, darüber eine mit einem Schloß versehene Zunge, links Marterwerkzeuge und rechts bischöfliche Insignien. Der nördliche Seitenaltar enthält als Blatt eine Immaculata auf der Weltkugel, das Antependium zeigt einen Spiegel mit Rocaillerahmen in einer von Rosen und Lilien umgebenen Kartusche.

Als 1749 das Langhaus und die Seitenschiffe der Mengener Liebfrauenkirche eine zeitgemäße Rokokoumgestaltung erhielten, bekamen die Mengener Maler Johann Georg Vollmar (1716–1773) und Franz Joseph Sauter (1719, ∞1758, später in der Schweiz tätig) den Auftrag, in der flachen Langhausdecke zwei große Fresken in vierpaßähnlichen Rahmen zu malen. Vorn schildern sie den Marientod, hinten in einer Kuppelarchitektur die Heilung des Lahmgeborenen. In kleinen, dreipaßförmigen Rahmen fügten sie dann die vier Evangelisten und vier lateinische Kirchenlehrer an, ferner in Kartuschen die Embleme des brennenden Dornbusches, der Bundeslade, des Throns Salomons, der Lilien und Rosen. In das Südschiff malten sie Gott Vater, die Immaculata, Kreuzesengel, Veronika mit dem Schweißtuch, Christi Abschied von Maria, die Auferweckung des Lazarus und schließlich die Schmerzensmutter über Mengen. Mit dem Mengener Maler Vollmar ist übrigens nicht der Weingartener Johann Michael Vollmar zu verwechseln, der für die Friedhofskapelle in Saulgau 1757 eine hl. Ottilia malte. Eine eigene Malertradition entwickelte sich in Gam-

mertingen, wo Mitglieder der Familie Reiser hin und wieder neben Faßarbeiten Gemälde lieferten. Anton Reiser (1697 oder 1701–1779) schuf neben Votivtafeln für die Hochbergkapelle in Neufra auch einen Kreuzweg für die dortige Pfarrkirche (um 1740), heute in Gammertingen. Sein Sohn Ambros (1730–1815 Gammertingen), ehemals Geselle bei Johann Baptist Bommer, malte zusammen mit seinem Bruder Anton (1740–1811 Gammertingen) eine Reihe von Ölbildern, die er leider nie signierte. Neben mehreren Votivtafeln für Neufras Hochbergkapelle malte er 1760 ein Benediktsbild für die Michaelskapelle in Gammertingen (heute im Pfarrhaus); ein ähnliches in ovalem Rahmen in der Sakristei der Pfarrkirche Neufra dürfte auf ihn zurückgehen. Sicher ist auch das linke Seitenaltarblatt in der dortigen Hochbergkapelle, das Josue und seine Gefährten am Jordan zeigt, von seiner Hand. Ein Seitenaltarblatt von 1779 mit Christus am Ölberg, das Ambros Reiser für die Inneringer Pfarrkirche malte, wird dort im alten Pfarrhaus aufbewahrt. Die Malertradition setzten zwei Söhne des Ambros, nämlich Joseph Anton (1757–1814 als Obervogt in Gammertingen) und Johann Baptist (*1764), ferner Carl (1777–1860), Sohn des Anton II., fort. Das bedeutsamste Werk Joseph Antons ist das frühere Hochaltarblatt für die Gammertinger Pfarrkirche mit der Kreuzigung Christi (um 1805).

Neben Ambros Reiser beschäftigte man 1762 in Neufra für die dortige Hochbergkapelle auch den Hechinger Maler Franz Ferdinand Dent (1723 Kirchenhausen–1791). Als Hauptbild des rechten Seitenaltars malte er einen guten Bischof Eulogius, daneben den hl. Vitus mit Ölkessel, begleitet von einem Engel. Ein wahres Kabinettstück ist das Oberbild mit dem Hirten Wendelin und seiner Herde. – Im selben Jahr 1762 schuf für die Nikolauskirche in Einhart im Ostrachtal Johann Nepomuk Meichsner aus Bolstern einen Kreuzweg.

Als man 1763 die kleine mittelalterliche Kirche von Mieterkingen im Stil des Rokoko erneuerte, holte man aus Saulgau Franz Anton Rebsamen (1715 Sigmaringen–1790 Saulgau), einen in der Schweiz mehrfach beschäftigten Maler, um die Langhausdecke auszumalen. Dieser schuf vorn in elliptischem Rahmen das Abendmahl, hinten die hl. Dreifaltigkeit. Leider ist außer einem Chorfresko in der dortigen Antoniuskirche von seinem Wirken in Saulgau nur wenig bekannt. Es wäre zu wünschen, daß auch der nach dem Tod Johann Kaspar Kohlers 1747 in Saulgau ansässiggewordene Franz Joseph Zürcher (aus Buchau, †1770 Saulgau) genauer erforscht würde. Eigentlich sind nur zwei Portraits im Rathaus Saulgau, die Franz I. von Österreich und Maria Theresia darstellen, fest mit ihm zu verbinden.

In der Klosterkirche in Wald begegnen wir im südlichen Seitenaltarblatt einem der spätesten Werke des Hofmalers von Kempten, des Franz Georg Hermann (1692–1768), eines Zeitgenossen Spieglers. Es zeigt eine hl. Sippe, bei der der Meister ein Jahr vor seinem Tod Jesus, Maria, Josef, Johannes, Joachim und Anna, Zacharias und Elisabeth dargestellt hat.

In der Pfarrkirche in Braunenweiler begegnet der Besucher im jüngst umgebauten Langhaus Fresken des Malers Johann Georg Meßmer (1715 Wolfartsweiler bei Saulgau–1798 dort). Dieser hatte schon zuvor die Langhausdecke der Liebfrauenkapelle in Saulgau ausgemalt. An die Chordecke in Braunenweiler malte er 1772 die Taufe des Kirchenpatrons Pankratius, an die Decke des Langhauses dessen Martyrium und Glorie, in denen er eine kühne Untersicht benutzte. In den vier Ecken sitzen Medaillons mit Szenen aus dem legendären Leben des Heiligen.

Wohl aus demselben Jahr stammen zwei Seitenaltarblätter in der Pfarrkirche in Kreenheinstetten von der Hand des Mühlheimer Malers Anton Korb. Das Hauptblatt zeigt ein prachtvolles Weihnachtsbild, als Oberbild die hl. Büßerin Katharina von Siena.

Ein typischer Vertreter der klassizistischen Malerei im Kreis ist der Sigmaringer Fidelis Wetz (1741 Sigmaringen–1820), dessen Bilder durch ein kühles Kolorit auffallen. Für die Pfarrkirche in Boll bei Meßkirch lieferte er 1781 drei gute Altarblätter. Jenes vom Hochaltar zeigt, wie Jesus dem hl. Josef die Kommunion reicht, umgeben von den Aposteln. Das Seitenaltarblatt links bietet die Immaculata auf der Weltkugel dar (signiert J. F. Wez und datiert 1781). Am rechten Nebenaltar erkennt der Betrachter den hl. Johann Nepomuk, vor einem Kreuz kniend; Putten über ihm reichen den Märtyrerkranz. Nicht datiert ist das Hochaltarbild der Pfarrkirche in Leibertingen, das in einen aus Niedereschach bei Villingen übernommenen Altaraufbau eingesetzt ist und die unverkennbare Handschrift des Fidelis Wetz zeigt. Auch hier sehen die Besucher das so oft dargestellte Kreuzigungsmotiv, diesmal ist jedoch das Kreuz Christi, nach links aus der Mittelachse gerückt, zwischen die Kreuze der Schächer gestellt. Rechts unten sind Maria und Johannes und eine weitere trauernde Frau dargestellt, zu Füßen des Kreuzes Jesu sitzt die weinende Maria Magdalena, links steht der Hauptmann Cornelius mit der Lanze. Mit zu den besten Werken des Fidelis Wetz zählt sicher das einstige Hochaltarblatt (ca. 1791) der Pfarrkirche Veringendorf. Es zeigt den Titelheiligen St. Michael bei seiner Erscheinung auf dem Berg Gargano, zu Füßen eine feierliche Prozession mit Bischof. Leider steht das Altarbild mit schönem klassizistischem Rahmen versteckt auf der Orgelempore. Die früher dort untergebrachten Altarblätter der hll. Franziskus und Antonius, ebenfalls Arbeiten des Fidelis Wetz von guter Qualität, befinden sich im Veringendorfer Pfarrhaus. Kostbarer Besitz der Kirche dort ist auch der 1791 datierte Kreuzweg desselben Malers. Im Langhaus der Georgskirche in Oberschmeien hängt ein Ölbild, das Zacharias und Elisabeth mit dem Johannesknaben darstellt und rückseitig eine Stifterinschrift mit Hinweis auf den Maler und das Datum 1793 enthält. Ein Hochaltarblatt in der Pfarrkirche in Rohrdorf bei Meßkirch zeigt von der Hand des Fidelis Wetz wieder wie in Leibertingen eine Kreuzigung (1798), diesmal jedoch auf das Kreuz Jesu und die Trauernden zu seinen Füßen beschränkt. Weitere religiöse Bilder mit Maria und Josef, Joachim und Anna bewahrt die Oberschmeier Kirche (1807), von denen das erste signiert ist. Weitere Ölbilder sind nicht datiert, nämlich ein Franz von Sales-Bild im Landeskrankenhaus in Sigmaringen, ein Portrait des Pfarrers Schwab im Sigmaringer Rathaus, die Darstellungen Christus am Ölberg, Geißelung und Dornenkrönung in der Pfarrkirche in Storzingen, ein Ecce homo-Bild zwischen Kriegsknechten in der Pfarrkirche in Ostrach. Schließlich soll ein ehemaliges Altarblatt von 1819 mit dem Abschied Petri von Paulus, früher in der Pfarrkirche in Sigmaringendorf, heute im dortigen Pfarrhaus, erwähnt werden. Im übrigen gelang es 1955 der Stadt Sigmaringen, mit Hilfe des hohenzollerischen Landeskommunalverbandes zwei Skizzenbücher des Fidelis Wetz anzukaufen.

Verglichen mit dem Sigmaringer Wetz, wandte sich ein Inneringer Maler mehr der schlichten religiösen Volkskunst zu, nämlich Lukas Flöß (1751–1834 Inneringen), von dem u. a. zahlreiche Votivbilder der Wallfahrtskir-
257 che Deutstetten bei Veringenstadt stammen. Schon sein Vater Chrysostomus (1721–1772 Inneringen) lieferte neben Faßbarbeiten hin und wieder ein bescheidenes Ölbild, etwa eine »Maria vom Guten Rat«, einst Oberbild des Inneringer Hochaltars, heute auf dem dortigen Pfarrhausspeicher. Größere Aufträge für Lukas Flöß waren die Kreuzwegbilder in Oberschmeien (1789), Bachhaupten (1791) und Inneringen (1795, bildliche Wiederholung eines älteren um 1735). Der für die Pfarrkirche in Frohnstetten 1801 geschaffene Kreuzweg kam später in die dortige Sebastianskapelle. Auch die Hochbergkapelle in Neufra, ferner die Nötenwangkapelle in Inneringen besitzen Votivtafeln mit der unverkennbaren Handschrift des Lukas Flöß. Möglicherweise kommt der Sigmaringer Ludwig Wezel, ansonsten als Faßmaler tätig, für zwei Ölbilder
256 im Rathaussaal in Pfullendorf in Frage. Es sind großformatige Gemälde mit den Darstellungen Julius Caesars und Josephs II. von Österreich.

Von dem bekannten »Bildermann« von Zizenhausen bei Stockach, von Anton Sohn (1769–1841), stammen zwei Seitenaltarblätter von 1806 oder 1809 in der Pfarrkirche in Aach-Linz. Sie zeigen am linken Altar Josefs Tod und rechts die Marter des hl. Sebastian.

Zur klassizistischen Malerei im Kreisgebiet zählt schließlich ein großes Deckenfresko mit weltlichen Sujet im ehemaligen Spethschen Schloß in Gammertingen, heute Rathaus. Der bekannte Bodenseemaler Andreas Brugger aus Langenargen (1737 Kreßbronn–1812) stellte den Tod des Phaeton, ein Motiv der griechischen Göttersage, dar. Es zeigt, wie der Vater Helios dem Sohn einmal den Sonnenwagen überläßt, dieser jedoch der Erde zu nahe kommt und einen großen Brand verursacht. Zeus jedoch schleudert ihn mit einem Blitz in den Eridanus.

Die Architektur des 19. Jahrhunderts

Nach dem Ausklang der klassizistischen Kunst, die in der Hauptsache Adel und Kirche gefördert hatten, sahen sich die Menschen tiefgreifenden Veränderungen unterworfen. Durch die Französische Revolution war die Welt des Adels teilweise erschüttert. Die Napoleonischen Kriege laugten die wirtschaftliche Kraft des Landes aus, so daß Hunger nahe war. Die Säkularisierung der Klöster führte zur Plünderung von Kunstschätzen in großem Stil. Die Folgen der Aufklärung im Geist des Josephinismus machten sich überall in der Kirche bemerkbar. So darf es nicht verwundern, wenn die Bautätigkeit nachließ und Aufträge an Künstler nahezu ausblieben. Immerhin kamen einige Pfarrkirchen auf billigem Weg zu kostbaren Ausstattungen aus Klosterbesitz, etwa die Pfarrkirche Herdwangen zu drei Stuckmarmoraltären aus Salem und die Jakobuskirche in Pfullendorf zu einer wertvollen Orgel aus Beuron.

Professor Josef Sauer schrieb in seiner Arbeit über »Die kirchliche Kunst der ersten Hälfte des 19. Jahrhunderts in Baden« zur damaligen Situation: »Mit den Klöstern und Stiftern verschwand aus dem Leben des Volkes der hochherzigste und unermüdlichste Förderer der kirchlichen Kunst, der diese Aufgabe als heiligste Herzenssache stets angesehen hat. An seine Stelle trat jetzt als Erbe der materiellen Voraussetzungen dieser Kunstförderung der Fiskus, dem alle geistigen Voraussetzungen dafür abgingen, der nur gerade die nacktesten Bedürfnisse der Pfarrkirchen zu bestreiten sich herbeiließ.« Die staatliche Instanz, die zuständig für das gesamte Kirchenbauwesen wurde, war am Beginn des 19. Jahrhunderts in Baden die »Katholische Kirchenkommission« in Bruchsal, von 1812 an die »Katholische Kirchensektion« im Ministerium des Innern in Karlsruhe. Auch in Hohenzollern regelten das Kirchenbauwesen der Landesherr und seine Organe, ohne auf ein Einvernehmen mit der Kirchenbehörde wert zu legen. Für das Gebiet des ehemaligen Altkreises Saulgau gilt dasselbe. Zum Verständnis der damals weitgehend kahlen und nur mit den notwendigsten Ausstattungsstücken versehenen Kirchen sind diese Zusammenhänge wichtig.

In Göggingen entstanden 1805/06 im Anschluß an den Turm auf der Südseite durch die Arbeit des Meßkircher Maurermeisters Sommer ein neues Langhaus und nach dem Einsturz des alten auch ein neuer Chor. Immerhin ist die ganze Anlage, wenn auch ziemlich bescheiden, noch barock gehalten. Die Ausstattung des Jahres 1807 ist später ersetzt worden.

Im Jahr 1808 wurde das Gotteshaus in Herdwangen, wo die alte Kirche zu klein und sehr baufällig geworden war, unter Belassung der Chormauern und der rechten Seitenschiffwand erheblich verlängert und erhöht. Den Neubau, sehr nüchtern und kahl gestaltet, bereicherten drei Altäre aus der Salemer Leonhardskirche.

Ebenso schlicht fiel 1817 der Neubau der St. Galluskirche in Bolstern bei Sießen aus. Er hat einen westlichen Vierecturm in schlanker Form, dessen Glockengeschoß abgeschrägte Ecken besitzt, dazu einen spitzen, leicht eingeknickten Helm. Das Schiff ist innen mit einer Westempore versehen und zeigt eine Holztonne; ein Rundbogen führt zum flach gedeckten Chor.

Auch in Schwenningen am Heuberg war, wie aus einem Schreiben des Konstanzer Generalvikariats von 1813 hervorgeht, der Kirchenbau von St. Columban zu klein geworden. Im Jahr darauf bekam der Konstanzer Landbaumeister Thiery (1805/20 in Konstanz, aus Rudolfstadt, war nach 1800 nach Heidelberg versetzt, dort †1833) den Auftrag zu einer Erweiterung und Wiederherstellung der alten Kirche und des barocken Turms von 1759. Im Jahr 1816 arbeitete Thiery einen zweiten Vorschlag aus, bei dem nur der alte Turm stehen bleiben sollte; doch wurde dieser Plan erst 1819 realisiert. Das Amt Stetten legte Wert darauf, die alten und guten Barockaltäre zu bewahren.

Im Mengener Teilort Blochingen entstand unter dem Patronat des Fürsten Carl Anton von Thurn und Taxis 1820 der Neubau der Pelagiuskirche. Sie zeigt an der westlichen Schauseite einen aus dem gesimsgezierten Giebel vorgezogenen Vierecturm mit verkröpftem Rundbogenportal; das Obergeschoß enthält abgeschrägte Ecken und findet seine Bekrönung durch eine welsche Haube über doppeltem Kranzgesims. Der Innenraum mit großer Westempore ist schlicht; ein runder Chorbogen führt zum Altarraum mit flacher Stuckdecke über Leisten und Hohlkehle.

Unter demselben Patronat erstellte man 1826/27 in Tafertsweiler eine neue Urbanskirche, die jedoch 1923 einen neuen Chor mit Sakristei erhielt. Die Formen sind spätklassizistisch gehalten. Bemerkenswert ist ein quadratischer, geputzter Dachreiter auf dem Westgiebel mit zinkbekleidetem Spitzhelm.

Wie in Schwenningen führten kirchliche Visitationsbescheide 1802 darüber Beschwerde, daß die Kirche St. Peter und Paul in Leibertingen mindestens um die Hälfte zu klein sei. 1819 verlangte das Konstanzer Generalvikariat, die ganz unhaltbaren Zustände zu beseitigen. Auf Anordnung des Kreisdirektoriums fertigte 1820 Landbaumeister Thiery ein Gutachten über die alte Kirche, erstellte Risse und Überschläge für einen Neubau, die jedoch den Patronatsherren, darunter dem Fürst in Sigmaringen, zu teuer erschienen. Daraufhin übertrug man dem Sigmaringer Baumeister Uhl die Ausarbeitung neuer Baurisse, die den alten Turm miteinbezogen. Schließlich begannen 1825 die Bauarbeiten. Der Turm wurde 1831/32 erhöht. – Die kleine Kapelle von Igelswies zwischen Meßkirch und Menningen wurde 1826 von einer Familie Beermann erbaut und 1850 vergrößert.

In den Jahren 1832/33 errichtete man in Sauldorf eine neue Sebastianskirche nach den Rissen des Bezirksbauinspektors Öhl vom Amt Pfullendorf, nachdem sich auch hier das alte Gotteshaus als zu klein und baufällig erwiesen hatte. Wieder blieb der alte Kirchturm erhalten und wurde auf Kosten der Gemeinde erhöht.

Die beginnende Entwicklung, frühere Stile zu übernehmen, machte sich im Kreis bei der neugotischen Pfarrkirche in Levertsweiler bei Ostrach bemerkbar, die 1840 entstand. Auch diesmal blieb der gotische Turm aus dem 15. Jahrhundert mit dem reizenden Staffelgiebel stehen; ihm fügte man nach Plänen des Fürstlich Thurn und Taxisschen Werkmeisters Baur aus Buchau ein Langhaus mit gleichbreitem Chor an. Dieser findet eine Fortsetzung in dem eingezogenen, dreiseitig geschlossenen Altarhaus.

Eine schlichte Kirche von 1842 steht in Heudorf bei Meßkirch, die wohl von den Meßkircher Baumeistern Georg Oswald und Georg Baumgärtner erstellt ist. Allerdings scheinen sie sich einer Reihe grober Mängel und einer nachlässigen Bauausführung schuldig gemacht zu haben. Das Gotteshaus zeigt einen Fassadenturm, mit Pilaster besetzte Außenwände und unter dem Dachgesims einen Zahnschnittfries.

In der zwischen 1841 und 1843 errichteten Kirche in Thalheim bei Meßkirch begegnet der Besucher der ersten Kirche des fürstlich-hohenzollerischen Bauinspektors Josef Laur (1817–1786) aus Sigmaringen. Sie ist ebenfalls in neugotischem Stil gehalten. Der quadratische Westturm besitzt ein achteckiges Glockengeschoß und einen Spitzhelm. Eine schlichte Kapelle von 1846 mit offenem hölzernem Glockenbock und spitzem Türmchen darüber steht in Glashütte bei Wald. Sie ist das Werk des Ablacher Maurermeisters Teufel und des Zimmermeistes Neser. Als letzte Kirche der ersten Jahrhunderthälfte sei jene von Fulgenstadt genannt, die 1848 im Stil eines eklektizistischen Spätklassizismus entstand. Sie zeigt keine Besonderheiten.

An weltlichen Gebäuden aus der Zeit nach 1800 bis zur Jahrhundertmitte gibt es etliche bemerkenswerte Beispiele. Inmitten des fürstlichen Wildparks südlich der Stadt Sigmaringen ersetzte man am Anfang dieser Periode das 1717 gebaute Jagdschlößchen Josefslust durch einen fünfachsigen Putzbau, dessen Mittelachse als Risalit vorgezogen und mit einem Dreieckgiebel versehen ist. Über der Firstmitte sitzt ein vierseitiger Dachreiter mit Zeltdach.

Beachtenswert ist auch das Rathaus der Stadt Mengen, 1820 errichtet. Das gleichzeitig entstandene in Saulgau dagegen mit einer Kornhalle im Erdgeschoß mußte in den Nachkriegsjahren einem Neubau weichen. Ein herausragendes Gebäude der Zeit ist das ehemalige Hoftheater in Sigmaringen südlich des Marstalls, das 1827 unter Fürst Karl erbaut und 1873 unter Fürst Karl Anton verändert wurde. Das Untergeschoß und der Vorderbau sind massiv, das übrige in verputztem Fachwerk ausgeführt. Dabei zeigt die Straßenfront einen vorspringenden Mittelrisalit von feiner Gliederung, ein großes Rundbogenfenster im zweiten Obergeschoß, darüber einen Dreiecksgiebel. Weiterhin ist das fürstliche Landhaus in der Mitte des Krauchenwieser Schloßparks zu nennen, ein schlichter, doch wohl proportionierter Bau mit Seitenrisaliten und schöner Innentreppe. Es ist ein Werk des Weinbrenner-Schülers Rudolf Burnitz (aus Ludwigsburg, weitgehend in Frankfurt/Main tätig) aus den Jahren 1828 bis 1832. Anzufügen sind zwei bemerkenswerte Bauten des Jahres 1847, nämlich das Hofkammergebäude und der Altbau des bis Februar 1979 benutzten Fürst Carl-Landeskrankenhauses in Sigmaringen, das der Würzburger Baumeister Krämer erstellt hat. Schließlich ist das 1849 fertiggestellte Gebäude der Landesbank in Sigmaringen mit seinen ausgewogenen Proportionen zu erwähnen.

38

Die Kirchen aus der zweiten Jahrhunderthälfte sind in der Regel aufwendiger und liebevoller als jene der ersten gestaltet und reicher ausgestattet. Zum Glück war das reine Zweckdenken weitgehend gewichen. In schwärmerischer Romantik wandte man sich mehr und mehr den mittelalterlichen Stilen zu, wobei manch' kostbare Barockeinrichtung verlorenging. Andererseits fanden in jüngser Zeit gerade neugotische Ausstattungen bei Kirchenrenovationen keine Gnade mehr und wurden unerbittlich entfernt. So gehören diese mitunter zu den großen Seltenheiten.

Der bedeutendste Kirchenbau der Jahrhundertmitte entstand 1849/52 nach Plänen des Architekten Pfeilsticker in Hohentengen. Dabei ließ er sich von der Neugotik leiten. Über dem Westeingang des hohen Kirchenschiffs ragt der Turm mit seinem Spitzhelm auf. Leider hat das Gotteshaus bei der letzten Renovierung seine neugotische Ausstattung eingebüßt. Um einen zentralen Zelebrationsaltar aufbauen zu können, räumte man einen ansehnlichen Teil des Schiffs aus. Jüngst brachte man glücklicherweise wieder die Rosenkranzreliefs und die Kreuzwegstationen zurück. Aus dem Jahr 1850 stammt die vom Gammertinger Burkarth errichtete Kapelle in Neufra-Freudenweiler, die über der westlichen Eingangsseite einen Dachreiter mit Treppengiebel besitzt und im Äußern durch Lisenen und Sägezahnschnitt unterm Dach gegliedert ist. In der Folgezeit war in Hohenzollern der fürstliche Hofbaumeister Josef Laur bei einer Reihe von Kirchenerweiterungen oder gar -neubauten tätig. So erfolgte 1852 in Sigmaringendorf eine Erweiterung des Gotteshauses durch den Anbau eines Querhauses und eines dreiseitigen Chors. Auch in Hausen am Andelsbach war 1853 die Ottilienkirche zu klein geworden. So schritt man zur Errichtung eines neuen Langhauses und eines Chors, die man an den hübschen Treppengiebelturm aus dem 15. Jahrhundert anfügte. Durch

106/107

Wandlisenen gab Laur dem Bau eine gefällige Außengliederung. Auch in Krauchenwies vermochte die Kirche um diese Zeit die Gläubigen nicht mehr zu fassen, so daß man 1859 das Schiff nach Osten hin verlängerte und ihm wie in Sigmaringendorf ein Querhaus und einen dreiseitig geschlossenen Chor davorsetzte. Im Westen fügte man eine offene Vorhalle an. Leider hat auch diese Kirche anläßlich der jüngsten Restaurierung ihre neugotische Ausstattung verloren. Im selben Jahr 1859 erhielt das bei Pfullendorf gelegene Otterswang einen Neubau seiner Fideliskirche in neugotischem Stil.

Am Beginn der sechziger Jahre entstanden nach Plänen Josef Laurs rasch hintereinander drei Gotteshäuser in Neufra (1860/61, Turmobergeschosse 1862), Inneringen (1861/62, auch Pläne eines Architekten Statz, Köln, spielten eine Rolle) und Veringenstadt (1862), die bei uns neben der Pfarrkirche in Vilsingen mit zu den besten neugotischen Schöpfungen zählen. Die Neufraer Pfarrkirche St. Mauritius, ganz in unverputztem Kalkstein errichtet, ist eine dreischiffige Basilika mit hohem Langhaus und Chor; entsprechend dem Vorgängerbau besitzt sie den Turm mit Nebeneingang auf der Nordseite des Langhauses. Während die Fassade sich recht schlicht darbietet, zeigt sich der Turm mit achteckigem Glockengeschoß und spitzem Helm gut gegliedert. Fast als Schwesterkirche ist die Inneringer Pfarrkirche St. Martin zu werten, deren Turm wiederum auf der Nordseite des Langhauses sitzt, jedoch in den Untergeschossen jenen des Mittelalters weiterverwendet hat. Hier allerdings ist das Mauerwerk des Turms verputzt, während sich die übrigen Teile des Gotteshauses wie in Neufra in unverputztem Naturgestein darbieten. Die Innenaufteilung des Kirchenraums erscheint in Neufra glücklicher als in Inneringen gewählt, wo der Chor zu kurz und die Orgelempore zu hoch angelegt sind; überdies machen sich die bis zur Kapitellzone der Langhaussäulen niederreichenden Gewölbedienste in der zweiten Kirche für die Aufstellung von Figuren nachteilig bemerkbar.

81

Nicht weniger wertvoll zeigt sich die Pfarrkirche St. Nikolaus in Veringenstadt, die ebenfalls die Untergeschosse des mittelalterlichen Turms mit seinem edlen romanischen Eingangsportal weiterverwendet hat. Während das Äußere mit Strebepfeilern gegliedert ist, besitzt das Innere durch Spitzbögen miteinander verbundene Wandpfeiler und Kreuzgratgewölbe, dessen Rippen auf Wandkonsolen in Höhe der unteren Fensterzone aufruhen. Dem einschiffigen Langhaus fügt sich ein eingezogener, dreiseitig geschlossener Chor an, der 1956 seinen neugotischen Hochaltar aus der Werkstatt Marmon in Sigmaringen verloren hat. Leider hat man anläßlich der damaligen Renovierung in falsch verstandenem Purifizierungswahn auch die Seitenaltäre beseitigt, gleichwohl Platz für kostbare gotische Figuren geschaffen.

Im Süden des Kreises, in Illmensee, entstand 1860 nach Plänen des Erzbischöflichen Bauamts Konstanz ein bemerkenswerter Kirchenbau, der eine gute Außengliederung und einen Turm auf der Nordseite des niederen Chors mit spitzem Helm zeigt.

Gleichzeitig mit der Veringenstädter Pfarrkirche erstand in Sigmaringen die evangelische Kirche zusammen mit dem Pfarrhaus nach dem Entwurf des Berliner Oberhofbaurats Friedrich August Stüler (1800–65), eines der besten Schüler des preußischen Baumeisters Friedrich Schinkel (1862).

Seit 1860 lief unter der Bauaufsicht und nach der Planung Josef Laurs eine Reihe von Arbeiten im fürstlichen Schloß zu Sigmaringen. So entstand durch den Umbau des langgestreckten Gewölbes über der südlichen Ringmauer 1864 die Waffenhalle. Zwischen 1862 und 1867 errichtete man auf der Westseite außerhalb des Tors die neue, durch einen offenen Spitzbogen mit dem Torbau verbundene Kunsthalle (»Galeriebau«). Gleichzeitig wurde der Marstall umgebaut, dabei das Ziegeldach durch ein Schieferdach ersetzt, zwei Ecktürmchen und ein neues Portal angebracht. Unter der Leitung des Pariser Architekten Lambert ließ der Fürst 1872 den Speisesaal umgestalten. 1877 erhöhte man den Hauptturm (»Römerturm«); im Jahr darauf erhielt der Ahnensaal durch Stukkaturen, Deckengemälde und Türen eine neue Auskleidung.

In den Jahren 1867/69 entstand auf dem Brunnenberg bei Sigmaringen, gefördert durch die unermüdliche Arbeit des Pfarrers Thomas Geiselhart, das Kinder- und Waisenheim »Haus Nazareth«. Im Mittelpunkt enthält es eine neugotische Kapelle, deren Langhaus zwei Fensterachsen weit aus dem Hauptgebäude vorragt und außen durch Spitzbogenlisenen gegliedert ist. Niedriger ist der dreiseitig vorspringende Chor mit Stützpfeiler gehalten; über der Langhausstirnwand zum Chor sitzt ein offener spitzer Glockenbock.

Am Ende der sechziger Jahre entstand im Zusammenhang mit dem 1863 neugegründeten Benediktinerkloster Beuron ein herausragender Versuch zur Erneuerung christlicher Kunst in Deutschland, und zwar durch Peter Lenz (Pater Desiderius OSB, 1832 Haigerloch – 1928 Beuron) und seinen Freund Jakob Wüger (P. Gabriel, 1829 Steckborn/CH – 1892 Monte Cassino), die Begründer der »Beuroner Kunstschule«. Von 1850 an in der Bildhauerklasse der Münchner Akademie ausgebildet, ließ sich Lenz zunächst von den Nazarenern J. Schnorr von Carolsfeld und P. Cornelius begeistern, setzte sich aber seit 1864 anläßlich eines Romaufenthalts mehr mit frühgriechischer, dann vor allem mit altägyptischer Kunst auseinander. »Im tektonischen Pathos ägyptischer Tempelbaukunst, in der linearen Flächigkeit und naturfernen Stilisierung des Wandreliefs, in der blockhaften Voluminierung und im feierlichen Hieratischen der Skulptur... fand er fesselnde Anregungen und seinem Suchen Verwandtes... Im Jahr 1868 bot sich Lenz recht überraschend Gelegenheit, erstmals ein größeres Werk getreu seinen neu gewonnenen Anschauungen ausführen zu können: die Mauruskapelle, eine von der Stifterin des Benediktinerklosters Beuron, Fürstin Catherine von Hohenzollern, in Auftrag gegebene und in dessen Nähe an der Donau gelegene Votivkapelle zum hl. Maurus« (Harald Siebenmorgen).

Bei einem Besuch anfangs 1868 in Beuron verstand es Lenz, den dortigen Abt Maurus Wolter und die Stifterin so von seinen Ideen zu überzeugen, daß sie ihn zunächst mit dem Plan, später auch mit der Errichtung der Kapelle betrauten. »Hielt sich Lenz bei der Disposition an ein durchaus schon im Barock für Kapellenbauten geläufiges Schema, so formte er daraus einen völlig neuen Baukörper aus klaren, stereometrischen Einzelgliedern, deren Abfolge über einem geböschten Sockelblock und der Treppenanlage prospektartig die Hanglage des Ortes nutzt und dessen auf antike Giebelformen anspielendes Satteldach mit offenem Gebälk der zusammenfassenden Akzent setzt.« (Siebenmorgen).

Das letzte größere Werk Josef Laurs ist die Pfarrkirche in Vilsingen von 1871. An den hochaufragenden Westturm mit geschlossener Spitze aus Kalksteinplatten, die beim letzten großen Erdbeben erhebliche Schäden davontrug, schließt sich ein einschiffiges Langhaus an; ihm folgen ein Querhaus und ein dreiseitig geschlossener Altarraum. Zum Glück sind von der Ausstattung nur die beiden Seitenaltäre, nicht aber der Hochaltar der letzten Restaurierung zum Opfer gefallen. So bietet diese neugotische Pfarrkirche noch ein relativ geschlossenes Bild der Zeit.

In den folgenden Jahren beschränkten sich die Anstrengungen weitgehend auf Erweiterungen und Neuausstattungen. Immerhin entstand 1877 in Günzkofen bei Hohentengen eine neue Agathakapelle. 1880 verlängerte man in Zell am Andelsbach die spätgotische Pfarrkirche an der Eingangsseite durch einen Querbau mit Treppengiebel. Auch die Pfarrkirche in Saulgau-Moosheim erhielt 1881 eine Verlängerung nach Westen und eine neugotische Ausstattung, ebenso wie die Pfarrkirche St. Georg in Renhardsweiler. In Burgweiler bei Ostrach wagte man sich 1883 an einen Kirchenneubau, wobei man die wertvolle romanische Krypta in den Bau miteinbezog. Schließlich entstand 1889/90 die Josefskapelle in Ringgenbach bei Menningen, ein schlichtes Heiligtum.

Im Jahr 1889 bekam der fürstliche Baurat de Pay (1844 Cannstatt – 1899 Sigmaringen) vom Sigmaringer Fürsten den Auftrag, den dreiseitigen Chor der ehemaligen Franziskanerkirche in Sigmaringen-Hedingen abzubrechen, um eine fürstliche Gruft zu schaffen. Dabei ist in eklektizistischen Formen ein Neurenaissance-Raum mit drei Apsiden, Vorchor, klassizistischem Hochaltar und zwei Wandpfeiler-Altären entstanden. Nunmehr beherrscht eine Tambourkuppel das ganze Gebäude. Gleichzeitig mit der Restaurierung erhielt das Langhaus einen neuen Westgiebel und einen Dachreiter.

Im Jahr 1897 brach man in Ostrach das Langhaus der Pfarrkirche St. Pankratius von ca. 1705 mit schöner, flacher Stuckdecke (1725) ab und ersetzte es nach Plänen von Wilhelm Friedrich Laurs (1858 Lennep – 1934 Tübingen). Es wurde ein breiter, dreischiffiger Bau mit kräftigen Stützpfeilern, wobei die schmalen Seitenschiffe nur die Nebengänge enthalten. Vor dem Chor erweitert sich der Raum zu einem Querschiff; die Eingangsfront auf der Westseite, ebenfalls mit Streben versehen, bleibt auf die Breite des Mittelschiffs beschränkt. Im selben Jahr 1897 verlängerte man um fünf Meter die Kapelle von Unterschmeien bei Sigmaringen.

Gegen die Jahrhundertwende entfaltete die Beuroner Kunstschule eine reiche Tätigkeit. Sie baute 1888/89 das neue Refektorium im Kloster, 1898/99 den Atelierbau, die Gnadenkapelle, die Kirchenvorhalle und die Sakristeierweiterung. Ihren eigentümlichen Stil zeigt vor allem die Gnadenkapelle, die der Langhaus-Nordseite der Klosterkirche vor dem Beginn des Chors angefügt ist. Dies wiederholt das Mansarddach des Hauptdachs. *262*

Das bedeutendste weltliche Bauvorhaben der neunziger Jahre war die Wiederherstellung der Ostteile des Sigmaringer Schlosses nach dem verheerenden Brand am 17. April 1893, der den östlichen Flügel, die beiden werdenbergischen Bauten bis zum französischen Saal vernichtet hatte. Der Wiederaufbau begann nach langen Aufräumarbeiten 1895 unter Leitung von *33*

Hofbaurat de Pay. Am 14. Dezember 1895 konnte man nach Vollendung der Maurerarbeiten und Schließung des Daches das Richtfest begehen. Allerdings nahm der Innenausbau noch etliche Jahre in Anspruch. Nach de Pays Tod (1899) übertrug der Fürst die Bauleitung dem Münchner Architekten Professor Emanuel von Seidl (1856 München – 1919 dort; Baumeister von Schlössern, Villen, setzte den Bau des Deutschen Museums in München fort). »Zunächst wurde 1900 der Giebel der Südseite erneuert. Im folgenden Jahr wird der Turmaufbau von 1877 abgebrochen und durch ein massives Oktogon mit Helm aus Tuffstein im neogotischen Stil ersetzt und auf eine Gesamthöhe von 102 Metern über dem Donauspiegel gebracht. Auch die beiden achteckigen Treppentürme im Innenhof, der Böhmische und Schwedische, erhalten neue Aufbauten mit unterschiedlichen welschen Helmformen. Drei hohe Fassadengiebel im Renaissancestil schließen den östlichen, höchstgelegenen Teil des Baues mit einem Querdach ab, das ein Pavillon krönt. Diese Giebel sind charakteristisch für den Stil Emanuel von Seidls. Der Eklektizismus, dem er huldigte, gab dem Neubau des Schlosses vielfältige Formen« (Walter Kaufhold).

263

Die Plastik des 19. Jahrhunderts

Im Unterschied zur Architektur sind Bildhauerei und Stuckplastik des 19. Jahrhunderts im Kreis Sigmaringen so gut wie unerforscht. Es bedarf einer Reihe von Einzeluntersuchungen, um einen Gesamtüberblick bieten zu können. Vor allem Werke aus der ersten Jahrhunderthälfte sind kaum bekannt, auf Grund der spärlichen Kirchenausstattungen der Zeit auch recht selten. Einzig die Statue einer Madonna mit Kind aus dem Jahr 1816 im Pfarrhaus in Ostrach, die sich dem Überlinger Bildhauer Aloys Dirr zuordnen läßt, und eine weitere Madonna mit gefalteten Händen (von 1828) auf dem nördlichen Seitenaltar am Chorbogen in der Pfarrkirche in Scheer, die der Bildhauer Johann

Bauer in Konstanz geschnitzt hat, gehören dazu. In Sigmaringen gründete 1858 der Haigerlocher Franz Xaver Marmon (1832–1879 † an einem Herzinfarkt im Offenburger Bahnhof) eine Werkstätte für christliche Bildhauerei. Bis 1866 hatte er gemeinsam mit zwölf bis fünfzehn Gesellen insgesamt 48 Altäre geschaffen und ins Land geliefert, nahezu alle im neugotischen oder neuromanischen Stil. Unter ihnen befanden sich Altäre für die Pfarrkirche in Hausen am Andelsbach, drei Altäre für die Pfarrkirche in Inneringen, ebenso drei für die in Neufra, für die Pfarrkirche in Tafertsweiler und weitere für die Pfarrkirche in Veringenstadt. Leider wurden die letztgenannten bei der jüngsten Kirchenrenovation entfernt, teilweise sind sie jedoch noch im Pfarrhaus oder im Pfarrheim erhalten. Nach 1866 lieferte Marmon Altäre nach Thalheim bei Meßkirch, die glücklicherweise allesamt wieder aufgestellt wurden, nachdem die Seitenaltäre längere Zeit von ihrem Platz entfernt worden waren. Der Hochaltar zeigt eine Herz-Jesu-Figur in der Mitte; seitlich sind die der hll. Joseph und Laurentius aufgestellt. Ein recht guter Altar steht auch in der Kapelle des Hauses Nazareth in Sigmaringen, zu dem Marmon mittelalterliche Altarflügel fügte. Dies tat er übrigens auch zum Altar im alten Fidelishaus in Sigmaringen. Auch der Hochaltar der Pfarrkirche in Krumbach bei Meßkirch ist ein für Marmon typisches Werk, das jüngst restauriert wurde. Derselben Werkstatt darf man auch den Hochaltar der Pfarrkirche in Hausen im Tal zuschreiben. Nicht klar ist, ob der Altar der Friedhofskapelle in Stetten am kalten Markt mit seinem herrlichen Kruzifix Franz Xaver Marmon oder einen seiner Söhne zum Schöpfer hat.

Bei der genauen Betrachtung der Altäre aus der Werkstatt Marmon fallen gewisse Qualitätsunterschiede auf, die ein Stück weit durch die Arbeit verschiedener Mitarbeiter bedingt sind. So läßt etwa der Neufraer Hochaltar des Jahres 1862 mit einem mächtigen Gekreuzigten in der Mitte, ferner die hll. Mauritius und Sebastian als Begleitfiguren, einen soliden Schnitzer erkennen. Billigerweise wird neugotischen Arbeiten in jüngster Zeit wieder mehr Wertschätzung zuteil. Seit etwa 1875 war in der Marmon-Werkstätte ein tüchtiger, in München ausgebildeter Schnitzer tätig, der nach Marmons plötzlichem Tod bis 1881 das Geschäft weiterführte, Franz Josef Simmler (1846 Geisenheim/ Nassau – 1926 Offenburg). Im Jahr 1881 eröffnete er eine eigene Werkstätte in Offenburg, die er bis 1906 selbst betrieb. Er scheint ein begnadeter Bildhauer, jedoch ein wenig tüchtiger Geschäftsmann gewesen zu sein. Alten Geschäftsverbindungen aus seiner Sigmaringer Zeit ist sicher der Auftrag für die Mengener St. Martinskirche zu danken. Dorthin lieferte Simmler 1881/82 die beiden Seitenaltäre im Stil der Neurenaissance, wobei der nördliche ein spätbarockes Altarblatt mit der hl. Familie einschließt. Zehn Jahre später restaurierte er den gotischen Flügelalter im südlichen Seitenschiff der Pfarrkirche in Pfullendorf (um 1450), für den er einen Gott Vater mit dem toten Sohn auf dem Schoß schnitzte, ferner einen Auferstandenen. Dazu fertigte er neben dem Altarrahmen ein neues Maßwerk und Gesprenge. Darüber hinaus bewahrt die dortige Kirche ein Reihe weiterer Arbeiten Simmlers, die mit zum Besten der Zeit im Umkreis gehören.

Eine ähnlich beherrschende Stellung wie Marmon für Sigmaringen besaß die W. Mayer'sche Werkstätte (später die Mayer'sche Hofkunstanstalt in München) für Saulgau und Umgebung. Sie lieferte 1867 die neue Ausstattung der Saulgauer Stadtpfarrkirche, die leider anläßlich der letzten Renovierung beseitigt wurde.

Für die Maurus-Kapelle bei Beuron, die 1871 fertig wurde, hatte man beim Nürnberger Bildhauer Johann Schwend für (+ Okt. 1871), dem engsten Gesinnungsfreund von Peter Lenz und dessen Nachfolger als Lehrer an der Nürnberger Kunstgewerbeschule, Marmorarbeiten übertragen, insbesondere einen liegenden

hl. Maurus unter der Steinmensa des Altars. Lenz führte dann in Nürnberg diese Arbeiten zu Ende, den Altar mit Tabernakel und die Liegefigur.

Ein bescheidener Bildhauer war ein Mann namens Rach in Oberstetten, der für das benachbarte Gammertingen-Harthausen 1875 einen Hochaltar in die dortige Kirche lieferte.

Möglicherweise existieren noch Teile des ehemaligen Hochaltars der Liebfrauenkirche Mengen, der im Neurenaissance-Stil gehalten war und anläßlich der letzten Kirchenrenovation einer Chororgel weichen mußte. Den Altar hatte 1876 die Werkstätte W. Mayer in Saulgau gefertigt.

Für die Saulgauer Kreuzkapelle schuf 1882 Bildhauer K. Doerr einen guten Ölberg. Aus der dortigen Werkstätte Mayer gingen die beiden Brüder Hermann und Josef Stärk hervor, die Plastiken in das Vorzeichen von St. Johann in Saulgau lieferten. Auch ein gutes Chorbogenkreuz von 1895 derselben Kirche, das bald an seinen Platz zurückkehren soll, stammt von Hermann Stärk, der Saulgau verlassen hatte und nach Nürnberg gezogen war. Für die Friedhofskapelle in Pfullendorf fertigte dieser eine beachtliche Pietà.

Der Freiburger Bildhauer Julius Seitz schnitzte 1891 für die Pfarrkirche in Pfullendorf eine weitere Pietà. Schöne Stuckplastiken zeigt der Ahnen- oder Rittersaal des Sigmaringer Schlosses, die 1878 der Stuttgarter Bildhauer und Stukkateur E. Roddo gefertigt hat. Der um 1890 dort ebenfalls beschäftigte Münchner Biehl schuf 1892 die eindrucksvolle Stuckkanzel der Pfarrkirche St. Johann in Sigmaringen, die am Fuß zwei reizende Puttenköpfchen zeigt.

Leider ist aus der Altarwerkstätte des Bildhauers G. Müller in Saulgau nicht viel auf uns gekommen; ein größerer Teil seiner Altäre scheint ausgeräumt worden zu sein. Eine gute Arbeit schuf er im Neorenaissance-Altar von 1889 für die Liebfrauenkirche in Saulgau.

Die Malerei des 19. Jahrhunderts

Im Unterschied zur Plastik und Kunstschreinerei hat die Malerei die schwere Zeit der Säkularisierung und der Napoleonischen Kriege weit besser überstanden, da sie nicht so stark von geistlichen Auftraggebern abhängig war. Zeitweilig wurde sie in Sigmaringen durch den fürstlichen Hof gefördert; weit stärker aber war sie von den Bürgern getragen, die mit erwachendem Selbstbewußtsein Wert auf ein Einzel- oder Familienportrait legten. Hin und wieder finden sich auch Landschaftsdarstellungen in Malerei und Graphik dieser Zeit.

In Sigmaringen führte nach dem Tod Andreas Meinrads von Aw (Ow) 1792 offensichtlich sein Sohn Thomas von Aw (1771–1843 Sigmaringen) die väterliche Werkstatt fort. Nach dem Ausbleiben kirchlicher Aufträge verlegte er sich mehr und mehr auf den Bausektor und wurde schließlich Stadtbaumeister. Daneben war er auch Heiligenpfleger und Gemeinderechner und starb hochgeachtet. Ein weiterer Vertreter der Familie auf dem Gebiet der Malerei war Anton Fidel von Aw, der 1858 zusammen mit Karl Vollmer aus Mengen die Seitenaltäre der Pfarrkirche in Habsthal neu faßte. Weit stärker trat jedoch als Maler Johann Nepomuk Lutz (1807–82 Sigmaringen) hervor, der auch als Glaser sein Brot verdiente. Dieser lieferte 1833 für die Kirche in Sigmaringen-Unterschmeien ein gutes Altarblatt mit der Darstellung der hl. Sippe. In der Pfarrkirche in Dietershofen malte er die Fresken mit den Bildnissen der hll. Petrus und Paulus an die Chorwände hinter dem Hochaltar (1855). Ein Altarblatt von seiner Hand enthält der Emporenaltar hinter der Orgel in der Pfarr- und Klosterkirche in Wald. Ein Altersgenosse von ihm – und nicht mit ihm zu verwechseln – war Sebastian Lütz (1808–66 Sigmaringen), der in der Donaustadt die neue Kunst der Lithographie in der Biedermeierzeit vertritt. Für die Pfarrkirche in Stetten am kalten Markt schuf er als Mittelbild des Hochaltars die mächtige Darstellung des Kirchenpatrons Mauritius. Weit bekannter wurde er durch die Übertragung der Bilder des dilettierenden Leiters der fürstlichen Sammlungen, des Freiherrn Carl von Mayenfisch in Sigmaringen, in Steindruck, so die Zeichnung »Josephslust«, »Ansicht des Schlosses Krauchenwies« und »Hornstein«. Ein Ortsbild von Inzigkofen zeichnet er selbst ebenso wie die Vedute von Veringendorf, um sie dann zu lithographieren bzw. zu drucken.

Im benachbarten Meßkirch wirkte um dieselbe Zeit Anton Eitelberger (identisch mit dem am 15. August 1856 im Alter von 76½ Jahren gestorbenen Bäckermeister?). Um 1840 schuf er eine prachtvolle Vedute von »Schloß und Ort Meßkirch«, die als Lithographie bei Johann A. Pecht in Konstanz erschien. Als Nachzügler der Biedermeierzeit gibt es auch ein großes Blatt von Sigmaringen, das im Mittelteil die Stadt zeigt, gerahmt von Darstellungen aus ihrer Umgebung. Daß Eitelberger auch als Maler tätig war, beweist die Signatur von 1852 auf dem Hochaltarbild der Pfarrkirche in Meßkirch. Diese vermeldet die Renovation des Kreuzigungsbildes von Andreas Meinrad von Aw aus dem Jahr 1775. Freilich ist eine solche Arbeit nur schwer einem alten Mann von 73 Jahren zuzutrauen; so dürfte es sich bei dem genannten Zeichner und Maler um einen gleichnamigen Sohn des 1856 Gestorbenen handeln.

Ein im nördlichen Kreisgebiet öfters beschäftigter Maler war Kaspar Lieb (1803–64) in Hettingen im Laucherttal, der sein Handwerk wohl nur bei Alois Rupprecht (geb. 1790) im selben Städtchen gelernt haben kann. Dabei arbeitete Kaspar zumeist mit seinem Malerbruder Fidelis Lieb (1813–58) zusammen, der nie selbständig auftrat. Die Pfarrkirche dort bewahrt einen noch ganz barock anmutenden Kreuzweg von 1826 in relativ kleinem Format, den Kaspar Lieb auf der Rückseite einer Tafel signiert hat. Einen ähnlichen Kreuzweg lieferte er 1836 in die Pfarrkirche von Kettenacker, der leider im Zug des Kirchenbaus von 1956 veräußert wurde. Immerhin zeigen noch die

238

Seitenaltäre aus demselben Jahr Oberbilder des hl. Antonius von Padua und des hl. Josef. Als bestes Werk von seiner Hand bewahrt eine Hettinger Familie das Ölbild einer hl. Familie. 1846 malte Kaspar Lieb in das Schollenkäpele oberhalb Gammertingens ein Altarblatt mit dem weinenden Petrus. Wiederum in Hettinger Privatbesitz befindet sich ein Männerbildnis von 1853, angeblich ein Selbstporträt.

Im benachbarten Gammertingen finden sich kleinere Arbeiten des Carl Reiser (1777–1860 dort), den sein Vater Anton Reiser II (1740–1811) offensichtlich gründlich ausgebildet hat. Sein schönstes Blatt ist das große Votivbild des herrschaftlichen Sennerei-Pächters Joseph Imbach von 1824 in der Neufraer Hochbergkapelle (heute Pfarrhaus), das eine liebevolle Wiedergabe der damaligen Tracht bietet. Weitere Votivtafeln dort, zwischen 1810 und 1850 gemalt; zeugen von seiner Meisterschaft.

Votivtafeln aus der ersten Hälfte des 19. Jahrhunderts besitzt auch die Wallfahrtskirche Maria Schray bei Pfullendorf. Sie dürften Arbeiten des einheimischen Malers Lorenz Mathias Schach (1768–1813), auch Lehrer an der dortigen Zeichenschule, ferner des Benefiziaten Karl Öhlschlägel (1798–1868) sein, der 1832 bis 1857 Kaplan und Zeichenlehrer in Pfullendorf war.

Inwieweit die Faßmaler Johann Michael Bosch aus Scheer und Felix Speth aus Mengen in das 19. Jahrhundert hineinarbeiteten, wäre noch zu untersuchen. Immerhin haben zwei Malersöhne des Jakob Vollmar die Malertradition in Mengen fortgesetzt, nämlich Johann Georg Vollmar II (1770–1831 Bern, als Professor der dortigen Kunstschule) und Xaver Vollmar. Ein Alois Vollmer, Maler in Mengen, gab der Apostelserie der Pfarrkirche in Mengen-Ennetach 1823 eine Neufassung. Es wäre weiterhin zu klären, ob auch Leopold Rauch, der 1789 Deckenfresken für die Pfarrkirche in Grafenhausen bei Lahr fertigte, in seiner Heimatstadt Mengen tätig war. Genauso bedarf noch das Werk des Joseph Messmer in Saulgau am Beginn des 19. Jahrhunderts einer Untersuchung.

258
259

248

In seinem Hochaltar besitzt die Pfarrkirche in Hochberg bei Saulgau eine mächtige Kreuzigung Jesu des Jahres 1824 von der Hand des Joseph Anton Meßmer, Hohentengen.

Auch drei Konstanzer Maler sind mit ihren Arbeiten in unserem Kreis vertreten: Für die Pfarrkirche in Jungnau bei Sigmaringen schuf zwischen 1827 und 1834 Nikolaus Hug (1771–1852 Konstanz) ein großes Altarblatt mit der Darstellung der hl. Mutter Anna, die ihre Tochter Maria beten lehrt. Das Bild steht hinter dem jetzigen Hochaltar.

In der Pfarrkirche in Kreenheinstetten ist Wendelin Moosbruggers (1760 Konstanz – 1849 Aarau) Ölbild des hl. Arbogast im rechten Seitenaltar zu sehen. Schließlich ist in Sigmaringen Maria Ellenrieder (1791–1863 Konstanz) mit Werken repräsentiert: Sie malte schon 1827 Fürst Anton Aloys zweimal. Diese Bilder befinden sich mit weiteren sechs Werken in den Fürstlichen Sammlungen. Ein Christuskopf von 1845 gelangte in das Haus Nazareth in Sigmaringen.

Aus der Kreisstadt Sigmaringen selbst hervorgegangen ist der fürstliche Hofmaler Richard Lauchert (1823 Sigmaringen – 1868 Berlin), über seine Großmutter Anna Maria Wetz mit deren Bruder Fidelis Wetz verbunden. Der kunstliebende Erbprinz Karl Anton von Hohenzollern-Sigmaringen finanzierte von 1839 an sein Studium an der Münchner Kunstakademie, an der Peter Cornelius sein erster Lehrer war. Am 4. Februar 1850 ernannte der Fürst Lauchert zum Hofmaler, der seitdem für die fürstliche Familie eine Reihe von qualitätvollen Portraits malte. Von 1852 bis 1857 erhielt Lauchert zahlreiche Aufträge an verschiedenen Fürstenhöfen Europas, in deren Ausführung er von Schloß zu Schloß reiste. Dabei entwickelte Lauchert in der meisterhaften Wiedergabe der Portraitierten, in der Darstellung von Haltung, Gewandung und Interieur so viel Geschick, daß seine Beliebtheit noch zunahm. Offensichtlich mutete sich der Vielgefragte in der Erfüllung der zahlreichen Bitten zu viel zu; denn der Tod nahm dem Überforderten schon mit 45 Jahren den

Pinsel aus der Hand. Es führte zu weit, die zahlreichen Portraits der fürstlichen Familie und ihrer Mitglieder in Öl, Aquarell oder Bleistift im Schloß Sigmaringen und im fürstlichen Landhaus Krauchenwies (seit 1844, großformatige Porträts von 1852 usw.), ferner jene in Sigmaringer Privatbesitz aufzuzählen. Laucherts Selbstportrait im »Runden Turm« in Sigmaringen sei besonders hervorgehoben. Es befindet sich in städtischem Besitz.

Ein vielbeschäftigter Maler im Norden des Kreises war der Gammertinger Constantin Hanner (1827–1893), der sich zeitweilig in München aufhielt. Auch er lieferte eine Reihe qualitätvoller Portraits, heute zumeist im Privatbesitz, ferner romantische Landschaftsdarstellungen, darunter Seen und Hochgebirgsbilder; hinzu kam eine Reihe religiöser Werke, darunter Altarblätter und Kreuzwege. Leider entfernte man selbst in seiner Heimatstadt in den Nachkriegsjahren seine Bilder aus der Pfarrkirche, für die er zwei Seitenaltarblätter geschaffen hatte. Auch die großformatigen Kreuzwegtafeln fanden keine Gnade. In der Michaelskapelle in Gammertingen strich man in den sechziger Jahren unseres Jahrhunderts die auf die Wand gemalten Seitenaltaraufbauten mitsamt den Darstellungen einer Madonna mit Kind und eines hl. Franz Xaver einfach zu. Genau so erging es dem auf die Wand gemalten Hochaltaraufbau in der Neufraer Hochbergkapelle, der 1966 beseitigt wurde. Erhalten sind Hanners Kreuzwegtafeln in der Pfarrkirche in Laiz, in Feldhausen bei Gammertingen, in der Kapelle in Neufra-Freudenweiler und in den Stationen zur Neufraer Hochbergkapelle. Aus dem dortigen Heiligtum stammen auch vier Votivbilder von Hanners Hand, heute im Pfarrhaus. An großformatigen Bildern bewahrt die Kirche in Gammertingen-Harthausen als Hochaltarblatt eine Taufe Jesu (1875), die Michaelskapelle in Gammertingen als Deckenbild eine Weihnachtsdarstellung, die Friedhofskapelle in Gammertingen zwei Passionsszenen, die Sebastianskapelle in Feldhausen eine Herz-Jesu- und eine Herz-Marien-Darstellung.

Im Jahr 1865 entschloß man sich in Pfullendorf, die barocken Hochaltarblätter in der Jakobuskirche durch neue zu ersetzen. Als Hauptbild schuf der Freiburger Bildnis- und Kirchenmaler Wilhelm Dürr (1815 Villingen – 1890 München) eine reich gestaltete Taufe des Häschers Josias durch den Apostel Jakobus auf dessen Gang zur Hinrichtung. Als Oberbild im ovalen Rahmen malte er eine Verkündigung Mariens. 1869 erhielt der Hochaltar der Pfarrkirche im benachbarten Denkingen eine Taufe Jesu im Jordan von demselben Meister. *243*

In Illmensee ist mit drei Altarblättern der bekannteste Schweizer Kirchenmaler des 19. Jahrhunderts vertreten, nämlich Paul Melchior von Deschwanden (1811 Stans – 1881 dort). Für den Hochaltar schuf er 1862 in der Art der Nazarener eine Himmelfahrt Mariens, 1865 für die Seitenaltäre einen knienden Ölberg-Christus und einen hl. Sebastian.

Bald nach dem Einzug der Benediktinermönche in Beuron (1863) fügten diese in den rechten Seitenaltar (Rosenkranz-Altar) am Chorbogen ein Bild des Ordensvaters ein, St. Benedikt auf leuchtendem Gold-Hintergrund. Der Münchner Claudius von Schraudolph (1813 Oberstdorf – 1891 dort) hatte es gemalt. Freilich entfernte man es wieder in den sechziger Jahren.

Als Hauptwerk der »Beuroner Kunstschule« entstand in den Jahren 1868–1871 die Mauruskapelle im Donautal. Peter Lenz sah sowohl am Äußern wie im Innern einen Freskenschmuck vor, der durch seine strenge Gliederung in Rechteckfelder und seine polychrome Ornamentik wirken sollte. Gleichwohl er von 1864 an zahlreiche Pausen aus einem zwölfbändigen Werk über Ägyptische Malerei in Rom angefertigt hatte, sah der im Malen Ungeübte sich außer Stande, seine Bildvorstellungen selbst auszuführen. So zog er seinen Freund Jakob Wüger bei, der in Rom geblieben war und dort eine Anzahl Schüler um sich gesammelt hatte. Gleichwohl beide im Winter 1868/69 gemeinsam die Entwürfe für St. Maurus zeichneten, kam es dann bei der *261*

Ausführung der Malereien in St. Maurus zu Kontroversen, da Wüger die strenge Stilisierung von Lenz abzumildern und durch eigene Entwürfe zu ersetzen suchte. »Die Darstellungen sind formal bewußt gestaffelt zwischen den streng konzipierten Heilsbildern der thronenden Maria mit Kind, der Kreuzigung und den anbetend versenkten, alle Mittel der Kurvenlinearität nutzenden Engel des inneren Frieses einerseits und den absichtlich »weicher« und naturnaher, teilweise zudem als Grisaillen zurückgestuften erzählerischen Bildern der Maurusvita andererseits« (Siebenmorgen).

Nach Abschluß der Ausmalung von St. Maurus trat Wüger in das Kloster Beuron ein und gab damit zugleich den Traum eines »Kunstklosters« auf; zwei Jahre später (1872) folgte ihm sein Schüler und Helfer bei den Fresken, Fridolin Steiner (P. Lucas, 1849–1906), nachdem dieser auf der Münchner Akademie eine kurze Ausbildungszeit abgeschlossen hatte. Peter Lenz jedoch legte erst 1878 auf dem Monte Cassino als Frater Desiderius seine Ordensgelübde ab.

Schon im Jahr 1872 begann Gabriel Wüger den Chor der Beuroner Klosterkirche zu verändern, in dem er den Stuck abschlug und aus dem Hochaltar die plasti- 232 sche Himmelfahrt Mariens von J. A. Feuchtmayer entfernte. Zusammen mit P. Lukas Steiner malte er zwischen die Altarsäulen ein mächtiges Gemälde im neuen Stil, auf einen nachtblauen, sternbesäten Himmel eine goldleuchtende Sonne, darin eine Krönung Mariens. Auf der Erde unten umstehen zwei männliche Heilige mit einer Engelschar das altarartige Grab der Gottesmutter. Später erhielt auch der linke Seitenaltar am Chorbogen durch P. Ephraem König ein neues Altarblatt mit dem hl. Josef mit Kind (heute entfernt). Weitere kleine Altäre an den Langhaussäulen bekamen Retabel im Stil der »Beuroner Schule«, so an den östlichen Pfeilern links eine Kreuzigungsszene von Gabriel Wüger, rechts eine hl. Scholastika von Ephraem König, die heute entfernt sind wie ein Herz-Jesu- und ein St. Martins-Bild dahinter.

Ein Dokument der »Beuroner Schule« ist die 1898 an die Klosterkirche nordwärts angebaute Gnadenka- 262 pelle, errichtet nach Plänen des P. Mauritius Gisler († 1940 in Jerusalem). Mit kreuzförmigem Grundriß zeigt sie in der Vierung eine mächtige Kuppel, von vier Jochbögen begrenzt. Im Scheitel eröffnet eine Mutter Gottes mit Kind den Bildzyklus, umgeben von einem Kranz von Engeln auf leuchtendem Goldhintergrund. In den Zwickeln der Bögen sind die vier Evangelisten-Symbole gemalt. Die Seitenschiffe zieren die Gestalten großer Marienverehrer wie Cyrill v. Alexandrien, Johannes von Damaskus, Bernhard von Clairvaux und Alfons von Liguori. In der Wölbung der Apsis ist über dem Gnadenaltar ein mächtiger Gekreuzigter zu sehen, begleitet von Maria und Johannes; aus dem Fuß des Kreuzes entspringt eine Quelle, aus der zwei Hirsche trinken. Glücklicherweise haben sich die gesamte Ausstattung und Ausmalung der Kapelle unversehrt erhalten.

Fiel noch für die Nazarener die illusionistische Naturnachahmung mit den religiösen Bildvorstellungen zusammen, so war für Lenz diese Einheit nicht mehr gegeben. Er schrieb: »An aller körperlichen formalen Schönheit, soweit sie nicht aus dem Geist geboren ist, liegt nichts, weil sie bloß die Sinne zu ergötzen vermag, der Geist aber geht leer aus. Diesen zu heben, ist aber Aufgabe der hohen Kunst«. Seinen Intentionen lag eine völlige Entsinnlichung und Entmaterialisierung der Malerei und der Plastik zugrunde; so strebte er nach Stilisierung, entindividualisierender Typisierung und Linearität. Darüber hinaus legte man in Beuron Wert auf eine zeremonienhafte Darbietung der Gestalten, denen eine tiefe Innerlichkeit und Versunkenheit im Göttlichen innewohnt. Diese Versuche, religiöse Kunst zu erneuern, fanden anfänglich begeisterte Zustimmung; doch erlahmte die Kraft der Beuroner Kunstschule längst vor dem Tod ihres Gründers; sie löste sich auf.

Ein weiterer Sigmaringer Maler, der eng mit der Marmon-Werkstatt verbunden war und auch den Titel des fürstlichen Hofmalers führte, Eduard Lütz (1838 Sigmaringen – 1881 Bad Ems), Sohn des Sebastian, soll nicht vergessen sein. Über sein Schaffen ist wenig bekannt. Immerhin lieferte er in seinem Todesjahr ein Altarblatt der hl. Anna für das nördliche Seitenschiff der Pfarrkirche Unserer Lieben Frau in Mengen.

Sein Nachfolger als Hofmaler wurde Gustav Bregenzer (1850 Sigmaringen – 1919 dort), der bis 1881 an der Düsseldorfer Akademie arbeitete und anschließend zurückkehrte. Im Auftrag König Carols von Rumänien kopierte er die wertvollsten fürstlichen Portraits im Schloß Sigmaringen, auch weitere Bildnisse der fürstlichen Familie. Der Auftrag für die königliche Gemäldesammlung in Bukarest beschäftigte ihn volle zehn Jahre, in denen Bregenzer zu einem exzellenten Kopisten heranwuchs. »Still und einsam schuf der Künstler in einer Werkstatt an der Buchhalde eine Fülle von Portraits, von denen noch Zeugen nicht nur im Heimatmuseum der Stadt (darunter ein Selbstbildnis), sondern auch in zahlreichen Sigmaringer Familien sind. Seine besten Werke hat er in den achtziger Jahren geschaffen« (J. Mühlebach).

Im Jahr 1889 schuf für die Saulgauer Frauenkapelle ein Maler Katzenstein, über den leider kaum etwas bekannt ist, zwei Altarblätter, die nicht mehr vorhanden sind.

Die Architektur des 20. Jahrhunderts

Am Ende der großen Rückschau auf die Kunst der vergangenen Jahrhunderte im Kreis Sigmaringen ist noch ein kurzer Blick auf das gegenwärtige zu werfen. Im Vordergrund stand fast stets die kirchliche Kunst. Ausgelöst durch das Wachsen der Städte und Dörfer seit 1850, in der Hauptsache seit den achtziger Jahren müßte sich das Gewicht nun etwas verlagern. Doch es führte zu weit, jede Entwicklung auf baulichem Sektor näher zu betrachten, etwa die Errichtung herrschaftlicher und städtischer Gebäulichkeiten, der Eisenbah-

nen, Banken, Schulen, Geschäftshäuser und der aufwendigeren Wohnbauten.

Nach der Jahrhundertwende arbeite man unter der Leitung von Wilhelm Laur noch bis 1908 am Schloß in Sigmaringen, um die letzten Spuren des Brandes von 1893 zu beseitigen.

In Heudorf bei Mengen ersetzte man 1901 die Pfarrkirche durch einen Neubau nach Plänen des in der Diözese Rottenburg oft beschäftigten Stuttgarter Architekten Josef Cades. Die für ihn typischen Kirchen im neuromanischen oder neugotischen Stil zeigen Backsteinmauerwerk, das unverputzt bleibt, so auch die mächtige Pfarrkirche St. Martin in Hundersingen, die 1905/06 ebenfalls nach Plänen von Cades erstand. Ihre Art der Ausführung ist typisch für den in der Diözese um 1900 gepflegten Stil, bei dem man bewußt das Beste und Gediegenste in der Nachahmung alter Kunst zu schaffen beabsichtigte. Nur zögernd vermögen wir heute die Qualität einer solchen eklektizistischen Kunst wieder zu begreifen. Sehr schlicht fiel 1908 der Neubau der Kapellen in Beuren aus, der Filiale Hundersingens. 1909/10 erstand in Pfullendorf die evangelische Kirche mit hübschem Zwiebelturm und Querhaus.

Moderne Wege beschritten 1911 die Franziskaner in Sigmaringen-Gorheim, als sie ihr 1890 bezogenes Kloster erweiterten und ostwärts nach Plänen des Frankfurter Architekten E. C. Capitain eine Herz-Jesu-Kirche erbauten. Dieser verwandte etwa an den niederen Langhauspfeilern, die Haupt- und Seitenschiffe trennen, ferner an den Emporenstützen Schmuckelemente in Form des Jugendstils. Leider büßte der Kirchenraum anläßlich der Renovierung 1963 bis 1966 seine ursprüngliche Bemalung und weitgehend auch seine originale Ausstattung ein. Einen bescheidenen Kapellen-Neubau nach Plänen Friedrich Wilhelm Laurs erhielt 1913 Hochberg bei Veringenstadt.

Als Beispiel eines nach dem Erstem Weltkrieg und nach der durch die Inflation bedingten Rezession erstellten

264

städtischen Verwaltungsgebäudes, das von bürgerlichem Selbstbewußtsein zeugt, sei das 1925/27 errichtete Rathaus in Sigmaringen genannt. Gemäßigt moderne Einflüsse übte am Anfang der dreißiger Jahre die Stuttgarter Bauschule aus, wofür die 1933/34 nach Plänen Otto Linders erbaute Fideliskirche in Burladingen auf der Zollernalb ein sprechendes Zeugnis ist. Die gleichen Stilmerkmale prägt das 1933 nach Entwürfen des Sigmaringer Architekten Friedrich Imbery erstellte Erzbischöfliche Konvikt Sigmaringen, dessen Kapelle jedoch in neuester Zeit völlig verändert wurde.

Herbertingen stand 1936 vor der Notwendigkeit, die durch Erdbeben schwer geschädigte St. Oswald-Pfarrkirche, die vorher gotische und barock erweiterte Raumteile besaß, bis auf den Turm abzubrechen und neu zu errichten. Der schlichte Raumkörper enthält noch beachtliche Teile der barocken Ausstattung. Auch die Pfarrkirche in Scheer hatte 1935 durch das Erdbeben beachtliche Schäden, vor allem an der Mittelschiff-Decke, davongetragen. Ein Eisenbetonkranz sollte das Mauerwerk zusammenhalten, ein neues Rabitzgewölbe ersetzte das alte, wobei jedoch die kostbare barocke Ausmalung verloren ging.

Der Zweite Weltkrieg brachte glücklicherweise in unserem Kreis keine Zerstörungen mit sich. Mit dem Beginn des wirtschaftlichen Aufschwungs in den fünfziger Jahren, vor allem in deren zweiter Hälfte, gingen Gemeinden an die Erneuerung und den Neubau von öffentlichen Gebäuden. Kunstgeschichtlich bedeutsam sind hier vor allem wieder die Kirchen.

So erstellte Großschönach im Süden des Kreises im Anschluß an den gotischen Satteldachturm 1956 nach den Plänen des Erzbischöflichen Bauamts Konstanz ein neues Kirchenschiff mit eingezogenem Chor, dessen Bauformen noch nicht wesentlich vom herkömmlichen Schema abweichen. Bemerkenswert sind immerhin moderne Lichtverhältnisse. Ebenfalls traditionell blieb dasselbe Bauamt beim Bau des Kirchenschiffes in Sauldorf-Rast. Genauso gilt dies für die ebenfalls 1956 erstellte Martinskirche in Gammertingen-Kettenacker, die bei den überkommenen Rechteck-Formen bleibt. Alle drei Sakralbauten bezeugen die lange Zeit hindurch von der katholischen Kirchenbehörde vertretene Fixierung auf ein verordnetes Bauschema, das alle modernistischen Auswüchse vermeiden und betont schlicht bleiben wollte. Weitere Zeugen der neuen Sachlichkeit sind die durch ihr Weiß-Grau steril wirkenden Kirchenräume in Krauchenwies und Schwenningen am Heuberg, in die einzig Gestühl und Decken einen warmen Farbton einbringen.

Lebendiger wirkt der 1959 erfolgte glückliche Umbau der Pfarrkirche Braunenweiler, bei dem ein Privatarchitekt verpflichtet wurde, nämlich Dipl.-Ing. L. Hepperle in Ravensburg. Der Raum wirkt durch gute Lichtführung und gediegene Ausstattung, wobei die Barockdecke erhalten blieb.

Der erste, im strengen Sinn moderne Kirchenbau erstand 1963 in der Pfarrkirche St. Fidelis in Sigmaringen-Hanfertal nach Plänen des Erzbischöflichen Bauamts Konstanz, des Oberbaurats Schätzle. Um den Kirchenbesucher möglichst nahe an das Geschehen auf dem Altar heranzubringen, ordnete er vier Gestühlsblöcke nahezu halbkreisförmig um den Chorraum an. Um allzu große Tiefe des Raumes zu vermeiden, legte ihn der Plan mehr in die Breite an. Dabei folgen die bis auf Eingangs- und Altarrückseite schräg gestellten Wände den Gestühlsblöcken. Das von einem weit herabreichenden Dach bedeckte Kircheninnere wird in der Hauptsache von zwei schrägen, die hintere Eingangswand flankierenden und durch senkrechte Betonrippen gegliederten Betonglaswänden nach Entwürfen des Münchner Glasmalers Prof. A. Burkart, der aus Riedlingen stammt, farbig erhellt. Weiteres Licht gelangt verdeckt seitlich in den Altarraum. Der niederen Sakristei links vom Chor entspricht eine Kapelle auf der Gegenseite. Der schlichte rechteckige Turm mit geradem Abschluß steht abgesetzt nördlich des Haupteingangs.

Ähnlich moderne Formen zeigt auch die 1965 errichtete evangelische Kreuz- oder Militärkirche in der

Nähe der Sigmaringer Garnison über dem Hanfertal (Architekt Irion, Stuttgart). Auffallend ist der schwarzgedeckte beinförmig gespreizte Turm auf der Nordseite. Kostbar gestaltet sind ein Kreuz, das Taufbecken und die Türgriffe des Eingangsportals.

Aus jüngster Zeit seien der Kirchenneubau in Mengen-Rulfingen (1971/72) und der Kirchenerweiterungsbau in Denkingen bei Pfullendorf (1978) genannt. Nicht vergessen sei der moderne Bau des Kreiskrankenhauses Sigmaringen mit Kapelle.

Die Plastik des 20. Jahrhunderts

Die Kunstwerkstätten in den Städten Sigmaringen und Saulgau, die im vergangenen Jahrhundert zahlreiche Arbeiten ins Land hinaus geliefert hatten, waren auch für die Gegenwart ein fruchtbarer Nährboden für reiches künstlerisches Schaffen.

Einer der vielseitigsten Bildhauer der Jahrhundertwende ist ohne Zweifel der Sigmaringer Alois Stehle (1854 Sigmaringen – 1932 München), der seine erste Ausbildung in der Kunstwerkstätte Marmon in Sigmaringen erhalten hatte. Schon in den neunziger Jahren im heimischen Atelier tätig, sind seine Werke vom Geist des Münchner Klassizismus geprägt. »Die Klarheit der Form, eben die Ausdrucksform der klassizistischen Kunst, hat ihren Ausgangspunkt in der Nachahmung der griechischen Werke. Als typisches Beispiel solchen Kunstschaffens bietet sich das von A. Stehle geschaffene Grabmal der Familie Otto Stehle auf dem Hedinger Friedhof in Sigmaringen an: Die römische Priesterin (Vestalin) im Marmor-Relief verkörpert in Gestalt, Gebärde und feiner Ziselierung des zierenden Faltenwurfs des Gewandes Anmut und edle Schönheit« (J. Mühlebach). Bekannt geworden ist auch der »Gladiator«, eine Bronzestatuette im Sigmaringer Heimatmuseum im Runden Turm. Eine vielen vertraute Großplastik ist der hl. Johann Nepomuk auf der Sigmaringer Bauhof-Brücke. Weiter ist das Grabmonument der

Familie Zimmerer auf dem Hedinger Friedhof zu erwähnen, Plastiken im Mausoleum der Fürstlich Hohenzollerischen Familie in Hedingen, Bildnis-Büsten und eine Madonna in Marmor im Innenraum der Hedinger Kirche. Als letzte Arbeit des Künstlers sei die Fidelis-Figur am Treppenaufgang zum Erzbischöflichen Studienheim St. Fidelis in Sigmaringen genannt.

Noch in den neunziger Jahren übernahm Alfons Aloys Marmon (1873 Sigmaringen – 1928 dort) die durch den frühen Tod des Vaters verwaiste Kunstwerkstatt, die er nach 1900 zusammen mit seinem Bruder Franz Xaver (1879 Sigmaringen – 1963 dort) führte. Wie schon früher lieferte sie zunächst zahlreiche Altäre in eklektizistischem Stil ins Land, wobei mehrere Mitarbeiter einen umfangreichen Betrieb ermöglichten. Hinzu kam offensichtlich eine größere Grabmalproduktion. Bekannt wurde etwa Franz Xaver Marmons große Steinpietà auf dem Hedinger Friedhof (um 1910), bei der er auf alte Formen verzichtete und durchaus neuzeitliche Wege beschritt. Vielen Besuchern der Kapelle des Sigmaringer Fidelishauses hat sich sicher der eindrucksvolle predigende hl. Fidelis mit dem Kreuz in der erhobenen Rechten eingeprägt (1908). Wahrscheinlich hat der Werkstatt auch jener August Allert angehört, der einen von ihm signierten Altar in die Kirche von Dittishausen bei Löffingen auf der Baar geliefert hat (1905).

Zumeist in neugotischem Stil arbeitete Bildhauer Müller in Saulgau, der die schön gestaltete Kanzel der Pfarrkirche Hundersingen schuf. Die aufwendigen Altäre des 1906 abgeschlossenen Kirchenbaus stammen freilich aus der bekannten Ravensburger Werkstätte des Bildhauers Th. Schnell.

Für die Zeit nach dem Ersten Weltkrieg verdienen zwei Sigmaringer Bildhauer erwähnt zu werden, die Ansehnliches leisteten: einmal ist es der fürstliche Hofbildhauer Alfred Tönnes (1879 Essen – 1945 Sigmaringen), dann der akademische Bildhauer Karl Volk, eigentlich in Jungnau bei Sigmaringen daheim (1885 dort – 1965 Sigmaringen). Tönnes schuf etwa für die Stadtpfarrkirche St. Johann den Titelheiligen, den Evangelisten am Haupteingang, ferner das sogenannte Patrimoniale (1935), kleine Tonreliefs mit den Halbfiguren des hl. Johannes Evangelist und des hl. Fidelis. Karl Volk, dem ein umfangreiches Werk zu eigen ist, lieferte etwa in die Pfarrkirche Laiz die gute Figur eines predigenden Fidelis (1922), einen gleichen Heiligen, stiller und in sich gekehrter, in das Erzbischöfliche Studienheim St. Fidelis (1939).

In der Zeit des wirtschaftlichen Aufschwungs nach dem Zweiten Weltkrieg gab es für heute noch lebende Künstler eine Serie von Aufträgen, teilweise von erheblichem Umfang. Der aus Sigmaringen stammende und 232 in München wirkende Franz Lorch schuf unter anderem die zwei kraftvollen Engelgestalten über den seitlichen Durchgängen am Hochaltar der Klosterkirche Beuron (1950/51). Professor Josef Henselmann (1898 geb. in Laiz), seit vielen Jahren in München tätig und dort zu hohem Ansehen gelangt, fertigte für seine Heimatgemeinde ein Gefallenen-Ehrenmal auf dem Laizer Friedhof, ein solches auch für Sigmaringen und Scheer, das einen rufenden Engel zeigt. Bei der jüngsten Innenrenovierung der Laizer Pfarrkirche entfernte man zwar die Kanzel, die an ihr angebrachten Reliefs von Henselmann fanden einen neuen Platz untereinander zu seiten des Chorbogens. Für die Fußgängerzone Sigmaringens gestaltete Henselmann einen Brunnen um und ergänzte ihn durch vier Bronzefiguren, die die vier Jahreszeiten darstellen. Für die Kapelle des 1979 eingeweihten Kreiskrankenhauses in Sigmaringen lieferte er einen eigenwillig geformten Zelebrationsaltar, einen Ambo, ferner ein Kreuz und sieben Wandreliefs mit den Darstellungen der Werke der Barmherzigkeit.

Bei Modernisierungen von Kirchenräumen in den fünfziger Jahren erhielt der Bildhauer Oskar Steidle von Schwenningen am Heuberg umfangreiche Aufträge. So galt es in der Pfarrkirche Krauchenwies um 1955, die gesamte Chorwand neu zu gestalten. In Stuckschnitt-

Technik schuf er eine mächtige Christkönigs-Darstellung mit einer Reihe von ihn umgebenden Heiligen, nämlich der Gottesmutter, mit den hll. Josef und Fidelis, der hl. Elisabeth von Thüringen und dem Kirchenpatron Laurentius. Bei der Umgestaltung der Pfarrkirche Schwenningen am Heuberg gab Steidle der dortigen Chorwand ein ähnliches Aussehen, wobei ein aufsteigender Christus wieder die Mitte bildet. Für die 1963 errichtete Fideliskirche in Sigmaringen-Hanfertal fertigte er einen hängenden Cruzifixus über dem Zelebrationsaltar, den man jüngst aber gegen ein Barockkreuz auswechselte. Ferner gestaltete er die kunstvollen Türgriffe des dortigen Hauptportals. Ein weiteres Bronzekreuz Steidles von 1969 befindet sich in der katholischen Pfarrkirche Gammertingen, ein Zelebrationsaltar in Neufra.

Für die evangelische Kreuzkirche in Sigmaringen, die 1966 vollendet war, gewann man Bildhauer Erich Kaiser aus Bermatingen, der ein bemerkenswertes Kreuz lieferte, ein kunstvoll erdachtes Taufbecken mit einer krönenden Weltkugel, darüber eine Christus-Figur, ferner vier Türgriffe mit reichen szenischen Darstellungen, darunter das Weihnachtsmotiv.

Schließlich sei auch P. Ansgar Dreher OSB im Kloster Beuron nicht vergessen, der in den letzten Jahren zu einem eigenwilligen drallen Figurenstil fand; ferner Schwester M. Innocentia Hummel im Kloster Sießen, die neben ihren reizenden Kinderzeichnungen auch eine Reihe höchst liebenswerter Terrakotta-Arbeiten geschaffen hat.

Die Malerei des 20. Jahrhunderts

Am Beginn des Jahrhunderts steht das Werk eines Mannes, der das künstlerische Gesicht Schwabens entscheidend mitgeprägt hat, nämlich jenes von Karl Caspar (1879 Friedrichshafen – 1956 München), Professor an der Kunsthochschule in München. Gleichwohl er zahlreiche Landschaften, Architekturbilder und Portraits gemalt hat, sehen viele in ihm einen der Erneuerer der religiösen Malerei. Ein Erstlingswerk auf diesem Gebiet hat er in der 1901 erstellten Kirche von Heudorf bei Mengen hinterlassen. Es ist ein in Komposition, Darstellung und Farbgebung eigenartiges Bild, das den dortigen Chorbogen umgibt und die triumphierende, streitende und leidende Kirche darstellt. Darin spiegelt sich deutlich die Anlehnung an die italienische Malerei des 15. Jahrhunderts; das Ornament entnahm Caspar ravennatischen Bauwerken. Weitere Fresken im Kreis schuf Caspar 1910 für die Villa Schäfer in Beuron, eine Weihnachtsdarstellung und eine Anbetung. Bekannt geworden ist auch der sogenannte »Osteraltar«, ein mehrteiliges Altarwerk in der Pfarrkirche St. Johann in Saulgau.

Eine Ausmalung im Sinn der Neugotik besitzt die Hundersinger Pfarrkirche durch Maler Loosen, die allerdings dringend der Auffrischung und Reinigung bedürfte.

Den Sigmaringer Kunstmalern des 18. und 19. Jahrhunderts tritt würdig der Restaurator, Landschaftsmaler und Portraitist Gustav Meinrad Steidle (1878 Sigmaringen – 1944 dort) an die Seite. Seine große Gewissenhaftigkeit war für ihn eine wichtige Voraussetzung, nach dem Ersten Weltkrieg Fresken und Altarblätter in zahlreichen hohenzollerischen Kirchen aufzudecken und zu restaurieren, so in der Stadtpfarrkirche St. Johann in Sigmaringen, in den Kirchen zu Wald, Habsthal, Hettingen, Oberschmeien, Vilsingen, Bachhaupten, Bittelschieß und anderswo außerhalb des heutigen Kreisgebietes. Zudem hat Steidle wertvolle Werke auf dem Gebiet der Landschaftsmalerei geschaffen, die ihm den Ruf des »Herolds der Sigmaringer Landschaft« eingetragen haben. Hinzu kommen zahlreiche Portraits stadtbekannter Sigmaringer Persönlichkeiten und viele Kinderbilder, die den Reiz kindlicher Anmut wiederzugeben vermögen.

Einem weiteren bedeutsamen oberschwäbischen Maler verdankt die 1921 aus einem Kornspeicher zurückverwandelte Franziskanerkirche St. Anton in Saulgau einen kostbaren Gemäldebestand, nämlich dem in München lebenden Gebhard Fugel (1863 Oberklöcken bei Ravensburg – 1939 München). In seiner unverwechselbaren Manier schuf er mit deutlichen Anklängen an die französischen Nabis neue Deckengemälde, ferner einen guten Kreuzweg (1925).

Jüngst würdigte man in Mengen durch eine Ausstellung einen Maler, der ein recht umfangreiches Werk hinterlassen hat, nämlich Gottfried Graf (1881–1938), dessen Werke, oft noch in heimatlichem Besitz vertreten, aufzuzählen zu weit ginge.

In den zwanziger Jahren machte man sich daran, recht nüchterne Kirchen durch Bilder und Freskenschmuck, öfters im Neobarock gehalten, auszuzieren. In die Pfarrkirche Sauldorf lieferte der Freiburger Kirchenmaler J. Schultis 1921 zwei Seitenaltarblätter mit den Darstellungen der Immaculata und des hl. Sebastian. Eine umfangreiche Tätigkeit entfaltete kurz darauf der Karlsruher Josef Mariano Kitschger († 1930). In flottem Neobarock malt er 1922 Langhaus und Chor der Pfarrkirche Denkingen aus. Die Langhausdecke zeigt in reich geschwungenem Rahmen die Himmelfahrt Mariens, wobei Engel die Gottesmutter emportragen und unten die Apostel das leere Grab umstehen. Die Nordwand des Chores bietet eine farbenprächtige Verkündigung. – Nicht minder reich ist die Ausmalung der Pfarrkirche in Aach-Linz aus demselben Jahr geraten. Die dortigen Deckenbilder Kitschgers zeigen die Madonna mit Kind, St. Martin mit Bettler, ferner die hll. Leonhard und Franz Xaver. An die Chorwände malte der Karlsruher links die hll. Franz Xaver und Franz Borgia, rechts die Madonna mit Aloysius, ferner Antonius von Padua mit dem Jesuskind.

Weitere Fresken Kitschgers von 1923 enthält die Pfarrkirche Sauldorf: ein farbenprächtiges Deckenbild mit der Himmelfahrt Mariens, an den Seitenwänden Bilder der hl. Familie, des hl. Josef bei der Arbeit und des heranwachsenden Jesus, der den Winkel hält; gegenüber ist der Tod Josefs dargestellt: Jesus und Maria stützen den Sterbenden. Die letzte größere Kirchenausmalung Kitschgers im Kreis, die sich an ähnliche Motive hält, befindet sich in der Mauritiuskirche in Stetten am kalten Markt (1924). Weitere neubarocke Deckenfresken zeigt die Pfarrkirche Kreenheinstetten (1928), die Linus Mayer zum Schöpfer haben.

Im Jahr 1938 unternahm es Bruder Didakus Rait OSB, die bisher recht nackte Klosterkirchenfassade in Beuron durch ein Fresko zu beleben. Er malte den hl. Martin zu Pferd, wie er vor den Toren von Amiens einen Bettler bekleidet.

Ein Künstler darf hier nicht unerwähnt bleiben, der weniger als Kunstmaler denn als Kirchenrestaurator hervortrat, Josef Lorch (1898–1962) aus Sigmaringen. Unzählige hohenzollerische Kirchen verdanken ihm eine qualitätvolle Erneuerung in den fünfziger und am Anfang der sechziger Jahre. Durch einen Sturz vom Gerüst während der Restaurierung der evangelischen Kirche in Sigmaringen wurde er mitten aus seinem Schaffen gerissen. Neben ihm war Fidelis Marmon ein vielbeschäftigter Meister bei der Restaurierung von Altären und Plastiken.

Bei Kirchenneubauten und -ausstattungen der jüngsten Zeit ist noch eine ganze Reihe weiterer Künstler mit Aufträgen bedacht worden; erinnert sei an die zahlreichen Glasfenster des Ulmer Glasmalers Wilhelm Geyer (1900 Ehingen – 1968 Ulm), die er für die Kirchen in Veringenstadt, Moosheim, Saulgau, Ennetach und Sigmaringen-Gorheim geliefert hat. Nicht vergessen seien auch jene des Münchner Professors A. Burkart in der Fidelis-Kirche in Sigmaringen-Hanfertal, die von außergewöhnlicher Qualität sind und modernen Zeitgeist atmen.

Seit den fünfziger Jahren machte die städtische Galerie »Fähre« in Saulgau sich sehr um die Förderung und das Verständnis moderner Kunst in Oberschwaben verdient. Durch gute Beziehungen zu ausstellenden Künstlern gelang es, moderne Kostbarkeiten für Einrichtungen des Kreises zu gewinnen. So schuf HAP (Helmut Andreas Paul) Grieshaber (1909 Rot an der Rot–Mai 1981 Ehningen/Achalm) einen Holzschnitt-Kreuzweg für die Kreuz- (Schweden)-Kapelle in Saulgau; eine kleinere Erstfassung hängt in der Klosterkirche Sießen. Zwei weitere kostbare Bilder des Malers Otto Dix (geb. 1891 Gera – 1969 Singen, wohnhaft in Hemmenhofen am Bodensee) nennt die Stadtpfarrkirche St. Johann in Saulgau ihr eigen.

Eher volkstümlichen Charakter besitzen die liebenswürdigen Arbeiten der Klosterschwester M. Innocentia Hummel in Sießen, die durch ihre reizenden Kinderbilder und Engelsdarstellungen einem größeren Kreis von Heimischen bekannt wurde. Wohl als letzter Beuroner Klostermaler fertigte P. Odilo Gröner mehrere Kirchenfresken (Habsthal, Inneringen) und schlichte Portraits, die öfters das kindlich heitere Wesen dieses Gottesmannes offenbaren.

265

Saulgau, Kreuzkapelle (seit 1634 auch Schwedenkapelle).
Romanisches Holzkruzifix (Detail).
Corpus H 200, B 176 cm, 1. Hälfte 12. Jahrhundert

Scheer, Pfarrkirche St. Nikolaus. Büstenreliquiar des
hl. Wunibald, Kupfer, vergoldet. H 37,5 cm, um 1350

Sießen, Kloster. Schmerzensmutter (Pietà)
des »Weichen Stils«. H 70 cm, um 1400

194

Sigmaringen, Fürstliches
Museum. Passionsfenster
aus der Pfarrkirche St. Johann
in Saulgau (vier Glasscheiben
einer Konstanzer Werkstatt),
um 1380

Sigmaringen-Laiz, Pfarrkirche
St. Peter und Paul.
Stehende Muttergottes mit Kind.
H 145 cm, 1427.
Fassung lt. Zettel in der rück-
wärtigen Höhlung von Heinrich
Gretzinger, Trochtelfingen

Veringenstadt-Veringendorf,
Pfarrkirche St. Michael.
»Schöne Madonna« mit Kind.
H 132 cm, 1425/30.
Bildhauer Peter Strüb d. Ä. (?),
Veringenstadt

Pfullendorf-Aach/Linz,
Pfarrkirche St. Martin.
Tonbüste der
»Weinenden Madonna«.
H 64 cm, um 1430.
Umkreis des
Meisters von Eriskirch

Mengen-Ennetach,
Pfarrkirche St. Cornelius
und St. Cyprian.
Kreuzschlepper (Detail)
aus dem ehem.
Dominikanerinnenkloster
H 105 cm, um 1440

Wald, Pfarr- und Kloster-
kirche St. Bernhard.
Thronende Madonna auf
der Mondsichel.
H 91 cm, um 1440.
Umkreis des
Hans Multscher, Ulm

Mengen, Pfarrkirche Unserer Lieben Frau. Grablegungs-
Gruppe mit Tonfiguren in der Ölberg-Kapelle.
Christus L 190 cm, Halbfiguren H etwa 70 cm, um 1480.
Mengener Werkstatt

Mengen-Ennetach, Pfarrkirche St. Cornelius
und St. Cyprian. Madonna mit Kind (Detail)
vom Hochaltar. H 160 cm, 1496.
Bildhauer Niklaus Weckmann d. Ä., Ulm

Sigmaringen, Fürstliches Museum.
Verkündigung, Hochaltarflügel der
Pfarrkirche Mengen-Ennetach. 1496.
Maler Jörg Stocker, Ulm

Bingen, Pfarrkirche Mariä
Himmelfahrt. Anbetung
der Hl. Drei Könige, Innenseite
des rechten Hochaltarflügels.
H 238, B 145 cm lichtes Maß, 1496.
Maler Bartholomäus Zeitblom, Ulm

Bingen, Pfarrkirche Mariä
Himmelfahrt.
Johannes der Täufer (Detail)
aus dem Hochaltar.
H 160 cm, 1496. Bildhauer
Niklaus Weckmann d. Ä., Ulm

Saulgau-Heratskirch, Filial-
kirche St. Jacobus.
Thronende Madonna mit Kind,
wohl aus dem
Dominikanerinnenkloster
Sießen. H 102 cm, um 1495

Pfullendorf, Spitalkapelle am Obertor
(ursprünglich Salmannsweiler Hofkapelle).
Dreikönigs-Altar, geschnitzter Schrein.
H 154 cm, B 175 cm, um 1505 gestiftet von Abt Johann
Scharpfer von Salem (1494–1510). Bodenseeschule

Herbertingen-Mieterkingen,
Pfarrkirche St. Peter und Paul.
Beweinungs-Gruppe,
angeblich aus dem Kloster Sießen.
H 85 cm, um 1510. Riedlinger Meister?

210

Veringenstadt,
Peterskapelle auf der Burg.
Marienkrönung, Fresko
in der Konche der Apsis. 1515.
Maler Hans und Jakob Strüb,
Veringenstadt

Sigmaringen, Fürstliches
Museum. Geburt Christi,
Altartafel aus einem
Marienleben.
H 74 cm, B 61 cm,
Öl auf Holz, um 1510/15.
Wohl aus einer Kapelle in
Veringendorf.
Maler Hans und Jakob Strüb
(Meister von
Sigmaringen), Veringenstadt

211

Sigmaringen-Oberschmeien, Kirche St. Georg.
Stigmatisation des hl. Franz,
Altarflügel mit Öl-Tempera-Malerei auf Holz,
wohl aus der ehem.
Franziskanerinnen-Klosterkirche Laiz.
H 121 cm, B 55 cm, um 1520.
Maler Jakob Strüb, Veringenstadt

Veringenstadt, Pfarrkirche St. Nikolaus.
Hl. Sippe (Anna selbdritt mit Josef und Joachim).
H 95 cm, B 116 cm, um 1520.
Bildhauer Niklaus Weckmann d. J., Ulm

Meßkirch, Pfarrkirche St. Martin.
Anbetung der Hl. Drei Könige, ehemalige
Hochaltartafel der spätgotischen Kirche,
heute in Barockrahmung an der Nordschiff-
wand. Öl-Tempera-Malerei
auf Holz, H 166 cm, B 90 cm, um 1538.
Maler der »Meister von Meßkirch«

Herdwangen, Pfarrkirche St. Peter und Paul.
Geburt Mariens,
Relief in Öhninger Kalkschiefer,
ursprünglich im Kloster Petershausen
bei Konstanz. H 61 cm, B 52 cm, 1575.
Meister Michel von Petershausen
(Michel van der Veeken?)

215

Meßkirch, Liebfrauenkirche.
Fassadengiebel und Turmunterbau
von 1576 (erste Renaissance-
Architektur im Kreis, Baumeister
wohl Jörg Schwarzenberger).
Der Baukern
gehört ins 14. Jahrhundert

Hettingen, Pfarrkirche St. Martin.
Epitaph des Hans Dietrich Speth
ı Zwiefalten zu Hettingen (†1586)
an der Nordwand des Chores.
Grauer Sandstein,
H 195 cm, B 128 cm.
Bildhauer Hans Amann, Ulm

217

Neufra,
Muttergotteskapelle.
»Gnadenstuhl« im
Mittelschrein des
Hochaltars, lichte
Höhe 138 cm, 1592.
Biberacher Bildhauer

Ostrach,
Heimat-Museum.
Altar-Relief der
Anna selbdritt.
Holz, H 140 cm,
B 100 cm, 1595.
Aus der Pfarrkirche
St. Pankratius.
Bildhauer
Melchior Binder

Inzigkofen-Vilsingen, Friedhofskirche. Wandfresken und Renaissance-Fensterumrahmungen, um 1595 (?).
Maler Baltus Moll, Biberach (?)

Meßkirch, Pfarrkirche
St. Martin. Detail
aus dem Epitaph für
Graf Wilhelm von Zimmern,
Bronzeguß, 1599.
Bronzegießer
Wolfgang Neidhart, Ulm.

Saulgau, Rathaus.
Pestbild mit Pestheilige
unten Darstellung
der Stadt Saulgau.
Gemalt wohl nach der
Pestwelle von 1611/12.
Öl auf Holz,
H 155 cm, B 113 cm.
Unbekannter Meister

Pfullendor:
Pfarrkirche St. Jakol
Geburt Christi, Reli
aus dem Rosenkran:
Altar im nördliche
Seitenschiff. Hol:
Durchmesser 42 cm
Bildhauer Martin Zür
Überlingen, 16:

Scheer,
Loretto-Kapelle.
Gestiftet von
Truchseß
Wilhelm Heinrich
von Waldburg–
Sulz–Wolfegg.
Begonnen 1628,
1631 noch nicht
vollendet;
erst 1745 geweiht

Gammertingen,
Michaelskapelle.
Hochaltar von
1674. Bildhauer-
arbeiten von Hans
Thomas Kutzberger,
Biberach
(St. Michael als
Altarbekrönung
jedoch
Gesellenarbeit).
Das Blatt mit dem
Engelsturz wohl
von Peter Abt,
Biberach

225

Ostrach-Habsthal,
ehemalige Dominika-
nerinnen-Klosterkirche.
Innenansicht.
Erbaut 1681 durch
Jodokus (Jos) Beer;
Altarausstattung um
1682 durch Bildhauer
Jörg Martini, Riedlingen;
Altarblätter von
Matthäus Zehender.
Rokokostuck von
1748, wohl von
Hans Georg Gigl,
Wessobrunn

Gammertingen-Mariaberg,
ehem. Benediktinerinnen-
Klosterkirche. Chorraum
mit Seitenaltäre.
Erbaut 1684 durch
Franz Beer I
»von Bleichten«.
Palier Michael Thumbs.
Hochaltar-Meister
unbekannt

Beuron, ehemaliges Augustinerchorherrenstift, heute Benediktinerkloster (seit 1863).
Kapitelsaal (früher Sommerrefektorium), Stukkaturen um 1702
wohl von Johann Georg Brix, von 1701 an als Baumeister in Beuron tätig

Sießen, ehem. Dominikanerinnenkloster, Klosterstifter
Steinmar von Strahlegg, Stuckrelief im ehem. Sommer-Refektorium.
Um 1722, von Kaspar Zimmermann, Wessobrunn

Sießen, ehem. Dominikanerinnenkloster.
Inneres der Kirche mit Blick auf die Nonnen-Empore.
Erbaut 1726/28 von Dominik Zimmermann,
Fresken von dessen Bruder Johann Baptist,
die Stukkaturen wohl von deren Bruder Kaspar

Sießen, ehem. Dominikanerinnenklosterkirche.
Übergabe des Rosenkranzes durch die Gottesmutter
an den hl. Dominicus. Vierungsfresko von 1729,
von Johann Baptist Zimmermann, München

Beuron, ehem.
Augustiner-
chorherrenkirche.
Kirchen-Inneres.
Erbaut 1732 bis 1738
durch Baumeister
Matthäus Scharpf,
Rottweil.
Innenausstattung 1738;
Deckenfresken
von Josef Ignaz
Wegscheider,
Riedlingen;
Stukkaturen
von Johannes Schütz
und Pontian Gigl,
Wessobrunn

Beuron, ehem.
Augustiner-
chorherrenkirche.
Hauptdeckenfresko
im Langhaus
mit der Legende der
Klostergründung
(Jagd des Grafen
Peregrin),
Freskant Josef Ignaz
Wegscheider 1738

Stetten akM.-Frohnstetten,
Pfarrkirche St. Sylvester.
Hochaltarblatt
mit dem Kirchenpatron,
der Madonna
und der hl. Dreifaltigkeit.
Öl auf Leinwand,
H 275 cm, B 156 cm, 1736.
Maler Johann
Caspar Kohler, Saulgau

Meßkirch, Pfarrkirche
St. Martin. Inneres
der nördlich angebauten
Johann-Nepomuk-Kapelle.
Ausstukkierung 1738/39
durch Egid Quirin Asam
und Ausmalung durch
Cosmas Damian Asam,
beide München;
vom letzten
auch das Altarblatt, 1738

Scheer, Pfarrkirche St. Nikolaus. Ausstukkierung von 1742 an durch Joseph Anton Feuchtmayer, Mimmenhausen; Ausmalung 1747 durch Joseph Esperlin (Deckenbilder nach Erdbeben 1936 erneuert), gemalter Hochalter-Aufbau (1755) von Franz Joseph Oefele

Gammertingen-Feldhausen, Pfarrkirche St. Nikolaus. Johannes der Täufer vom rechten Seitenaltar. H 100 cm, 1745. Bildhauer Joseph Christian, Riedlingen

Stetten akM., Pfarr-
kirche St. Mauritius.
Hochaltar um 1735.
Schreiner- und
Schnitzarbeiten
von Johann
Felizian Hegenauer,
Altarblatt mit dem
hl. Mauritius
von Sebastian Lütz,
Sigmaringen

Scheer, Pfarr-
kirche St. Nikolaus.
Putto von einem
Seitenschiff-Altar,
1745 bis 1750.
Stuckbildhauer
Joseph Anton
Feuchtmayer,
Mimmenhausen

Scheer, Pfarrkirche St. Nikolaus. Nördlicher
Seitenschiffaltar, um 1748. Stuckmarmor-Aufbau
von Joseph Anton Feuchtmayer, Altarblatt mit der
Rosenkranz-Spende der Gottesmutter an den
hl. Dominikus von Franz Anton Zeiler

Hettingen, ehem. Spethsches Schloß.
Musiksaal im ersten Obergeschoß.
Elegante Rokoko-Auszierung
um 1750 durch unbekannte Meister

Hettingen, ehem. Spethsches Schloß.
Stukkierte Supraporte mit
Musik-Instrumenten (um 1750) im Musiksaal.
Unbekannter Meister

Pfullendorf, Pfarrkirche St. Jakob. Gotischer Chor mit Stuck-
auszierung von 1750 durch Johann Jakob Schwarzmann, Schnifis;
Decken- und Wandfresken von Andreas Meinrad von Aw,
Sigmaringen (1750). Der Hochaltar mit Stuckmarmor-Aufbau (1717/18)
von Andreas Hafenegger und Silvester Weeber,
Plastiken von Johann Felizian Hegenauer;
die Altarblätter von Wilhelm Dürr, Freiburg (1866)

Pfullendorf, Wallfahrtskirche Maria Schray.
Inneres, ausstukkiert 1751 von Johann Jakob Schwarzmann,
Fresken von Andreas Meinrad von Aw. Stuckmarmor.
Hochaltar von 1784 des Fidelis Mock, Sigmaringen (Gemälde
von A. M. v. Aw), Seitenaltäre um 1790 von F. Mock

Wald, Pfarrkirche St. Bernhard (ehem. Zisterzienserin-
nen-Klosterkirche). Inneres, erbaut 1697 bis 1700
durch Franz Beer I, ausstukkiert 1753 durch Johann
Jakob Schwarzmann, zugleich ausgemalt
von Andreas Meinrad von Aw. Die Bildhauerarbeiten
der Altäre bis auf das romanische Kreuz
von Franz Schneider oder Sartori

245

Wald, Pfarrkirche
St. Bernhard. Hauptdeckenfresko im Langhaus mit
der Begegnung des
hl. Bernhard mit seiner
Schwester Humbelina,
von Andreas Meinrad
von Aw (1753)

Sigmaringen,
Pfarrkirche St. Johann.
Inneres vom Chor.
Gebaut 1757/58 von Johann
Martin Ilg, Dornbirn.
Decken- und Altarbilder von
Andreas Meinrad von Aw.
Stukkaturen von
Johann Jakob Schwarzmann.
Stuckmarmor-Altäre von
Johann Michael Feichtmayr,
Plastiken von Johann Georg
Weckenmann, Haigerloch

Saulgau-Hochberg, Pfarrkirche Mariä Geburt. Inneres
des 1719 errichteten Gotteshauses. Altar- und
Kanzelschnitzereien von Johann Michael Hegenauer, um 1760.
Hochaltarblatt von Josef Anton Meßmer, 1824

Herbertingen, Pfarrkirche St. Oswald,
Schmerzensmutter (Pietà), H 95 cm, um 1760.
Bildhauer Johann Michael Hegenauer, Saulgau

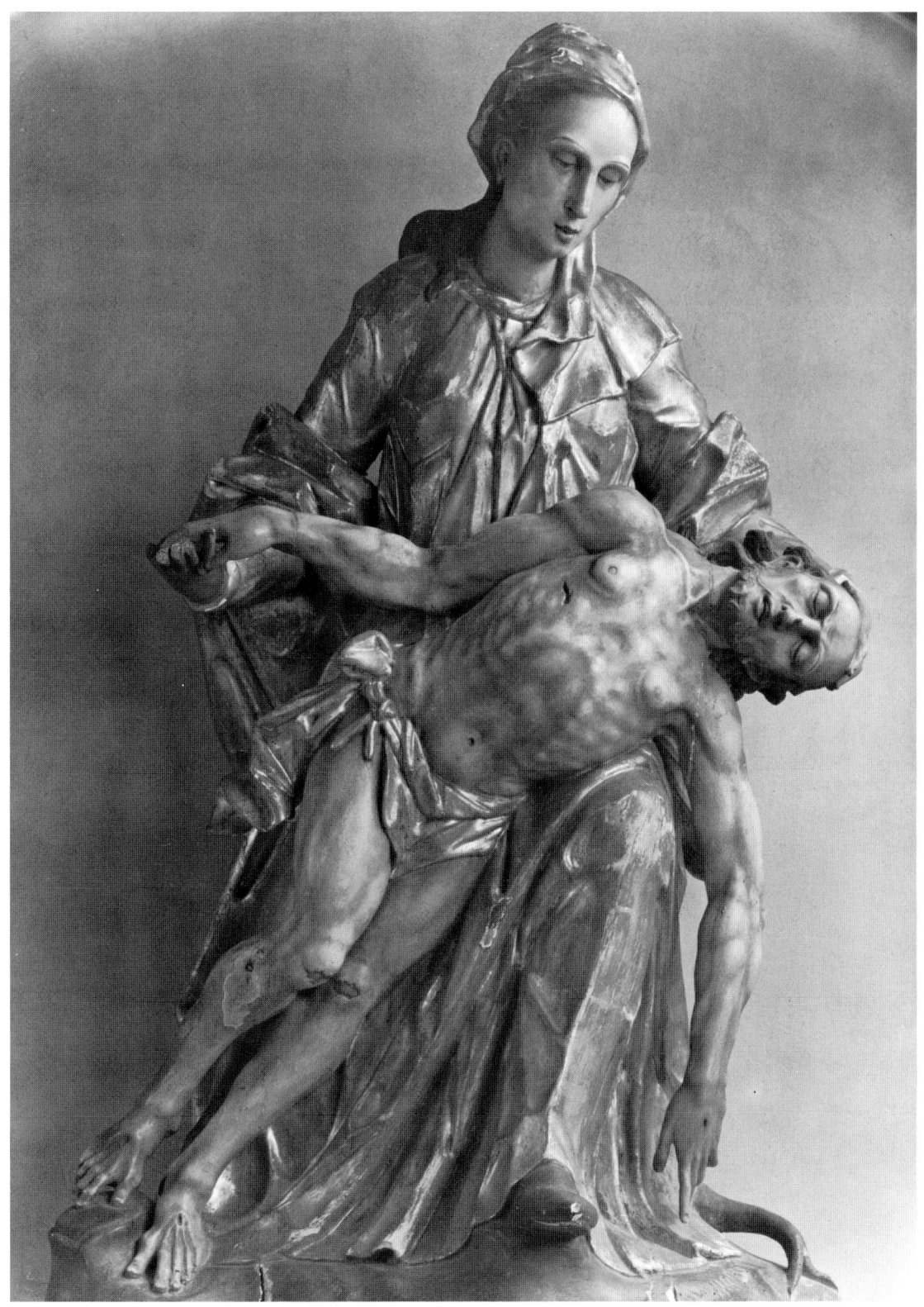

Saulgau,
städtisches Altersheim.
Hl. Johann Nepomuk.
H 160 cm, 1764.
Bildhauer
Joseph Laiber, Saulgau

Hohentengen,
Pfarrkirche St. Michael.
Drachentöter
St. Michael.
H 150 cm, um 1770.
Bildhauer noch unbekannt

Meßkirch, Pfarrkirche St. Martin. Inneres des 1772/73
völlig erneuerten Gotteshauses.
Deckenfresken und Altarbilder von Andreas Meinrad von Aw,
Stukkaturen von Johann Jakob Schwarzmann,
Altarplastiken von Franz Xaver Biecheler

Gammertingen, ehem. Spethsches Schloß,
heute Rathaus.
Allegorische Figuren auf der Terrasse an der Lauchert.
Roter Sandstein, 1776.
Bildhauer Johann Georg Weckenmann

Inzigkofen, Inneres der ehemaligen Augustinerinnen-
Klosterkirche von 1780. Baumeister Christian Großbayer,
Haigerloch. Die Altaraufbauten und Schnitzereien von
Johann Baptist Hops II, Sigmaringen. Hochaltar-
und rechtes Seitenaltar-Blatt von Andreas Meinrad von Aw

Herdwangen, Pfarrkirche St. Peter und Paul.
Stuckmarmor-Hochaltar mit der Kreuzigung Jesu,
früher in der Pfarrkirche St. Leonhard, Salem. 1787.
Bildhauer Johann Georg Wieland

Pfullendorf, Rathaus-Saal. Klassizistische Umgestaltung
von Franz Anton Bagnato, 1785/86.
Plastiken von Johann Georg Wieland,
Porträts wohl von Ludwig Wezel, Sigmaringen

Veringenstadt, Wallfahrtskirche zur schmerzhaften
Muttergottes in Deutstetten.
Votivbild des kranken Johann Schmid mit Gnadenbild.
Öl auf Leinwand. Maler Lukas Flöß, Inneringen

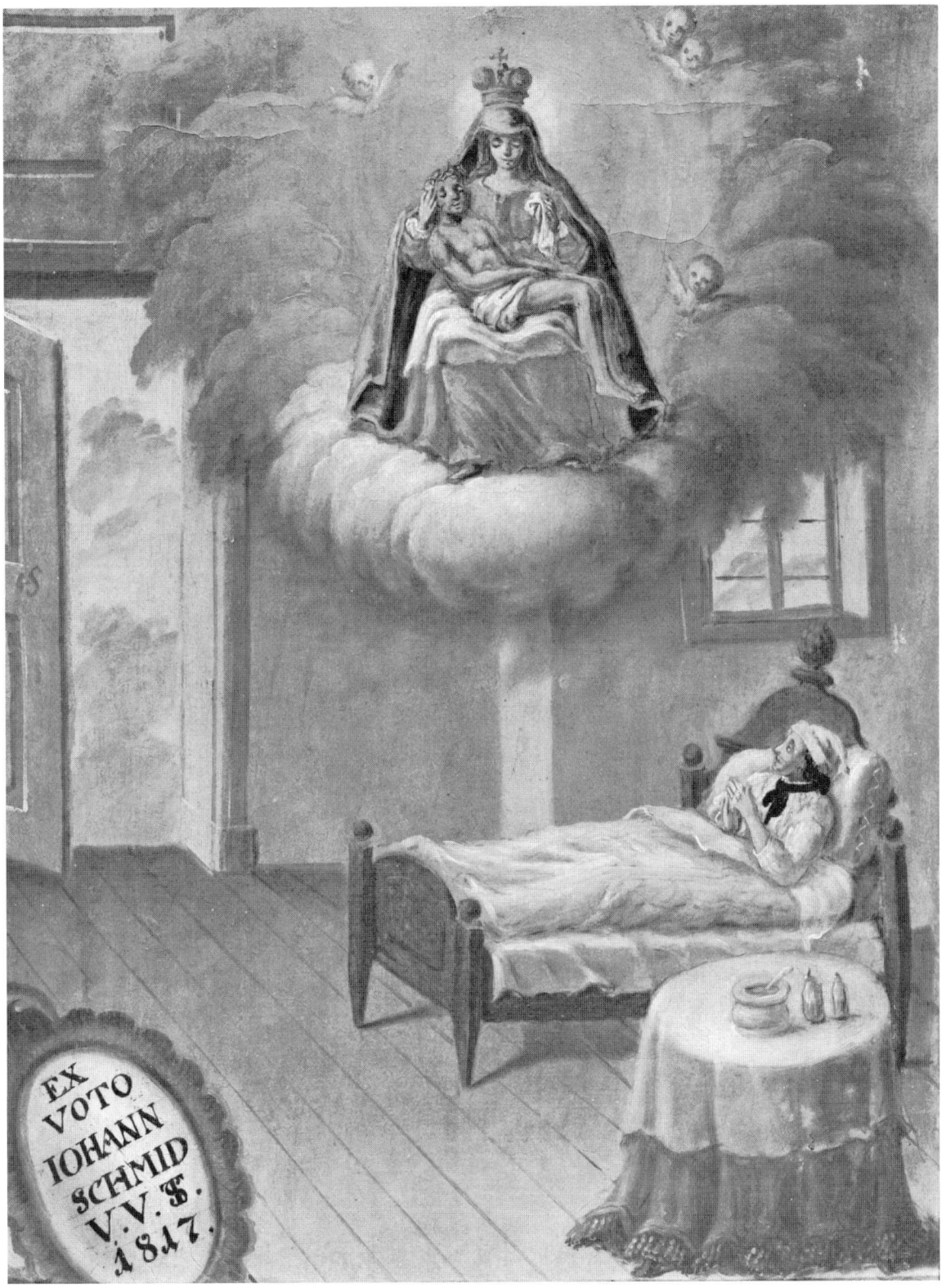

EX
VOTO
IOHANN
SCHMID
V. V. S.
1817.

257

Gott zù Lob und Ehre hat der Herrschäftliche Senerey Pächter von
Hamertingen Joseph Embach und Katharina Sauer, bey einer
Viehseüche ano 1824. diese Tafel hieher gestiftet, und Malen lassen.

Neufra, ehemals in der Hochberg-Kapelle (heute im Pfarrhaus).
Votivbild des herrschaftlichen Sennerei-Pächters Imbach von Gammertingen.
Öl auf Leinwand, 70 × 56 cm, 1824. Maler Carl Reiser, Gammertingen

Neufra, ehemals in der Hochberg-Kapelle (heute im Pfarrhaus).
Votivbild eines Ehepaares, dessen Mädchen unter einen Pflug mit scheuenden Pferden geriet.
Öl auf Leinwand, 50 × 40 cm, 1826. Maler Carl Reiser, Gammertingen

EX voto.
1826.

259

Sigmaringen, Galeriebau des fürstlichen Schlosses
von 1862/67. Tudor-Stil.
Architekt Josef Laur, Sigmaringen

Beuron, St. Maurus-Kapelle im Donautal von 1868/70.
Architekt Peter Lenz (später P. Desiderius OSB),
Ausmalung von Jakob Wüger (später P. Gabriel OSB)

262

Beuron, Gnadenkapelle der
Klosterkirche von 1898.
Altarbauten und Ausmalung
der »Beuroner Kunstschule«.

Sigmaringen, Fürstliches Schloß. Portugiesische Galerie, um 1900.
Entworfen von Prof. Emmanuel von Seidl, München.
An der Wand kostbare flämische Wandteppiche aus dem Anfang
des 16. Jahrhunderts

Scheer-Heudorf, Pfarrkirche St. Peter und Paul.
Inneres des 1901 erbauten Gotteshauses,
Architekt Josef Cades, Stuttgart. Chorwandfresken
von Karl Caspar (1906), restauriert 1979/81

Saulgau, Haus am Markt.
Farb-Holzschnitt aus dem Osterritt
zum Kloster Sießen, 1963.
Holzschneider HAP Grieshaber

Ausgewählte Literatur

ACKER, Franz: Johann Kaspar Bagnato, Diss. Stuttgart 1919.

BAUER, Willy: Die Stadt Sigmaringen, Hechingen 1936.

BAUM, Julius: Meister und Werke spätmittelalterlicher Kunst in Oberdeutschland und der Schweiz, Lindau/Konstanz 1957.

BINDER, Josef: Menningen-Leitishofen – ein Heimatbuch, Menningen o. J.

BOECK, Wilhelm: Georg Anton Machein und der Schussenrieder Hochaltar, in: Zeitschrift für Württembergische Landesgeschichte, VII. Jg., Stuttgart 1943.

BOECK, Wilhelm: Joseph Anton Feuchtmayer, Tübingen 1948.

BOECK, Wilhelm: Feuchtmayers Meisterwerke, Tübingen 1963.

BRAUN, Josef: Tracht und Attribute der Heiligen, Stuttgart 1943.

BRINKMANN, Jens-Uwe: Südwestdeutsche Kirchenbauten der Zopfzeit – Zur Begriffsgeschichte des »Zopfes« und zur Stilgeschichte des späten 18. Jahrhunderts, Köln 1972.

BURGER, Wilhelm: Das Erzbistum Freiburg, Freiburg 1927.

BUSHART, Bruno: Meister des Pfullendorfer Altars oder Bernhard Strigel?, in: Zeitschrift für Kunstgeschichte 21 (1958), S. 230–242.

DEHIO, Georg: Handbuch der deutschen Kunstdenkmäler, Baden-Württemberg, bearbeitet von Friedrich Piel, München 1964.

DEUTSCH, Wolfgang: Die Konstanzer Bildhauer der Spätgotik und ihr Verhältnis zu Niklaus Gerhaert. Schriften des Vereins für Geschichte des Bodensees und seiner Umgebung, Heft 81, 1963.

DEUTSCH, Wolfgang: Jörg Syrlin der Jüngere und der Bildhauer Niklaus Weckmann, in: Zeitschrift für Wüttembergische Landesgeschichte, Jahrgang XXVII, 1968.

EISELE, Friedrich: Zur Geschichte der kath. Stadtpfarrei Sigmaringen, in: Mitteilungen des Vereins für Geschichte und Altertumskunde in Hohenzollern. Sigmaringen 1924.

ENGELMANN, Ursmar: Christus am Kreuz – Romanische Kruzifixe zwischen Bodensee und Donau, Beuron 1966.

FEGER, Otto: Geschichte des Bodenseeraumes, Bd. I: Anfänge und frühe Größe, Lindau/Konstanz 1956; Bd. II: Weltweites Mittelalter, Lindau/Konstanz 1958; Bd. III: Zwischen alten und neuen Ordnungen, Konstanz/Lindau 1963.

FEULNER, Adolf: Die Zick – Deutsche Maler des 18. Jahrhunderts, München 1920.

FEULNER, Adolf: Die Deutsche Plastik des 17. Jahrhunderts. Florenz/München 1926.

FEURSTEIN, Heinrich: Nochmals zur Frage des Meisters von Meßkirch, in: Oberrheinische Kunst IX, 1940, S. 168 ff.

GENZMER, Walther: Das Lebenswerk des Vorarlberger Baumeisters Michael Beer, in: Das Münster 5, 1952.

GENZMER, Walther: Hohenzollern, Aufnahmen von Helga Schmidt-Glassner, München/Berlin 1955.

GINTER, Hermann: Südwestdeutsche Kirchenmalerei des Barock, Augsburg 1930.

GINTER, Hermann: Die christliche Kunst der drei Bezirke Stockach, Meßkirch und Pfullendorf, in: Badische Heimat, 21. Jahrgang 1934, S. 111 ff.

GLUITZ, Franz: Veringen das Dorf, Veringendorf 1977.

GÖBEL, Luise: Beiträge zur Erforschung der spätgotischen Plastik in Oberschwaben, Diss. Tübingen 1953; auszugsweise über die »Bildhauerwerkstätten der Spätgotik in Biberach an der Riß«, in: Tübinger Forschungen zur Kunstgesch. 7, 1953.

GOMBERT, Hermann: Mittelalterliche Kunst im Augustiner-Museum Freiburg im Breisgau, Freiburg 1965.

GRIEBERT, Benno: Joseph Anton Hops – Bildhauer und Werk, in: Oberrheinische Kunst, Bd. 8, 1935.

GRONER, Josef F.: Pfullendorf – königlich staufische Stadt, Pfullendorf 1971.

GRONER, Josef F.: Katholische Stadtpfarrkirche St. Jakob in Pfullendorf, Schnells Kunstführer Nr. 545, 2. neubearbeitete Auflage, München/Zürich 1976.

GRONER, Josef F.: Der Dreikönigsaltar in der ehemaligen Salmannsweiler Zehnthofkapelle zu Pfullendorf, in: Cistercienser Chronik 85. Jahrgang, 1978 – 2.

GUBLER, Hans-Martin: Peter Thumb – Ein Vorarlberger Barockbaumeister, Ein Beitrag zur Geschichte der süddeutschen Barockarchitektur, Sigmaringen 1972.

HEIZMANN, Ludwig: Der Amtsbezirk Pfullendorf... in historischer Darstellung, München 1936.

HELL, Helmut: Forschungen zur schwäbischen Plastik der Zeit der Gegenreformation. Diss. Tübingen (masch. schr.) 1948.

HELL, Helmut: Melchior Binder – Ein Ehinger Bildhauer der Zeit der Gegenreformation. Tübinger Forschungen zur Kunstgeschichte, Heft 1. Tübingen 1952.

HERING-MITGAU, Mane: Barocke Silberplastik in Südwestdeutschland, Weißenhorn 1973.

HERMANN, Manfred: Zur Kunst- und Baugeschichte der St. Michaelskapelle und der Pfarrkirche in Gammertingen, in: Zeitschrift für hohenzollerische Geschichte 9. Band, 1973, S. 143–153, 13 Abb.

HERMANN, Manfred: Volkskunst auf dem Hochberg bei Neufra, Sigmaringen 1974.

HERMANN, Manfred: Pfarrkirche St. Johann in Sigmaringen, Schnells Kunstführer Nr. 206, völlig neubearbeitete Auflage, München/Zürich 1976.

HERMANN, Manfred: Stadtkirche St. Martin Meßkirch, Schnells Kunstführer Nr. 122, 4. völlig neubearbeitete Auflage, München/Zürich 1977.

HOFFMANN, Ilse: Der süddeutsche Kirchenbau am Ausgang des Barock. Augsburg 1938.

HOMMERS, Peter: Stadt Pfullendorf im Linzgau am Bodensee, Pfullendorf 1970.

HUBER, Rudolf: Joseph Christian – Der Bildhauer des schwäbischen Rokoko, Tübingen 1960.

INGENHOFF, Hans Dieter: Der Meister von Sigmaringen – Die Malerfamilie Strüb aus Veringenstadt. Veröffentlichungen des Staatl. Amts für Denkmalpflege Tübingen, Bau- und Kunstgeschichte, Band 1, Stuttgart 1962.

KASPER, Alfons: Georg Antoni Machein – Zeitschrift für württembergische Landesgeschichte XII, 1953.

KASPER, Alfons: Kunstwanderungen – im Herzen Oberschwabens (Band I), Schussenried 1976[4]; Kunstwanderungen – kreuz und quer der Donau (Band 3), Schussenried 1964.

KEMPF, Gustav: Das Gögginger Dorfbuch, Göggingen 1969.

KNOBLAUCH, Werner: Vom Reichtum an bildender Kunst in Oberschwaben, in: Oberschwaben – Gesicht einer Landschaft, hrsg. von Stefan Ott, Ravensburg 1971, S. 81–120.

KNOEPFLI, Albert: Kunstgeschichte des Bodenseeraumes, Band 1: Von der Karolingerzeit bis zur Mitte des 14. Jahrhunderts, Konstanz/Lindau 1961; Band 2: Vom späten 14. bis zum frühen 17. Jahrhundert – Überblick, Baukunst, Sigmaringen/Stuttgart/München 1969.

KOEPF, Hans: Schwäbische Kunstgeschichte, Band 1–4, Konstanz/Stuttgart, 1962–1965.

Kunstdenkmäler des Großherzogthum Baden – Band I: Kreis Konstanz, herausgegeben von Franz Xaver Kraus, Freiburg/Br. 1887.

Die Kunst- und Altertums-Denkmale in Württemberg – Kreis Riedlingen, bearbeitet von W. v. Matthey und H. Klaiber, Stuttgart/Berlin 1936.

Die Kunstdenkmäler in Württemberg – Kreis Saulgau, bearbeitet von W. v. Matthey, Stuttgart/Berlin 1938.

Die Kunstdenkmäler Hohenzollerns – Band II: Kreis Sigmaringen, bearbeitet von Friedrich Hoßfeld, Hans Vogel und Walther Genzmer, Stuttgart 1948.

Kunstdenkmäler – Kreis Saulgau, herausgegeben von Dr. Wilfried Steuer und Dr. Konrad Theiß, Stuttgart/Aalen 1971.

LACROIX, Emil und NIESTER, Hans: Kunstwanderungen in Baden. Stuttgart 1959.

LAUB J.: Geschichte der vorm. 5 Donaustädte in Schwaben, Saulgau 1894.

LAUR, W. Fr.: Esaias Gruber der Alt und Jung. Zwei Lindauer Bildhauer. Ein Beitrag zur Geschichte der Renaissance am Bodensee. Neujahrsblätter des Museumsvereins Lindau-Bodensee, Nr. 8. Lindau 1933.

LIEB, Norbert und DIETH, Franz: Die Vorarlberger Barockbaumeister, München/Zürich 1973.

MANTEUFFEL, Klaus Zoege von: Die Bildhauerfamilie Zürn 1606–1666, 2 Bände, Weißenhorn 1969.

MILLER, Max: Handbuch der historischen Stätten Deutschlands – Band VI: Baden-Württemberg, Stuttgart 1965.

MÜHLEBACH, Josef: Bedeutende Persönlichkeiten aus der Stadt Sigmaringen, in: 900 Jahre Sigmaringen 1077–1977, Sigmaringen 1977.

ONKEN, Thomas: Der Konstanzer Barockmaler Franz Carl Stauder – Ein Beitrag zur Geschichte der süddeutschen Barockmalerei. Sigmaringen 1972.

OTTO, Gertrud: Die Ulmer Plastik der Spätgotik, Reutlingen 1927.

POENSGEN, Georg: Madonnen am Bodensee, Aufnahmen von Siegfried Lauterwasser, Überlingen 1947.

RICKE, Helmut: Hans Morinck – Ein Wegbereiter der Barockskulptur am Bodensee, Sigmaringen 1973.

Reclams Kunstführer – Deutschland Band II: Baden-Württemberg – Pfalz – Saarland, bearbeitet v. Herbert BRUNNER, Stuttgart 1971[6].

ROTT, Hans: Quellen und Forschungen zur südwestdeutschen und schweizerischen Kunstgeschichte im 15. und 16. Jahrhundert. Altschwaben und die Reichsstädte, Stuttgart 1934. Das Bodenseegebiet (Text- und Quellenband), Stuttgart 1935.

SALM, Christian: Altgraf zu, Der Meister von Meßkirch, Dr. Diss. Freiburg/Br. 1950.

SAUER, Josef: Die kirchliche Kunst der ersten Hälfte des 19. Jahrhunderts in Baden, Freiburg 1933.

SCHÄDLER, Adolf: Die Frühwerke Hans Multschers, in: Zeitschrift für württembergische Landesgeschichte XIV, Stuttgart 1955.

SCHAHL, Adolf: Kunstbrevier für das Bodenseegebiet. Stuttgart 1959, Neudruck 1966.

SCHAHL, Adolf: Kunstbrevier Oberschwaben – mit Hegau und westlichem Allgäu, Stuttgart 1961.

SCHELL, Richard: Fidelis von Sigmaringen, Sigmaringen 1977.

SCHIMMELPFENNIG, von der Oye Marta: Skulptur und Stukkatur des Rokoko in Hohenzollern, Diss. Berlin 1936.

SCHINDLER, Herbert: Barockreisen in Oberschwaben und am Bodensee, München 1971.

SCHIPS, Franz: Ennetach – Pfarrkirche zu Ehren der Hll. Cornelius und Cyprian, Ennetach 1972.

SCHÖMIG, Karl-Heinz: Franz Joseph Spiegler, der Freskant von Zwiefalten – Sein Leben und sein Werk, Ingolstadt 1975.

SCHUPP, Johann: Kulturchronik der Wallfahrtskirche Maria Schray bei Pfullendorf, Pfullendorf 1952.

SCHUPP, Johann: St. Jakob Pfullendorf, Stuttgart 1962.

SCHUPP, Johann: Denkwürdigkeiten der Stadt Pfullendorf, hergestellt Karlsruhe 1967.

SCHWAGER, Klaus: Bildhauerwerkstätten des 18. Jahrhunderts im Schwäbischen Voralpengebiet, Teil II, Tübingen 1963.

SCHWEISHEIMER, Ruth: Johann Georg Dirr – der Bodenseeplastiker des Louis XVI., Diss. München 1932, München 1935.

SIEBENMORGEN, Harald: Die Beuroner Kunstschule – Peter Lenz (P. Desiderius) und seine Mitarbeiter, in: Das Münster, München 1977, S. 20–36.

SPAHR, Gebhard OSB: Oberschwäbische Barockstraße I, Ulm bis Tettnang, Weingarten 1979[2].

Spornitz, Edeltraud: Josef Ignaz Wegscheider – Ein oberschwäbischer Maler (1704–1759), in: Hohenzollerische Jahreshefte, 19. Jahrgang, 1959.

Stange, Alfred: Deutsche Malerei der Gotik, Band IV: Südwestdeutschland in der Zeit von 1400 bis 1450, München/Berlin 1951; Band VIII: Schwaben in der Zeit von 1450 bis 1500, München/Berlin 1957.

Steuer, Otto/Klaus, Franz: Die oberschwäbische Kreisstadt Saulgau – Ein Heimatführer, Saulgau 1949.

Thieme, Ulrich/Becker, Felix (Herausgeber): Allgemeines Lexikon der bildenden Künstler von der Antike bis zur Gegenwart. Leipzig 1907–1950.

Trips, Manfred: Hans Multscher – Seine Ulmer Schaffenszeit 1427–1467, Weißenhorn 1969.

Wagner-Würz, Auguste: Meinrad von Ow, Hechingen 1936.

Waldenspul, Albert: Die gotische Holzplastik des Laucherttаles in Hohenzollern, Tübingen 1923 (Forschungen zur Kunstgeschichte Oberschwabens und des Oberrheins, II. Heft, herausgegeben von Prof. Dr. G. Weise in Tübingen).

Widmaier, Karl: Johann Georg Weckenmanns Arbeiten in Hohenzollern, in: Schwäb. Heimatbuch, Esslingen/N. 1930.

Woeckel, Gerhard: Johann Joseph Christian von Riedlingen – Ein oberschwäbischer Bildhauer des Rokoko, Lindau/Konstanz 1958.

Künstlerverzeichnis

ABKÜRZUNGEN

Arch	Architekt	Gr	Graphiker	Sth	Steinhauer
BauM	Baumeister	HzSchn	Holzschneider	StM	Steinmetz
Bh	Bildhauer	Li	Lithograph	Stu	Stukkateur
BrG	Bronze-Gießer	M	Maler	WerkM	Werkmeister
FaßM	Faßmaler	Mau	Maurer	Z	Zeichner
GlasM	Glasmaler	Schr	Schreiner	ZimM	Zimmermeister

BRUNO EFFINGER

Historische Persönlichkeiten

Heilige, Theologen, Philosophen, Naturforscher, Künstler und andere

Sankt Heimerad

In der von Egbert, einem Mönch im Kloster Hersfeld, um 1070 geschriebenen »Vita Sancti Heimradi« wird eben dieser Heimerad (* in Meßkirch, † 1019 in Hasungen) als ein gottesfürchtiger Mann geschildert, der aus Schwaben kommt, von einem Ort, der Messankircha heißt. In Meßkirch wurde Heimerad als ein Leibeigener geboren; er setzte später seine Freilassung durch und pilgerte mit glühendem Glaubenseifer nach Rom und Jerusalem. Für kurze Zeit war er im Kloster Hersfeld, der Abt wollte ihn aufnehmen – um 1012 –, Heimerad nahm nicht an, und der Abt entließ ihn. Danach verbrachte er bis zu seinem Tode ein dem christlichen Glauben geweihtes und durch Wunder, die er vollbrachte, berühmt gewordenes Einsiedlerleben auf dem Berge Hasungen bei Wolfshagen. In den sächsischen Annalen des Klosters Corvey heißt es, daß an der Vigil des hl. Petrus der Priester Heimerad, ein heiliger Mann, in Hasungen selig entschlafen ist. 1021 ließ Aribo, Erzbischof von Mainz, ein Heiligtum auf der Einsiedlerstelle des Heimerad errichten, später kam ein Kloster hinzu, das nach Bucelinus zu Ehren der hll. Petrus und Paulus und des hl. Bekenners Heimerad geweiht war und von Hirsau aus besiedelt wurde.

Graf Rudolf von Pfullendorf

Während der Regierungszeit Kaiser Friedrich Barbarossas ragt kein anderer schwäbischer Adliger so hervor wie Rudolf von Pfullendorf (* zwischen 1110 und 1120, † um 1180). Schon unter Konrad III. wird der Pfullendorfer Graf gelegentlich in der Gefolgschaft des Königs aufgeführt. Zu überragender Bedeutung kommt Graf Rudolf von Pfullendorf aber unter Friedrich Barbarossa, der zu dem Pfullendorfer schon enge Beziehungen hatte, als er noch Herzog von Schwaben war. Von 1152 bis 1180 ist Rudolf von Pfullendorf nachweisbar nicht weniger als 41 mal am kaiserlichen Hof; in 55 kaiserlichen Urkunden wird er als Zeuge genannt, und zwar in der Regel an erster Stelle unter den Grafen. Er nimmt 1155 teil am großen Hoftag zu Konstanz und ist in den folgenden Jahren maßgeblich an der Italienpolitik des Kaisers beteiligt. Nach der Katastrophe des deutschen Ritterheeres von Rom 1167 war Rudolf fast immer im Gefolge des Kaisers als Berater und Helfer. Nachdem 1167 sein einziger Sohn in Italien am Fieber gestorben war, setzte der Pfullendorfer den Stauferkaiser, dem er sein Leben lang unermüdlich diente, zum Erben seines Hausbesitzes ein. Als die staufische Hausmachtstellung in Schwaben, so besonders auch durch die Überantwortung des schwäbischen Welfengutes (1179), unanfechtbar und gesichert erschien – damals blieb der Kaiser im Machtkampf mit seinem großen Gegenspieler Heinrich dem Löwen Sieger –, sah der Pfullendorfer seine Aufgabe erfüllt. Rudolf von Pfullendorf zog ins Heilige Land und widmete sich dem Dienst des Heiligen Grabes in Jerusalem. Einer späteren Überlieferung zufolge soll er mit Helm und Schild als letzter seines Geschlechts dort begraben worden sein.

Minnesänger Hugo von Werenwag, Konrad von Buwenburg und Steinmar

Die Abbildungen und Texte einer der kostbarsten und köstlichsten Handschriften des Mittelalters, nämlich die der Manessischen Liederhandschrift, um 1300 entstanden, verweisen auf drei Minnesänger, die aus dem Gebiet des Landkreises Sigmaringen kommen. Da in dieser Handschrift Lieder deutscher Lyriker vom letzten Viertel des 12. bis zum ersten des 14. Jahrhunderts gesammelt wurden, müssen unsere Minnesänger auch in dieser Zeit geboren sein und gewirkt haben. Was die Dichter sangen – denn sie erfanden das Gedicht und die Melodie –, das ist uns nur als Wort erhalten; von dem musikalischen Gefüge der Lieder wissen wir nichts und

ahnen kaum etwas. Die Gedichte sind uns als Sprach-
kunstwerke überliefert, und schon als solche erregen
sie höchste Bewunderung.

Einer der Sänger kann mit Sicherheit namhaft gemacht
werden: Hugo von Werbenwag (Werenwag). Er war
ein schwäbischer Ministeriale von der Burg Werenwag
im Donautal. In der Manessischen Liederhandschrift
ist er im Bild Nr. 82 in einem sogenannten Vereini-
gungsbild dargestellt: im Sitzen umarmt ihn seine
Geliebte.

Der Minnesänger von Buwenburg – Bild Nr. 118 der
Handschrift – ist identisch mit einem Kantor Konrad
von Buwenburg im Kloster Einsiedeln und stammt von
der Baumburg (Buwenburg) bei Hundersingen nahe
der Heuneburg. Das Bild verweist auf einen besonderen Vorfall im Leben dieses selbst nicht dargestellten
Dichters und Sängers, nämlich auf einen Überfall der
Schwyzer im Jahr 1314 auf das Kloster Einsiedeln. Es
wurde zuerst das Vieh und dann mit anderen Gefange-
nen der greise Kantor, Konrad von Buwenburg, nach
Schwyz weggeführt.

Vierzehn Gedichte der Liederhandschrift gehören
einem oberdeutschen Dichter aus der zweiten Hälfte
des 13. Jahrhunderts, dem Steinmar, wohl Sohn Stein-
mars II., einem Nellenburger auf dem Herrschaftssitz
Sießen-Strahlegg, dessen Rittergut 1259 die Dominikanerinnen aus Saulgau in Besitz nahmen. Dieser Steinmar beschritt ganz neue Wege, die mit seiner etwas
derben Realistik aus der höfischen Welt hinausführten.
Sein Herbstlied, dieses berühmte Lied vom Seelchen
auf der Rippe, ist das erste Freß- und Sauflied in
deutscher Sprache.

Die Grafen von Zimmern

Die Freiherren und späteren Grafen von Zimmern
zählten zu den ältesten schwäbischen Adelsgeschlech-
tern. Herrenzimmern zwischen Rottweil und Obern-
dorf war ihre Stammburg. Ihr Besitz erstreckte sich
vom oberen Neckar bis an die junge Donau, wo sie die
Herrschaften Wildenstein und Falkenstein besaßen.
Die Herrschaft Meßkirch erwarben sie durch Heirat
von den Truchsessen Waldburg zu Rohrdorf 1344.

Die Zimmern waren ein eigenartiger Menschenschlag
von überdurchschnittlich hoher Kultur und Bildung,
mit einer Vorliebe für antiquarische, genealogische und
historische Studien. Sie hatten Spaß am Fabulieren,
Musizieren, Lesen und Schreiben. Wir finden unter
ihnen Gelehrte und Dichter, Geschichtsschreiber und
schrullige, allzeit zu Schwänken und launigen Torhei-
ten aufgelegte Käuze. 1538 hat sie Kaiser Karl V. in den
Grafenstand erhoben. Von 1354 bis 1594 waren sie
Herren in Meßkirch.

So hatte auch der Großvater des Verfassers der
berühmten Zimmernschen Chronik, Werner d. Ältere
(1454–1496), eine ausgesprochen tiefe Neigung zu
geistiger Betätigung und zur musischen Lebensgestal-
tung. Von den Söhnen dieses Werners d. Ä. ist Gottfried Werner (1484–1554) hervorzuheben: ein urwüch-
sig gesunder, mächtiger und belesener Mann, der die
Künste liebte, den Meister von Meßkirch in seine
Dienste nahm und die Feste Wildenstein zu ihrer
heutigen Form ausbaute. Dessen Bruder Wilhelm Werner (1485–1575) war hochgeschätzt wegen seiner Tätigkeit als Gelehrter und Sammler von Antiquitäten; er
begründete die Zimmernsche Familienforschung und
glänzte ebenso als Historiker wie als Theologe und
Jurist. Mit 21 Jahren war er Rektor der Universität
Freiburg, war dann Kaiserlicher Kammerrichter in
Speyer und Vertrauter Kaiser Karls V., eine vom
Frühhumanismus geprägte Gestalt, eine Persönlichkeit
mit weitem geistigem Horizont. Der ältere dieser
Brüder, Johann Werner d. J. (1480–1548), erlag früh
den stärkeren politischen Mächten und zugleich den
Verlockungen zu einem unsteten Leben. Um so mehr
aber waren seine Söhne wieder geistig interessiert. Sie
setzten die Tradition des Hauses fort. Mit dem Vater
hatten die Söhne allerdings ein ungutes Verhältnis.
Gottfried und Wilhelm, die Brüder des Werners d. J.,

hatten keine ehelichen Erben und nahmen sich deshalb ihrer Neffen an.

Diese Neffen, Söhne des Werners d. J., Johann Christoph (* 1516), Froben Christoph (1519–1566) und Gottfried Christoph (* 1524), studierten in Tübingen, Freiburg, Köln, Speyer, Löwen, Straßburg, Angers, Bourges, Tours und in Paris. Johann Christoph wurde Domdekan in Straßburg und Gottfried Christoph Domherr in Konstanz.

Froben Christoph (* 1519 in Mespelbron/Spessart † 1566 in Meßkirch) suchte Zuflucht bei seinem Onkel Gottfried Werner in Meßkirch, der ihn adoptierte und den er nach dessen Tod 1554 beerbte. Froben Christoph übernahm die Besitzungen des Geschlechts, renovierte, baute auf, führte die Sammlungen fort, gründete eine Familie und erarbeitete die Zimmernsche Chronik. 1557 setzte er eigenhändig den Grundstein für das neue Schloß in Meßkirch, das ihn als einen Mann seiner Zeit, der Renaissance, ausweist. Er überwand auch beispielhaft die Krise des deutschen Adels, den Übergang zu neuen Lebens- und Verwaltungsformen. Seine größte Tat aber war die Abfassung der Hauschronik. Mit dem Tod seines Sohnes Wilhelm 1594 starben die Zimmern in der Manneslinie aus.

Zu den fesselndsten Zeugnissen, die das 16. Jahrhundert hinterlassen hat, darf das von Froben Christoph von Zimmern am Ende seines reich bewegten Lebens seinem Schreiber diktierte umfangreiche Haus- und Gedächtnisbuch zählen. Seit der Wiederentdeckung der Zimmernschen Chronik zu Anfang des 19. Jahrhunderts in der Bibliothek der Fürstenberger zu Donaueschingen bildet dieses einzigartige Werk eine wichtige Quelle für die Kultur- und Rechtsgeschichte, die Landes- und Volkskunde und die Literatur- und Kunstwissenschaft. So ist die mit Anekdoten, Sagen, Schwänken und Skandalgeschichten, mit einer Unzahl von historischen Einzelheiten angefüllte Zimmernsche Chronik weit mehr als nur die Geschichte eines bekannten süddeutschen Geschlechts. Sie ist ein Dokument der Zeit, in der sie entstanden ist.

Meister von Meßkirch

Der Meister von Meßkirch erhielt seinen Notnamen nach seinem Hauptwirkungsort Meßkirch. Name, Herkunft und Lebensdaten sind also nicht bekannt, sein Werk läßt sich aber von denen seiner Zeitgenossen deutlich abgrenzen. Wohl aus dem Umkreis Albrecht Dürers herkommend, entwickelte der Meister von Meßkirch (tätig ungefähr von 1515 bis 1540 in Meßkirch und Sigmaringen) einen frühmanieristischen Stil von sehr persönlicher Prägung. Vom Geist her noch etwas gotisch, sind seine Bilder aber formal schon der aufkommenden Renaissance zuzuordnen, voll eigentümlicher, bisweilen expressiver Aussagekraft und einer unerhört wirkungsvollen, leuchtenden Farbigkeit. Die Hauptwerke des Meisters von Meßkirch befinden sich in der Meßkircher Stadtkirche (Dreikönigsbild), der Fürstlich Fürstenbergischen Sammlung Donaueschingen, der Fürstlich Hohenzollernschen Sammlung Sigmaringen, der Staatsgalerie Stuttgart, dem Germanischen Nationalmuseum Nürnberg, im Kunstmuseum Basel, dem Museum Berlin-Dahlem, der Bischöflichen Sammlung St. Gallen, in der Alten Pinakothek München und in Heiligkreuztal (Wandmalereien).

Die Künstlerfamilie Strüb

In Veringenstadt sind seit der Mitte des 14. Jahrhunderts die Strübs nachweisbar. Zu Beginn des 15. Jahrhunderts gibt es dann auch Maler und Bildhauer in dieser Familie. Nach Ingenhoff (Der Meister von Sigmaringen – die Malerfamilie Strüb, Stuttgart 1962) nehmen unter den schwäbischen Malern der späteren Gotik die Brüder Strüb, nämlich Hans, Jakob und vermutlich Peter d. J., eine beachtenswerte Stellung ein. Sie sind Zeitgenossen Strigls und Zeitbloms gewesen, erreichten allerdings den Rang dieser Meister nicht. Die Strübs haben den spezifisch spätgotischen Stil der schwäbischen Schule aufgenommen und daraus eine eigene intim-bürgerliche Individualität mit einer harmonisch gebundenen Farbskala entwickelt. Gelegentlich hält man einen der Strübs (Peter) für den Meister von Meßkirch; eine archivalische Dokumentation ist aber noch nicht gefunden worden. Der »Meister von Sigmaringen« mit seinem leuchtenden Kolorit ist wohl identisch mit Hans *und* Jakob Strüb. Die Werke der Strübs sind heute weit verstreut (Fürstl. Hohenz. Sammlung Sigmaringen, Fürstl. Fürstenbergische Sammlung Donaueschingen, Landesmuseum Stuttgart, Kunsthalle Karlsruhe, Museum Berlin-Dahlem, Sammlung Thyssen-Lugano, Städt. Museum Mannheim, Harthausen a. d. Sch., Veringenstadt).

Sankt Fidelis (Markus Roy)

Der Vater des Sigmaringer Heiligen war Schultheiß. Der Sohn Markus (* 1577 in Sigmaringen, † 24. April 1622 in Seewis im Prätigau/Schweiz) studierte zunächst Philosophie und Jura, wurde Advokat, gab dann aber seine Stellung auf, um Priester zu werden. Später trat er in den Orden der Kapuziner ein. Als Fidelis von Sigmaringen ging er in die Geschichte ein. Sein Eifer in den Bemühungen, die Menschen im reformierten Graubünden wieder für den katholischen Glauben zurückzugewinnen, erweckten den Haß seiner Gegner, die ihn am 24. April 1622 in Seewis im Prätigau/Graubünden erschlugen.
1729 wurde Fidelis seliggesprochen und 1746 zur Ehre der Altäre erhoben. Seitdem wird dieser Heilige als Erstlingsmärtyrer der Congregation de Propaganda fide hochverehrt. In Sigmaringen ist er Stadtheiliger, seit 1927 Landespatron von Hohenzollern. Im österreichischen Vorarlberg wird Sankt Fidelis als Diözesanheiliger verehrt.

Johann Ulrich Megerle – Abraham a Sancta Clara

»Nicht alles hat Stroh im Kopf, was unter einem Strohdach geboren wurde«, das bekannte von sich der Wirtssohn Johann Ulrich Megerle aus der »Traube« in Kreenheinstetten, bekannt und berühmt geworden unter seinem Klosternamen Abraham a Sancta Clara (* 1644 Kreenheinstetten, † 1709 Wien). Dieser Augustinerbarfüßermönch war einer der ganz großen Prediger deutscher Zunge. Literatur- und Predigthistoriker haben ihn lange verkannt, Goethe und Schiller dagegen schätzten unter dem barocken Sprachgewand den überquellenden Gedanken- und Gemütsreichtum dieses Predigers und Schriftstellers. Als Lateinschüler von Meßkirch kam er zu humanistischen Studien ans Jesuitenkolleg in Ingolstadt, dann an die Benediktineruniversität Salzburg. Danach trat er bei den Augustinereremiten in Mariabrunn bei Wien ein. Nach weiteren theologischen Studien in Prag, Ferrara und Wien war seine Neigung zur Moraltheologie unverkennbar. Als Priester und Seelenhirte wurde Abraham a Sancta Clara zum einflußreichsten religiösen Publizisten zwischen Luther und Görres. Er war Prediger mit Leib und Seele, und so drang sein Ruf bald bis in die alte Haupt- und Kaiserstadt Wien. 1677 ernannte ihn Kaiser Leopold I. zum kaiserlichen Hofprediger. Abraham a Sancta Clara wurde die Stimme Wiens. Abraham war zuerst und vor allem Priester und Prediger, und als solcher wurde er zum Kultur- und Sittenschilderer, zum Volksphilosophen und Geschichtslehrer, zum Dichter, zum Humoristen und Satiriker auf der Kanzel. Seine Schriften sind »verlängerte« Predigten, die sein Wort ausbreiteten, es vertieften und ihm zur *weiten Wirkung* verhalfen. Abraham sprach die Menschen seiner Zeit mit den Mitteln seiner Zeit an; er kam ihnen in ihren Vorstellungen und Wünschen entgegen. Die barocken Predigtkompositionen sind nicht mehr die unseren. Als Vorbild der Prediger ist er geblieben, seine Sprache hat er zur hohen Kunst erhoben. So wurde er zum Ruhm seines Standes. Er zählt zu den größten Meistern der deutschen Sprache und Rede.

Johann Heinrich Hörmann

Von einem Musikus, kaiserlichen Hofkapellmeister und Komponisten Hörmann hat man lange nichts gewußt. Erst die Forschungsarbeiten des Universitätsprofessors Dr. Walter Senn in Innsbruck brachten das Wirken dieses Musikers (*1694 in Saulgau, †1763 in Freiburg/Br.) an den Tag. Der Vater war Arzt, aber auch Amtsbürgermeister und Oberrichter in Saulgau, und genoß großes Ansehen. In Innsbruck studierte der Sohn Johann Heinrich zunächst Jura, eine tiefere Neigung trieb ihn aber zur Musik. 1717 bekam er die Stelle des Hoforganisten, betreute vorübergehend die Singknaben der Hofkapelle, 1724 wurde er dann als »Direktor der Hofmusik« eingesetzt. Musikwissenschaftler und Musikkritiker bestätigen, daß seine Kompositionen, von denen bis jetzt einige Messen und auch Kammermusikstücke bekannt sind, zu Beginn des 18. Jahrhunderts durchaus moderne Werke gewesen seien. Nicht nur erfindungsreich in der Melodik, sondern auch wohlbewandert in der Satztechnik sind es Kompositionen von Substanz, die auch neben Schöpfungen größerer Meister bestehen können. Aus archivalischen Quellen geht hervor, daß er zumindest zwei Karfreitagsoratorien, die Musik zu Theaterstücken für die Jesuiten, ein Tantum ergo für vier Singstimmen und Instrumente, ein Miserere, ein Offertorium und sechs Messen komponiert hat. Die Messen sind im Druck 1750 in Augsburg erschienen. Der Innsbrucker Domchor und auch die St. Johannes-Chorknaben in Saulgau haben zwei Messen wieder aufgeführt. Eine »Partita für acht Instrumente« erlebte durch das Kammerorchester des Österreichischen Rundfunks 1972 eine eindrucksvolle Wiederaufführung und liegt nun auch als Schallplatte vor. Hörmann starb als Beamter der vorderösterreichischen Regierung.

Sebastian Hyller

Josef Hyller (*1667 in Pfullendorf, †1730 in Weingarten), Sohn eines Bäckers und Gastwirts im Oberen Hecht zu Pfullendorf, trat in die Reichsabtei der Benediktiner in Weingarten ein, feierte am 1. April 1685 seine Profeß und am 14. Oktober 1691 seine Primiz. Im Kloster wurden ihm bald verschiedene Ämter übertragen. Er wurde Philosophieprofessor an der Benediktineruniversität Salzburg, 1697 Reichsprälat von Weingarten und dann auch Präses und Visitator der Benediktineruniversität Salzburg, Präses der oberschwäbischen Benediktinerkongregation St. Josef und des schwäbischen Reichsprälatenkollegiums. Als Bauherr hat sich Abt Sebastian Hyller besonders ausgezeichnet; er baute die Marställe und die Ökonomiegebäude in Weingarten, den heutigen Winzervereinskeller in Hagnau, die Gotteshäuser in Krumbach/Tettnang und in Thüringen/Vorarlberg. Seine bedeutendste Leistung ist wohl (seit 1724) der Bau der weithin ragenden Kloster- und Wallfahrtskirche von Weingarten, der größten Barockkirche nördlich der Alpen, des schwäbischen St. Peter. Es war eine hervorragende geistige Leistung, das aus dem 12. Jahrhundert stammende machtvolle romanische fünfschiffige Münster, das berühmteste von Oberschwaben und am Bodensee, 1715 abzureißen, um an dessen Stelle die barocke Basilika mit den Fresken Cosmas Damian Asams errichten zu lassen.

Bildhauerfamilie Hegenauer

Der Vater der oberschwäbischen Bildhauerdynastie Hegenauer, Felicitan Hegenauer, kam aus Braunau am Inn, heiratete 1716 in Überlingen und ließ sich dann 1717 in Pfullendorf nieder. Alle in Pfullendorf geborenen Bildhauersöhne – 1719 Wilhelm, 1723 Michael, 1728 Josef, 1734 Konrad – lernten zunächst beim Vater und waren in seiner Werkstatt tätig. Das künstlerische Bild der väterlichen Werkstatt bewegt sich von einem zunächst mehr verhaltenen, großförmigen Stil in zunehmendem Maße im Sinne des oberschwäbischen Rokoko auf einen in gegensätzlichen Bewegungen und Richtungen bezogenen plastischen Kontrast zu, mit räumlichen Auflockerungen des Figurenaufbaus. Werke des Vaters Felicitan (*1692 in Braunau/Inn, Zeit und Ort des Todes sind nicht bekannt) in den Pfarrkirchen von Pfullendorf, Liggersdorf, Zell am Andelsbach, Rengetsweiler, Mieterkingen/Herbertingen; von Wilhelm Hegenauer (*1719 in Pfullendorf, †1754 in Türkheim) in den Pfarrkirchen von Kißlegg, Wolfegg, Altaraufbauten in Bregenz und Kalchrain/Schweiz; Michael Hegenauer (*1723 in Pfullendorf, † nach 1759 in Saulgau, zuletzt 1798 in Türkheim/Bayerisch-Schwaben erwähnt) Hochaltar und Figuren in Hochberg/Saulgau, Kolossalfiguren im Kloster Sießen, Figuren in Herbertingen, Göffingen, Türkheim und Krumbach, in Seitenaltären in Baitenhausen; Josef Hegenauer (*1728 in Pfullendorf, Todesort und -jahr nicht bekannt) wird als Schöpfer des Chorgestühls und von Figuren in der Schloßkirche zu Erbach genannt; Konrad Hegenauer (*1734 in Pfullendorf, seit 1756 bis zum Tod 1807 in Friesenhofen/Leutkirch) war einer der meistbeschäftigten Bildhauer des Voralpengebiets in der zweiten Hälfte des 18. Jahrhunderts. Seine Kunst geht von der Familientradition aus, kommt zu starken plastischen Kontrasten und erreicht eine beachtliche Qualität. Werke in Zeil, Rimpach, Gebrazhofen, Meersburg, Unterkürnach, Isny, Christazhofen, Reichenhofen und anderen Orten.

Meinrad von Aw

Meinrad von Aw (*1712 in Sigmaringen, †1792 in Sigmaringen) ist wohl der bedeutendste aus dem Landkreis Sigmaringen stammende oberschwäbische Barockmaler. Zunächst lernte er in der Werkstatt seines Vaters, um sich dann im barocken Kunstzentrum Augsburg weiter ausbilden zu lassen. Nach 1740 begann für ihn eine Zeit des fruchtbaren Schaffens mit reifen schöpferischen Impulsen. Neben einer Reihe achtbarer Tafelbilder (Altarblätter) sind von ihm als besonders begabter Rokokokünstler Kirchen mit Freskomalereien ausgestattet worden, so die Stadtpfarrkirche St. Jakob in Pfullendorf, die Wallfahrtskirche Maria Schray bei Pfullendorf, die Klosterkirche Wald, die Kirche in Langenenslingen, die St. Annakirche Haigerloch, die Stadtpfarrkirche St. Johann in Sigmaringen, die Stadtpfarrkirche St. Martin zu Meßkirch, die Kirche St. Oswald in Otterswang bei Bad Schussenried, der Chor der Klosterkirche in Rot an der Rot und die Stiftskirche in Hechingen.

Johann Georg Mesmer

Johann Georg Mesmer (*1715 in Wolfartsweiler, †1798 in Saulgau) war das Haupt einer weitverzweigten Malerfamilie in Oberschwaben, verwandt mit den Malern Volmar in Mengen, Sauter in Aulendorf, Hermann in Kempten und Konstanz, Wocher in Waldsee und Bern. Als Schüler und Gehilfe von Franz Joseph Spiegler arbeitete J. G. Mesmer an der Ausgestaltung der Klosterkirche von Zwiefalten mit. Unser Maler war weiter beteiligt beim Ausschmücken der Klosterbauten von Schussenried, in der Stiftskirche zu Buchau und in vielen anderen Kirchen Oberschwabens. Wenn von den Kirchenmalern Mesmer aus Saulgau die Rede ist, ist allerdings oft Joseph Anton Mesmer (1747–1827) gemeint, welcher der erfolgreichste und bekannteste unter ihnen war. In seinem langen Leben hat er viele Werke in seiner oberschwäbischen Heimat und noch mehr in der Schweiz geschaffen. Joseph Anton wurde von seinem Vater an die Akademie nach Wien gesandt, wo er auch seinem berühmten Landsmann Anton Maulpertsch aus Langenargen begegnete. Saulgau blieb immer Heimat der später sehr zahlreichen Familie.

Anton von Störck

Die Störcks kamen aus Meßkirch und ließen sich im 17. Jahrhundert als Schmiede in Saulgau nieder. Drei Söhne des Schmieds Franz Anton Störck in der oberen Vorstadt wurden Ärzte und brachten den Namen Störck im alten Österreich, zu dem ja Saulgau gehörte (1299–1806), zu höchstem Ansehen. Der ältere Melchior (1721–1756) war ordentlicher Professor der Anatomie der Universität Wien, der jüngere Matthäus (1739–1815) war Leibarzt des Großherzogs von Toscana in Florenz, des nachmaligen Kaisers Leopold II. Ihr Bruder Anton (* 1731 in Saulgau, † 1803 in Wien) war Schüler des berühmten van Swieten und erlangte als praktischer Arzt bald Erfolge, die auf ihn aufmerksam machten. Er wurde mehrfach zum Dekan der medizinischen Fakultät gewählt, war auch Rektor der Universität und wurde 1760 zum K. k. Leibmedicus ernannt. 1771 wurde er Direktor der medizinischen Fakultät, zur damaligen Zeit die bekannteste und erfolgreichste medizinische Schule Europas; gleichzeitig wurde ihm auch die Stelle des Protomedikus, d. h. die oberste Leitung des gesamten Medicinalwesens in den österreichischen Landen übertragen. Von 1772 an war er erster Leibarzt der Kaiserin Maria Theresia, die viel von ihrem Störck hielt. Störck war ein Mediziner, der vielfach auch neue Wege beschritt. Das belegen seine zahlreichen Bücher und Veröffentlichungen, die nahezu in allen Sprachen Europas übersetzt erschienen. Auch die Erforschung und die Anwendung neuer Medikamente waren ihm ein Anliegen. In der Geschichte der Medizin wird er als ein Pionier der Pharmakologie bezeichnet. Für eine bessere Ausbildung der Ärzte setzte er sich nachdrücklich ein. Damals entstand das neue Allgemeine Krankenhaus in Wien, eines der modernsten seiner Zeit, Störck hatte wesentlichen Anteil daran. Für sein Wirken und Forschen fand Störck die volle Anerkennung der wissenschaftlichen Welt seiner Zeit.

Johann Baptist Seele

Einem fürstenbergischen Corporal in Meßkirch wurde ein Sohn geboren, der als Kunstmaler um 1800 in Süddeutschland Bedeutung erlangen sollte: Johann Baptist Seele (* 1774 Meßkirch, † 1814 Stuttgart). Seele erhielt seine künstlerische Ausbildung an der Hohen Carlsschule in Stuttgart. Nach seinen frühen Erfolgen, vor allem als Porträtmaler in Donaueschingen, wurde er 1804 Hofmaler und Direktor der Herzoglichen Privatgemäldegalerie in Stuttgart. Neben seiner Bildnismalerei war Seele besonders wegen seiner Genremalerei aus dem Soldatenleben beliebt. Die Anfänge seiner lebendigen und packenden Soldaten- und Schlachtenmalerei gehen auf die Kriegsdurchzüge um die Jahrhundertwende zurück (Kampf der Österreicher und Franzosen um die Teufelsbrücke – 1802). Seeles Begabung lag aber auch auf dem Gebiet der Bildnismalerei. Für ihn gab es dabei keine Verbeugung vor dem Schönheitsideal der Mode mit ihrem wandelnden Geschmack; er stellte auch nicht die gesellschaftliche Position heraus – das Charakteristische, eine mehr nüchterne Menschendarstellung wollte er. Seeles privater Lebenszuschnitt sei »zynisch« gewesen, er hatte wenig Verkehr mit der Gesellschaft.

Konradin Kreutzer

Am Cäcilientag des Jahres 1780 wurde Konradin Kreutzer († 1849 in Riga) in der Talmühle bei Meßkirch geboren. Schon früh zeigte sich seine musikalische Begabung; er selbst dachte in seiner Jugend auch daran, Priester zu werden. Zunächst besuchte er daher die Klosterschule bei den Benediktinern in Zwiefalten und kam dann zu den Prämonstratensern in Schussenried, die eine Chorschule unterhielten. Von Freiburg im Breisgau aus, wo er das Studium der Rechte bald aufgab, begann Kreutzers unstetes Wanderleben durch halb Europa, nach Wien, Paris, in die Schweiz, nach

Stuttgart und dann nach Riga. Er unternahm Konzertreisen mit eigenen Kompositionen, wurde Hofkapellmeister in Stuttgart und in Donaueschingen, Kapellmeister am Kärtnerhoftheater und am Theater in der Josefstadt zu Wien. In seinem künstlerischen Zenit erlebte er die Aufführung seiner Oper »Das Nachtlager von Granada«, war Dirigent von großen Massenchören bei Musikfesten in Köln und Gent. Von 1840 an begleitete er seine Tochter Marie, die zur Sängerin ausgebildet wurde, bis sie zum Schmerz des Vaters ihre Stimme verlor. Verarmt starb er in Riga. Er war keiner der ganz Großen in der Musikgeschichte, aber sein Werk hat doch Bestand. Aus dem Melodiösen seiner Kompositionen erklärt sich die Volkstümlichkeit seiner Werke. Heute werden immer mehr seine Kammermusikstücke bevorzugt.

Michael von Jung

So vergessen, wie ein unbekannter Verfasser in der Beilage des Staatsanzeigers für Württemberg 1878 meinte, ist heute der Verfasser der »Melpomene« Ritter Michael von Jung (* 1781 in Saulgau, † 1858 in Tettnang) nicht mehr. Am Fest seines Namenspatrons in Saulgau als Sohn eines Schneidermeisters geboren, ging er zunächst beim Vater in die Lehre, dann besuchte er auf Betreiben der Franziskaner das Gymnasium in Überlingen, studierte an der Universität Salzburg Theologie und feierte am 25. März 1806 seine Primiz. Seine geistliche Laufbahn zeigte zunächst nichts Außergewöhnliches. Als entlassene Soldaten der Befreiungskriege 1814 den Typhus ins Land schleppten, bekämpfte er auf eigene Art diese Epidemie, so daß diese Seuche in seinem Sprengel bald erlosch, und dafür zeichnete ihn der König von Württemberg mit dem Verdienstorden und dem persönlichen Adelstitel »Ritter« aus. Bekannt wurde er aber für unsere Zeit als dichtender Pfarrer, der die selbstverfaßten Grablieder zur Laute am offenen Grab vortrug. Diese Grablieder

haben einen theologischen und pädagogischen Gehalt und sind wie auch die ebenfalls von Jung verfaßten deutschen Vespergesänge von 1813 vor dem Hintergrund der kirchlichen Aufklärung des Konstanzer Generalvikars von Wessenberg zu sehen.

Thomas Geiselhart

Wegen seines von christlichen Idealen getragenen caritativen Wirkens, wegen seines Mutes und seiner Selbstlosigkeit hat Thomas Geiselhart den Ehrennamen »Waisenvater von Hohenzollern« erhalten. In der Tat, niemand hat sich in der zweiten Hälfte des 19. Jahrhunderts in den früheren hohenzollerischen Landen wegen seines sozialen Wirkens einen so vorzüglichen Namen gemacht wie eben Thomas Geiselhart (* 1811 in Steinhilben, † 1891 in Sigmaringen). Sohn armer Taglöhner, lernte er zunächst Latein bei einem Kaplan in Trochtelfingen, der den begabten Buben dann ins Lyzeum nach Konstanz brachte. Unter großen Entbehrungen konnte er dort seine Schulzeit beenden, studierte Theologie in Freiburg und Tübingen und empfing 1837 die Priesterweihe. In vielen Gemeinden diente er dann. Seine Zeit in Veringenstadt sei, so berichtet er selbst, »die Winterszeit in seinem Priesterleben gewesen«. Bevor er 1850 nach Sigmaringen kam, gründete er 1848 den Piusverein, welcher für die Rechte und die Freiheit der katholischen Kirche eintrat. Deshalb blieb er zwanzig Jahre lang in Ungnade beim Sigmaringer Fürsten. Lange vor der Einführung der Sozialversicherung gründete Geiselhart 1851 einen Krankenpflegeverein für Gesellen und Dienstboten, später den Elisabethenverein als caritative Hilfsorganisation. Nach dem Kauf des Geburtshauses von Markus Roy (hl. Fidelis) inmitten von Sigmaringen richtete er dort ein Heim für auswärtige Schüler ein und später auch für den gleichen Zweck das Konradihaus in Konstanz. Nicht unerwähnt sollte eine von ihm gegründete private katholische Schule zu

Zeiten der liberalen Herrschaft im preußischen Hohenzollern bleiben. Das bedeutendste Werk Geiselharts war aber die Gründung des Waisenhauses »Nazareth« in Sigmaringen, für das er das kleine Hofgut Brunnenberg gekauft hatte. Thomas Geiselhart war, wie es in einem Nachruf heißt, eine energische und willensstarke Persönlichkeit, ein christlicher »Sozialist«, kein Freund höflicher Formen; kräftig und rauh war wohl die Außenschale, groß jedoch die Liebe zu den armen, hilfsbedürftigen Menschen.

Georg Konrad Kaspar Neidlein

Getragen vom revolutionär-patriotischen Elan der ersten Stunden, begann der vormalige Oberamtsgerichtsaktuar Neidlein (* 1816 in Rossfeld-Crailsheim, †1874 in Saulgau) seine 26jährige Amtszeit als Stadtschultheiß in Saulgau. Am 16. März 1848 wurde der evangelische Kandidat in der nahezu hundertprozentig katholischen Stadt zum neuen Stadtschultheiß gewählt. Neidlein trat in Saulgau in die Fußstapfen derer, die es 1819 ablehnten, zu der vorgelegten württembergischen Verfassung Stellung zu beziehen, und die auch die zuvor von Stuttgart aus angeregte und erfolgte Wahl eines Landtagsabgeordneten für das Oberamt Saulgau in Zweifel zogen. Neidlein war Anhänger der Volkspartei, und als solcher unterstützte er auch die Riedlinger Bürgerwehr, als diese von regulären Truppen sozusagen als warnendes Beispiel für ganz Oberschwaben entwaffnet werden sollte. Er wurde Hauptangeklagter im Hochverratsprozeß (Aufwiegelung gegen die königlich-württembergische Staatsgewalt), der unter dem Schutz eines regulären Infanteriebataillons im Saulgauer Oberamtsgericht ablief, später von Stuttgart aus aber abgeblasen wurde, um die negative Einstellung der Bevölkerung in der revolutionären Ecke Saulgau-Riedlingen gegen die Stuttgarter Zentralgewalt nicht noch mehr zu stärken. In dem Nach-Achtundvierziger-Landtag ließ sich Neidlein mit übergroßer Mehr-

heit wählen. Er verlangte die Abschaffung des Zweikammersystems, die Abschaffung des Klassenwahlrechts, volle Volkssouveränität, Beibehaltung der Paulskirche-Verfassung und Ablehnung der von Preußen aufgedrängten Verfassungsgrundsätze, Vereinfachung der Staatsverwaltung, Verringerung der Zahl der Beamten, Wegfall der Apanagen, Anpassung der königl. Zivilliste an die finanziellen Möglichkeiten des Landes, Maßnahmen zur vollen Ausschöpfung der Gesetze zur Aufhebung der Feudalherrschaft und Maßnahmen zur Hebung von Handel und Gewerbe. Neidlein blieb aber nur zwei Jahre im Landesparlament, da er nach seiner politischen Überzeugung nicht voll wirksam werden konnte. Die Beschlüsse des Landtages wollte er nicht mehr mittragen und legte entsprechend seinen Versprechungen im Wahlkampf sein Mandat nieder. Bis 1874 blieb er zum Wohle von Saulgau Stadtschultheiß.

Theodor Bilharz

Nach dem Abschluß des Gymnasiums in Hedingen mit der Note »sehr gut« belegte Theodor Bilharz (* 1825 in Sigmaringen, †1862 in Kairo) an der Universität Freiburg die Fächer Philosophie, Mathematik, Physik, Chemie, Mineralogie, Botanik, Geologie, Archäologie, Kunst, Geschichte, Physiologie und Ethik. Im Herbst 1844 wechselte er zur Universität Tübingen über, um nun mit ganzer Hingabe sich dem Studium der Medizin zu widmen. 1950 geht er als Assistent mit seinem Lehrer, dem Internisten Griesinger, nach Ägypten, wo er sich vor allem mit der Forschung beschäftigt. Im Auftrag der ägyptischen Regierung organisiert er das Gesundheitswesen und entdeckt dann auch den Erreger der Blutharnruhr, einer verheerenden Plage in weiten Gebieten Afrikas und Asiens, welche nach ihm »Bilharziose« genannt wurde. Mit dieser Entdeckung ist Theodor Bilharz in den Kreis der großen Forscher und Ärzte der Medizingeschichte eingegangen. Auf einer Reise in das Innere Ägyptens hat er sich bei der Behandlung einer Typhuskranken selbst den Todeskeim zugezogen, der seine Kraft verzehrte, und am typhösen Fieber starb er dann.

Maurus und Placidus Wolter

Die beiden Gründer der Benediktinererzabtei Beuron Maurus (Gustav Rudolf, * 1825 in Bonn, † 1890 in Beuron) und Placidus (* 1828 in Bonn, † 1908 in Beuron) Wolter wurden als Söhne eines Bierbrauers in Bonn geboren. Nach dem Studium der Philologie und der Theologie wurden sie Priester und traten 1855 und 1856 in die Benediktinerabtei S. Paolo fuori la Mura in Rom ein. 1859 fand die für die Gründung der Benediktinerabtei von Beuron so wichtige Begegnung mit der Fürstin Katharina von Hohenzollern in der Villa d'Este in Tivoli statt. Die Fürstin und die Gebrüder Wolter waren sich in dem Willen einig, in Deutschland (außerhalb Bayerns, wo es wieder Benediktinerabteien gab) erneut Benediktiner anzusiedeln. Nach einer nur vorübergehenden Niederlassung in Materborn in Westfalen konnte mit Hilfe der Fürstin Katharina von Hohenzollern das aufgelassene Augustinerchorherrenstift Beuron gewonnen werden. Am 6. Dezember 1862 betrat, sechzig Jahre nach seiner Auflösung, wieder ein Mönch das Kloster, und an Pfingsten 1863 (24. Mai) erfolgte die feierliche Eröffnung. Im preußischen Kulturkampf 1875 mußten die Mönche Beuron wieder verlassen und durften erst zwölf Jahre später wieder zurückkehren. Neben der Seelsorge widmeten sich die Mönche von Beuron von Anfang an der Pflege von Wissenschaft, Kunst und gregorianischem Gesang. Schon unter den beiden Gründeräbten Maurus und Placidus Wolter wurden die Klostergebäude ausgeweitet. Beuron wuchs seinerzeit zur angesehensten Benediktinerabtei Deutschlands heran. Beuron wurde Sitz einer eigenen Kongregation, Klöster wurden wieder besiedelt oder neu gegründet. Heute gehören zur Beuroner Kongregation die Abteien in Weingarten, Neres-

heim, Gerleve, Maria Laach, Neuburg, Tholey, Sekkau/Steiermark, Wimpfen i. T und die Frauenabteien Kellenried, Engelthal/Hessen, St. Hildegard/Eibingen im Rheingau, Herstelle in Westfalen und Bertholdstein in der Steiermark.

Aus dem Landkreis Sigmaringen sind als Äbte aus der Abtei Beuron hervorgegangen: Erzabt Ildefons Schober (* 1849 in Pfullendorf), erster Abt von Seckau 1887–1908, dritter Erzabt von Beuron 1908–1917. Abt Raphael Molitor (* 1873 in Sigmaringen), Abt von Gerleve 1906–1948, Präses der Beuroner Kongregation von 1936–1948. Erzabt Benedikt Baur (* 1877 in Mengen), fünfter Erzabt von Beuron 1938–1956.

P. Desiderius Lenz

Zunächst Schreinerlehre beim Vater in Haigerloch, dann Besuch der Modellierschule des Münchner Polytechnikums, Eintritt in die Bildhauerklasse der Akademie der Bildenden Künste in München, dann Berufung an die Königliche Kunstgewerbeschule Nürnberg, Studienaufenthalt in Rom; das waren die ersten Stationen des Begründers der berühmten Beuroner Kunstschule (1868–1871). In der Mauruskapelle im stillen Donautal entwickelte Peter, später Desiderius Lenz (* 1832 Haigerloch, † 1928 Beuron), sein Kunstprogramm mit einer neuen, objektiven Kunstform. Karl Muth spricht im »Hochland« 1928 von »einem Nationalmonument von klassischem Wert«. 1872 Kunstoblate in Beuron, hatte Lenz zusammen mit anderen eine nicht beschreibbare Kunstbarbarei im Sinne »seiner Kunst« vollbracht, nämlich die Zerstörung des Hochaltars J. A. Feuchtmayers in der Klosterkirche. 1876 wurde Peter Lenz Chorpostulant, und 1877 erfolgte die Aufnahme ins kanonische Noviziat; er erhielt den Namen Desiderius. Wir finden den Künstler in den Klöstern Emaus zu Prag, in Maredsous (Belgien), in Monte Cassino. Es kam zu den Begegnungen mit den »Nabis« (Serussier, Denis, Verkade). Der von Desiderius Lenz nach seinem Kanon entworfene Beuroner Stil ist eine singuläre Erscheinung, die heute wieder positiver beurteilt wird.

Alfons Bilharz

Nach dem Besuch des Gymnasiums Hedingen studierte er (* 1836 in Sigmaringen, † 1925 in Sigmaringen) in Freiburg, dann in Heidelberg, Würzburg, Berlin und Wien Naturwissenschaft und Medizin. Durch seinen Lehrer, den großen Physiologen Du Boy Reymond, in Berlin angeregt, beschäftigte sich Bilharz mit Problemen der Naturphilosophie und Metaphysik. Ausgedehnte Reisen und ein 13jähriger Aufenthalt in Amerika, wo er als Mediziner tätig war, weiteten seinen Gesichtskreis. Nach seiner Rückkehr wurde er ärztlicher Direktor des Landeskrankenhauses in Sigmaringen. Neben seinen medizin-wissenschaftlichen Abhandlungen, die Beachtung und Anerkennung fanden, hat er sich auf Grund einer spekulativen Begabung besonders mit philosophischen Problemen beschäftigt und ist damit auch in die deutsche Geistesgeschichte eingegangen.

Gregor und Raphael Molitor

Dem Chordirektor an St. Johann in Sigmaringen, Johann Baptist Molitor, wurden zwei Söhne geboren, die als Benediktinerpatres von Beuron besonders hervortraten. P. Gregor (Ferdinand Benedikt, * 1867 in Sigmaringen, † 1926 in Beuron) trat mit 20 Jahren in die Erzabtei Beuron ein, nachdem vorher schon sein Vater ihn wegen seiner besonderen musikalischen Begabung gefördert hatte. Auch im Kloster widmete sich P. Gregor der Kirchenmusik als Organist, Konzertmeister, als Gründer der kirchenmusikalischen Kurse von Beuron im Gregoriushaus; er redigierte den »Kirchensänger«, gab ein Orgelbuch in vier Teilen heraus und

später ein Lehrbuch für Choralbegleitung und eine Chorliedersammlung. Auch als Komponist von Präludien und Fugen trat er hervor. Die Kirchenmusikgeschichte seiner Zeit hat P. Gregor Molitor wesentlich bereichert.

Der Bruder Raphael (Fidelis, * 1873 in Sigmaringen, † 1948 in Beuron) trat ebenfalls in den Benediktinerorden ein. Auch er widmete sich zunächst der Choralforschung, um sich dann aber dem Kirchenrecht zuzuwenden. Darin hat er sich vor allem als Schriftsteller des Ordensrechts und mit seinen »Studien und Mitteilungen zur Geschichte des Benediktinerordens« hohes Ansehen erworben. Von 1906 bis 1948 war P. Raphael Molitor Abt von Gerleve und von 1936 bis 1948 Präses der Beuroner Benediktinerkongregation.

Eduard Schmid

Eduard Schmid kam aus kleinen Verhältnissen (* 1861 Ostrach, † 1933 München). Nach dem Besuch der Volksschule wurde er Möbelschreiner und ging nach bestandener Gehilfenprüfung auf Wanderschaft. Zu Fuß hatte er halb Europa durchwandert. Wo es ihm gefiel, arbeitete und lernte er einige Zeit. Bald wandte er sich der Arbeiterbewegung (Holzarbeiterverband) zu und verschrieb sich ihr mit Leib und Seele. Mit 26 Jahren kam er nach München und wurde dort ansässig. In München konnte er sich durch seine sozialpolitische Tätigkeit so bekannt machen, daß er 1899 als erster sozialdemokratischer Magistratsrat in das Rathaus einzog und 1907 auch in den bayerischen Landtag gewählt wurde. Das Amt des Ersten Bürgermeisters (später Oberbürgermeister) wurde ihm 1919 übertragen. Die kommunale Spitze der bayerischen Landeshauptstadt München hatte er in einer schweren Zeit angetreten. Die Atmosphäre im Rathaus war pulvergeladen: ein getreues Abbild der Lage im ganzen Land. Die schwerste Prüfung mußte Eduard Schmid mit der Meisterung der Inflation ablegen, mit Billionen, Trillionen und astronomischen Ziffern hatte er seinerzeit zu rechnen, die man kaum zu Papier bringen konnte. Auch mit dem Hitler-Aufstand im November 1923 kam er hautnah in Berührung. Bekannt als scharfer Gegner des aufkommenden Nationalsozialismus, wurde er am 9. November 1923 von einem Rollkommando der SA aus dem Rathaus abgeholt und in einen Wald der Münchner Umgebung geschleppt. Der Baum, an dem man ihn aufhängen wollte, war bereits ausgesucht, da traf die Nachricht ein, daß der Putsch vor der Feldherrnhalle gescheitert sei, und das Rollkommando suchte das Weite. Als besondere kommunalpolitische Leistungen werden den Bemühungen Schmids der Ausbau der Elektrizitätsversorgung Münchens, der Bau der Straßenbahnwerkstätte in Perlach und der Bau von Altersheimen angerechnet. 1932 wurde Eduard Schmid für seine Verdienste um die Stadt München zum Ehrenbürger ernannt. In der Liste der Ehrenbürger steht er an 32. Stelle zwischen dem Techniker und Erbauer des Deutschen Museums, Oskar von Miller, und dem Münchner Kardinal Michael von Faulhaber.

Josef Karlmann Brechenmacher

Brechenmacher (*1877 in Oberdischingen, †1960 in Saulgau) war eine urwüchsige Begabung, vor allem ausgezeichnet durch ein ursprüngliches Verhältnis zum Wort, zur Sprache. Als Sprachforscher und Sprachlehrer wurde er auch bekannt. Selbständig, ohne Führung und Anleitung erwarb er sich das Rüstzeug zu wissenschaftlicher Arbeitsweise und stieß von da aus auf Grund kritischer Beschäftigung mit dem Quellenmaterial zur wissenschaftlichen Aussage vor. Als Lehrer, als Schulmann beschäftigte ihn die Muttersprache, jedoch auch über den Unterricht hinaus: seine »Deutsche Sprachkunde« und seine »Deutsche Lautkunde« waren gewichtige Handbücher für ganze Lehrergenerationen. Sein wissenschaftliches Hauptverdienst liegt in der Namenforschung. 1928 erschien erstmals sein »Deut-

sches Namenbuch«; nach vielen einschlägigen Einzelveröffentlichungen kam 1957 bis 1963 sein »Ethymologisches Wörterbuch der deutschen Familiennamen« in mehreren Bänden heraus, in denen mehr als 28 000 deutsche Familiennamen nach ihrer Herkunft, Verbreitung und Bedeutung untersucht sind. Brechenmacher war ein leidenschaftlicher und begnadeter Pädagoge. Nach einigen Landlehrerstellen kam er zunächst an das Lehrerseminar Rottweil; 1928 wurde ihm die Leitung des früheren Lehrerseminars in Saulgau übertragen; 1934 wurde er entlassen und lebte dann bis 1944 in Stuttgart. Dort ausgebombt, kehrte er nach Saulgau zurück, wo ihm dann 1946 wieder die Leitung der Lehrerbildungsanstalt übertragen wurde. In Anerkennung seiner wissenschaftlichen Verdienste verlieh das Land Baden-Württemberg Brechenmacher den Professorentitel, und die Universität Tübingen zeichnete ihn aus, indem sie ihn zum Ehrensenator ernannte. Er war auch Ehrenbürger der Stadt Saulgau.

Conrad Gröber

Die theologische Ausbildung erfuhr Conrad Gröber (* 1872 in Meßkirch, † 1948 in Freiburg) in Freiburg/Peterstal und vor allem am Germanicum in Rom, das ihn dann auch zeitlebens prägte, sowohl durch die neuscholastische Theologie als durch Denkmäler der Kunst und der Geschichte. So besaß der Theologe Gröber auch etwas von einem Historiker und einem Künstler. In Konstanz, von 1901 bis 1925, entwickelte er einen ganz persönlichen Stil der Seelsorge, unkonventionell, unbürokratisch und daher für Vorgesetzte und Mitarbeiter nicht immer bequem. 1925 wurde er ins Domkapitel berufen und 1931 Bischof von Meißen im roten Sachsen. Gegen die Absicht des Freiburger Domkapitels wurde Conrad Gröber mit Hilfe des damaligen Nuntius Pacelli Erzbischof von Freiburg, ein Amt, das er nicht ohne Leidenschaft versah. Seine Haltung zu Beginn der NS-Zeit ist oft kritisiert worden. Er war ein Mann, der Lust verspürte, es wenigstens mit der neuen Zeit zu probieren, das Konkordat war ja abgeschlossen. Bald aber erkannte er klar die rechtsfeindlichen Mächte. So wurde er zum unerschrockenen Kämpfer für die Sache seiner Kirche und für verfolgte Menschen. Seine Predigten waren bekannt: 1940 gegen die Euthanasie, 1943 gegen die Aufhebung der Klöster im Elsaß. Nach 1945 war er Freiburg und dem ganzen Land eine Stütze. Gröber hatte ein mitreißendes Temperament, er hatte es nie darauf angelegt, ein fehlerfreier Mensch zu sein.

Gottfried Graf

Aus einer alteingesessenen Handwerkerfamilie stammend, trat Gottfried Graf (* 1881 in Mengen, † 1938 in Stuttgart) nach dem Einjährigen in den Postdienst ein. Den nach künstlerischen Auseinandersetzungen strebenden jungen Mann konnte diese Arbeit nicht befriedigen, und so besuchte er unter großen Schwierigkeiten, persönlichen Anstrengungen und Entbehrungen die Kunstgewerbeschule und später die Kunstakademie in Stuttgart. Wesentlich für Grafs künstlerischen Werdegang waren seine Lehrer Landenberger und Hölzel; auf einer Reise in die Provence 1912 kommt die Bekanntschaft und Freundschaft mit den französischen Kubisten Gleizes und Villon hinzu. Graf setzte sich intensiv mit den Kunstströmungen seiner Zeit auseinander und kommt so während des Ersten Weltkrieges und kurz danach zu einem eigenständigen kubistischen Stil, der ihn auch als einzigen Kubisten nach 1919 in Süddeutschland ausweist. Bedeutend ist aber Gottfried Graf auch als Holzschneider. Hier beschränkt er sich auf den reinen Kontrast Schwarz und Weiß und auf die Möglichkeit der linearen Strukturierung der Fläche. 1920 wurde Graf die Leitung der Holzschneiderklasse an der Stuttgarter Kunstakademie übertragen. Aus dieser Holzschneiderklasse sind dank Grafs künstlerischen und pädagogischen Fähigkeiten die wichtigsten

Kunsterzieher in Württemberg in den dreißiger Jahren hervorgegangen. 1919 gründete Graf zusammen mit Baumeister und Schlemmer die zu dieser Zeit in Stuttgart progressivste Künstlergruppe, die Uechtgruppe. Auch im Kunstleben Stuttgarts spielte Graf seinerzeit eine herausragende Rolle. Im Zuge der Aktion »entartete Kunst« wurden von Gottfried Graf 1937 Bilder und Grafikblätter aus den öffentlichen Galerien entfernt und er selbst 1938 aus dem Lehramt entlassen.

P. Athanasius Miller

Bekannt wurde P. Athanasius Miller (* 1881 in Wolfartsweiler/Saulgau, † 1963 in Leutkirch) als »Psalmenmiller«: in 15 Auflagen erschienen seine Psalmenübersetzungen. Verehrt und geliebt wurde er als Lehrer für das Alte Testament am Benediktinerkolleg S. Anselmo auf dem Aventin zu Rom. Als »Gondelschwabe« hat er zusammen mit sechs anderen Schwaben Ende des letzten Jahrhunderts die Reise ins Kloster Emaus bei Prag unternommen und die gleichnamige, mit zahlreichen Lausbubenstreichen gespickte abenteuerliche Geschichte verfaßt (erschienen 1921). Am 15. Oktober 1902 legte er seine Profeß in Beuron ab. Die wissenschaftliche Tätigkeit von P. Athanasius wurde durch die Berufung zum Sekretär der Päpstlichen Bibelkommission am 8. Mai 1949 durch Papst Pius XII. gekrönt, der er dann auch bis 1962 diente. In Anerkennung und Verehrung wie auch als Zeichen der Dankbarkeit haben Gelehrte aus elf Nationen in sechs verschiedenen Sprachen, darunter auch die Kurien-Kardinäle Tisserant und Mercati, anläßlich der Vollendung des siebzigsten Lebensjahres eine Festschrift herausgebracht. Nach einem reich erfüllten Ordensleben verstarb P. Athanasius Miller, nachdem er im Sommer 1962, einem tiefen Herzenswunsch folgend, in sein Heimatkloster Beuron zurückgekehrt war.

Clemens Moser

Clemens Moser (*1885 in Hausen am Andelsbach, †1956 in Sigmaringen) war eine für das kommunale und politische Leben im alten Hohenzollern markante Persönlichkeit. Von 1918 bis 1933 galt er schon als bedeutender Zentrumspolitiker – von 1922 bis 1933 Mitglied des Kommunallandtages und von 1930 bis 1933 Mitglied des preußischen Staatsrates. Wegen seiner Gegnerschaft zum Nationalsozialismus wurde Moser von 1933 bis 1945 aus dem Schuldienst (Studienrat am Gymnasium Hechingen) entlassen. Nach 1945 war er für kurze Zeit Präsident für Hohenzollern, 1946 Landesdirektor, seit 1947 Staatssekretär für Arbeit beim Staatssekretariat Tübingen/Land Südwürttemberg-Hohenzollern und von 1946 bis 1949 Landeshauptmann von Hohenzollern. Auch nach der Niederlegung seiner Ämter, 1950, aus gesundheitlichen Gründen, galt seine Sorge der Entwicklung der Selbstverwaltung in Hohenzollern.

Martin Heidegger

Der Mesmerbub aus Meßkirch (*1889 in Meßkirch, †1976 in Freiburg/Br.), der Vater war Küfer und Mesmer, studierte zunächst Theologie und wechselte dann zur Philosophie über. 1916 habilitierte er sich und wurde 1922 nach Marburg berufen. Dort arbeitete er an seiner grundlegenden Schrift »Sein und Zeit«. 1928 wurde Martin Heidegger Nachfolger seines Lehrers Husserl in Freiburg; seine Antrittsvorlesung »Was ist Metaphysik« erregte Aufsehen. 1933 wurde Heidegger zum Rektor gewählt. Er hatte im Nationalsozialismus eine Art Revolution gesehen, die eine radikale Wende der deprimierenden Lage bringen könnte. Bald sah er den Irrtum ein und trat schon Anfang 1934 zurück, er distanzierte sich und wurde verfemt. Hätte er seine Kritik nicht nur privat, sondern auch öffentlich geäußert, wären ihm später Anfeindungen erspart geblieben. Martin Heidegger gehört in die Reihe der bedeutendsten Denker des 20. Jahrhunderts. Seine Wirkung war vielfältig, sie beschränkte sich keineswegs auf die philosophische Dimension, reichte vielmehr von der Theologie über die Germanistik, Physik bis zur Medizin, Psychiatrie und Psychotherapie. Über keinen philosophischen Autor unseres Jahrhunderts wurde soviel veröffentlicht wie über Heidegger – noch zu seinen Lebzeiten waren es über 2000 Titel. Heideggers Texte sind in alle Kultursprachen übersetzt, und damit wird auch deutlich, welche Wirkung sein Denken hat. Bis zuletzt blieb Martin Heidegger mit seiner Vaterstadt eng verbunden; er war deren Ehrenbürger und hat mit dem »Feldweg« seiner Heimat ein literarisch-philosophisches Denkmal gesetzt.

Reinhold Frank

Das jüngste von sieben Kindern (*1896 in Bachhaupten, †1945 in Berlin-Plötzensee), der Vater starb schon sehr früh, fiel durch seine Begabung auf und kam in das St. Fideliskonvikt und als Gymnasiast nach Sigmaringen. Nach der Teilnahme am Ersten Weltkrieg begann Frank 1918 in Freiburg Jura zu studieren und machte 1927 sein Referendarexamen, war dann im Justizdienst in Pfullendorf, Konstanz, Freiburg und Karlsruhe. In Karlsruhe betrieb er mit dem früheren badischen Gesandten in Berlin, Dr. Honold, eine gemeinsame Praxis. Unbestechlich in seinem Rechtsdenken, war er für die Praktiken des Dritten Reiches nicht zu gewinnen; wiederholt vertrat er Geistliche vor Gericht gegen das NS-Regime. Von 1933 bis zum Kriegsbeginn 1939 war sein Haus in der Hofstraße Sammelpunkt vieler, die sich dem Totalitätsanspruch der Nazis nicht beugen wollten. Da er mit dem Kreis um Dr. Gördeler (Leipzig) in Verbindung stand, wurde er am 21. Juli 1944 verhaftet und nach Berlin-Tegel-Plötzensee überführt. Am 19. Februar schreibt der Oberreichsanwalt in Berlin: »Der ehemalige Rechtsanwalt Reinhold Frank ist wegen Hoch- und Landesverrats vom Volksgerichtshof des Großdeutschen Reiches zum Tode verurteilt worden. Das Urteil wurde am 23. Januar vollstreckt. Die Veröffentlichung einer Todesanzeige sei unzulässig.« Hilfsbereit Verfolgten gegenüber, ohne Ansehen der Religion, Rasse oder Nationalität, war Reinhold Frank durch seine christkatholische Einstellung ein Gegner Hitlers und suchte das Menschliche in schwerer Zeit hochzuhalten.

Anton Gabele

Anton Gabele (*1898 in Buffenhofen/Meßkirch, †1966) widmete sich neben seinem Beruf als Pädagoge (Studienrat) mit besonderem Eifer seinem literarischen Schaffen. Nach Studien an den Universitäten Straßburg, München, Genf, Halle, Berlin und Bonn ließ er sich im Rheinland in der Nähe von Koblenz nieder. Gabeles Werk zeichnet sich durch eine klare geschliffene Sprache aus. Frisch und kräftig und mit Humor gespickt, schilderte er viel Heimatliches aus dem weiten Umkreis vom Wildenstein bis zur Meersburg. Voller Bildkraft gestaltete er seine Menschen, die typischen Charaktere des heimatlich ländlichen Raumes. (»Haus zur Sonne«, »Der Wundermann vom Bodensee«, »Im Schatten des Schicksals«, »Der arme Mann«, »Mitsommer«, »Die Prinzessin mit der Geiß«).

S. Maria Innocentia Hummel

Viele Jahre ihres Lebens verbrachte die durch ihre Bilder und Figuren bekannt gewordene Franziskanerschwester Maria Innocentia Hummel (*1909 in Massing bei München, †1946 in Sießen/Saulgau) im Kloster Sießen bei Saulgau. Ihr weltlicher Vorname war Berta. Schon als kleines Mädchen begann sie zu zeichnen und zu malen. Von 1927 an besuchte sie die Akademie der bildenden Künste in München und traf dort auf zwei junge Franziskanerinnen aus dem Kloster Sießen, die dort ebenfalls studierten. Aus dieser Freundschaft mit den beiden Franziskanerinnen erwuchs eine Lebensgemeinschaft im Kloster. Am 30. August 1934 nahm Berta Hummel den Schleier im Kloster Sießen, wurde Ordensfrau und trug von da an den Namen Maria Innocentia. Aus der reichen Fülle ihrer Kindheitserinnerungen und im Umgang mit vielen Kindern ihrer neuen Umgebung entstanden einprägsame Zeichnungen und Bilder mit Kindermotiven, aber auch religiöse Darstellungen. Die nach den Zeichnungen und Bildern unter ihrer Anleitung entstandenen Figuren, die Hummel-Figuren, haben Schwester M. Innocentia Hummel weltweit bekannt gemacht. Den Strapazen der letzten Kriegs- und Nachkriegsjahre, die Schwestern wurden aus ihrem Kloster in Sießen vertrieben, war die Künstlerin nicht mehr gewachsen.

Franz Gog

Einer, der sich mit seiner ganzen Persönlichkeit für die hohenzollerischen Interessen einsetzte, war der 1907 im oberschwäbischen Öpfingen geborene Franz Gog (*1907 in Öpfingen/Ehingen, †1980 in Sigmaringen). Sohn eines Landwirts, studierte er Rechts- und Staatswissenschaft in München, Kiel und Tübingen, war bis 1940 Referendar und Assessor beim Landgericht in Hechingen, nach dem Kriegsdienst wurde er Oberamtsrichter in Sigmaringen, 1952 Landgerichtsdirektor in Hechingen. Bekannt wurde er aber nach 1945 als Politiker und Vertreter Hohenzollerns in der verfassunggebenden Versammlung von Württemberg-Hohenzollern (1947) und für das Land Baden-Württemberg (1952). Er gehörte auch den Landtagen in Bebenhausen (Württemberg-Hohenzollern) und in Stuttgart (Baden-Württemberg) von 1947 bis 1972 an. Von 1964 bis 1968 war Gog Landtagsvizepräsident. Er war weiterhin Vorsitzender der CDU-Fraktion, Mitglied des ständigen Ausschusses und des Ältestenrates, Vorsitzender des Verfassungsausschusses und Mitglied des Finanz-, Verwaltungs- und Rechtsausschusses. Seine Stimme in der Volksvertretung hatte Gewicht, seine Sachkenntnis und Arbeitskraft waren gefragt. Von 1950 an war Franz Gog Vorsitzender des neugebildeten Kommunallandtages von Hohenzollern in Sigmaringen bis zu dessen Auflösung. Mit besonderem Nachdruck hatte er sich für die Belange der hohenzollerischen Lande und seiner Bürger eingesetzt. Bis zu seinem Tode wirkte er auch als Richter beim Staatsgerichtshof von Baden-Württemberg.

Die Wallfahrtskirche Maria Schray bei Pfullendorf
nach einem barocken Andachtsbild aus dem 18. Jahrhundert
(Kupferstich nach Klauber, Augsburg)

Sankt Fidelis (Markus Roy), 1577–1622

Abraham a Sancta Clara (Johann Ulrich Megerle), 1644–1709

Sebastian Hyller, 1667–1730

Anton von Störck, 1731–1803

Konradin Kreutzer, 1780–1849

Theodor Bilharz, 1825–1862

Gottfried Graf, 1881–1938 (Selbstbildnis)

Martin Heidegger, 1889–1976

Am Palmsonntag zieht von
der Antoniuskirche zur Stadtkirche in
Saulgau die größte Palmenprozession
Oberschwabens. Die Buben und
Mädchen haben die Palmen mit
ausgeblasenen und bemalten Eiern,
Buchs und Holunderstäben
selbst gebastelt

Die früher vorderösterreichischen
Städte Mengen und Saulgau
haben heute noch eine auf Jahrhunderte
zurückreichende Bürgerwehr oder
Bürgerwache, Saulgau auch noch eine
traditionsreiche Stadtgarde zu Pferd.
Die Standarte wurde 1747
von Kaiserin Maria Theresia gestiftet

Das Bräuteln in Sigmaringen am Fasnachts-Dienstag ist seit Jahrhunderten belegt. Die Jungverheirateten und Neubürger (nur die Männer) werden auf der Stange um den Marktbrunnen getragen, dabei beschenken sie die Jugend mit Brezeln

Das Dorausschreien in Saulgau ist ein auf die Pestzeit im Mittelalter zurückreichendes Fasnachtsbrauchtum. »Doraus detnaus – bei der alten Linde naus«

TILMANN BECK

Strukturen im Umbruch

Wirtschaft, Verkehr, Gesundheits- und Sozialwesen und Schulen

Allgemeine Daten

Der Landkreis Sigmaringen ist Teil der Region Bodensee-Oberschwaben und grenzt an die Landkreise Biberach, Ravensburg, Bodenseekreis, Konstanz, Tuttlingen, Zollernalbkreis und Reutlingen.

Mit seinem nördlichen Teil bedeckt er die Mittlere Flächenalb und reicht im äußersten Norden bis zur Kuppigen Flächenalb, während er im Westen einen Teil der Hohen-Schwaben-Alb, des Oberen Donautales und der Hegau Alb einnimmt. Der südlich der Donau liegende Teil gehört den Donau-Ablach-Platten an und reicht im Süden bis in das Oberschwäbische Hügelland.

Durch die Kreisreform vom 1. 1. 1973 erfuhr der Kreis eine weitreichende Veränderung, da 66 Gemeinden aus den Kreisen Stockach, Saulgau, Überlingen und Reutlingen mit einer Gemarkungsfläche von 66 947 ha angegliedert und 14 Gemeinden mit insgesamt 16 902 ha abgegeben wurden.

Im Landkreis Sigmaringen leben auf 1204,4 km² 114 516 Einwohner (E), dies entspricht einer mittleren Bevölkerungsdichte von 95,1 E/km². Damit liegt der Landkreis sowohl im Regierungsbezirk Tübingen (durchschnittlich 168 E/km²) als auch im Land Baden-Württemberg (durchschnittlich 257 E/km²) an letzter Stelle. Auf seine Fläche bezogen, nimmt der Landkreis unter den 35 Landkreisen des Landes Baden-Württemberg die 9. Stelle und auf die Einwohner bezogen die 32. Stelle ein. Die Fläche (diese Angaben beziehen sich auf die Fläche des Landkreises ohne Ödland, Moore und Gewässer) teilt sich auf in:

Waldfläche	36,0 %
landwirtschaftlich genutzte Fläche	55,5 %
Siedlungsfläche	4,8 %
Verkehrsfläche	3,7 %

Die höchste Erhebung ist der bei Schwenningen gelegene Schnaitkapf (920 m NN), der niedrigste Punkt befindet sich auf 541 m NN bei Herbertingen. Die Ausdehnung des Landkreises in Nord-Süd-Richtung beträgt ca. 49 km, in Ost-West-Richtung etwa 45,5 km. Die geographische Lage ist bestimmt durch folgende Daten: 8°56'–9°35' östliche Länge, 47°49'–48°19' nördliche Breite.

Betrachtet man die dargestellte Bevölkerungsentwicklung (Abb. 1), so ist eine stetige Zunahme bis zum Jahr 1975, in den Jahren von 1975–1978 eine geringe Abnahme um jährlich ca. 0,2 % und danach wieder ein leichter Zuwachs der Bevölkerung festzustellen.

In die Kurve wurde der Anteil der Ausländer an der Gesamtbevölkerung hineinprojiziert, um aufzuzeigen, daß gerade über diese Bevölkerungsgruppe eine positive Beeinflussung der Gesamtentwicklung gegeben ist.

In Abb. 2 ist der Altersaufbau der Bevölkerung aufgezeigt, wobei die Grafik eine Momentaufnahme zur Zeit des angegebenen Datums darstellt. Der Altersaufbau verdeutlicht, daß der Nachwuchs gerade in den unteren Jahrgängen von 0–10 Jahren sehr stagniert.

In den mittleren und oberen Jahrgängen drückt die Pyramide einen gesunden Altersaufbau aus. Es läßt sich daher nicht von einer überalterten Bevölkerung sprechen.

Infolge der Gemeindereform wurden die ursprünglich 128 Gemeinden des Kreises zu 25 Gemeinden verei-

Abb. 1   Bevölkerungsentwicklung von 1950–1981 mit Ausländern

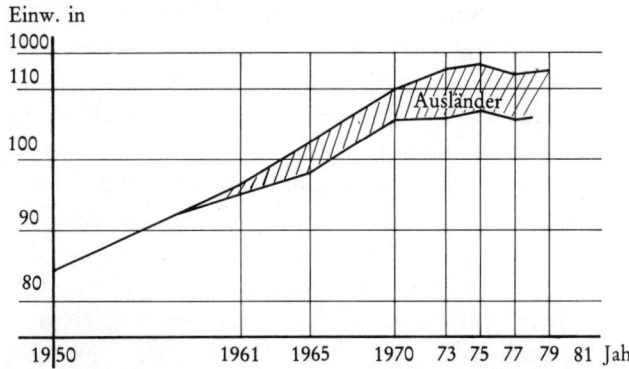

291

Abb. 2 Altersaufbau der Bevölkerung 1978

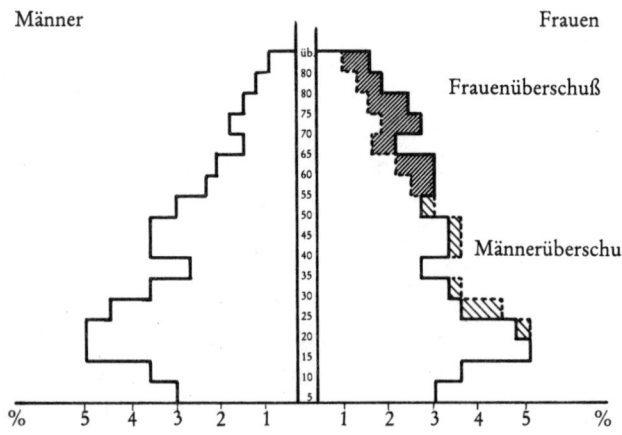

von der Größenklasse 2000–5000 E nach der Größenklasse 5000–10 000 E, Pfullendorf um 1979 in die Größenklasse über 10 000 E gewechselt.

Der Landkreis ist verhältnismäßig stark von der Landwirtschaft geprägt. Infolge relativ günstiger Betriebsgrößen (durchschnittlich 13 ha gegenüber 10 ha im Land Baden-Württemberg) wird die Landwirtschaft bei weiterer Strukturverbesserung auch in Zukunft ihre Bedeutung behalten.

3918 landwirtschaftliche Betriebe über 2 ha bewirtschafteten 1980 ca. 59 700 ha Fläche (49,6 % der Kreisfläche), vorwiegend in den Betriebszweigen Ackerbau und Viehzucht. Die Waldflächen nehmen mit ca. 40 558 ha 33,7 % der Kreisfläche ein.

nigt, die ihrerseits wieder in acht Verwaltungsräume zusammengefaßt sind (Tabelle 1).

Verschiedene Zentralitätsstufen drücken die Bedeutung der einzelnen Gemeinden aus. Im Landkreis Sigmaringen besteht die nachfolgende hierarchische Gliederung:

Oberzentrum: –
Mittelzentrum: Saulgau, Sigmaringen
Unterzentrum: Gammertingen, Mengen, Meßkirch, Pfullendorf
Kleinzentrum: Herbertingen, Hohentengen, Krauchenwies, Ostrach, Stetten a. k. M.

In Abb. 3 sind die Gemeinden nach Gemeindegrößenklassen gegliedert. Diese Darstellung erlaubt eine schnelle und unkomplizierte Orientierung über die Verteilung der Einwohner auf die verschiedenen Gemeindegrößen. Interessant ist die Aussage, daß die Bevölkerung in den Gemeinden unter 2000 E bis zum Jahr 1970 stetig abnahm und danach konstant blieb. Die Sprünge in den höheren Klassen sind auf den Wechsel der Gemeinden von einer Klasse in die nächsthöhere Stufe zurückzuführen. So haben beispielsweise Stetten a. k. M. um 1965 und Gammertingen um 1972

Abb. 3 Verteilung der Einwohner nach Gemeindegrößenklassen

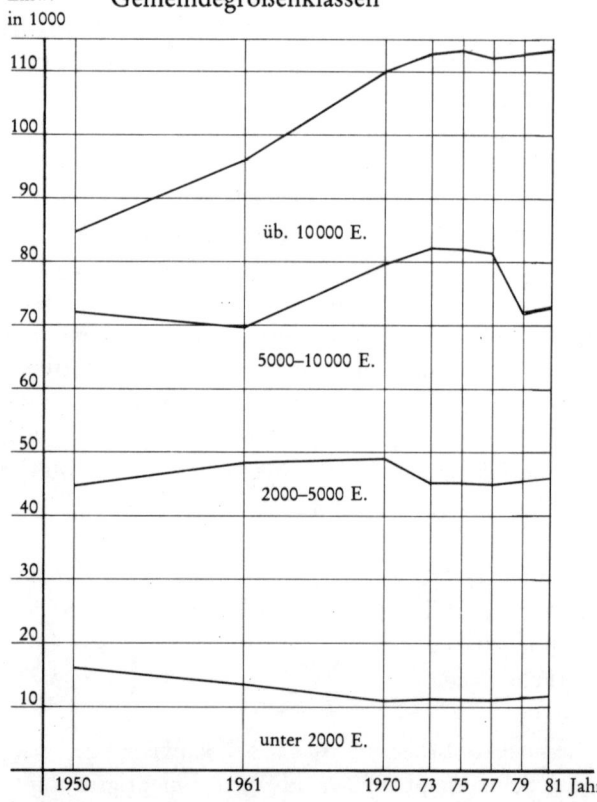

Tabelle 1   Gemeinden und Verwaltungs-Räume des Kreises Sigmaringen

Gemeinde Verwaltungs-Raum	Einwohner		Fläche 1979	Dichte	Erw.-Tätige 1970		Landw. Fläche 1977		Waldfläche 1977	
	1970	1.1.1981	ha	E/qkm	abs.	Quote	ha	%	ha	%
Gammertingen	4 910	5 932	5 297	112,0	2 106	44,9	2 841	53,6	1 866	35,6
Hettingen	1 900	1 948	4 604	42,3	995	52,4	2 447	53,1	1 547	33,6
Neufra	1 764	1 751	2 839	61,7	942	53,4	1 168	41,1	1 131	39,8
Veringenstadt	2 258	2 147	3 124	68,7	1 197	53,0	1 223	39,1	1 607	51,4
VR Gammertingen	10 832	11 778	15 864	74,2	5 240	49,4	7 679	48,4	6 171	38,9
Mengen	8 686	8 701	4 977	174,8	3 944	45,4	2 937	59,0	1 561	31,4
Hohentengen	3 940	4 103	3 659	112,1	1 883	47,8	2 720	74,3	10	0,3
Scheer	2 251	2 253	1 876	120,1	1 069	47,5	786	41,9	299	15,9
VR Mengen	14 877	15 057	10 512	143,2	6 896	46,4	6 443	61,3	1 870	17,8
Meßkirch	7 204	6 763	7 623	88,7	3 444	46,7	3 836	50,3	3 169	41,6
Leibertingen	1 886	1 849	4 704	39,3	998	52,9	2 347	49,9	2 050	43,6
Sauldorf	2 450	2 189	4 973	44,0	1 319	51,6	3 442	69,2	1 262	25,4
VR Meßkirch	11 540	10 801	17 300	62,4	5 761	48,7	9 625	55,6	6 481	37,5
VR Ostrach	4 825	4 963	10 914	45,5	2 352	48,8	5 980	54,8	4 191	38,4
Pfullendorf	8 713	10 462	9 043	115,7	4 110	46,0	4 700	52,0	3 065	33,9
Herdwangen-Schönach	1 666	1 865	3 653	51,1	886	53,2	2 458	67,3	928	25,4
Illmensee	1 306	1 396	2 491	56,0	669	51,2	1 698	68,2	551	22,1
Wald	2 227	2 559	4 386	58,3	1 081	48,5	2 674	61,0	1 538	35,1
VR Pfullendorf	13 912	16 282	19 573	82,7	6 746	47,7	11 530	58,9	6 082	31,1
Saulgau	15 396	15 245	9 768	156,1	6 734	43,7	6 636	67,9	638	6,5
Herbertingen	3 686	4 007	3 828	104,7	1 850	50,2	2 862	74,8	217	5,7
VR Saulgau	19 082	19 252	13 596	141,6	8 584	45,0	9 498	69,9	855	6,3
Sigmaringen	14 902	15 079	9 284	162,4	6 533	43,8	1 909	20,6	5 869	63,2
Beuron	1 007	1 198	3 527	34,0	578	57,4	603	17,1	2 537	71,9
Bingen	2 351	2 540	3 702	68,6	1 093	48,7	1 257	34,0	1 175	31,7
Inzigkofen	2 281	2 258	2 877	78,5	1 174	51,5	1 628	56,6	924	32,1
Krauchenwies	3 677	3 981	4 467	89,1	1 769	48,1	2 266	50,7	1 497	33,5
Sigmaringendorf	3 178	3 405	1 248	272,8	1 480	46,6	459	36,8	343	27,5
VR Sigmaringen	27 396	28 461	25 105	113,4	12 627	46,3	8 122	32,4	12 345	49,2
Stetten a. k. M.	5 930	5 777	5 647	102,3	3 182	53,7	2 064	36,6	1 941	34,4
Schwenningen	1 502	1 613	1 933	83,4	692	46,1	1 081	55,9	622	32,2
VR Stetten	7 432	7 390	7 580	97,5	3 874	52,1	3 145	41,5	2 563	33,8
Landkreis Sigmaringen	109 896	113 984	120 444	94,6	52 080	47,3	62 022	51,5	40 558	33,7

Gewerbliche und industrielle Schwerpunkte liegen in Gammertingen, Herbertingen, Krauchenwies, Mengen, Meßkirch, Neufra, Ostrach, Pfullendorf, Saulgau, Sigmaringen, Sigmaringendorf und Veringenstadt. Die wichtigsten Betriebszweige sind: Metallerzeugung und -verarbeitung, Textil, Bekleidung, Leder, Baugewerbe, Holzbe- und verarbeitung, Chemie und Kunststoffe.

Etwa 52 000 Erwerbspersonen waren im Jahr 1970 am gesamten Arbeitsprozeß im Landkreis beteiligt. Das entspricht etwa 47 % der Bevölkerung. Ihre Verteilung auf die einzelnen Wirtschaftsbereiche verdeutlicht Abb. 4. Ein Vergleich mit dem Jahr 1961 zeigt, daß der Anteil der Erwerbspersonen in der Landwirtschaft von 32 % im Jahr 1961 auf 20 % im Jahr 1970 zurückgegangen, der im produzierenden Gewerbe von 43 % im Jahr 1961 auf 46 % im Jahr 1970 und der im Dienstleistungsbereich von 25 % auf 34 % gestiegen sind (neuere Daten liegen nicht vor, da die nächste Volkszählung erst im Laufe der achtziger Jahre stattfinden wird).

Eine Aussage über die wirtschaftliche Leistungskraft eines Gebiets erlaubt das Bruttoinlandsprodukt (BIP). Es ergibt sich, vereinfacht dargestellt, aus der Summe der Bruttowertschöpfung der einzelnen Wirtschaftsbereiche, welche alle die in einem Jahr für den Markt erstellten Güter und Dienste umfaßt. Die nachfolgende Tabelle zeigt die ständige Zunahme des BIP. Hieraus läßt sich der Schluß ableiten, daß im Landkreis Sigma-

Abb. 4 Erwerbstätige nach Wirtschaftsbereichen 1970

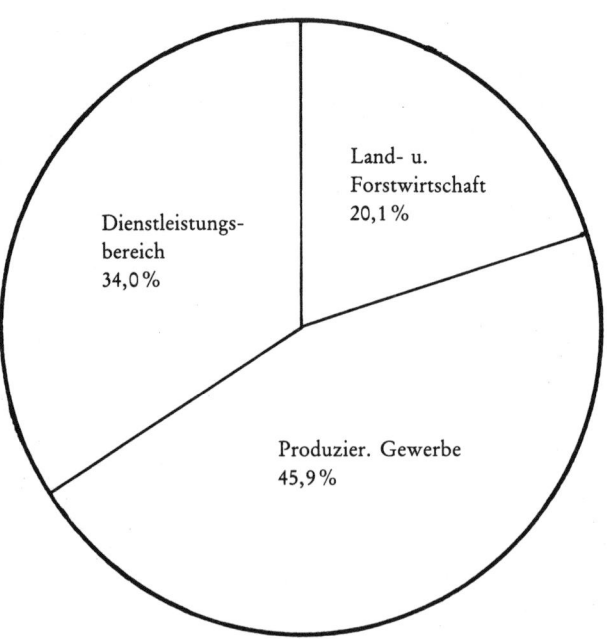

ringen von einem positiven Wirtschaftswachstum ausgegangen werden kann.

Mehrere Bundeswehrstandorte prägen das Gesicht des Landkreises mit. So befinden sich in Sigmaringen seit 1959 der Stab der 10. Panzerdivision sowie Divisionstruppen der 10. Panzerdivision.

Tabelle 2 Bruttoinlandsprodukt pro Kopf der Wirtschaftsbevölkerung

	1961		1970		1972		1974		1976		1978	
	DM	Land = 100 %	DM	Land = 100 %	DM	Land = 100 %	DM	Land = 100 %	DM	Land = 100 %	DM	Land = 100 %
Kreis Sigmaringen	4 670	75,1	8 980	77,9	11 450	81,7	13 600	83	15 600	82,4	18 890	85,4
Reg.-Bezirk Tübingen	–	–	10 700	92,8	–	–	15 000	91,0	17 300	91,4	20 040	90,6
Land Baden-Württemberg	6 220		11 530		14 020		16 500		18 900		22 110	

Truppe und Zivil umfassen rund 3000 Personen. Sigmaringen ist Sitz einer Standortverwaltung;
Mengen seit 1957 das 2. Luftwaffenausbildungsregiment 4, das der Standortverwaltung Sigmaringen angeschlossen ist. Truppe und Zivil umfassen rund 900 Personen;
Stetten a. k. M. seit 1959 die Panzerbrigade 29. Truppe und Zivil umfassen rund 2000 Personen. Stetten ist Sitz einer Standortverwaltung;
Pfullendorf seit 1959 das Artillerieregiment 10. Truppe und Zivil umfassen rund 2000 Personen. Pfullendorf ist Sitz einer Standortverwaltung.

Die wichtigsten Ost-West- und Nord-Süd-Verbindungen im Landkreis sind (B = Bundesstraße, L = Landstraße):

B 311   Tuttlingen über Meßkirch–Mengen nach Ulm
B 32   Hechingen über Gammertingen–Sigmaringen–Mengen–Saulgau nach Ravensburg
B 313   Reutlingen über Gammertingen–Sigmaringen–Meßkirch nach Stockach
B 463   Sigmaringen–Albstadt nach Horb
L 456/200/201
         Sigmaringen–Pfullendorf–Bodensee
L 288/280
         Pfullendorf–Ostrach–Saulgau–Biberach

Die Länge des klassifizierten Straßennetzes beträgt 852,556 km. Davon sind: 128,849 km Bundesstraßen, 428,070 km Landesstraßen, 295,637 km Kreisstraßen.

Im Schienenverkehr durchqueren folgende Hauptstrecken den Landkreis:

Ulm–Sigmaringen–Freiburg
Tübingen–Sigmaringen–Saulgau–Memmingen–München
Freiburg–Sigmaringen–Saulgau–Memmingen–München
Tübingen–Sigmaringen–Aulendorf–Friedrichshafen

Die Länge des Schienennetzes beträgt im einzelnen bei der Deutschen Bundesbahn: Personen- und Güterverkehr 73,479 km, nur Güterverkehr 46,920 km. Bei der Hohenzollerischen Landesbahn (Sigmaringen–Gammertingen–Hechingen): Personen- und Güterverkehr 40,000 km, nur Güterverkehr 3,800 km.

Das Studium dieser allgemeinen Daten führt zu der Erkenntnis, daß der Landkreis Sigmaringen in mancherlei Hinsicht einen gewissen Nachholbedarf aufweist.
Man sollte jedoch bei allen Bemühungen um eine weitere Entwicklung die besondere Eigenart des Landkreises nicht aus den Augen verlieren, die es zu bewahren und zu erhalten gilt. Diese Eigenart resultiert aus:

– den naturräumlichen Gegebenheiten
– der Mentalität der in diesem Raum lebenden Menschen
– der Lage zu den benachbarten Wirtschaftsräumen

Die Wirtschaftsstruktur

Land- und forstwirtschaftliche Flächen prägen das Aussehen der Landschaft des Kreises. Darin eingebettet befinden sich die Gemeinden, untereinander sehr locker verbunden, immer wieder unterbrochen durch weite Waldgebiete oder agrarisch genutztes Land. Industrie und Gewerbe sind in den zentralen Orten angesiedelt, ebenso die Dienstleistungsbetriebe.
In Abb. 5 ist der Anteil der Erwerbspersonen in den drei Wirtschaftsbereichen, auf die einzelnen Gemeinden des Landkreises bezogen, aufgezeigt. Auffallend ist hierbei die Tatsache, daß in mehreren Gemeinden die Anzahl der in der Landwirtschaft Erwerbstätigen die der in anderen Wirtschaftsbereichen Tätigen übersteigt.

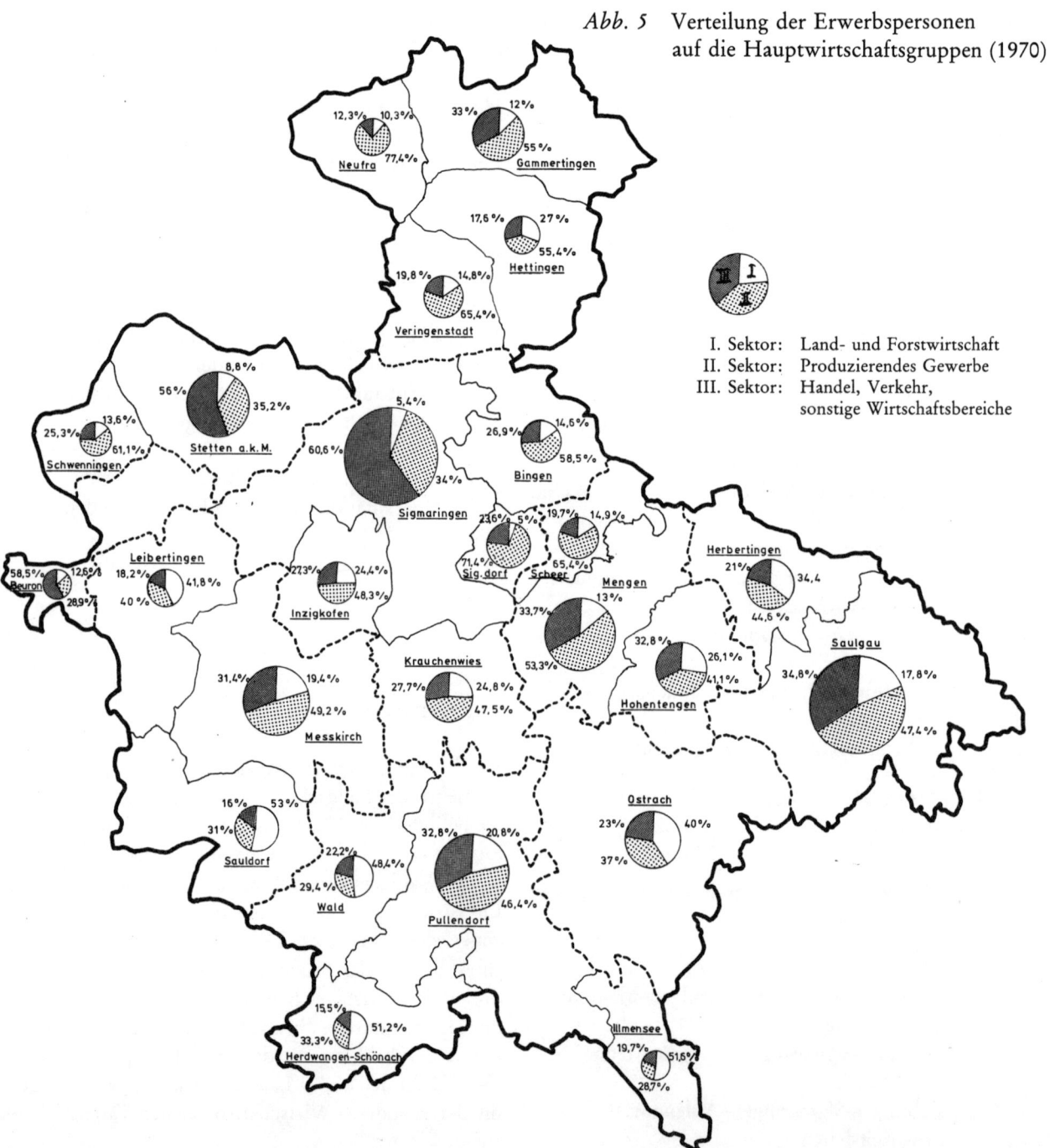

Abb. 5 Verteilung der Erwerbspersonen
auf die Hauptwirtschaftsgruppen (1970)

I. Sektor: Land- und Forstwirtschaft
II. Sektor: Produzierendes Gewerbe
III. Sektor: Handel, Verkehr,
        sonstige Wirtschaftsbereiche

Landwirtschaft *

Der Anteil der 62 600 ha großen landwirtschaftlichen Fläche (LF) an der 114 000 ha umfassenden Kulturfläche beträgt etwa 55 %. Er übertrifft die entsprechenden Werte von Baden-Württemberg (51 %) und der Bundesrepublik (54 %). Mit knapp 3 % Öd-, Un- und Brachland liegt der Kreis Sigmaringen unter den Vergleichszahlen von Baden-Württemberg mit 4,8 % und der Bundesrepublik mit 5,2 %.

Der Boden besteht auf der Alb aus meist flachgründigem, tonhaltigem Weiß-Jura-Verwitterungsboden. Nach Süden schließt sich ein breites Band von Moräneböden aus der Rißeiszeit an. Auf der Linie Pfullendorf–Ostrach–Saulgau beginnt die Jungmoräne der Würmeiszeit. In den Bachtälern sind kalkhaltige, anmoorige Wiesen zu finden. Im nördlichen Teil des Kreises liegt die landwirtschaftliche Nutzfläche (LN) etwa 630 bis 890 m, südlich der Donau nur 580 bis 700 m über dem Meer. Aus dieser Höhendifferenz resultieren wichtige klimatische Unterschiede:

So schwankt die mittlere Jahrestemperatur zwischen 5,9°C (Schwäbische Alb) und 7,2°C (Oberland), wobei die Differenz von 1°C einen Unterschied der Wachstumszeit von rund 3 Wochen bedeutet. Die durchschnittlichen Jahresniederschläge betragen im Gebiet der Alb 750 bis 805 mm, steigen aber im Süden bis auf 855 mm. Die Bodenklimazahlen schwanken zwischen 9 (Kreenheinstetten) und 50 (Herbertingen). Sie sind das gewogene Mittel aller Acker- und Grünlandzahlen:

$$\frac{\text{Betriebsfläche} \times \text{jeweiliger Acker- bzw. Grünlandzahl}}{\text{Gesamtfläche}}$$

Auf 1 Teil Grünland kommen 1,3 Teile Ackerland (Nutzflächenverhältnis). Der Getreide- und der Silomaisanbau haben, wie überall, stark zugenommen. Sie nehmen über 70 % der Ackerfläche ein. Der Hackfruchtanbau (Kartoffeln und Futterrüben) wie auch der Futterpflanzenanbau sind rückläufig.

* unter Mitwirkung des Landwirtschaftsamtes Sigmaringen

Von den insgesamt 4950 landwirtschaftlichen Betrieben (Abb. 6) mit mehr als 0,5 ha LN stellt die Größenklasse von 10 bis 20 ha mit 30 % den höchsten Anteil. Die darunter liegende Gruppe der Betriebe von 5 bis 10 ha ist mit 23 % vertreten. 28 % aller Betriebe befinden sich in der Gruppe von 0,5 ha bis 5 ha. 19 % der Betriebe bewirtschaften über 20 ha. Die durchschnittliche Betriebsgröße im Kreis beträgt rund 13 ha (Baden-Württemberg ca. 10 ha). Etwa 55 % aller landwirtschaftlichen Betriebe werden hauptberuflich geführt. Sie bewirtschaften 71 % der LN und liegen schwerpunktmäßig in der südöstlichen Kreishälfte.

Der Schlepperbesatz ist hoch und liegt bei 12,1 Schlepper je 100 ha LN bzw. auf einen Schlepper entfallen nur 8,2 ha.

Abb. 6 Entwicklung der landwirtschaftlichen Betriebsgrößenklassen von 1960–1980

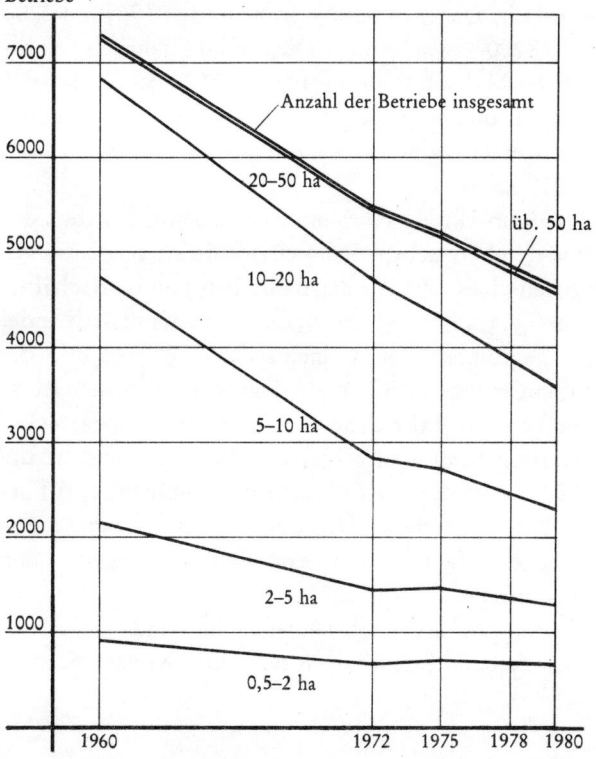

Knapp die Hälfte der Gemeinden des Altkreises Sigmaringen sind vor etwa 100 Jahren nach dem preußischen Umlegungsverfahren flurbereinigt worden. Sie bedürfen heute weitgehend eines »Beschleunigten Verfahrens«. Nach 1945 wurden insgesamt 10 Gemeinden mit etwa 7000 ha des neuen Kreisgebietes bereinigt. Für weitere 14 Gemeinden mit rund 8000 ha sind Flurbereinigungsverfahren beantragt. Im gleichen Zeitraum siedelten rund 100 Betriebe aus, davon zwei Drittel im Altkreis Sigmaringen. Außerdem wurde der Ausbau von über 600 km Feldwegen mit öffentlichen Mitteln gefördert.

Etwa 15–20 % der LN ist Pachtland. Jeder zweite Betrieb hat Pachtflächen. Infolge der steigenden Grundstückspreise stellt die Pachtung trotz ebenfalls steigender Pachtpreise häufig die einzige Möglichkeit zur Betriebsaufstockung dar.

Der Rindviehbestand mit 77000 Stück ist seit Jahren konstant. Dagegen hat die Kuhzahl seit 1965 um 3200 auf 28200 abgenommen. Die Zahl der jährlich produzierten Mastschweine liegt bei 206000 Stück. Infolge der Ausdehnung der Schweinezucht im gesamten Kreisgebiet ergibt sich derzeit die hohe Zahl von rund 11000 Zuchtsauen.

Als Vermarktungseinrichtungen haben sich neben der Württembergischen Landwirtschaftlichen Zentralgenossenschaft (WLZ), der Badischen Landwirtschaftlichen Zentralgenossenschaft (ZG) und dem Landhandel die gegründeten Schweinemastkontrollringe und die Erzeugerringe für Getreide, Speise- und Pflanzkartoffeln bewährt. Hier ist auch die bäuerliche Trocknungsgenossenschaft Ostrachtal zu erwähnen, die für die 1100 Mitglieder Kartoffelschrot, Grünmehl und Futter-Pellets herstellt. Der durchschnittliche Handelsdüngerverbrauch liegt je nach Betriebsform zwischen 250 und 350 DM/ha LF.

Mit rund 20 % Erwerbstätigen in der Land- und Forstwirtschaft ist Sigmaringen nach den Kreisen Schwäbisch Hall, Hohenlohekreis, Tauberkreis und Biberach der fünftstärkste Agrarkreis der 35 Landkreise in Baden-Württemberg.

In Saulgau und Sigmaringen befindet sich jeweils eine land- und hauswirtschaftliche Berufsschule; in Sigmaringen außerdem die dreisemestrige Fachschule für Landwirtschaft mit den Abteilungen Landbau und Hauswirtschaft.

Im Landkreis gibt es drei Landwirtschaftsämter mit Sitz in Pfullendorf, Saulgau und Sigmaringen. Deren Aufgaben lassen sich schwerpunktmäßig zusammenfassen in: Agrarplanung und Landschaftsentwicklung, Betriebswirtschaft, Produktionstechnik und Vermarktung, ländliche Hauswirtschaft, Ausbildung und Erwachsenenbildung.

Zur Verbesserung der Situation in den Bereichen landwirtschaftliche Betriebe und landwirtschaftlich geprägte Ortschaften sollen folgende Förderungsprogramme beitragen:

Förderung der einzelbetrieblichen Investitionen in der Landwirtschaft;

Agrarkreditprogramm des Landes Baden-Württemberg (AKP);

Förderung von Investitionen im Rahmen des landschaftlichen Regionalprogrammes (Albprogramm) für nicht entwicklungsfähige Betriebe;

Förderung landwirtschaftlicher Betriebe in Berggebieten und in bestimmten benachteiligten Gebieten – Ausgleichszulage;

Dorfentwicklungsprogramm;

Förderung von Flurbereinigungsverfahren, landwirtschaftlicher Wegebau sowie wasserwirtschaftliche Maßnahmen.

Die Gemeinden des Landkreises gehören je nach geographischer Lage zum Kreisbauernverband Sigmaringen e. V. oder zum Badischen Landwirtschaftlichen Hauptverband.

Forstwirtschaft*

Die Fläche des Landkreises ist zu etwa 34 % mit Wald bedeckt, was ungefähr dem Durchschnitt Baden-Württembergs entspricht. Innerhalb des Kreisgebiets ist die Waldverteilung jedoch sehr unterschiedlich. Besonders waldreiche Landstriche, wie das Donautal mit den angrenzenden Hochflächen mit über 60 % Waldanteil, wechseln mit waldärmeren Gebieten wie um Saulgau und Herbertingen mit unter 25 % Waldanteil.

Die Walddichte je Einwohner beträgt 0,40 ha (Baden-Württemberg 0,16 ha). Die Waldfläche verteilt sich auf die großen Waldbesitzgruppen: Staatswald 5 %, Körperschaftswald 42 %, Privatwald 53 %.

Der öffentliche Waldbesitz mit 47 % und der Kleinprivatwald mit 15 % Flächenanteil werden durch die fünf staatlichen Einheitsforstämter Sigmaringen, Gammertingen, Mengen, Meßkirch und Pfullendorf bewirtschaftet bzw. beraten. Mit 38 % ist der Großprivatwald mit eigener Forstverwaltung besonders stark vertreten. Es handelt sich dabei vor allem um Fürstlich Hohenzollernschen, Gräflich Douglasschen, Fürstlich Fürstenbergischen, Herzoglich Württembergischen und Fürstlich Thurn und Taxisschen Waldbesitz. Der Kleinprivatwald, vornehmlich in bäuerlichem Besitz, verteilt sich auf 12 995 Waldparzellen und 6250 Besitzer.

Trotz der ungünstigen Struktur des Kleinprivatwaldes aufgrund der verhältnismäßig kleinen Wirtschaftseinheiten (etwa 1 ha je Waldbesitzer, durchschnittliche Fläche einer Waldparzelle 0,53 ha) hat der Wald gerade für die landwirtschaftlichen Betriebe nichts von seiner Bedeutung als »Sparkasse« zur Finanzierung größerer Investitionen eingebüßt. Ein Hauptaugenmerk der Privatwaldbetreuung durch die Einheitsforstämter liegt im übrigen auf der Verbesserung der Ertragssituation im zersplitterten Kleinprivatwald durch die Anregung

und Förderung gemeinschaftlichen Handelns (z. B. gemeinsamer Holzverkauf über das Forstamt).

Die Baumartenanteile lassen sich auf der Grundlage von pollenanalytischen Untersuchungen und alten Waldbeschreibungen in den natürlichen, vom Menschen noch nicht oder nur kaum berührten Wäldern im Bereich des heutigen Landkreises Sigmaringen folgendermaßen einschätzen:

Buche	70 %
Eichenmischwald mit Linde, Hainbuche, Ulme usw.	20 %
Laubbäume insgesamt	90 %
Tanne	6 %
Fichte	4 %
Nadelbäume insgesamt	10 %

Dieses Verhältnis hat sich im Verlauf der vergangenen Jahrtausende durch den menschlichen Einfluß direkt und indirekt grundlegend geändert. Die heutige Baumartenverteilung der Wälder im Kreisgebiet stellt sich folgendermaßen dar:

Buche	20 %
Eiche	1 %
sonstige Laubbäume	3 %
Laubbäume insgesamt	24 %
Fichte	70 %
Tanne	1 %
Kiefer	4 %
sonstige Nadelbäume	1 %
Nadelbäume insgesamt	76 %

Der Beitrag der Waldwirtschaft zum Sozialprodukt des Landkreises ist nicht unerheblich. Bei einem Gesamteinschlag von rund 300 000 fm Holz und einem derzeit günstigen Holzmarkt ergibt sich eine Bruttoeinnahme für die Erzeugnisse des Waldes von über 20 Mio DM. Zusätzlich bietet der Wald eine Vielzahl krisenfester Arbeitsplätze, die vor allem in den ländlichen Gegenden als Zuerwerbsmöglichkeit für Landwirte von großer Bedeutung sind.

---

* unter Mitwirkung der Forstämter des Landkreises Sigmaringen

Um den Belangen der Schutz- und Erholungsfunktion des Waldes besser Rechnung zu tragen, hat die Landesforstverwaltung in den letzten Jahren die Waldfunktionskartierung durchführen lassen. Hierbei wurden solche Waldungen ausgewiesen, die für den Naturhaushalt von besonderer Bedeutung sind.

Die positiven ökologischen Wirkungen dieser Waldteile können so bei einer Waldbewirtschaftung gezielt gesichert werden. Im Kreisgebiet wurden von der Gesamtwaldfläche 9 % als Wasserschutzwald, weitere 9 % als Bodenschutzwald und 1 % als Klimaschutzwald ausgewiesen. Waldanteil und Baumartenmischung sind neben dem Relief die landschaftsbestimmenden Faktoren. Der Laubwald gehört als wesentliches Element zum traditionellen Landschaftsbild der Schwäbischen Alb und insbesondere zu dem des Donautals. Zur Erhaltung dieser außergewöhnlichen Landschaft des Donaudurchbruchs zwischen Fridingen und Sigmaringen haben sich die betroffenen Waldbesitzer verpflichtet, einen Laubholzanteil von über 70 % zu erhalten. Der Waldwegebau war in den vergangenen Jahren in den meisten Forstbetrieben des Kreises eine der Hauptaufgaben, eine Folge nicht nur des zunehmenden Maschineneinsatzes bei der Waldarbeit, sondern auch notwendig, um die Forstwirtschaft zu intensivieren. Heute hat der Gesamtwald des Kreises eine durchschnittliche Wegedichte von rund 48 lfm/ha für Fahrwege und etwa ebensoviel bei Maschinenwegen. Mit diesem Erschließungsgrad ist eine Stufe erreicht, die dem Endausbau ziemlich nahekommt, wenn auch noch erhebliche Lücken klaffen.

Schließlich ist der Wald wichtigster Lebensraum für die heimische Tierwelt. Entgegen der landläufigen Auffassung hat die Zahl der Wildtiere, insbesondere die der Rehe, stetig zugenommen, deutlich zu erkennen an den unübersehbaren Fraßschäden an jungen Forstpflanzen. Eine bedeutsame Aufgabe waldbaulicher und landschaftsgestaltender Maßnahmen besteht darin, die Tierwelt artenreich, gesund und für den Biotop tragbar zu halten, wozu die Jagd ihren Beitrag leistet.

Gewerbe, Industrie und Handel

In Industrie und Gewerbe wird im Landkreis Sigmaringen eine breite Palette an beruflichen Möglichkeiten geboten. In Abb. 7 sind die Beschäftigten in den Hauptindustriegruppen dargestellt. Spitzenreiter ist die Textil- und Bekleidungsindustrie. Ihr folgen Eisen- und Metallverarbeitung, Holzindustrie und Maschinenbau. In einer weiteren Graphik Abb. 8 ist die Zahl der Betriebe, geordnet nach der Zahl der Beschäftigten im Zeitraum von 1972 bis 1975, aufgezeigt. Es wird ersichtlich, daß der Schwerpunkt der Betriebsgrößen zwischen 10 und 50 Beschäftigten liegt.

Aufgrund der mangelhaften Absatzmöglichkeiten in die nähere und weitere Umgebung des Landkreises sind die Betriebe gezwungen, sich weiter entfernt liegende Absatzmärkte zu erschließen. Diese Märkte liegen verstreut über die gesamte Bundesrepublik Deutschland, das angrenzende Ausland und Übersee. Bei den exportierten Waren handelt es sich neben Fertigprodukten der Holzindustrie (Schalungen, Möbel jeder Art, Küchen usw.), der Metall- und Eisenindustrie (Veredelungsprodukte, Maschinen für Holzbearbeitung und Metallverarbeitung, Maschinen für die Landwirtschaft), der weiterverarbeitenden Kunststoffindustrie (sanitäre Einrichtungen) und der Textilindustrie um ein breites Angebot an Teilprodukten, hauptsächlich auf den Gebieten der Elektronik, der Formenherstellung verschiedenster Art und Elektrotechnik. Desweiteren kennzeichnen weitreichende Firmenverflechtungen die arbeitsteilige Wirtschaft im Kreisgebiet.

Um das wirtschaftliche Gefälle zwischen Ballungsgebieten und ländlichem Raum abzubauen, wurden zur Stärkung der Wirtschaft von Bund und Land Fördermöglichkeiten angeboten. Es handelt sich hierbei in erster Linie um Finanzierungshilfen für die gewerbliche Wirtschaft, um die Investitionsbereitschaft zu wecken. Insbesondere durch die Förderung von Existenzgründungen und Betriebserweiterungen sollten

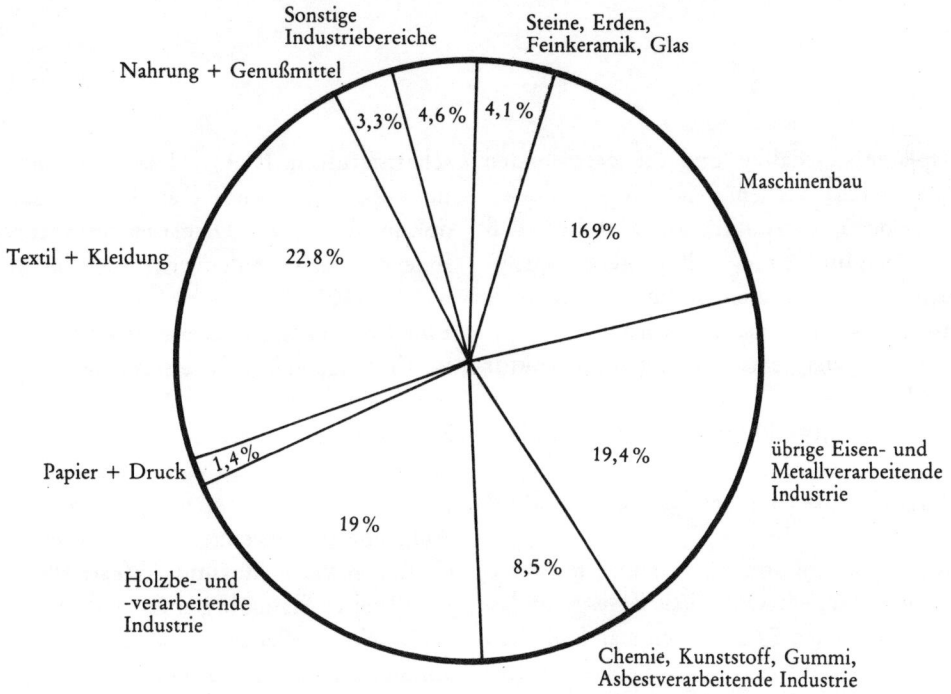

Abb. 7 Beschäftigte in den Hauptindustriegruppen 1978

Sonstige
Industriebereiche

Steine, Erden,
Feinkeramik, Glas

Nahrung + Genußmittel

3,3%   4,6%   4,1%

Maschinenbau

169%

Textil + Kleidung

22,8%

übrige Eisen- und
Metallverarbeitende
Industrie

19,4%

Papier + Druck   1,4%

19%

8,5%

Holzbe- und
-verarbeitende
Industrie

Chemie, Kunststoff, Gummi,
Asbestverarbeitende Industrie

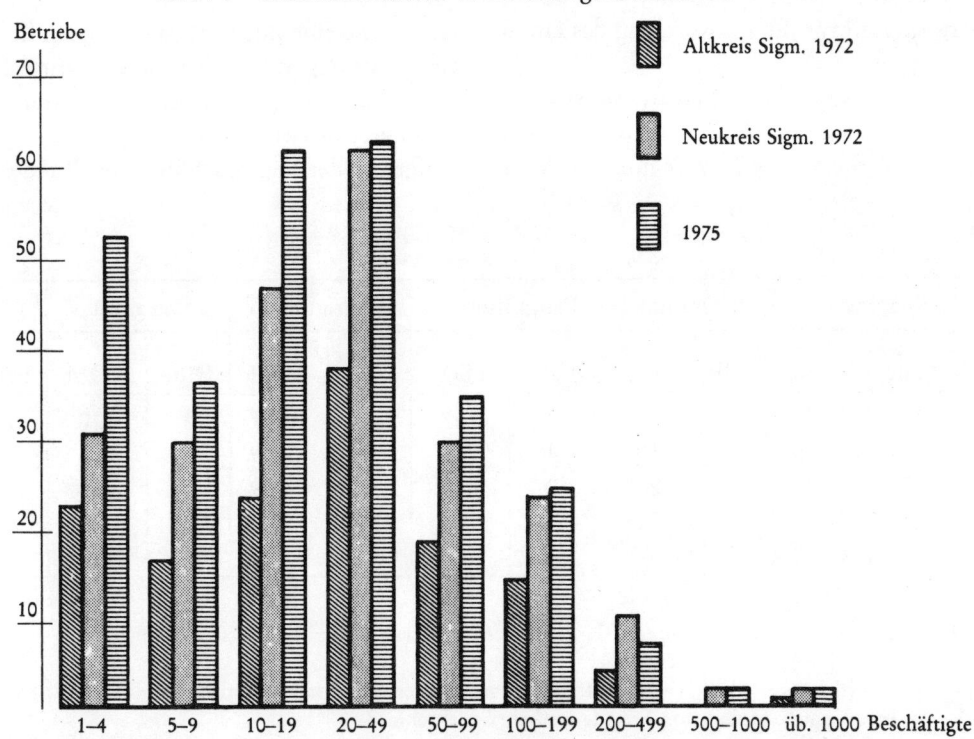

Abb. 8 Industriebetriebe in Betriebsgrößenklassen

Betriebe

Altkreis Sigm. 1972

Neukreis Sigm. 1972

1975

70

60

50

40

30

20

10

1–4   5–9   10–19   20–49   50–99   100–199   200–499   500–1000   üb. 1000 Beschäftigte

301

neue Arbeitsplätze geschaffen und die bestehenden Arbeitsplätze gesichert werden.

Die Zielsetzung der Förderpolitik soll bewirken, daß
- ein Anreiz gerade für die jungen Bevölkerungsgruppen gegeben wird, im ländlichen Raum zu bleiben,
- die Wohnbautätigkeit intensiviert wird,
- eine Verbesserung der gemeindlichen Infrastruktur erreicht wird,
- die Bevölkerungsentwicklung positiv beeinflußt wird,
- ein Abbau des Gefälles zwischen Stadt und Land auf lange Sicht erfolgt,
- durch eine große Zahl von kleinen und mittleren Betrieben eine breite, wirtschaftliche Basis gefunden wird, um so möglichen Rezessionen standzuhalten und damit einer Monostruktur der Betriebe entgegenzuwirken.

Alle diese Zielsetzungen sind von ihrem Inhalt her schon im Landesentwicklungsprogramm von Baden-Württemberg speziell für die Entwicklung des ländlichen Raumes formuliert.

Was den Landkreis Sigmaringen betrifft, so ist dieser seit vielen Jahren Fördergebiet im Sinne der Gemeinschaftsaufgabe »Verbesserung der regionalen Wirtschaftsstruktur (GA)«. Dies bedeutet, daß Investitions-Zuschüsse und -Darlehen für gewerbliche Produktionsbetriebe, Dienstleistungsbetriebe, Handel, freie Berufe, Fremdenverkehrsgewerbe usw. gegeben werden (10 %).

Eine Förderung mit erhöhter Präferenz wird gewährt für die folgenden Schwerpunktorte:

Sigmaringen	20 %	Pfullendorf	15 %
Meßkirch	15 %	Saulgau	15 %

Aufgrund des bislang geltenden Förderstatus wurden an die gewerbliche und industrielle Wirtschaft des Landkreises Sigmaringen in den Jahren 1976 bis 1980 erhebliche Darlehen gewährt, wie der Tabelle 3 zu entnehmen ist. Die Investitionszulagen an Betriebe betrugen 1976 DM 1 314 292, 1977 DM 1 487 029, 1978 DM 1 620 451, 1979 DM 5 137 207 und 1980 DM 789 954.

Auch die Gemeinden haben sich in ähnlicher Weise um eine Stärkung der gewerblichen Wirtschaft bemüht, indem Industriegelände mit z. T. beträchtlichem Aufwand erschlossen wurde.

Aufgrund der Sparbeschlüsse der Bundesregierung ist

Tabelle 3

Jahr	Programm I		Programm II		Programm III		Programm IV		Programm V		Summe	
	Fälle	TDM	Fälle	TDM	Fälle	TDM	Fälle	TDM	Fälle	TDM	Fälle	TDM
1976	11	739	–	–	4	167	40	4 997	3	410	58	6 313
1977	23	1 155	1	100	4	265	38	6 449	5	771	71	8 740
1978	37	2 254	4	263	2	58	37	5 129	3	236	83	7 940
1979	43	2 675	4	245	–	–	34	5 782	3	435	84	9 137
1980	40	1 790	2	60	–	–	30	9 237	5	740	77	11 827

Programm   I   = Existenzgründungen
Programm   II = Errichtung und Einrichtung v. Unternehmen in neuen Gewerbegebieten, Wohngebieten
Programm III = Umstellung, Rationalisierung
Programm IV = Investitionsvorhaben in wirtschaftsschwachen Gebieten und sonstige strukturpolitisch wichtige Vorhaben
Programm   V   = Investitionsvorhaben von Fremdenverkehrsunternehmen

der Landkreis Sigmaringen jedoch aus den Fördergebieten der Gemeinschaftsaufgabe ausgeschieden.

Die relativ langen Auslauffristen ermöglichen es aber dennoch, daß der bisher positive Aufwärtstrend nicht jäh unterbrochen wird. So können für gewerbliche Vorhaben bis Ende 1982 Anträge auf Gewährung von Finanzhilfen gestellt werden, darüber hinaus bis zum 31. 12. 1983 Anträge auf Gewährung der steuerfreien Investitionszulage. Für die Abwicklung der Vorhaben bleiben weitere 3 Jahre zeitlicher Spielraum.

Es bleibt nun abzuwarten, inwieweit es infolge der Aufhebung des Status Fördergebiet noch möglich sein wird, die angestrebten Zielsetzungen (wie z.B. Erschließung von Baugebieten, Ansiedlung und Erweiterung von Gewerbebetrieben, Belebung des Fremdenverkehrs, Verbesserung des Verkehrsnetzes usw.) in nächster Zukunft zu realisieren.

Fremdenverkehr

Schon seit Jahren bemüht sich der Landkreis Sigmaringen um eine Verbesserung des Fremdenverkehrs, da die naturräumlichen Gegebenheiten wie das Obere Donautal, die Albhochfläche, die Seenplatte um den Illmensee sowie eine Vielzahl kulturhistorischer Sehenswürdigkeiten (prähistorische Fundstätten, bedeutende Kirchen- und Profanbauten, Burgen und Schlösser der verschiedensten Epochen, heimatgeschichtliche Museen usw.) es rechtfertigen, gerade auf diesem Sektor aktiv zu werden.

Aufgrund der Tatsache, daß nur relativ wenige Gemeinden des Landkreises in Fremdenverkehrsverbänden vertreten sind und somit die entsprechenden Interessen auf überregionaler Ebene auch nur in geringem Umfang wahrgenommen werden können, wurden durch die Kreisverwaltung große Anstrengungen unternommen, das vorliegende Defizit auf dem Sektor Fremdenverkehr abzubauen. So konnten bisher folgende Vorhaben abgeschlossen werden:

1. Bildung von Fremdenverkehrsgemeinschaften

Da infolge der geringen Bevölkerungsdichte und der ungleichmäßigen Verteilung der landschaftlichen und kulturellen Anziehungspunkte die einzelnen Gemeinden – bis auf wenige Ausnahmen – Fremdenverkehrsinitiativen in eigener Regie nicht betreiben können, bietet sich ein Zusammenschluß mehrerer Gemeinden zu Fremdenverkehrsgemeinschaften an.

Dadurch wird erreicht, daß einmal die entstehenden Kosten auf mehrere Gemeinden verteilt werden und zum anderen mehrere Gemeinden in gegenseitiger Abstimmung mit einem Landschaftsraum werben (ähnliches Verfahren hinsichtlich der Infrastruktureinrichtungen!).

Die Fremdenverkehrsgemeinschaft übernimmt im einzelnen folgende Aufgaben:
- Schaffung bzw. Bereitstellung einer zentralen Anlaufstelle
- Erstellung eines gemeinsamen Prospekts
- Durchführung gemeinsamer Werbeaktionen
- Entwicklung von Initiativen zur Belebung des Fremdenverkehrs (z.B. Organisation von Veranstaltungen, Wanderwochen, Radtouren, Ausflugsfahrten usw.)
- Kontaktpflege zur Gastronomie
- Abstimmung von Fremdenverkehrsplanungen, um Fehlinvestitionen der einzelnen Gemeinden zu vermeiden.

Folgende Fremdenverkehrsgemeinschaften wurden gegründet:

Arbeitsgemeinschaft des Verwaltungsraumes Gammertingen (Laucherttal, Alb, Vehlatal). Die Arbeitsgemeinschaft setzt sich aus den Gemeinden Gammertingen, Neufra, Veringenstadt und Hettingen zusammen.

Arbeitsgemeinschaft Verwaltungsraum Pfullendorf–Ostrach (Pfrunger Ried, Dreiseenplatte um den Illmensee, Linzgau). Die Arbeitsgemeinschaft besteht aus den Gemeinden Ostrach, Pfullendorf, Illmensee, Herdwangen und Wald.

Arbeitsgemeinschaft Verwaltungsraum Saulgau (Barockstraße, Pfrunger Ried). Die Arbeitsgemeinschaft besteht aus Saulgau und Herbertingen.

Arbeitsgemeinschaft »Erholungslandschaft Obere Donau« (Donautal mit seinen angrenzenden Natur- und Landschaftsschutzgebieten, Laucherttal, Alb). Die Arbeitsgemeinschaft besteht aus den Gemeinden Beuron, Schwenningen, Stetten akM., Leibertingen, Sigmaringen, Inzigkofen, Bingen, Krauchenwies, Sigmaringendorf, Scheer und Mengen.

2. Herausgabe einer Freizeitkarte

Mit der Herausgabe der Freizeitkarte wurden erstmals sämtliche Einrichtungen für Freizeit, Erholung, Sport, die Sehenswürdigkeiten und ein kulturhistorischer Abriß in Kurzfassung auf Kreisebene systematisch erfaßt. Diese Karte trägt mit dazu bei, unseren Raum in vielfältiger Weise darzustellen und dem Besucher wertvolle Anregungen für die Gestaltung seines Urlaubs zu geben.

3. Herausgabe einer Radwanderkarte

Diese Karte erschließt dem Radwanderer den gesamten Landkreis auf wenig befahrenen Nebenstraßen. Die vorgeschlagenen Radtouren auf der Rückseite der Karte sowie die weiteren Karteninhalte ermöglichen es jedermann, den Urlaub oder auch das Wochenende oder nur einen Nachmittag abwechslungsreich und vielseitig zu verbringen.

4. Herausgabe einer Flußwanderkarte

Über einen der schönsten Abschnitte der jungen Donau zwischen Beuron und Mengen steht dem Flußwanderer eine übersichtlich gestaltete Karte zur Verfügung, welche neben Hinweisen auf lohnende Ausflugsziele auch Übernachtungsmöglichkeiten, Rastplätze, Anlegestellen usw. enthält.

5. Zusammenarbeit mit der Gastronomie – Hotel- und Gaststättenwettbewerb

Aufgrund der ländlichen Struktur des Landkreises treten in der Gastronomie vielfältige Probleme auf. So sind die Gastwirte in den zentralen Orten vorwiegend hauptberuflich in ihrer Branche tätig, während in den ländlich strukturierten Gemeinden der Gastwirt meistens eine Doppelfunktion – nämlich Gastwirt und Landwirt – ausübt. Dies wirkt sich auf die Öffnungszeiten, das Speiseangebot, die Instandhaltung der Wirtschaftsräume usw. aus.

Auch bei Pachtbetrieben treten Probleme auf, da z. B. der Verpächter oft nicht bereit ist, notwendige Investitionen zur Gebäuderenovierung vorzunehmen.

Die Aufgabe des Hotel- und Gaststätten-Wettbewerbs, der seit 1978 durchgeführt wird, ist es, anhand von verschiedenen Bewertungskriterien dem einzelnen Teilnehmer aufzuzeigen, ob er den heutigen Anforderungen genügt, bzw. wo Mängel vorliegen.

Das bisherige Ergebnis hat deutlich gezeigt, daß der Wettbewerb die Gastronomie im positiven Sinn beeinflußt, da der Teilnehmer erfährt,

- welche Ansprüche der Gast an Speisekarte, Gastraum, Fremdenzimmer, Toiletten usw. stellt,
- wie er sich im Wettbewerb der Konkurrenz stellen muß,
- wie der derzeitige Leistungsstand liegt.

Beim letzten Gaststättenwettbewerb im Jahr 1980 haben sich 64 gastronomische Betriebe beteiligt, wobei 55 Plaketten »Die gute Gaststätte im Landkreis Sigmaringen« vergeben wurden.

Als Fremdenverkehrsgebiete, in denen das Land Baden-Württemberg Betriebseinrichtungen und -erweiterungen und ähnliches fördert, zählen im Landkreis Sigmaringen folgende Gemeinden: Beuron, Bingen, Gammertingen, Illmensee, Hettingen, Inzigkofen, Leibertingen, Neufra, Saulgau, Scheer, Schwenningen, Sigmaringen, Sigmaringendorf, Stetten akM.

und Veringenstadt. Beuron und Gammertingen führen das Prädikat »Erholungsort«. In diesem Zusammenhang sind auch die Bemühungen der Stadt Saulgau um den Ausbau der dortigen Thermalquelle und Anerkennung als Badeort zu nennen.

Eine weitere Belebung des Fremdenverkehrs ist von dem »Naturpark Obere Donau« zu erwarten; in ihm sind Gemeinden aus den Kreisen Tuttlingen, Sigmaringen und Zollern-Alb zusammengeschlossen. Sein Ziel ist es u. a., die Landschaft in ihrem Erscheinungsbild zu erhalten, Erholungseinrichtungen zu schaffen (etwa Wanderparkplätze, markierte Wanderwege, Jugendzeltplätze, Rastplätze, Schutzhütten) und die Landschaft zu pflegen (u. a. Sicherung wertvoller ökologischer Bereiche, Behebung von Landschaftsschäden, landschaftspflegerische Maßnahmen im Wald, in Uferbereichen). Beim »Naturpark Obere Donau« geht es, soweit der Landkreis Sigmaringen betroffen ist, weniger darum, die Natur dem Fremdenverkehr zu erschließen. Dafür sind Einrichtungen zum großen Teil vorhanden; auch die einzigartige Landschaft des Donautals läßt sich nicht mehr verbessern, vielmehr führt jede Veränderung zu einer Störung des natürlichen Gleichgewichts. Wichtigste Aufgabe des Naturparks wird es daher sein, die Natur vor Eingriffen zu schützen.

Das Verkehrswesen

Die ökonomische Entwicklung eines Raumes ist in hohem Maß abhängig vom Vorhandensein eines gut ausgebauten Verkehrsnetzes im Wirtschaftsgebiet selbst wie auch nach außerhalb. In einer Zeit der Arbeitsteilung und der zunehmenden Kommunikation der Betriebe untereinander fällt den Verkehrswegen als Lebensadern der Wirtschaft eine so hohe Bedeutung zu, daß sie über Aufstieg oder Stagnation eines Gebiets entscheiden können.

Im Landkreis Sigmaringen stellen die Bundes-, Landes- und Kreisstraßen sowie das Schienennetz das Verkehrsgerippe dar. Ein Ziel der Kreisplanung ist es, dieses Verkehrsnetz auszubauen und an das außerhalb des Kreises gelegene überregionale Netz so anzubinden, daß eine zügige Verbindung zu den benachbarten Ballungsgebieten angeboten werden kann. Zur Zeit ist man von diesem Ziel freilich noch weit entfernt, betrachtet man nur die schlechten Verkehrsverbindungen in den Großraum Stuttgart, den bedeutendsten wirtschaftlichen Bezugspunkt für den Kreis Sigmaringen, sowie zu den Bundesautobahnen. Im folgenden werden die wichtigsten Verkehrsverbindungen und die Vorstellungen zu deren Verbesserung besprochen (Abb. 9).

Aufgrund der Sparbeschlüsse der Bundesregierung ist jedoch damit zu rechnen, daß die Mehrzahl der Straßenbauprojekte verschärft auf ihre Dringlichkeit überprüft und u. U. sogar auf unbestimmte Zeit verschoben werden.

B 311 Donaueschingen–Meßkirch–Mengen–Ulm

Die Bundesstraße bildet eine Entwicklungsachse zwischen den Autobahnen A 8 Stuttgart–Ulm–München und A 81 Stuttgart–Donaueschingen–Singen. Aufgrund ihrer überregionalen Funktion und der damit verbundenen Streckenbelastung sollen durch Zwischenausbaumaßnahmen (Verbreiterung, Beseitigung von Kurven, unübersichtlichen Kurven und Steigungen) Streckenabschnitte verbessert werden.

Im Bereich von Meßkirch–Krauchenwies–Mengen liegt die Hauptverkehrsbelastung. Besonders durch den Schwerverkehr der umliegenden Kieswerke und den überörtlichen Durchgangsverkehr sind die Ortsdurchfahrten einer hohen Belastung ausgesetzt. Die Ortsdurchfahrten von Meßkirch sowie Krauchenwies, Rulfingen und Mengen sollen deshalb in nächster Zeit nach den Plänen des Bundes durch Ortsumfahrungen entlastet werden. Im Zuge der Neutrassierung zwischen Krauchenwies–Zielfingen–Mengen werden nicht nur die Ortsdurchfahrten Krauchenwies, Rulfingen und Mengen, sondern auch die Ortsdurchfahrten Scheer und Sigmaringendorf im Zuge der B 32 entlastet. (Führung des Verkehrs von Sigmaringen aus nicht über die B 32, sondern in Richtung Krauchenwies und dann über die Neutrassierung der B 311 wieder auf die B 32 bei Mengen).

B 32 Hechingen–Gammertingen–Sigmaringen–Saulgau–Ravensburg

Diese Bundesstraße stellt für den Kreis eine wichtige Verbindung mit dem Tübinger wie dem Ravensburger Raum dar. Eine völlige Neutrassierung hat man zugunsten des wirtschaftlicheren Ausbaus bestehender Trassen fallen lassen. Die B 32 wurde durch den Zwischenausbau im Gebiet Gammertingen–Veringendorf schon verbessert. Der Bau der Ortsumgehung Jungnau ist in den Sechsjahresplan des Bundes aufgenommen. Die Strecke Jungnau–Nollhof soll 1981/82 ausgebaut werden. Die Realisierung der Umgehungen Sigmaringendorf und Scheer, ursprünglich für 1981 bis 1985 vorgesehen, ist durch die Planungen der B 311 zwischen Krauchenwies–Zielfingen–Mengen auf unbestimmte Zeit verschoben worden.

Zwischen Mengen und Herbertingen wird die B 32 durch Verbreiterung und Begradigung weiter ausgebaut. Zwischen Herbertingen und Saulgau sind von 1980 an auf der vorhandenen Trasse Verbesserungen vorgesehen. Der Bau der Umgehungen von Herbertingen und Saulgau ist im Sechsjahresplan bis 1985 nicht enthalten, da die Finanzierung nicht sichergestellt ist. Die Gemeinden halten jedoch Trassen für die Umgehungen frei.

B 313 Großengstingen–Gammertingen–Sigmaringen–Meßkirch–Stockach

Ausgehend von der B 312 aus dem Ballungsgebiet Stuttgart und Reutlingen führt die B 313 über die Albhochfläche ins Laucherttal bis Gammertingen. Die gesamte Strecke ist für den Landkreis Sigmaringen aus strukturpolitischer Sicht von größter Bedeutung (eindeutige Orientierung zum Ballungsgebiet Stuttgart). Der unzeitgemäße Straßenzustand der Honauer Steige sowie des weiteren Streckenabschnittes Pfullingen–Raum Stuttgart stellt einen Verkehrsengpaß dar, der negative Auswirkungen nicht nur auf den Landkreis Sigmaringen, sondern auf den gesamten oberschwäbischen Raum hat. Der Ausbau dieses Streckenabschnittes sollte daher aus den erwähnten Gründen in die höchste Dringlichkeitsstufe aufgenommen werden.

Im Übergang auf die Kreisstraßen K 6738, K 8206 und K 8201 Trochtelfingen–Bingen mit Umgehung Feldhausen, Harthausen, Inneringen und Neubaustrecke bis Jungnau ließe sich nach späterem Ausbau zur neuen B 313 eine leistungsfähige Trasse schaffen, die an die neue B 463 und an die neue B 32 Anschluß fände.

Die Umgehung von Meßkirch im Zuge der B 313 ist im Sechsjahresplan bis 1985 vorgesehen.

B 463 Balingen–Ebingen–Sigmaringen

Die B 463 hat für den Landkreis Sigmaringen eine wichtige Funktion als Zubringer zur Bundesautobahn Stuttgart–Singen A 81. Um einen zügigen Verkehrsablauf zu gewährleisten, sollten die Ortsumfahrungen Winterlingen, Straßberg und Balingen so bald als möglich verwirklicht werden.

L 456/200 Sigmaringen–Krauchenwies–Pfullendorf–Altheim–Überlingen

Um aus dem Raum Sigmaringen in den Bereich Mittlerer Bodensee zu fahren, fehlt noch eine gut ausgebaute Verbindung, die der einer Bundesstraße gleichen sollte. Verwendete man die vorhandenen

Abb. 9

AUSBAUPLAN

Netz der:

	Bestand:	Geplanter Neubau:	Erforderlicher Ausbau
Bundesstraßen			
Landesstraßen			
wichtigste Kreisstr.			

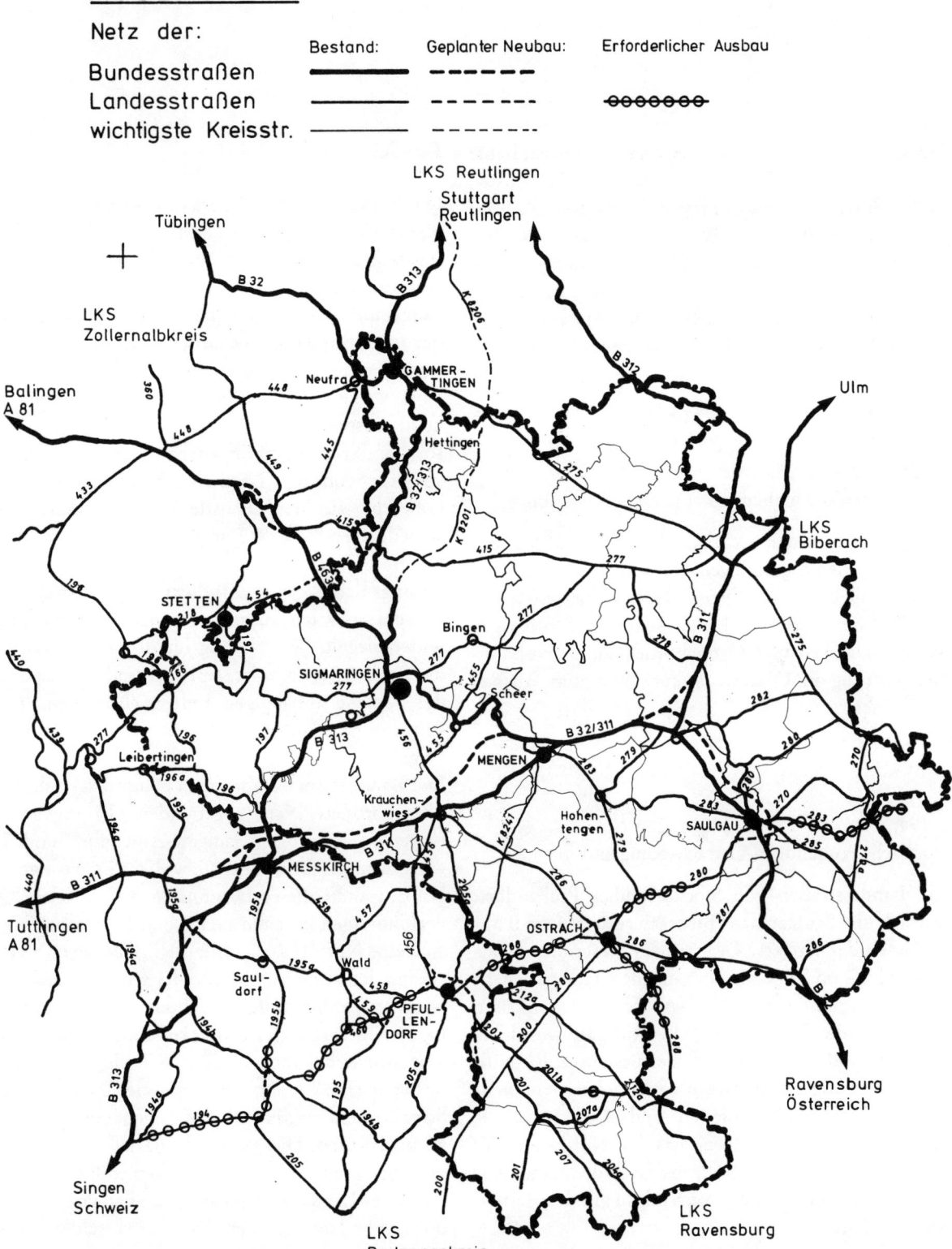

Trassen und umführe Krauchenwies im Westen, baute nach anfänglicher Durchfahrt später im Nordosten Pfullendorfs eine Umgehungsstraße und führte sie auf der L 200, Altheim im Westen umfahrend, weiter, erhielte man eine gute Nord-Süd-Verbindung, die die Funktion einer Bundesstraße hätte. Auch das Gebiet Tübingen–Reutlingen (B 32/B 313/B 463) wäre dann an das mittlere Bodenseegebiet besser angeschlossen.

L 456, L 286, L 288
Sigmaringen–Krauchenwies–Ostrach–Ravensburg

Die L 288 stellt einen wichtigen Bestandteil der Verbindung zwischen Sigmaringen und Ravensburg dar und entlastet die B 32 Sigmaringen–Ravensburg wesentlich. Ihr Ausbau in ganzer Länge sollte bald vollzogen werden. Das Teilstück Ostrach–Riedhausen mit Bahnunterführung in Ostrach ist für 1981 zum Ausbau vorgesehen.

L 194, L 457, L 288, L 280, L 283
Stockach–Pfullendorf–Ostrach–Saulgau–Biberach

Die Landesstraßen von Stockach über Pfullendorf, Ostrach und Saulgau nach Biberach entlasten die B 311 im Süden des Kreises. Der Ausbau dieser diagonalen Verbindung im Zuge der vorhandenen Trassen schafft eine leistungsfähige Ost-West-Achse mit Anschlüssen an die Bundesautobahnen A 81 Stuttgart–westlicher Bodensee und A 89 Ulm-östlicher Bodensee. Es müßten freilich folgende Projekte vorausgehen: eine neue Trasse zwischen Ruhestetten und Aach-Linz, die spätere Umgehung Pfullendorfs im Nordosten der Stadt, eine Umfahrung Saulgaus im Süden, eine neue Trasse für die Verbindung von Saulgau mit dem Sattenbeurer Kreuz.

Das Schienennetz

Die topographischen Verhältnisse und die geographische Lage der Städte und Gemeinden, ihre Wirtschaftskraft sowie der Wunsch nach gegenseitiger Kommunikation und Leistungsaustausch waren Ausgangspunkt für die Erstellung des Schienennetzes. Mit der fortschreitenden technischen Entwicklung in den einzelnen Regionen wurde ein Verkehrsgerüst aufgebaut, welches den Bedürfnissen dieser Räume weitgehend entsprach.

Im Landkreis Sigmaringen hat sich die Wirtschaftsstruktur von der Landwirtschaft über Handwerk, Gewerbe zu den Dienstleistungen regional unterschiedlich entwickelt. Entsprechend der Standortgunst bildete sich ein Strukturgefälle heraus (geringe Bevölkerungsdichte, geringer Industriebesatz usw.), das sich in dem schwach ausgebauten Schienennetz deutlich widerspiegelt. Wie wichtig für den Landkreis jedoch der Schienenverkehr ist, läßt sich eindeutig an den von der Schiene abhängigen Industriebetrieben, z.B. in Pfullendorf, Saulgau, Mengen, Krauchenwies, aufzeigen.

Der Landkreis wird über zwei Hauptdiagonalen an das übergeordnete Netz angebunden (Tübingen–Sigmaringen–Herbertingen–Saulgau–Aulendorf und Ulm–Sigmaringen–Tuttlingen), wobei Sigmaringen den Knotenpunkt dieser Diagonalen bildet. Diese Querverbindungen erhalten den Raum funktionsfähig und sind eine Notwendigkeit für die Erhaltung und Verbesserung der Infrastruktur und der wirtschaftlichen Entwicklung, zumal andere Nachteile die Wettbewerbsfähigkeit im Vergleich zu anderen Räumen sehr mindern. Wie allseits bekannt, bemüht sich die Deutsche Bundesbahn (DB) schon seit geraumer Zeit darum, ihr Streckennetz nach wirtschaftlichen Gesichtspunkten zu überprüfen. Dies führte dazu, daß das Zugangebot verringert und unrentable Strecken stillgelegt wurden. Auch der Landkreis Sigmaringen blieb von den Rentabilitätsüberlegungen der DB nicht verschont. So wurden z. B. aufgrund der geringen Nachfrage seit 1977 zu jedem Fahrplanwechsel das jeweils bestehende Zugangebot reduziert sowie mehrere Bahnhöfe (Inzigkofen, Hausen i. T., Gutenstein) geschlossen.

Mit Ausblick auf das kommende Fahrplanjahr 1981/82 wurden seitens der DB bei der Ausarbeitung eines neuen, den gegenwärtigen Verhältnissen angepaßten Leistungsangebotes nur noch die neuerlichen Bedürfnisse des Verkehrs sowie die für notwendig gehaltenen technischen und organisatorischen Veränderungen berücksichtigt. Die geplanten Streckenstillegungen im Raum Sigmaringen konnten zwar vorläufig aufgehoben werden. Um die Strecken jedoch wirtschaftlich zu gestalten, hat die DB verschiedene Vorstellungen entwickelt, wie z. B. die Einführung eines Eilzugsystems auf sämtlichen Strecken und korrespondierend hierzu die Einstellung der Nahverkehrszüge. Des weiteren sollen die Bahnhöfe Scheer und Sigmaringendorf aufgelöst werden. Als Ersatz für die ausfallenden Nahverkehrszüge will die DB Busse einsetzen, allerdings mit der Maßgabe, daß auch hier eine Mindestrentabilität erreicht wird.

Überdenkt man unter diesen Aspekten die derzeitige Situation, so kann man feststellen, daß zwar nicht mehr direkt von einer Streckenstillegung gesprochen wird, aufgrund des Kriteriums der Wirtschaftlichkeit im Endeffekt es jedoch genau darauf hinausläuft.

Zu Beginn des Jahres 1981 wurden von der Kreisverwaltung verschiedene Vorschläge ausgearbeitet, wie die DB ihrerseits das Bahnangebot im Personenverkehr attraktiver gestalten könnte, um der Bevölkerung Anreize zu bieten, vom Individualverkehr auf die Schiene umzusteigen (z. B. Einsatz von modernen Triebwagen mit entsprechendem Fahrkomfort anstelle der völlig überalterten Personenzüge, Erreichbarkeit der Räume Stuttgart–Ulm–Ravensburg in einem zumutbaren Zeitaufwand).

Es bleibt nun abzuwarten, ob eine Realisierung dieser Vorschläge erfolgt.

Luftverkehr

Als ein Beitrag zur Verbesserung der Wirtschaftsstruktur im Kreis Sigmaringen muß auch der Ausbau des früher militärisch genutzten Flugplatzes in Mengen zu einem »zivilen Verkehrslandeplatz« genannt werden. Aufgrund seiner günstigen, offenen Lage im breiten Donautal, die den Piloten eine gute Orientierung verschafft, und seiner ausgezeichneten Start- und Landebedingungen erfreut sich der Flugplatz zunehmender Beliebtheit bei privaten Fliegern, Unternehmern, Flugschulen und Fliegervereinen.

Die rege Nutzung des Platzes läßt sich an den über 44 000 Flugbewegungen im Jahre 1980 ablesen.

Weitere Flugplätze, die hauptsächlich vom Segel- und Motorsportflug in Anspruch genommen werden, befinden sich in Saulgau, Pfullendorf und Leibertingen (nur Segelflug).

Öffentlicher Nahverkehr (ÖNV)

Im ländlichen Raum, insbesondere in den strukturschwachen Gebieten, zu denen der Landkreis Sigmaringen zählt, soll eine Verkehrserschließung angestrebt werden, die eine ausreichende Verkehrsandienung aller Gemeinden gewährleistet.

Um dieses Ziel zu erreichen, ist eine Intensivierung des öffentlichen Nahverkehrs unbedingt erforderlich. Nach den Vorstellungen der Landesplanung und Raumordnung sollen zentrale Orte mit ihren Einrichtungen zur überörtlichen Versorgung eines Verflechtungsbereichs von jedem Wohnort aus mit zumutbarem Zeit- und Kostenaufwand erreichbar sein. Die infrastrukturelle Ausstattung der Kerngemeinden ermöglicht es, die ländlichen Räume überhaupt mit einem Mindestmaß an zentralen Dienstleistungen auszustatten. Diese Konzentration erfordert auch eine entsprechende Ausstattung im Rahmen des öffentlichen Nahverkehrs. Anzustreben wären zwei Fahrtmöglichkeiten an jedem Werktag zwischen den einzelnen Gemeinden des Nahbereiches und dem zentralen Ort.

Der Landkreis Sigmaringen ist sehr darum bemüht, für sein Gebiet eine Verbesserung des öffentlichen Nahverkehrs gerade zwischen den zentralen Orten und ihren Nahbereichen herbeizuführen.

Um die bestehende Situation zu erfassen und daraus resultierend Vorschläge für eine bessere Bedienung im ÖNV anbieten zu können, wurde schon im Jahre 1975 eine Untersuchung durchgeführt, die es sich zur Aufgabe gemacht hat, mittels einer Bestandsaufnahme das vorhandene Angebot im öffentlichen Nahverkehr aufzuzeigen. Die Analyse der Bestandsaufnahme zeigte deutlich, daß wesentliche Teile des Kreisgebietes nicht vom öffentlichen Nahverkehr bedient wurden. Es handelte sich hierbei hauptsächlich um die Räume

Herdwangen–Schönach
Illmensee
Ostrach–Göge
Raum nördlich von Mengen
(zwischen Hundersingen und Heudorf)
Raum östlich von Saulgau.

Statistisch gesehen bedeutet dies, daß

35 Teilorte
20 % der Gesamtfläche des Landkreises
10 % der Gesamteinwohner des Landkreises

nicht an das öffentliche Nahverkehrsnetz angeschlossen waren.

Als Ergebnis der Verwaltungsreform besteht der Landkreis Sigmaringen ab 1975 aus 8 Verwaltungsräumen. Der jeweilige zentrale Ort des Verwaltungsraumes übernimmt somit die Aufgabe, für seinen Einzugsbereich auch die notwendigen zentralen Funktionen auszuüben. Diese erstrecken sich hauptsächlich auf infrastrukturelle Erfordernisse, wie

Deckung des gehobenen Bedarfs
ärztliche Versorgung
Verwaltung
Arbeitsplatzangebot usw.

Nur durch eine Konzentration auf die Kerngemeinden können die ländlich strukturierten Räume überhaupt mit einem Mindestmaß an zentralen Diensten und Leistungen versehen werden, das nicht allzusehr hinter der Ausstattung in den verdichteten Gebieten zurückbleibt.

Um in diesem Sinn konkrete Aussagen zur Verbesserung des öffentlichen Nahverkehrs machen zu können, wurde eine umfassende Untersuchung durchgeführt, in welcher u. a. auch die Erreichbarkeit der verschiedenen vom öffentlichen Nahverkehr angefahrenen Gemeinden in Abhängigkeit von der Fahrtdauer ermittelt wurde.

Aufgrund dieser sehr umfangreichen Untersuchungen über den öffentlichen Nahverkehr wurde im Jahre 1976 der Landkreis Sigmaringen von der Landesregierung als Modellkreis für den öffentlichen Nahverkehr ausgewählt.

Um eine höchstmögliche Effizienz zu erreichen, wurde nach dem Entwurf des Wirtschaftsministeriums eine Nahverkehrskommission gebildet, in welcher sämtliche am ÖNV beteiligten Behördenstellen, kommunalen Träger, Unternehmer usw. vertreten sind. Hierdurch sollte die Gewähr gegeben sein, daß die Probleme gleich mit den zuständigen Fachkreisen gelöst und unbürokratisch behandelt werden können.

Der Landkreis Sigmaringen wurde in 4 Untersuchungsräume aufgeteilt, um so die Untersuchungen – Bestandsaufnahme, Analyse, Verbesserungsvorschläge, Realisierung – übersichtlich und für jeden Interessierten lesbar zu gestalten.

In der Zwischenzeit konnte schon mit relativ großem Erfolg der ÖNV in verschiedenen Bereichen verbessert werden. So wurde z. B. auf Kreisebene ein gemeinsamer Fahrplan erstellt, der von seiten der Bevölkerung sehr positiv aufgenommen wurde.

Auch durch die Öffnung der Schülerlinien für Einzelreisende konnte in verschiedenen Bereichen eine Befriedigung der Fahrgastwünsche vorgenommen werden. Eine Öffnung von Schülerlinien für Einzelreisende ist jedoch nur dann effektiv, wenn es sich um wenige Mitreisende handelt. Dies war bei allen Untersuchungen der Fall; es ging in den meisten Fällen um die Bedienung von kleinen Weilern bzw. kleinen Dörfern mit nicht mehr als 50–100 Einwohnern. Aufgrund des geringen Personenaufkommens im ÖNV aus diesen Gebieten muß und kann auch eine Nichtbedienung während der Ferienzeiten in Kauf genommen werden.

Weitere Verbesserungsvorschläge des Nahverkehrsprogramms beziehen sich insbesondere auf

- günstiger aufeinander abgestimmte Fahrplanzeiten zwischen den einzelnen Verkehrsträgern
- Schaffung eines Verkehrsverbundes zwischen Hohenzollerischer Landesbahn und Kreisverkehrsbetrieb (abgestimmte Fahrpläne, einheitliche Fahrkarten usw.) und somit Angebot eines zusammenhängenden Verkehrsnetzes zwischen Gammertingen–Sigmaringen–Meßkirch–Pfullendorf–Krauchenwies–Ostrach
- bessere Kenntlichmachung der Haltestellen
- Abstimmung der Schulanfangszeiten mit dem allgemeinen öffentlichen Nahverkehr
- Entwicklung eines Fahrplanschemas zum Aushang an den Haltestellen (diese Maßnahme hat sich als besonders wichtig herausgestellt, da nachgewiesen werden konnte, daß eine Großzahl von Fahrgästen nicht in der Lage ist, die üblicherweise verwendeten Fahrpläne zu lesen)
- Verbesserung der Haltestelleneinrichtungen.

Mittlerweile ist das Nahverkehrsprogramm abgeschlossen und vom Kreistag des Landkreises Sigmaringen in vollem Umfang akzeptiert worden. Die Verabschiedung des Programms durch die Nahverkehrskommission soll noch im Jahre 1981 erfolgen. Die erarbeiteten Verbesserungsvorschläge werden derzeit schon in Zusammenarbeit mit den Gemeinden realisiert.

Dorfentwicklung und Stadtsanierung

Dorfentwicklung

Im Landesentwicklungsplan von Baden-Württemberg sind verschiedene Zielsetzungen genannt, welche zur Stärkung des ländlichen Raumes beitragen sollen, um somit das bestehende Gefälle zwischen Ballungsraum und strukturschwachem Raum abzubauen. Die Landesregierung hat mit der Dorfentwicklungsplanung ein Programm ins Leben gerufen, welches direkt auf die positive Entwicklung des ländlichen Raumes abzielt. Im Jahr 1975 wurde im Landkreis Sigmaringen erstmals eine Dorfentwicklungsplanung durchgeführt. Die ausgewählte Gemeinde Veringenstadt war gewissermaßen als Test für diese neue Konzeption bestimmt. Der Erfolg war durchschlagend, denn es konnten in der Zeit von 1975 bis Ende 1980 im Landkreis Sigmaringen über 30 Dorfentwicklungsplanungen begonnen bzw. durchgeführt werden.

Die Bedeutung der Dorfentwicklungsplanung gerade für die ländlich strukturierten Gemeinden liegt in verschiedenen Bereichen. Einmal besitzt diese Planung eine optimale Aussage, da sie sich mit dem Detail am einzelnen Bauwerk befaßt und somit den Bürger in direkter Weise mit einbezieht. Zum anderen ist die Dorfentwicklungsplanung derzeit die einzige Planung mit direktem Realisierungseffekt, d. h. schon während des Ablaufes der Dorfentwicklungsplanung wird mit der Verwirklichung der einzelnen Projekte begonnen. Sie steht somit in Gegensatz zum Flächennutzungsplan und Bebauungsplan, die beide aufgrund ihrer relativ langen Laufzeit hinsichtlich des Genehmigungsverfahrens viel an Aktualität verlieren.

Da in der Dorfentwicklungsplanung das Detail angesprochen wird, kann sie als ausgezeichnete Grundlage für die Erstellung einer Ortsbausatzung angesehen werden.

Die wesentlichen Zielsetzungen der Dorfentwicklungsplanung lassen sich in folgenden Stichworten zusammenfassen:

- Erhaltung ortsbildprägender Bausubstanz
- Schaffung von Plätzen und Grünanlagen innerhalb der Gemeinde
- Verbesserung der Vorgartensituation
- Schaffung von Fußwegverbindungen
- Verbesserung der Gebäude durch entsprechende Außengestaltung, Innenmodernisierung usw.
- Aktivierung des Fremdenverkehrs in der Gemeinde
- Umnutzung von Gebäuden.

Aufgrund der Gemeindereform haben viele Kommunen Funktionen verloren. Es wurden beispielsweise durch Zentralisierung wichtiger öffentlicher Einrichtungen wie Schule, Verwaltung usw. den kleineren Gemeinden entscheidende Aufgaben entzogen. Dies hat sich nachweislich negativ auf das gesamte Gemeinwesen ausgewirkt. Die Dorfentwicklungsplanung hat es sich deshalb zu ihrer obersten Aufgabe gemacht, gerade die kleinen Gemeinden wieder lebensfähig und interessant für ihre Bewohner zu machen.

Durch die vorgenannten Zielsetzungen wird der einzelne Bürger angesprochen; er wird angeregt, sich durch die Verbesserung seines Hauses, durch die Umgestaltung innerhalb der Gemeinde wieder mit den Problemen, welche eine Gemeinde beschäftigen, direkt auseinanderzusetzen. In dieser Auseinandersetzung wird der Gemeinsinn gefördert; der Bürger gewinnt eine völlig neue Verbindung zu seinem Heimatort. Dies schlägt sich darin nieder, daß er seine Gemeinde wieder als konkurrenzfähig mit anderen Gemeinwesen ansieht und das Leben in dieser Gemeinde für lebenswert erachtet.

Dieser Aspekt ist besonders für die jungen Bevölkerungsteile wichtig, die am stärksten von der Abwanderung betroffen sind, da vermeintlich im Ballungsraum bessere Lebensbedingungen angeboten werden. Bei vielen Vorhaben im Landkreis Sigmaringen konnte diese Tendenzwende festgestellt werden; daraus läßt sich schließen, daß in der Dorfentwicklungsplanung ein ganz entscheidender strukturpolitischer Effekt zur Verbesserung der Situation im ländlichen Raum liegt. Eine wichtige Aufgabe der Dorfentwicklung besteht auch darin, die dörflichen Mittelpunkte wieder einem entsprechenden Nutzungszweck zuzuführen. Es ist in fast allen Gemeinden festzustellen, daß der ehemals durch die Landwirtschaft geprägte Ortskern sich immer mehr entleert. Hierfür sind insbesondere zwei Gründe verantwortlich:

1. Rückgang der Landwirtschaft
2. Angebot an Wohnbauflächen an der Peripherie der Ortslage

Die Dorfentwicklungsplanung hat es sich deshalb zur Aufgabe gemacht, gerade auf diesen Bereich ihr besonderes Augenmerk zu richten, um durch entsprechende Aussagen und Vorschläge zentralörtliche Funktionen in diesem Gebiet wieder unterzubringen. Durch das frühe Erkennen dieser Situation wird sicherlich, auf lange Sicht gesehen, die Lebensfähigkeit der Gemeinden gestärkt.

Die nachfolgende Aufstellung zeigt im Umriß die Gemeinden bzw. Ortsteile, für welche Dorfentwicklungsmaßnahmen geplant sind oder schon durchgeführt werden:

Ablach	Illwangen
Altheim	Inneringen
Bierstetten	Kettenacker
Einhart	Krauchenwies
Engelswies	Kreenheinstetten
Ennetach	Moosheim
Feldhausen	Leibertingen
Gammertingen	Ostrach
Göggingen	Rengetsweiler
Harthausen	Rohrdorf
Herdwangen	Ruschweiler
Hermentingen	Scheer
Hippetsweiler	Thalheim
Hochberg/SLG	Veringendorf
Hohentengen	Veringenstadt
Hundersingen	Wald
Ilmensee	Waldbeuren

Stadtsanierung

Neben der Dorfentwicklung, die insbesondere für die stark ländlich strukturierten kleineren Gemeinden des Landkreises geeignet ist, werden mit der gleichen Zielsetzung in Sigmaringen, Gammertingen, Mengen, Saulgau, Pfullendorf und Ostrach Sanierungsmaßnahmen nach dem Städtebauförderungsgesetz durchgeführt.

Zielsetzungen der Stadtsanierung sind u. a.:

- Verbesserung der Lebensbedingungen in den Stadtkernen
- Schaffung von Fußgängerzonen
- Verkehrsentflechtungsmaßnahmen
- Erhaltung und Renovierung denkmalgeschützter Gebäude sowie städtebaulich wichtiger Bausubstanz
- Verbesserung des Dienstleistungssektors (Modernisierungsmaßnahmen an Gebäuden und Geschäften, Aussiedlung und Umsiedlung von Geschäften, Sozialplan)
- Angebot an Flächen für den ruhenden Verkehr.

Das Gesundheits- und Sozialwesen

Im Landkreis Sigmaringen stellt sich die ärztliche Betreuung der Einwohner nach neuesten Erhebungen folgendermaßen dar:
Fachärzte und niedergelassene

Chefärzte mit Ambulanz	2245 Einwohner/1 Arzt
Praktische Ärzte	2082 Einwohner/1 Arzt
niedergelassene Ärzte	1080 Einwohner/1 Arzt
Zahnärzte	2386 Einwohner/1 Arzt

Für die stationäre Behandlung der Bevölkerung stehen an Krankenhäusern zur Verfügung:

Kreiskrankenhaus Sigmaringen mit 418 Planbetten, davon:

Chirurgische Abteilung	96 Betten
Innere Abteilung	96 Betten
Gynäkologische Abteilung und Geburtshilfe	50 Betten
Urologie	40 Betten
HNO	26 Betten
Neurologische-Psychiatrische Abteilung	98 Betten
Radiologische Abteilung	nicht bettenführend
Anästhesie- und Intensivstation	12 Betten

außerdem eine Pflegeabteilung im alten Fürst-Carl-Landeskrankenhaus für Pflegefälle mit 66 Betten.

Krankenhaus Pfullendorf mit 188 Planbetten, davon:

Chirurgische Abteilung	67 Betten
Innere Abteilung	70 Betten
(davon 28 Betten für Psychogeriatrie, also Pflegefälle)	
Gynäkologische Abteilung und Geburtshilfe	26 Betten
HNO	18 Betten
Anästhesie	7 Betten

Krankenhaus Saulgau mit 95 Planbetten, davon:

Chirurgische Anstaltsabteilung	54 Betten
Belegabteilungen für Innere Medizin	24 Betten
Belegabteilung für Gynäkologie und Geburtshilfe	17 Betten

Krankenhaus Mengen mit 37 Planbetten, davon:
Chirurgische und Innere Belegabteilung
mit 2 Belegärzten (ohne angestellte Ärzte).

Die Verteilung sowie den Bestand an Ärzten verdeutlicht Tabelle 4 (praktische Ärzte, Fachärzte sowie Krankenhausärzte mit eigener Praxis; bezogen auf 1979).

Ergänzend zu diesem Angebot stehen über den gesamten Landkreis verteilt mehrere Sozialstationen zur Verfügung. Ihr Aufgabenbereich erstreckt sich auf die Krankenpflege, Altenpflege und Familienpflege. Außerdem werden Krankenpflegegeräte wie Rollstühle, Krankenbetten, Krücken usw. verliehen. Die Standorte der Sozialstationen sowie deren Versorgungsbereich und personelle Ausstattung ergeben sich aus nachfolgender Aufstellung:

Tabelle 4

Gemeinde / Ärzte	Prakt. Arzt	Internist	Gynäkologe	Chirurg	HNO-Arzt	Dermatologe	Anästhesist	Augenarzt	Kinderarzt	Neurologe	Orthopäde	Röntgenarzt	Urologe	Radiologe und Nuklearmediziner	Zahnarzt
Gammertingen	2								1						2
Mariaberg										1					
Bronnen															1
Hettingen	1														
Veringenstadt	1														1
Mengen	4	1	1	1											4
Hohentengen	2														1
Scheer	2														
Meßkirch	6	2													5
Ostrach	3														2
Pfullendorf	6	2	1	1				1	1	1					5
Wald	1														1
Saulgau	7	3	2	1	1	1		1	1		1		1		7
Sießen															1
Herbertingen	1														
Sigmaringen	10	4	4	1	2	1	1	2	2	1	2	1	1	1	10
Bingen	2														1
Krauchenwies	2														1
Sigmaringendorf	1														2
Stetten a. k. M.	3														3
Schwenningen	1														1
Landkreis Sigmaringen	55	12	8	4	3	2	2	4	5	2	3	1	2	1	48

1. St. Martin Veringen-Gammertingen e. V., Sitz Veringenstadt
   betreut den Verwaltungsraum Gammertingen sowie Benzingen, Jungnau, Hochberg und die Gemeinden um Langenenslingen mit insgesamt 14 500 Einwohnern. Personal: 3 Krankenschwestern, 1 Altenpflegerin, 2 Dorfhelferinnen

2. St. Heimerad Meßkirch, Sitz Meßkirch
   betreut den Verwaltungsraum Meßkirch und Stetten sowie die Gemeinde Beuron mit 23 000 Einwohnern, außerdem besteht ein Kooperationsvertrag mit Krauchenwies. Personal: 4 Krankenschwestern, 4 Dorfhelferinnen in Kooperation

3. St. Elisabeth Pfullendorf e. V., Sitz Pfullendorf
   betreut die Verwaltungsräume Pfullendorf und Ostrach mit 21 500 Einwohnern. Personal: 6 Krankenschwestern, 1 Familienpflegerin, 4 Dorfhelferinnen in Kooperation.

4. St. Geiselhart Sigmaringen e. V., Sitz Sigmaringen
   betreut die Stadt Sigmaringen (ohne Jungnau) sowie die Gemeinden Sigmaringendorf, Bingen (ohne Hochberg), Inzigkofen mit 22 400 Einwohnern. Personal: 10 Krankenschwestern, 2 Familienpflegerinnen.

5. Sozialstation Saulgau-Herbertingen e. V., Sitz Saulgau
   betreut den Verwaltungsraum Saulgau mit 19 300 Einwohnern. Personal: 2–3 Krankenschwestern, 1 Familienpflegerin.

Zwei Sanitätshilfsdienste bieten außerdem ihre Hilfe an:
Deutsches Rotes Kreuz:
   1 Rettungsleitstelle in Sigmaringen
   8 Rettungswachen mit 20 Fahrzeugen
Malteser Hilfsdienst:
   1 Station in Wald
   1 Station in Sigmaringen mit 3 Fahrzeugen

Für weitere Notfälle stehen 20 Notrufmelder, 37 DRK-Depots und 34 Unfallmeldestellen zur Verfügung. 3 Rettungshubschrauber mit Standort in Villingen-Schwenningen, Friedrichshafen und Ulm können für entsprechende Einsätze angefordert werden.
An staatlichen Einrichtungen des Gesundheitswesens im Landkreis Sigmaringen sind die Röntgenschirmbildstelle des Regierungspräsidiums Tübingen, das Veterinäramt und das Gesundheitsamt zu nennen.
Die Aufgaben des Gesundheitsamtes erstrecken sich insbesondere auf Fürsorge für Behinderte, psychisch Kranke, Drogenabhängige und Alkoholiker, auf Vorsorgeuntersuchungen bei Säuglingen, Kleinkindern und Schulkindern, auf Gesundheitserziehung der Bevölkerung, auf beratende Tätigkeit gegenüber Behörden und Privatpersonen sowie auf gesundheitspolizeiliche Aufgaben.

Für die Versorgung der alten Menschen wurden in den nachgenannten Gemeinden Altenheime eingerichtet: Das Kreisaltenheim Gammertingen, Altenheim St. Maria Hohentengen, das Städtische Altenheim Mengen, Conrad-Gröber-Haus Meßkirch mit 63 Pflegeheimplätzen, Altenheim Meßkirch, Altenheim Elisabethenhaus Ostrach mit 15 Pflegeheimplätzen, Altenheim Pfullendorf, St. Antonius Saulgau, das Städtische Altenheim Scheer, das Josefinenstift Sigmaringen (Pflegeplätze und Altenwohnheimplätze) und das St. Michaelstift Sigmaringen.

Heime, die sich die Aufgabe gestellt haben, den körperlich und geistig behinderten Menschen in den Lebens- und Arbeitsprozeß zu integrieren, sind die Mariaberger Heime in Gammertingen, die Dorfgemeinschaft Lautenbach in Herdwangen-Schönach, das Lebensplanwohnheim Rohrdorf mit Außenstelle (Haus Hecht) in Sauldorf-Bichtlingen, das Wohnheim der Oberschwäbischen Werkstätten für Behinderte, Ravensburg (OWB) in Scheer, die Werkstätten für Behinderte, Ravensburg (OWB) in Mengen.

In Mengen, Ortsteil Beuren, befindet sich ein Sonderschulkindergarten für sprachbehinderte Kinder. In Sigmaringen wurde ein Sonderschulkindergarten vom Körperbehindertenzentrum Weingarten errichtet.

Für weitere soziale Aufgaben steht das Sozialamt der Landkreisverwaltung zur Verfügung. Es beschäftigt sich in der Hauptsache mit der Sicherung des täglichen Lebensbedarfs einschließlich Unterkunft, mit der Sicherung in besonderen Lebenslagen wie vorbeugende Gesundheitshilfe, Krankenhilfe, Hilfe für Wöchnerinnen und werdende Mütter, Erziehungshilfe für Behinderte und Altenhilfe.

Das Sozialamt hat darüber zu wachen, daß die persönlichen und wirtschaftlichen Bedürfnisse des Einzelnen, für die er aufgrund seiner Einkommens- und Vermögensverhältnisse selbst nicht aufkommen kann, gesichert sind. Zur Betreuung der noch nicht schulpflichtigen Kinder stehen in allen Gemeinden und den größeren Ortsteilen Kindergärten zur Verfügung.

Das Schulwesen

Lange Zeit lag das Bildungsangebot im Gebiet des heutigen Landkreises Sigmaringen weit unterhalb des Landesniveaus. Nur drei vollausgebaute Gymnasien (Sigmaringen, Saulgau, Meßkirch), 1 staatliches Aufbaugymnasium in Saulgau und 1 privates Aufbaugymnasium in Sießen, 3 Progymnasien (Gammertingen, Mengen und Pfullendorf) und die Realschulen Saulgau und Sigmaringen standen der Weiterbildung zur Verfügung.

Die Situation änderte sich im Verlauf der 60er und Anfang der 70er Jahre im Rahmen der Schulreform, so daß neben den beiden privaten Gymnasien heute sechs öffentliche Gymnasien in den größeren Verwaltungsräumen und Realschulen in jedem der acht Verwaltungsräume zur Verfügung stehen. Zwei private Realschulen, ein staatliches und ein privates Aufbaugymnasium ergänzen das Angebot. Dieses erhöhte Bildungsangebot wurde dankbar angenommen, so daß die Schülerzahlen der weiterbildenden Schulen rasch stiegen. Die Übergangsquoten lagen 1979 bei 27,4 % für Realschulen (Land 30,0 %), bei den Gymnasien um 22,6 % (Land 31,5 %).

Die starken Geburtenjahrgänge zwischen 1960 und 1968 verursachten einen Andrang von Schülern, der, einerseits räumlich, andererseits wegen des akut auftretenden Mangels an Lehrkräften, nur schwer zu bewältigen war, zumal, da man den sich schon wieder abzeichnenden Rückgang aufgrund der schwächer werdenden Geburtenjahrgänge in den nächst tieferen Klassen berücksichtigen mußte. Der Höhepunkt der zahlenmäßig erfaßten Schulabgänger pendelt sich bei den Hauptschulen auf die Jahre 1979/1980 ein, bei den Realschulen und Gymnasien zeitlich verschoben auf die Jahre 1983–1986. Nach den Geburtenstatistiken auf Landesebene ergibt sich für die folgenden Jahre ein Rückgang der geburtenstarken Jahrgänge auf kaum mehr als die Hälfte des stärksten Jahrganges 1964. Im Kreis Sigmaringen dürfte sich der Wechsel nicht ganz so deutlich bemerkbar machen, da er bei den Geburtenraten mit 11,3/1000 Einwohner im Jahr 1979 über dem Landesdurchschnitt (10,1/1000) und an 6. Stelle aller Landkreise liegt.

Die Zahl der zu entlassenden Schüler wird zwischen 1978 und 1984 jährlich etwa 2200 Schüler insgesamt in allen vier Schularten betragen. Erst dann sinkt die Zahl wieder auf weniger als 2000 Schüler ab. Einen einzelnen Jahrgang mit besonders vielen Abgängern wird es hier nicht mehr geben.

Neben den allgemeinbildenden Schulen stehen zur weiteren Fortbildung mehrere Fachhochschulen, eine Fachschule und ein Ausbildungszentrum zur Verfügung.

Nachstehende Übersicht zeigt zusammenfassend die verschiedenen Schularten mit ihren Schülerzahlen (Stand 1980/81).

39 Grundschulen mit 6215 Schülern
   darunter 1 mit nur 1 Klasse
            2 mit je 2 Klassen
18 Hauptschulen mit 4816 Schülern
   darunter 1 mit nur 2 Klassen
 7 Sonderschulen L mit 541 Schülern
 2 Sonderschulen G mit 97 Schülern

2 private Sonderschulen mit 180 Schülern
8 Realschulen mit 3466 Schülern
2 private Realschulen mit 339 Schülern
6 Gymnasien mit 3531 Schülern
2 private Gymnasien mit 1038 Schülern
2 Aufbaugymnasien mit 479 Schülern
2 Wirtschaftsgymnasien mit 302 Schülern
1 Technisches Gymnasium mit 75 Schülern
2 Gewerbliche Berufs- und
  Berufsfachschulen mit 2209 Schülern
2 Kaufmännische Berufs- und
  Berufsfachschulen mit 1175 Schülern
2 Land- und Hauswirtschaftliche
  Berufs- und
  Berufsfachschulen mit 979 Schülern
1 Fachschule für Landwirtschaft
  mit 73 Schülern
1 Bildungszentrum der Bundesfinanz-
  verwaltung (FHS) mit 837 Studenten
1 Ausbildungszentrum des
  Fachverbandes Bau mit 150 Auszubildenden
1 Fachhochschule
  für Ernährungs- und Bekleidungs-
  technik (FHS) mit 347 Studenten
1 private Modefachschule mit 101 Auszubildenden

Quellen
für die graphischen Darstellungen und Tabellen
Strukturdatenblatt des Statistischen Landesamtes
Statistik von Baden-Württemberg Bände 185, 192/2, 200, 206, 222, 225, 257, 262
Statistische Berichte 67/78 und Fortschreibung des Statistischen Landesamtes
Lose Blätter des Statistischen Landesamtes
Statistische Monatshefte 1/77 und 79
Statistik Baden-Württenberg Band 239
Schulamt und eigene Erhebungen
Kassenärztliche Vereinigung Südwürttemberg
Kassenzahnärztliche Vereinigung für den Regierungsbezirk Tübingen
Informationen und Mitarbeit der Forstämter und des Landwirtschaftsamtes Sigmaringen

Register

Bearbeitet von OTTO BECK

In das Register aufgenommen sind alle in der Monographie vorkommenden geographischen und historischen Namen von Kontinenten, Ländern, Orten, Bergen, Flüssen, Landschaften und Territorien. Die heutige Gemeindezugehörigkeit von Dörfern und Weilern ist in Klammern angegeben. Kursive Zahlen verweisen auf entsprechende Abbildungen aus dem Sigmaringer Kreisgebiet. Abgekürzt, bedeutet b. = bei, Fl. = Fluß, s. = siehe.

Verzeichnis der Mitarbeiter

DR. OTTO BECK, Otterswang bei Bad Schussenried

TILMANN BECK, Dipl.-Ingenieur, Leiter der Kreisplanungs- und Entwicklungsstelle des Landkreises, Sigmaringen

BRUNO EFFINGER, Kulturreferent, Saulgau

MANFRED HERMANN, Pfarrer, Ebringen bei Freiburg

OTTO KASPER, Photograph, Singen/Hohentwiel

DR. GREGOR RICHTER, Ltd. Staatsarchivdirektor in der Landesarchivdirektion, Stuttgart

DR. JÖRG WERNER, Ltd. Regierungsdirektor am Geologischen Landesamt, Freiburg i. Br.

ABBILDUNGSNACHWEIS

Die Ziffern verweisen auf die Seiten des Buches

Dr. Otto Beck, Otterswang, Kreis Biberach: 286; Albrecht Brugger, Stuttgart: 34/35, 36/37, 102, 106/107, 108, 111 (freig. v. Reg. Präs. Stuttgart); Willi Fachet, Saulgau: 67 o. r.; Hubert Glas, Sigmaringen: 290 o.; Rüdiger Hartmann, Scheer: 109 o. r./u. r., 287 o. l.; Franz King, Meßkirch: 288 u. l.; U. Koerner: 67 o. l.; Stadt Mengen: 288 u. r.; P. Coelestin Merkle OSB, Beuron: 196, 214; Stadt Pfullendorf: 95; Marianne Richter, Stuttgart: 25, 26; Stadt Saulgau: 110, 114, 115, 116, 287 u. l., 289, 290 o.; Leonie Frick, Sigmaringen: 288; Thorbecke Archiv, Sigmaringen: 39, 258, 259, 287 u. r. Alle übrigen: Otto Kasper, Singen am Hohentwiel.

324